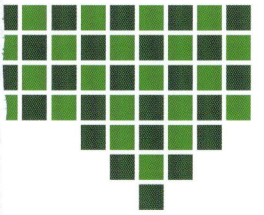

EPB/TBM 双模盾构
施工关键技术

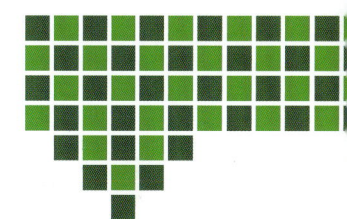

深圳地铁建设集团有限公司
西南交通大学　编著
中铁工程装备集团有限公司

西南交通大学出版社
·成都·

图书在版编目（CIP）数据

EPB/TBM 双模盾构施工关键技术 / 深圳地铁建设集团有限公司，西南交通大学，中铁工程装备集团有限公司编著. —成都：西南交通大学出版社，2023.11
ISBN 978-7-5643-8908-6

Ⅰ. ①E… Ⅱ. ①深… ②西… ③中… Ⅲ. ①隧道施工 – 盾构法 – 研究 Ⅳ. ①U455.43

中国版本图书馆 CIP 数据核字（2022）第 165491 号

EPB/TBM Shuangmo Dungou Shigong Guanjian Jishu

EPB/TBM 双模盾构施工关键技术

深圳地铁建设集团有限公司	
西南交通大学	编著
中铁工程装备集团有限公司	

| 责任编辑 | 韩洪黎 |
| 封面设计 | GT 工作室 |

出版发行	西南交通大学出版社
	（四川省成都市金牛区二环路北一段 111 号
	西南交通大学创新大厦 21 楼）
邮政编码	610031
发行部电话	028-87600564　　028-87600533
网址	http://www.xnjdcbs.com
印刷	四川玖艺呈现印刷有限公司

成品尺寸	185 mm×260 mm
印张	23
字数	454 千
版次	2023 年 11 月第 1 版
印次	2023 年 11 月第 1 次
书号	ISBN 978-7-5643-8908-6
定价	166.00 元

图书如有印装质量问题　本社负责退换
版权所有　盗版必究　举报电话：028-87600562

编委会

主　任：辛　杰

副主任：雷江松　何　川

委　员：张中安　王杜娟　龙宏德

主　编：黄力平　贾　科

副主编：宋天田　王士民　袁文征

编　委：李伟波　齐卫国　黄际政　杨军伍　王平豪　朱　斌　于德涌
　　　　潘晓明　彭海真　朱益海　王新线　周石喜　孙　彰　何　刚
　　　　连保康　王文和　李艳春　李　江　姚超凡　陈　凡　何政树
　　　　马呆宇　徐一帆　黄　兴　王　昆　阴书玉

主编单位：深圳地铁建设集团有限公司
　　　　　西南交通大学
　　　　　中铁工程装备集团有限公司

参编单位：深圳市市政工程质量安全监督总站
　　　　　深圳市盾构中心
　　　　　中国中铁隧道局集团有限公司
　　　　　中国水利水电第一工程局有限公司
　　　　　中国建筑第五工程局有限公司
　　　　　中国建筑第八工程局有限公司
　　　　　中交一公局集团有限公司

前 言

近年来，随着我国城市轨道交通大规模建设的不断推进，城市地铁的数量与规模都呈现出了快速增长的态势。地铁隧道穿越复杂多变、软硬交替地层的情况越来越普遍，单一模式的掘进机已无法适应频繁变化的地层。双模盾构是在传统盾构技术的基础上发展起来的新技术，一般指在盾构施工过程中，为适应工程地质变化的需要，通过对掘进机的掘进系统和排渣系统进行处理，实现土压平衡、泥水平衡和TBM（全断面硬岩隧道掘进机，一般指单护盾TBM）三种掘进模式中任意两种掘进模式之间的转换，提升掘进机对复杂多变、频繁交替地层的适应性，达到保障施工安全、增加施工效率和降低开挖成本的目的。双模式盾构机融合了单一模式掘进机的特点，实现了泥水与土压、泥水与TBM或土压与TBM两种模式的兼容与便利转换，可以实现在两种模式情况下的正常掘进。其中，EPB（土压平衡盾构）/TBM双模式盾构机主要具有以下优点：地层适应能力强，可以在软硬交替地层实现模式转换，在不同的地层采用合适的掘进模式施工；掘进效率高，与软硬交替地层采用单一模式的EPB或TBM相比，掘进模式与地层匹配度好，施工效率高；施工安全性高，避免了在软弱地层段采用TBM模式掘进导致地层变形大、地表沉降严重等安全问题；施工成本低，减少了工作井和开挖面的数量，综合成本低；绿色低碳，因工作井和盾构机数量降低从而减少了水泥和钢铁用量，掘进工效提高从而降低了能耗。

深圳地区地质条件复杂，堪称"地质博物馆"，存在着大量的软硬交替复合地层，给地铁隧道施工带来了巨大挑战。为攻克软硬交替复合地层地铁隧道建设难题，深圳地铁四期工程及8号线二期工程大规模一次性投入16台EPB/TBM双模盾构机，累计掘进约33千米。同时，由深圳地铁建设集团牵头，西南交通大学和中铁工程装备集团有限公司组成科研联合体，中铁隧道局集团有限公司、中交一公局厦门工程有限公司、中国建筑第五工程局有限公司、中国水利水电第一工程局有限公司等单位共同参与，开展了"深圳地铁双模盾构/TBM工法适应性研究"，并结合深圳地铁四期工程双模盾构的施工经验，共同编著了本书。本书在双模盾构选型与工法适应性、双模盾构机设计、模式快速转换、辅助工法、双模盾构施工与结构问题（管片上浮、卡机、结泥饼、复合地层施工力学特性）等多方面开展了创新性研究和应用，可供城市和城际轨道交通研究、建设、设计、施工等单位相关科研人员、技术人员和管理人员参考和借鉴。

本书理论联系实践，图文并茂，内容全面，反映了深圳地区双模盾构地铁隧道建设的实践情况。本书的研究和实践成果，可推广应用于复杂多变地质区域的地铁、铁路、公路、市政和水利隧道建设。

本书由黄力平、贾科、宋天田、王士民、袁文征等人编著。第1章由宋天田、黄际政、王士民、姚超凡等负责编写；第2章由宋天田、黄际政、杨军伍、王士民、李艳春、李江、陈凡等负责编写；第3章由王文和、宋天田、韩莉、刘晓阳、贾磊、周石喜、黄荣继、王昆、贾金建、徐儒村、阴书玉等负责编写；第4章由周石喜、姚超凡、蔡炜、宋天田、王士民、邓永忠、刘琨、邓涛、罗人宾、黄兴、潘海军、胡志华等负责编写；第5章由潘晓明、樊建军、宋天田、李凯凯、秦根、丛林、廖先江、张家年、蔡翔、练敏青、魏晓龙、喻中孝等负责编写；第6章由王士民、黄荣继、曹哲、宋天田、丘剑英、杨军伍、林志宇、吴旭、段芳敏、汪阳等负责编写；第7章由方勇、黄际政、袁传旭、练志勇、何文波、周凯歌、田闯、杨雷、岳风华、何聪等负责编写；第8章由宋天田、杨军伍、姚超凡、邓涛、徐伟工、王士民、吴超、商顺、甘璐凯、马杲宇等负责编写；第9章由刘永祥、韩莉、何政树、宋天田、王士民、郭桃明、徐壮、彭友军、罗伟波、王举伟、徐一帆等负责编写。全书由黄力平定稿。

由于编著者水平和条件有限，书中难免有疏漏和不足之处，敬请广大读者批评指正。

作　者

2023年5月

目 录

第1章 概 述

1.1 双模盾构的应用背景 …………………………………………… 002

1.2 双模盾构的发展现状 …………………………………………… 005

1.3 深圳富水滨海复合地层水文地质介绍 ………………………… 008

1.4 深圳地铁四期工程双模盾构应用情况 ………………………… 008

1.5 EPB/TBM双模盾构的推广前景 ………………………………… 011

本章参考文献 ………………………………………………………013

第2章 EPB/TBM双模盾构工法适应性与选型

2.1 EPB/TBM工法地层适应性及评价指标选取 …………………… 016

2.2 地铁区间多模式EPB/TBM选型方法 …………………………… 020

2.3 EPB/TBM双模设备选型及应用分析 …………………………… 035

2.4 双模盾构应用效能分析 ………………………………………… 044

2.5 本章小结 ………………………………………………………… 062

本章参考文献 ………………………………………………………063

第3章 EPB/TBM双模盾构关键模块针对性研究及设计

3.1 深圳全断面/部分全断面岩层破岩机理研究 …………………… 066

3.2 设备关键模块配置 ……………………………………………… 078

3.3 EPB/TBM双模盾构系统创新成套技术 ………………………… 103

3.4 本章小结 ………………………………………………………… 111

本章参考文献 ………………………………………………………112

第4章 EPB/TBM双模盾构模式快速转换技术

4.1 中心螺机式EPB/TBM双模盾构转换技术 …………………… 114
4.2 中心皮带式EPB/TBM双模盾构转换技术 …………………… 133
4.3 EPB/TBM双模盾构快速转换技术 …………………………… 137
4.4 本章小结 …………………………………………………… 143
本章参考文献 ……………………………………………………… 144

第5章 EPB/TBM双模盾构辅助技术

5.1 超前地质预报及超前地质处理技术 ………………………… 146
5.2 刀具状态监测技术 …………………………………………… 157
5.3 本章小结 …………………………………………………… 164
本章参考文献 ……………………………………………………… 165

第6章 盾构管片上浮机理与控制技术

6.1 盾构管片上浮现象分析 ……………………………………… 168
6.2 盾构管片上浮的力学特征与规律分析 ……………………… 170
6.3 盾构管片上浮控制措施分析 ………………………………… 181
6.4 盾构同步注浆浆液性能控制指标及新型注浆材料研发 …… 189
6.5 本章小结 …………………………………………………… 211
本章参考文献 ……………………………………………………… 212

第7章 盾构泥饼形成机理与防治措施

- 7.1 盾构泥饼形成机理 …………………………………………… 216
- 7.2 盾构泥饼形成特性 …………………………………………… 231
- 7.3 盾构泥饼防治措施 …………………………………………… 237
- 7.4 本章小结 …………………………………………………… 247
- 本章参考文献 …………………………………………………… 248

第8章 双模盾构卡机机理及防治

- 8.1 深圳地铁EPB/TBM双模盾构卡机段工程概况 ……………… 253
- 8.2 深圳地铁EPB/TBM双模盾构卡机机理分析 ………………… 267
- 8.3 盾构卡机的预防及处置措施 ………………………………… 299
- 8.4 本章小结 …………………………………………………… 304
- 本章参考文献 …………………………………………………… 305

第9章 复合地层盾构结构施工力学特性

- 9.1 复合地层盾构隧道主体结构受力特征现场测试 …………… 308
- 9.2 隧道主体结构荷载作用模式反演分析 ……………………… 323
- 9.3 复合地层盾构隧道管片施工力学响应分析 ………………… 339
- 9.4 本章小结 …………………………………………………… 356
- 本章参考文献 …………………………………………………… 357

第1章 概 述

1.1 双模盾构的应用背景

近年来,随着我国基础设施的兴建,隧道工程建设取得了巨大成就。截至2020年底,中国已建成公路隧道21316座,总长度21999.3 km。2016—2020年,中国公路隧道以每年超过1000座且长度超过1200 km的速度急剧增长。截至2021年底,中国投入运营的铁路隧道有17532座,总长约21055 km;在建2418座,总长约6414 km;规划6226座,总长约15266 km。截至2021年底,中国内地50个城市投运的城市轨道交通线路总里程为9192.62 km,其中地铁7253.73 km,居世界首位。此外,我国市政隧道和水利隧道也处于蓬勃发展期。

目前,隧道施工采用的掘进机主要分为3种类型:土压平衡盾构(EPB)、泥水平衡盾构(SPB)和全断面硬岩隧道掘进机(TBM)。土压平衡盾构(EPB)指由刀盘旋转切削土体,切削后的泥土进入密封土舱,在密封土舱内泥土压力与开挖面水土压力取得平衡,并由螺旋输送机进行连续出土的盾构(见图1-1-1)。土压平衡盾构(EPB)适合在黏土等相对稳定的地层中进行掘进施工,在掘进效率和施工成本等方面具有优势。泥水平衡盾构(SPB)指由刀盘旋转切削岩土,依靠外加泥水压力平衡开挖面压力,以泥浆为介质出渣,具备拼装管片功能的机电一体化隧道施工设备(见图1-1-2)。泥水平衡盾构适用于黏土、砂、卵石等地层,其在保持开挖面稳定性,控制沉降,承受高水压,降低刀盘阻力等方面具有优势。此外,在土压平衡盾构的基础上发展起来的复合式盾构是一种适用于强度差别较大的地层以及盾构掘进断面地层不均匀等复杂地质条件中施工的新盾构。复合式盾构在刀盘上安装了用于破岩的滚刀和切削软土的刮刀,可切削软土、硬土、砂砾和软岩等不均匀地层。

全断面硬岩隧道掘进机(TBM)指靠旋转并推进刀盘,通过盘形滚刀破碎岩石而使隧洞全断面一次成型的机械。全断面硬岩隧道掘进机适用于坚硬的岩石地层,在硬岩掘进速度、安全等方面具有优势。按照对不同地质条件的适应性及护盾形式可把TBM分为敞开式[图

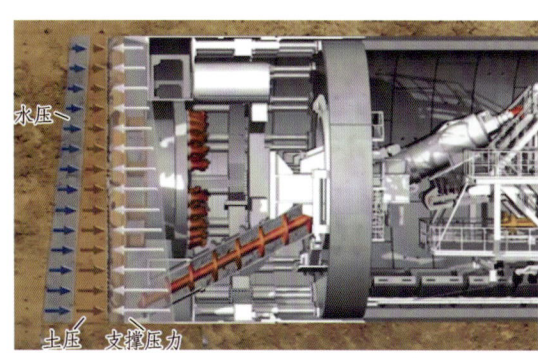

图 1-1-1 土压平衡盾构(EPB)

图 1-1-2 泥水平衡盾构(SPB)

(a)敞开式 TBM

(b)单护盾 TBM

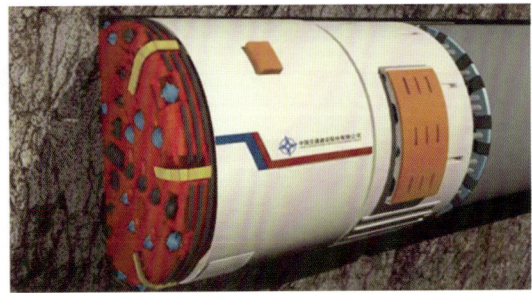

(c)双护盾 TBM

图 1-1-3　不同类型的全断面硬岩隧道掘进机（TBM）

1-1-3（a）］和护盾式两大类，其中护盾式 TBM 又可分为单护盾 TBM ［图 1-1-3（b）］、双护盾 TBM ［图 1-1-3（c）］和三护盾 TBM。敞开式 TBM 主要适应于硬岩，能利用自身支撑机构撑紧洞壁以承受向前推进的反作用力及反扭矩，在较完整、有一定自稳性的围岩时能充分发挥优势。单护盾 TBM 是在整机外围设置一个与机器直径一致的圆筒形保护结构以利于掘进破碎或复杂岩层的 TBM，可用于稳定性较好的中硬岩或中软岩。双护盾 TBM 包含前护盾和后护盾，前护盾中装有刀盘及刀盘驱动装置，后护盾中装有支撑装置。双护盾 TBM 适用于稳定性较好的硬岩或中软岩，常用于较长距离的隧道掘进中，可实现掘进的同时开展同步管片拼装。三护盾 TBM 目前在工程中应用很少。各类型盾构/TBM 的地层适应性如表 1-1-1 所示。

表 1-1-1　各类型盾构/TBM 适应性对照表

序号	对比项目	EPB	SPB	复合式盾构	敞开式 TBM	单护盾 TBM	双护盾 TBM
1	适合围岩类别	黏土、淤泥质土	黏土、砂、卵石	中硬岩、软岩	硬岩	中硬岩、中软岩	硬岩、中软岩
2	岩层完整性要求	完整及破碎均可	完整及破碎均可	完整及破碎均可	完整	完整及破碎均可	完整、中等破碎

续表

序号	对比项目	EPB	SPB	复合式盾构	敞开式TBM	单护盾TBM	双护盾TBM
3	成洞进度	较快	较快	较快	较快	较快	快
4	连续作业	安装完一环管片后才能继续推进	安装完一环管片后才能继续推进	安装完一环管片后才能继续推进	只在伸、收撑靴时停止掘进	安装完一环管片后才能继续推进	掘进与管片拼装同步，遇软岩先拼装再推进
5	初期支护类型	管片	管片	管片	锚杆、挂网、喷混凝土、型钢拱架	管片	管片
6	处理塌方及涌水	方便	较易	方便	较易	方便	较难

单一模式掘进机的选择主要根据地质情况，通过选型比选、适应性评估等方法确定。一种选择方式是选定土压平衡式盾构机、泥水平衡式盾构机或TBM中的某一种。另一种选择方式是同时选定几种盾构机，分别应用到同一工程中的不同掘进段，设备投入数量或始发工作井"数量"增加，产生高额的成本费用。由于掘进机单一模式的局限性，应用在隧道施工中就无法更改，倘若必须要变更盾构机则需花费非常大的经济代价和工期代价，对施工建设造成不利影响。同时，随着我国城市地铁隧道的大规模兴建，地铁隧道将穿越更加复杂多变的地层，如软硬交互地层。以深圳地区为例，该地区存在大量软硬不均和软硬交互复合地层、高强度硬岩地层、断层破碎带、孤石、岩溶、富水砂层、沿海淤泥地层、人工抛填石等不良地质，区域地质条件极其复杂，堪称"地质博物馆"。当地铁隧道穿越地层的地质条件复杂多变和频繁交替，单一模式的盾构或TBM已无法满足工程建设的需要。因此，双模盾构应运而生。

德国掘进机厂家海瑞克公司最早将"泥水平衡和土压平衡"功能兼备的掘进机称为"可变密度盾构（Variable Density Machine）"，将兼具盾构（EPB或SPB）与TBM功能的掘进机称为"混模式/多模式掘进机（Hybrid-Mode/Multi-Mode Machine）"。美国掘进机厂家罗宾斯公司将具有两种及以上开挖模式的掘进机称为"交叉模式掘进机（Crossover Series of TBM）"，具体包括XRE、XSE、XRS和XRSE四种类型。随着我国广州、重庆、青岛、南京等地的应用，"双模盾构"的概念进一步发展和完善。双模盾构一般指在盾构施工过程中，为适应工程地质变化的需要，通过对掘进机的掘进系统和排渣系统进行处理，实现土压平衡、泥水平衡和TBM（一般为单护盾TBM）三种掘进模式中任意两种掘进模式之间的转换,提升掘进机对复杂多变和频繁交替地层的适应性,达到增加施工效率和降低开挖成本的目的。双模式盾构机融合了单一模式掘进机的特点,实现了泥水与土压、泥水与TBM或土压与TBM两种模式的兼容与便利转换,可以实现在两种模式情况下的正常掘进。其中,EPB/TBM双模式盾构机主要具有以下优点:① 地层适应能力强,可以在软硬交替地层实现模式转换,在不同的地层采用合适的掘进模式施工;② 掘进效率高,与软硬交替地层采用单一模式的EPB或TBM相比,掘进模式与地层匹配度好,施工效率高;③ 施工安全性高,避免了在软弱地层段采用TBM模式掘进导致地层变形大、地表沉降严重等安全问题;④ 施工成本低,减少了工作井和开挖面的数量,综合成本低;⑤ 绿色低碳,因工作井和盾构机数量降低从而减少了水泥和钢铁用量,掘进工效提高从而降低了能耗。为此,深圳地铁四期工程及8号线二期工程在6个区间隧道中共投入16台EPB/TBM双模盾构机,累计掘进约33 km,取得了较好的经济和社会效益。

1.2 双模盾构的发展现状

目前,双模盾构已在我国城市地铁隧道、城际铁路隧道和煤矿斜井中开展了的初步应用,如表1-2-1所示。城市地铁方面,南京地铁机场线1号风井-禄口机场区间隧道在长距离高强度岩层兼上软、下硬复合地层中采用了EPB/TBM双模盾构施工,以满足在高强度硬岩中的掘进效率,同时保证盾构穿越上软下硬复合地层时地表建筑物的安全[2]。广东华隧建设股份有限公司研制了SPB/EPB双模盾构机,并成功应用于广州地铁9号线2标花都汽车城站—广州北站区间隧道,区间长度1.679 km[3]。该盾构机通过配置泥浆循环系统以及双螺旋机排泥系统,实现在土压平衡和泥水平衡两种模式中进行切换,以适应复杂地段盾构隧道的掘进,提高对复杂地形的适应性。青岛地铁8号线大洋站—青岛北站区间施工过程中,为增加矿山法开挖面,在平行导洞的施工中采用了中国中铁工程装备集团研制的EPB/TBM双模盾构[4]。平行导洞长2.138 km,穿越了微风化安山岩、微风化凝灰岩和断层破碎带。EPB/TBM双模盾构先采用TBM模式进行高效掘进,至断层破碎带前进行了模式转换。南宁地铁5号线五一立交站—新秀公园站区间右线隧道采用了SPB/EPB双模盾构施工,区间长度2.098 km,穿越了富水圆砾与泥岩互层地质[5]。佛山地铁3号线北滘新城站—高村站区间隧道施工中采用了螺旋输送机出渣式SPB/EPB双模盾构,刀盘直径6.48 m,总长120 m,质量达600多吨,为串联式双模盾构机。福州地铁4号线林浦站—城门站区间也采用了EPB/TBM施工,区间长度为2.18 km。

除地铁隧道外,双模盾构也已应用于城际铁路隧道和煤矿斜井中。铁建重工集团股份有限公司针对珠三角城际铁路广佛环线大源站—太和站下行线穿越软土地层和微风化、中风化硬岩地层,研制了国内首台 EPB/TBM 双模大盾构,开挖直径 9.15 m,隧道全长 6.144 km[6]。福州滨海快线土建 2 标 4 工区岱岭隧道采用了 EPB/TBM 双模盾构施工,开挖直径 8.64 m。成都至蒲江铁路站前工程紫瑞隧道采用了中铁装备研制的 SPB/EPB 双模盾构施工,开挖直径高达 12.47 m,掘进长度 1.326 km,是目前国内最大的 SPB/EPB 双模盾构机。神华新街台格庙矿区 1 号斜井主井穿越不同软硬程度的地层,采用具有土压平衡及单护盾构 TBM 两种掘进模式的双模式盾构掘进施工[7,8]。此外,神华神东补连塔煤矿 2 号副井也应用了 EPB/TBM 双模盾构施工。

表 1-2-1 国内双模盾构工程案例

序号	隧道工程	长度/km	相关单位	双模类型
1	南京地铁机场线(1 号风井—禄口机场区间隧道)	1.99	中铁二局股份有限公司	EPB/TBM
2	广州地铁 9 号线 2 标(花都汽车城站—广州北站区间隧道)	1.68	广东华隧建设股份有限公司	SPB/EPB
3	青岛地铁 8 号线(大洋站—青岛北站区间平行导洞)	2.14	中铁装备工程集团有限公司、中铁二局集团有限公司	EPB/TBM
4	南宁地铁 5 号线(五一立交站—新秀公园站区间)	2.10	中铁装备工程集团有限公司、中铁隧道局集团有限公司	SPB/EPB
5	佛山地铁 3 号线(北滘新城站—高村站)	2.50	中铁一局集团有限公司	SPB/EPB
6	福州地铁 4 号线(林浦站—城门站区间)	2.18	厦门厦工中铁重型机械有限公司、第三航务工程局有限公司厦门分公司	EPB/TBM
7	珠三角城际铁路广佛环线(大源站—太和站下行线)	6.10	中国铁建重工集团股份有限公司、中铁十九局集团有限公司	EPB/TBM
8	福州滨海快线土建 2 标 4 工区(岱岭隧道)	6.77	中国铁建重工集团股份有限公司、中铁十七局集团有限公司	EPB/TBM
9	成都至蒲江铁路站前工程(紫瑞隧道)	1.37	中铁装备工程集团有限公司、中铁二局集团有限公司	SPB/EPB
10	神华新街台格庙矿区(1 号斜井主井)	6.00	中国铁建重工集团股份有限公司、神华集团有限责任公司、中铁十三局集团有限公司	EPB/TBM
11	神华神东补连塔煤矿(2 号副井)	2.75	中铁十一局集团有限公司和中铁第四勘察设计院集团有限公司	EPB/TBM

国外方面，主要双模盾构厂家为德国海瑞克和美国罗宾斯。德国斯图加特高铁工程中的菲尔德斯塔特隧道穿越了复合地层，隧道上部地层为带有结节性泥灰岩和黏土的砂岩，隧道下部为 Keuper 砂岩地层，采用了海瑞克 EPB/TBM 双模式盾构掘进。上海隧道工程局在印度孟买轨道交通项目应用了土压平衡+硬岩敞开式盾构。此外，捷克西部 Rokycany 与 Pilsen 之间的高速轨交线工程、瑞典阿兰萨斯双管隧道、吉隆坡巴生谷地铁线蓝线段项目也采用了双模盾构施工，具体统计如表 1-2-2 所示[9-12]。

表 1-2-2　国外部分双模盾构工程案例

序号	隧道工程	长度/km	设备厂家	双模类型
1	德国斯图加特高铁工程菲尔德斯塔特隧道	9.50	海瑞克	EPB/TBM
2	捷克西部 Rokycany 与 Pilsen 之间的高速轨交线工程	4.10	海瑞克	EPB/TBM
3	印度孟买轨道交通项目	1.30	海瑞克	EPB/TBM
4	瑞典阿兰萨斯双管隧道	5.48	海瑞克	SPB/TBM
5	吉隆坡巴生谷地铁线蓝线段项目	9.50	海瑞克	SPB/EPB
6	澳大利亚珀斯佛莱斯菲尔德机场线	7.60	海瑞克	SPB/EPB
7	瑞典埃彭贝格铁路隧道	2.56	海瑞克	SPB/TBM
8	土耳其盖雷德输水隧道	9.00	罗宾斯	EPB/TBM
9	墨西哥城 TEP 二期隧道	5.80	罗宾斯	EPB/TBM
10	澳大利亚格罗夫纳斜井隧道	8.00	罗宾斯	EPB/TBM
11	阿塞拜疆巴库地铁隧道	5.70	罗宾斯	SPB/EPB

总体上，国内外针对复合地层条件下双模盾构的应用较少，掘进里程较短，仍处在初步探索性阶段。加之，大部分双模盾构的掘进距离较短，且应用的关键技术和研究成果尚未公开，处于保密阶段，其技术的成熟度、施工的可靠性和广泛推广的价值难以判断。主要体现在以下几个方面：双模盾构工法选择的主要因素和标准尚不明确；机具设备主要模块配置标准及相关参数暂未探明；双模盾构模式转换技术暂不成熟；特殊地层及特殊条件下双模盾构施工关键技术及控制指标的研究不够深入。

1.3 深圳富水滨海复合地层水文地质介绍

深圳市地处珠三角，平面形状呈东西宽、南北窄的狭长形，地形为低山、平缓台地和阶地丘陵。深圳市近东西向、北东向、北西向及近南北向的断裂构造较发育，特别是东部地区的断裂构造甚为发育，山体坡度较陡，切割也较强烈，地表水系较为发育，大小河流共160余条。深圳地区地质条件复杂，存在大量软硬不均复合地层、高强度硬岩地层、断层破碎带、富水砂层、岩溶等不良地质。深圳地区地层由沉积地层与火成岩地层共同组成，沉积地层时代有中元古界、泥盆系、石头炭系、三叠系、侏罗系、白垩系~古近系及第四系，火成岩地层主要是侏罗系。由于地处莲花山断裂带的南西端，区域构造运动活跃，区域变质作用、岩浆活动频繁，对地层的破坏明显，造成地层连续性差、缺失多，除中~新生代地层外，其他各时代地层的岩石多受到不同程度的变质作用。基岩以花岗岩为主，岩面高、起伏大，典型地层为（从上往下）：杂填土、砾质黏性土、全（强）风化花岗岩、（中）微风化花岗岩。深圳地铁隧道埋深常为 10~30 m，工程范围无法避免穿越上软下硬和软硬交替复合地层。富水滨海复合地层物理力学性能差异极大，采用单一模式的掘进机施工安全风险高。

1.4 深圳地铁四期工程双模盾构应用情况

深圳地铁四期工程包括 12、13、14、16 号线及 6 号线支线，共 5 条线路，总计 94 个车站，总里程 148.6 km。深圳地铁四期工程及 8 号线二期工程共投入 16 台双模盾构机（EPB/TBM），累计掘进约 33 km（见表 1-4-1），如此大规模一次性投入在国内外地铁建设史上尚属首次。16 台 EPB/TBM 双模盾构机分别由中铁工程装备集团有限公司、中国铁建重工集团股份有限公司、中交天和机械设备制造有限公司研制，主要应用在 12 号线怀德站—福永站、13 号线留仙洞站—白芒站区间和白芒站—应人石站区间、14 号线布吉站—石芽岭站区间和清水河站—布吉站区间、8 号线二期大梅沙站—小梅沙站区间。双模盾构机分为中心皮带机式和中心螺旋机式两种类型，刀盘直径为 6480~6980 mm。

表1-4-1 深圳地铁四期工程及8号线二期工程投入的双模盾构机（EPB/TBM）统计

线路	区间名称	开挖直径/mm	厂家及编号	区间长度/km	双模形式
12号线	怀德站—福永站（左线）	6480	中铁 755 号	1.723	中心皮带式
	怀德站—福永站（右线）	6480	中铁 756 号	1.749	中心皮带式

续表

线路	区间名称	开挖直径/mm	厂家及编号	区间长度/km	双模形式
13号线	留仙洞站—留白风井（左线）	6980	中铁780号	2.221	中心皮带式
	留仙洞站—留白风井（右线）	6980	中铁779号	2.219	中心皮带式
	白芒站—留白风井（左线）	6980	中铁781号	2.347	中心皮带式
	白芒站—留白风井（右线）	6980	中铁782号	2.353	中心皮带式
	白芒站—应人石站（左线）	6980	铁建重工	2.252	中心皮带式
	白芒站—应人石站（右线）	6980	铁建重工	2.23	中心皮带式
14号线	清水河站—布吉站（左线）	6480	中铁740号	2.122	中心螺旋机式
	清水河站—布吉站（右线）	6480	中铁741号	2.110	中心螺旋机式
	布吉站—布石风井（左线）	6980	中铁738号	2.186	中心螺旋机式
	布吉站—布石风井（右线）	6980	中铁739号	2.186	中心螺旋机式
	布石风井—石芽岭站（左线）	6980	中铁512号	1.049	中心螺旋机式
	布石风井—石芽岭站（右线）	6980	中铁517号	1.049	中心螺旋机式
8号线二期	大梅沙站—小梅沙站（左线）	6580	铁建重工DL815	1.854	中心螺旋机式
	大梅沙站—小梅沙站（右线）	6600	中交天和THDG20310	1.846	中心螺旋机式

（1）深圳地铁12号线怀德站—福永站区间位于深圳市宝安区福永片区，由怀德站始发，沿怀德南路掘进，随后转入福州大道，由福永站接收，右线长1.749 km，左线长1.723 km。区间在始发和接收端附近主要穿越强风化和全风化花岗岩，中间部分主要为微风化花岗岩，围岩单轴抗压强度差异大，存在多处软硬交替地层（见图1-4-1）。区间采用2台中心皮带机式EPB/TBM双模盾构施工，在两端采用EPB模式，中间采用TBM模式掘进。

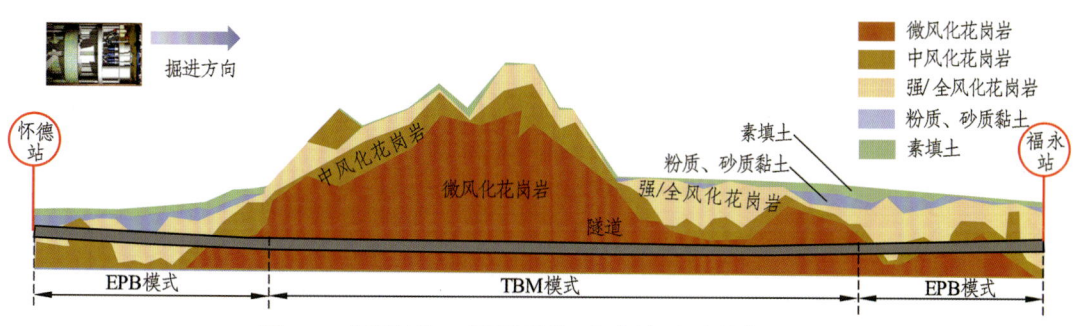

图1-4-1 深圳地铁12号线怀德站—福永站区间左线纵断面图

（2）深圳地铁 13 号线留仙洞站—白芒站区间位于深圳市南山区，全长 4.61 km。其中，留仙洞站—中间风井区间右线长 2.219 km，左线长 2.221 km；白芒站—中间风井区间右线长 2.353 km，左线长 2.347 km。区间线路出留仙洞站后，沿同发路前行，下穿深圳市职业技术学院运动场后转入沙河西路，沿沙河西路下穿西丽水库—铁岗水库引水隧道，并旁穿西丽水库饮用水水源保护区，然后进入白芒站。区间地层结构较复杂，岩土层种类较多，岩土层的埋深、厚度及性能变化较大。隧道主要穿越微、中、强、全风化花岗岩，微、中、强、全风化黑云母花岗岩，F3 和 F4 断裂（见图 1-4-2）。F3 断裂属于洞尾山断裂，表现为硅化碎裂岩带，突出地表，并发育密集劈理化带、裂隙带等。F4 属于应人石断裂组，发育在中心村单元花岗岩中，表现为挤压破碎带，构造岩为蚀变花岗岩，具压碎构造，节理发育。区间采用 4 台中心皮带式 EPB/TBM 双模盾构进行掘进施工，分别从留仙洞站及白芒站始发，从中间风井处吊出。

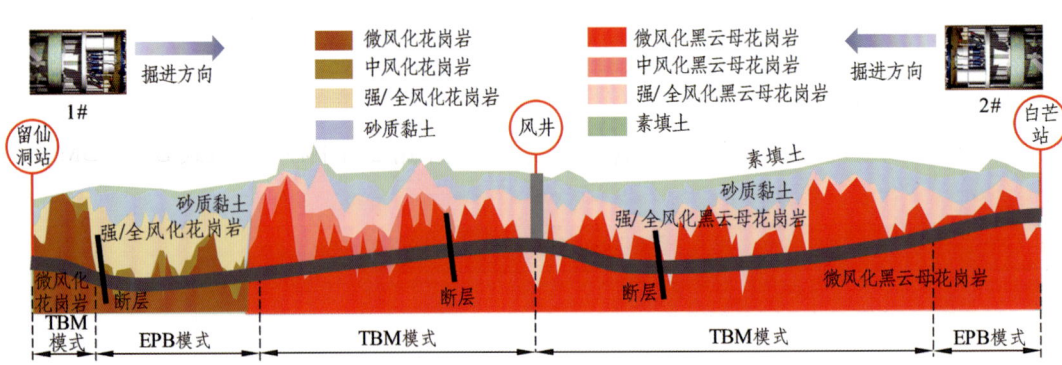

图 1-4-2　深圳地铁 13 号线留仙洞站—白芒站区间左线纵断面图

（3）深圳地铁 14 号线布吉站—石芽岭站右线长 3.235 km，左线长 3.235 km。区间自布吉站出发后，沿龙岗大道地面辅道下方敷设，随后往东北方向拐入南门墩村及布吉新村地块内，穿越地块后往东北向拐入中兴路，沿中兴路—东西主干道下方敷设，其后从东西主干道往北拐入石芽岭信义体育公园下方，随后沿科技园路—盛宝路下方敷设到达石芽岭站。设置一处区间风井，兼做盾构接收井及盾构始发井。区间主要穿越微、中、强、全风化角岩，区间地层变化复杂多变（见图 1-4-3），采用 4 台中心螺旋机式 EPB/TBM 双模盾构进行施工，分别从中间风井、石芽岭站始发。

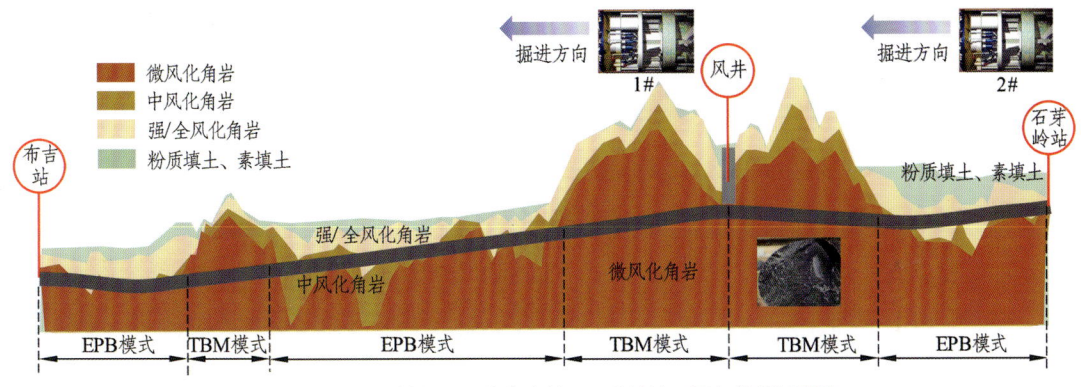

图 1-4-3 深圳地铁 14 号线布吉站—石芽岭站区间左线纵断面图

（4）深圳地铁 8 号线二期大梅沙站—小梅沙站区间左线全长 1.854 km，右线全长 1.846 km。区间线路主要沿盐梅路下方敷设，下穿山体后进入小梅沙站（见图 1-4-4）。区间拟采用 2 台 EPB/TBM 双模式掘进机从小梅沙站始发，于大梅沙站吊出。根据环控影响分析、风险源位置关系以及地质条件，在 ZDK58+370.758 m、ZDK58+733.213 m 和 ZDK59+308.637 m 处共设置 3 座联络通道，其中 2 号联络通道兼做废水泵房。区间隧道最小纵坡为 15.197‰，最大纵坡为 26.13‰。隧道主要穿越微、中、强、全风化花岗岩，粉质、砂质黏土等地层，沿线地质变化大，隧道埋深起伏大。区间采用 2 台中心螺旋机式 EPB/TBM 双模盾构机施工，从小梅沙站始发，到达大梅沙接收。

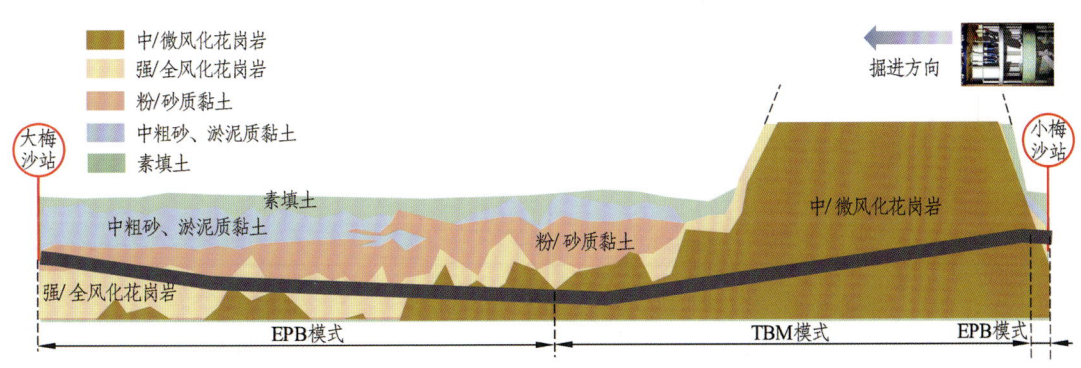

图 1-4-4 深圳地铁 8 号线二期大梅沙站—小梅沙站左线纵断面图

1.5 EPB/TBM 双模盾构的推广前景

2021 年 4 月 13 日，深圳市交通运输局发布《深圳市综合交通"十四五"规划》，树立了"到 2025 年，建成'畅达国内国际、引领湾区协同、体系融合有序、服务低碳满意'

的交通强国城市范例，初步构建融合深莞惠、连通大湾区、服务全国、辐射亚太、面向世界的国际性综合交通枢纽，基本形成体系完备、绿色智能、一体畅联、服务品质的现代化交通服务体系，为深圳全面建成现代化国际化创新型城市提供更加卓越的交通保障"的建设目标。同时，文件指出要"形成多向贯通的对外铁路通道格局，支撑深圳融入国内经济大循环"，"积极开展深圳都市圈轨道交通一体化规划研究，联合周边城市共同开展深圳都市圈轨道交通规划研究"，并明确提出"加快轨道四期、四期调整工程建设及五期建设规划编制"。根据深圳地铁四期工程及8号线二期工程16台EPB/TBM双模盾构的应用经验，EPB/TBM双模盾构具有地层适应性强、掘进效率高、施工安全性好、综合成本低、绿色低碳等显著优点，EPB/TBM双模盾构具有良好的推广应用价值。在此背景之下，继深圳地铁四期工程及8号线二期工程后，深圳地铁14号线共建管廊项目已陆续投入4台EPB/TBM双模盾构（中铁装备CREC738、739、928、1002），并规划在深圳地铁四期调整工程中的8号线三期、13号线二期（北延线）等工程中推广应用EPB/TBM双模盾构（见图1-5-1）。随着大湾区建设的快速推进，EPB/TBM双模盾构将应用到更多的城市轨道交通、城际铁路、公路项目中。

图1-5-1　深圳地铁四期调整规划线路

2021年2月24日，中共中央、国务院印发了《国家综合立体交通网规划纲要》，指出"结合未来交通运输发展和空间分布特点，将重点区域按照交通运输需求量级划分为3类：京津冀、长三角、粤港澳大湾区和成渝地区双城经济圈 4 个地区作为极，加强京津冀、长三角、粤港澳大湾区、成渝地区双城经济圈 4 极之间联系，建设综合性、多通道、立体化、大容量、快速化的交通主轴"。鉴于我国拟建的地铁、铁路、公路、市政和水利隧道数量众多，大湾区、珠三角、福州、厦门、青岛、大连等地普遍存在软硬交替地层，对 EPB/TBM 双模盾构具有巨大的工程需求，EPB/TBM 双模盾构具有广阔的应用市场和推广前景。

本章参考文献

［1］《中国公路学报》编辑部. 中国交通隧道工程学术研究综述·2022［J］. 中国公路学报，2022，35（4）：1-40.

［2］ 智研咨询. 2021—2027 年中国地铁行业发展现状调查及投资战略规划报告［R］. 中国产业调研网，2021.

［3］ 陈伟国. TBM 和 EPB 双模式可转换盾构施工技术在复合地层中的应用［J］. 路基工程，2015（3）：210-212.

［4］ 朱劲锋，廖鸿雁，袁守谦，等. 并联式泥水／土压双模式盾构施工技术与冷冻刀盘开舱技术的创新与实践［J］. 隧道建设（中英文），2019，39（7）：1187-1200.

［5］ 王以栋，陈凡，唐希刚，等. 关于青岛地铁掘进机应用选型的探讨［J］. 机械工程师，2019（7）：96-98+101.

［6］ 何川，陈凡，黄钟晖，等. 复合地层双模盾构适应性及掘进参数研究［J］. 岩土工程学报，2021，43（1）：43-52.

［7］ 孙峰梅. 双模盾构穿越大埋深软岩施工卡机风险分析及研究［J］. 铁道建筑技术，2019（5）：98-102+145.

［8］ 戴文浩，管会生. 新街煤矿斜井隧道双模式盾构选型分析［J］. 矿山机械，2015，43（10）：28-33.

［9］ 韩兵. 煤矿斜井隧道连续皮带机出渣系统选型配置［J］. 施工技术，2016，45（21）：107-110.

［10］ 隧道网. 捷克 Rokycany-Pilsen 轨交线双管隧道贯通为双模式盾构在东欧的首次应用［J］. 隧道建设（中英文），2018，38（5）：845.

［11］ CAMUS T，FONTANILLE G，ESCOLÀ O R，et al. Geotechnical risks management with dual-mode reconfigurable TBM The case study of Barcelona Metro Line 9［C］. World Transport Conference，2011.

［12］吕昭轩. 适用于双模盾构集土环系统的同步控制技术研究［J］. 施工技术，2018，47（S1）：544-546.

［13］邵根大. 泥浆密度可变的盾构在吉隆坡地铁施工中的应用［J］. 现代城市轨道交通，2015（2）：90-91.

第 2 章

EPB/TBM 双模盾构工法适应性与选型

根据国内外建成或在建的地铁隧道工程实践可以发现，单一模式掘进设备往往难以同时适应差异较大的长距离复杂地质情况。现阶段在地铁区间隧道工法比选方面，研究成果主要集中在土压平衡盾构、泥水平衡盾构、TBM掘进机等单一掘进施工工法的比较上，而针对工程及水文地质差异较大的复合地层，单一模式的掘进设备很难同时满足施工高效和安全的要求。基于此，本章以深圳市轨道交通8号线二期工程大梅沙站—小梅沙站区间、12号线怀德站—福永站区间、13号线留仙洞站—白芒站区间及白芒站—应人石站区间、14号线清水河站—布吉站区间及布吉站—石芽岭站区间共计6个区间隧道在复合地层采用EPB/TBM双模式盾构施工工法为背景，首先在第一节分析并提取了当前盾构及TBM设备的主要选型适应性指标，在第二节提出了EPB/TBM双模盾构设备的选取原则，同时选取模糊适应性评价数学理论对隧道区段的不同模式适应性进行评价，针对不同地层及不同模式的掘进适应性展开研究，最终建立了双模式EPB/TBM工法选型适应性理论体系，并基于深圳地铁具体区间工程进行案例分析。本章将从EPB/TBM工法适应性及评价指标选取、地铁区间多模式EPB/TBM选型方法、EPB/TBM选型实际应用及效能分析等方面对EPB/TBM双模盾构工法适应性与选型理论体系展开详细介绍。

2.1　EPB/TBM工法地层适应性及评价指标选取

影响EPB/TBM选型的因素较多，如工程项目的规模大小、难易程度、安全、质量、工期、造价、环境保护、文明施工、施工布置及工程地质条件等，在上述因素中，工程地质条件是不可改变的客观因素，在大多数情况下，工程地质条件是能否采用EPB/TBM进行施工的决定性因素[1]。经过大量理论研究及工程实践，单一模式的EPB/TBM选型已趋于成熟，何川[2]、曾华波[3]、杨继华[4]、尚艳亮[5]、杨志勇[6]等依托实际工程分析了土压及泥水盾构的适用性，国内外学者也针对EPB/TBM在不同地层条件下的适应性开展了大量研究，通过资料调研总结盾构及TBM的主要选型依据，下文将从地层适应性的角度分别提取土压平衡盾构模式、泥水平衡盾构模式、不同TBM模式的选型评价指标，为后续双模式EPB/TBM选型方法奠定理论基础。

2.1.1　盾构地层适应性评价指标选取

经过国内外大量工程实践应用，盾构模式选型已经基本形成以保证隧道开挖面渗流及力学稳定性为核心，以工程地质参数和水文地质参数为基础，同时以地层粒径、地层渗透系数及地下水位为主要参考依据的选型理论体系[1]，详细分析如下。

1. 以地层粒径为选型依据

地层颗粒级配是盾构选型的重要参考指标，图 2-1-1 为盾构类型与地层粒径的关系曲线，图左边区域为土压平衡盾构的适应地层，地层区域为黏土、淤泥质土及细砂，主要是由于土压平衡盾构能够及时充满土仓的各个部位以形成土塞效应，右边区域为泥水平衡盾构的适应地层，地层区域为粗砂及砂砾。

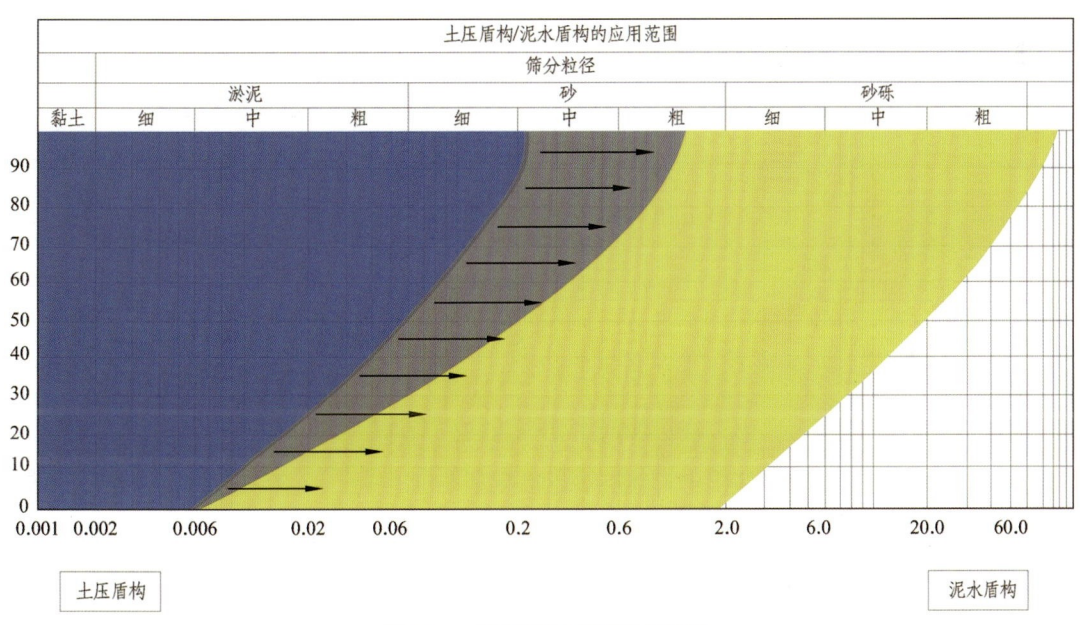

图 2-1-1　盾构类型与地层粒径关系

地层颗粒级配是盾构选型的重要参考指标，土压平衡盾构与泥水平衡盾构的分界条件一般为 40% 的粉粒和黏粒总量，土压平衡盾构适用的地层粒径范围通常在 1.5 mm 以下，泥水平衡盾构在不采用添加剂时，其适用的地层粒径范围通常为 0.01～80 mm，依据参数的现行盾构选型依据如图 2-1-2 所示。

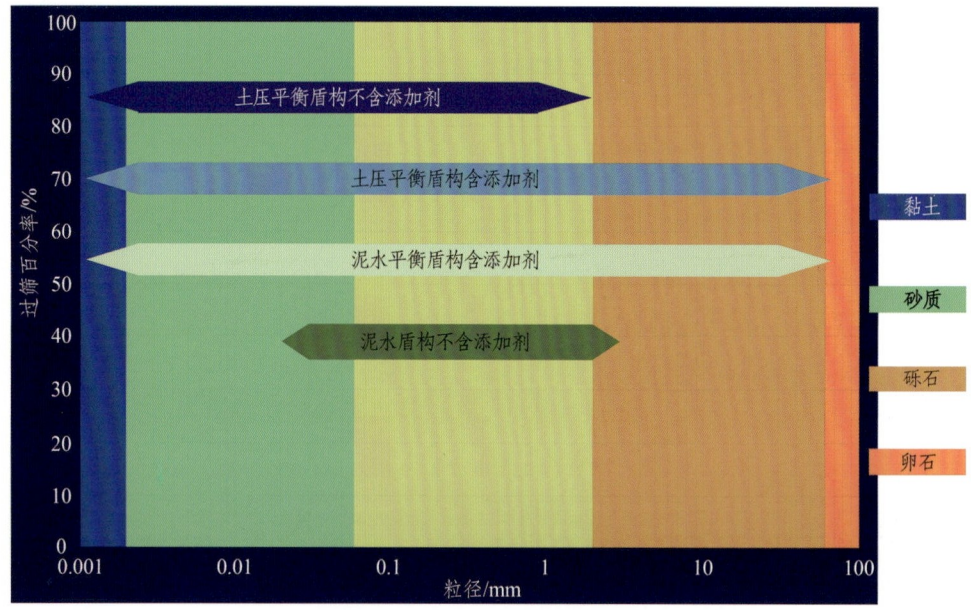

图 2-1-2 基于地层粒径的盾构选型

2. 以渗透系数为选型依据

地下水在地层中的渗透作用会导致土体中的应力变化，进而引起管涌流砂现象，因此以渗透系数为盾构选型依据具有极大的意义。图 2-1-3 为盾构类型与地层渗透系数的关系，当地层渗透系数大于 10^{-4} m/s 时，宜选用泥水平衡盾构，当地层渗透系数小于 10^{-7} m/s 时，宜选用土压平衡盾构；而实际施工中若地层渗透系数基本位于 $10^{-7} \sim 10^{-4}$ m/s 之间时，土压、泥水两种平衡模式盾构均可选用。

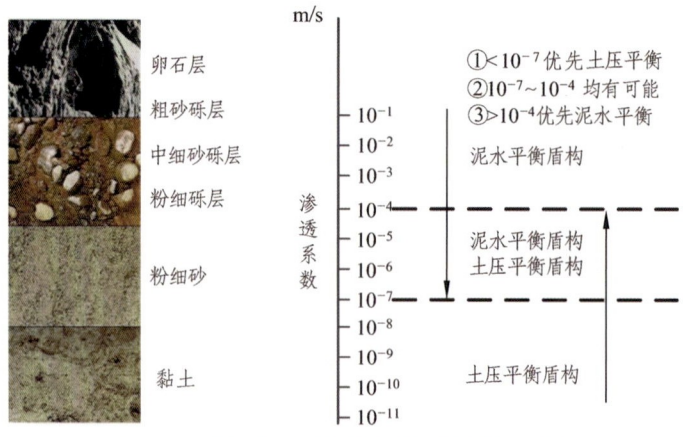

图 2-1-3 泥水和土压平衡的地层渗透性系数范围

3. 以地下水压为选型依据

一般地，当地下水压小于 0.3 MPa 时，宜选用土压平衡盾构，当地下水压大于 0.3 MPa 时，宜选用泥水平衡盾构。特殊地，在地下水压大于 0.3 MPa 仍需选用土压平衡盾构时，螺旋输送机难以形成有效的土塞效应，因此需适当增长螺旋输送机的长度从而满足施工要求。

2.1.2 TBM 地层适应性评价指标选取

从地层适应性的角度来说，TBM 掘进机主要适用于硬质岩隧道。TBM 并非适应于所有岩层，不适宜的极端不良地质条件有：塑性地压大的软弱围岩、类砂性土构成的软弱岩层、高压地下涌水地段、岩溶发育地段、极强岩爆地段、极硬岩地段等，在上述地质条件施工可能会遇到许多难题，如表 2-1-1 所示。

表 2-1-1　TBM 不适宜的地质条件及施工难题

序号	不适宜地质条件	TBM 施工难题
1	塑性地压大的软弱围岩	岩石抗压强度较低，隧道容易产生塑性变形，致使 TBM 被地层卡住
2	类砂性土构成的软弱岩层	类砂性土黏聚力小，围岩稳定性差，容易产生塌方情况，致使 TBM 掘进困难
3	高压地下涌水地段	严重的漏水、涌水将大幅度降低施工效率
4	岩溶发育地段	易发生塌方、下沉等问题，尤其是大溶洞的情况，TBM 掘进十分困难
5	极强岩爆地段	针对高地应力大埋深隧道，岩爆发生的可能性极大
6	极硬岩地段	TBM 最适宜掘进的硬岩抗压强度为 30～150 MPa，在超过 300 MPa 的岩石条件下刀具刀盘消耗过大

TBM 选型需要根据地质条件、隧道设计、施工进度等方面的要求进行综合分析，而地质条件是 TBM 选型的基础，影响 TBM 选型的地质因素主要考虑两方面，一是对 TBM 施工的地质环境适宜性，二是 TBM 掘进效率的要求。基于地层情况的 TBM 选型主要是以围岩基本质量分类为基础，以岩石强度、岩石耐磨性、岩体完整性、应力环境和不良地质等为影响因素进行综合判定。结合相关规范及资料得到 TBM 施工的适宜性分级如表 2-1-2 所示，基于地层的 TBM 选型如表 2-1-3 所示。

表 2-1-2 隧道 TBM 施工的适宜性分级

围岩类别	岩体完整性系数	岩石单轴饱和抗压强度 /MPa	围岩强度应力比	施工适宜性
I	$k_v > 0.75$	$100 < R_c \leq 150$	$S > 4$	B
		$R_c > 150$	$S < 4$	C
II	$0.55 < k_v \leq 0.75$	$100 < R_c \leq 150$	$S > 4$	B
		$R_c > 150$	$S < 4$	C
III	$0.35 < k_v \leq 0.55$	$60 < R_c \leq 100$	$S > 4$	A
			$2 < S < 4$	B
		$R_c > 100$	$S < 2$	C
IV	$0.15 < k_v \leq 0.35$	$30 < R_c \leq 60$	$S > 2$	B
		$15 < R_c \leq 60$	$S < 2$	C

表 2-1-3 基于地层的 TBM 选型

对比地层要素	敞开式 TBM	单护盾 TBM	双护盾 TBM
单轴抗压强度	50～350 MPa	< 50 MPa	30～120 MPa
地质适应情况	II、III 类围岩	软弱围岩	II、III 类围岩
施工地质描述	可直接观测洞壁岩性变化	难以量测收敛变形	难以量测收敛变形
岩层完整要求	完整	完整、破碎均可	完整、中等破碎
防范高地应力	较差	较好	较好

2.2 地铁区间多模式 EPB/TBM 选型方法

隧道掘进机根据工作模式主要分为敞开式 TBM、单护盾 TBM、双护盾 TBM、泥水平衡盾构、土压平衡盾构等。多模式隧道掘进机是能够根据地质条件在不同模式之间自如转换的一种多功能隧道掘进机。不同类型的双模 EPB/TBM 适应地层及工作特点如表 2-2-1 所示。宏观上，针对长距离、软硬不均、软硬交替等复杂地层宜选用双模 EPB/TBM，但不同的工程具有不同的地质条件、规划要求等。因此，适当地选取双模 EPB/TBM 尤为重要。

第2章 EPB/TBM双模盾构工法适应性与选型

表 2-2-1 双模 EPB/TBM 的适应地层及工作特点

双模类型	适应地层类型	主要模式工作特点
土压/TBM 双模	长距离含有岩石的混合土质中	在硬岩段采用 TBM 施工保证掘进效率,在软土采用土压模式,避免造成地表沉降和掘进效率低下、刀盘磨损大等风险
土压/泥水双模	高地下水压力下,混合土质与软土中	土压模式掘进稳定地层,降低施工成本;泥水模式掘进自稳性差的地层,保持工作面稳定,有效降低施工风险
泥水/TBM 双模	裂隙水发育硬岩及软土复合地层	围岩渗透性强,静水压力大的某些洞段采用密闭式泥水盾构,高硬度沉积岩层段采用 TBM 开挖

地铁区间隧道多模式盾构的选取需考虑以下几个方面:

第一,确定是否选取双模;

第二,选取何种双模(土压/泥水双模、EPB/TBM 双模);

第三,确定隧道各区段选取何种模式;

第四,确定是否满足模式转换下限长度的判别条件。

多模式盾构的具体选取流程如图 2-2-1 所示,主要包括 5 个步骤:

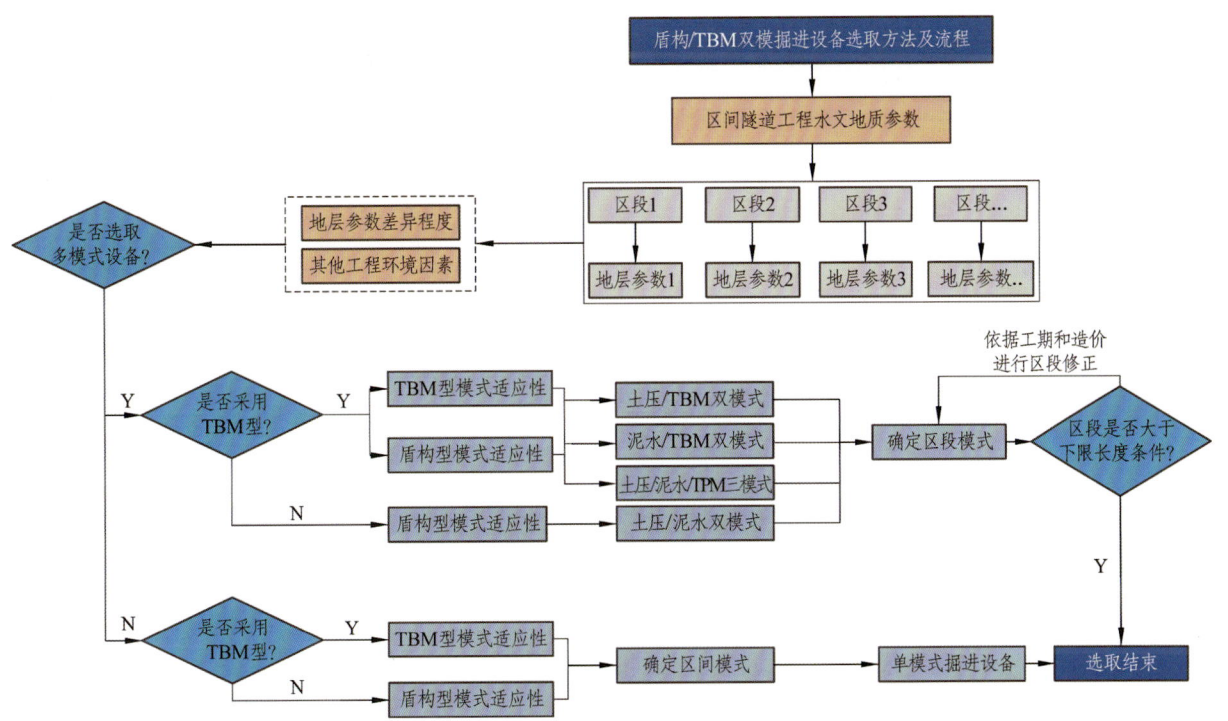

图 2-2-1 盾构/TBM 双模式掘进设备选取方法流程示意图

① 根据隧道外径、长度、埋深确定掘进机的类型；② 结合隧道沿线的地质条件，评判隧道穿越地层的工程地质条件、水文地质条件的差异程度，确定是否选取双模掘进机；③ 结合单模 EPB/TBM 的选型原则，根据地层关键参数界限值确定该隧道段选取双模掘进机的组合模式；④ 基于工期和造价两方面，分别计算隧道长度方向地层比例及拟转换段下限长度；⑤ 综合辅助工法应用及其他选型影响因素选定隧道掘进机的类型。

图 2-2-2 为分区段多模式掘进设备选取过程案例演示。

第一步，根据工程水文及地质条件，将区间隧道划分为 5 个区段，各区段内部地质情况相似，可近似为均质地层；

第二步，通过对地层参数差异程度的统计分析，判别区间隧道是否选取多模式掘进设备并初步确定其掘进设备类型：区段① 与区段③ 采用盾构型，区段②、④ 和区段⑤ 采用 TBM 型；

第三步，基于盾构机型和 TBM 型各模式适应度模糊综合评价模型，确定各区段具体采用的掘进模式：根据适应度计算，区段① 采用土压平衡模式，区段③ 采用泥水平衡模式，区段②、④ 及区段⑤ 均采用敞开式 TBM 模式；

第四步，从工期及造价两方面对各区段模式进行修正，发现区段② 的长度 b 低于区段下限长度，即在区段② 位置进行土压与敞开式 TBM 模式转换不适宜提高掘进效率和降低施工成本，故此修正区段② 为土压平衡模式。

综合上述步骤，该区间隧道区段①、② 采用土压平衡模式，区段③ 采用泥水平衡模式，区段④、⑤ 采用敞开式 TBM 模式，全线采用土压/泥水/敞开 TBM 三模式掘进设备进行施工。

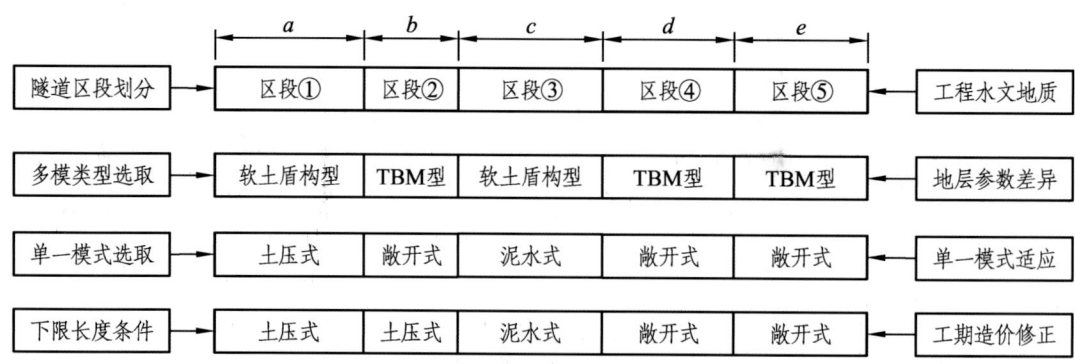

图 2-2-2 地铁区间多模式掘进设备选取案例

2.2.1 确立采用 EPB/TBM 双模设备的选取原则

宏观上，针对长距离、软岩不均、交替软硬混合地层宜选用双模式盾构，但针对不同的工程具有不同地质条件、规划要求等。因此，适当地选取双模式盾构尤为重要。通过大量的文献调研及国内外双模式盾构工程经验，确定了图 2-2-1 所示的单模／双模选型流程。在长距离复杂地层中的隧道掘进机选型，首先，应根据隧道外径、长度、埋深确定掘进机的类型；其次，结合隧道沿线的地质条件，评判隧道穿越地层的工程地质条件、水文地质条件的差异程度，确定是否选取双模掘进机；然后，结合单模 EPB/TBM 的选型原则，根据地质条件的最值确定该隧道段选取什么类型的双模掘进机；同时，综合考虑辅助工法应用及其他选型影响因素选定隧道掘进机的类型。

1. 根据地质条件选型

在既包含不稳定的软土地层又包含围岩稳定的硬岩地层的地质状况下，单纯的复合土压平衡盾构机无法满足长距离硬岩快速掘进的需求，单纯的单护盾 TBM 无法解决上软下硬复合地层中掘进面临的施工风险。

表 2-2-2 为国内已建／在建双模式盾构隧道工程地质条件的统计信息。由表 2-2-2 可知，在破碎岩层段和软硬不均段采用土压模式，在软弱土层、富水砂层及裂隙水发育的基岩地段采用泥水模式；采用土压模式掘进自稳性较强的土体，在降低施工成本的同时可以提高施工效率，采用泥水模式掘进自稳性较差的土体，使地表沉降得到有效控制，保证施工安全。

从地层参数的差异程度分析，在软硬不均复合地层中，交替地层区段之间渗透系数差异程度数量级达到 10^3，弹性模量差异程度数量级达到 10^3，单轴抗压强度差异程度数量级达到 60 MPa，上述三个条件满足其一，则该区间隧道宜选用双模式盾构的施工方法，而具体选用哪种双模盾构需结合其他地质条件（单轴抗压强度、不良地质条件等）进行综合判定，最终确定基于地质条件的双模式盾构类型。

2. 根据其他因素选型

若根据地质条件需要选取泥水 /TBM 双模，需考虑实际场地情况，对于泥水平衡式掘进机必须配套大型的泥浆处理和循环系统，若使用泥水平衡式掘进机开挖隧道，则必须为其腾出较大面积的场地。若根据地质条件需要选取土压 /TBM 双模，需考虑下穿敏感建筑物的地表沉降，及时调整掘进控制参数，必要时对地层进行预加固。在根据工期造价计算长度方向地层比例及拟转换段下限长度之后，局部地层参数差异较大且长度小于下限长度的区段，可仍采用单一模式结合一定的辅助工法进行施工。此外，掘进机选择还涉及环境污染程度以及邻近建筑物的安全，因此选用一种合适的掘进设备是工程成败的关键，双模 EPB/TBM 的选取更需要考虑两种不同模式对其他影响因素的适应性。

表 2-2-2　已建 / 在建双模式盾构隧道工程地质条件统计

区间隧道工程	长度/km	双模类型	穿越主要地层	其他地质风险因素	渗透系数差异	弹性模量差异	地层饱和单轴抗压强度范围/MPa
南宁地铁 5 号线五一立交站—新阳站	2.10	土压/泥水双模	圆砾、泥岩	下穿邕江	10^3	10^2	0.97～3.15
佛莞城际铁路狮子洋隧道	4.90	土压/泥水双模	富水砂层、石英砂岩、泥岩	局部岩层破碎带	10^1	10^3	18.2～48.2
广州地铁 9 号线花都汽车城站—广州北站	1.68	土压/泥水双模	砂层、灰岩、复合地层	溶洞发育	10^0	10^3	23.1～92.8
珠三角广佛环线大石站—科学中心站	9.24	土压/泥水双模	泥质砂岩、粉砂岩、粉砂质泥岩	下穿珠江	10^2	10^1	10.0～110
广佛环线大源站—太和站区间	6.14	土压/TBM双模	片麻岩、炭质板岩、粉砂岩	下穿打石窿水库	10^4	10^1	10.0～100
福州地铁 4 号线林浦站—城门站	2.17	土压/TBM双模	粉质黏土、微风化凝灰熔岩	长距离极硬岩	10^1	10^4	66.7～200
南京地铁机场线 1 号风井—禄口机场	1.99	土压/TBM双模	粉质黏土、强中微风化安山岩	下穿机场滑行道	10^1	10^4	20.0～130
神华新街台格庙矿区 1 号斜井主井	6.53	土压/TBM双模	砂岩、砂卵石、泥岩	局部易坍塌煤层	10^4	10^0	20.0～60.0

综上，基于地质条件的双模 EPB/TBM 选型需根据地层参数差异程度确定是否选取双模式掘进设备，具体选取过程如图 2-2-3 所示，关键看单模式掘进设备能否同时满足安全和掘进效率的要求，而具体选取何种类型的双模模式则需结合单一模式选型原则，根据地层关键参数界限值进行判定，同时考虑沿线不良地质条件与工程建设控制要求。

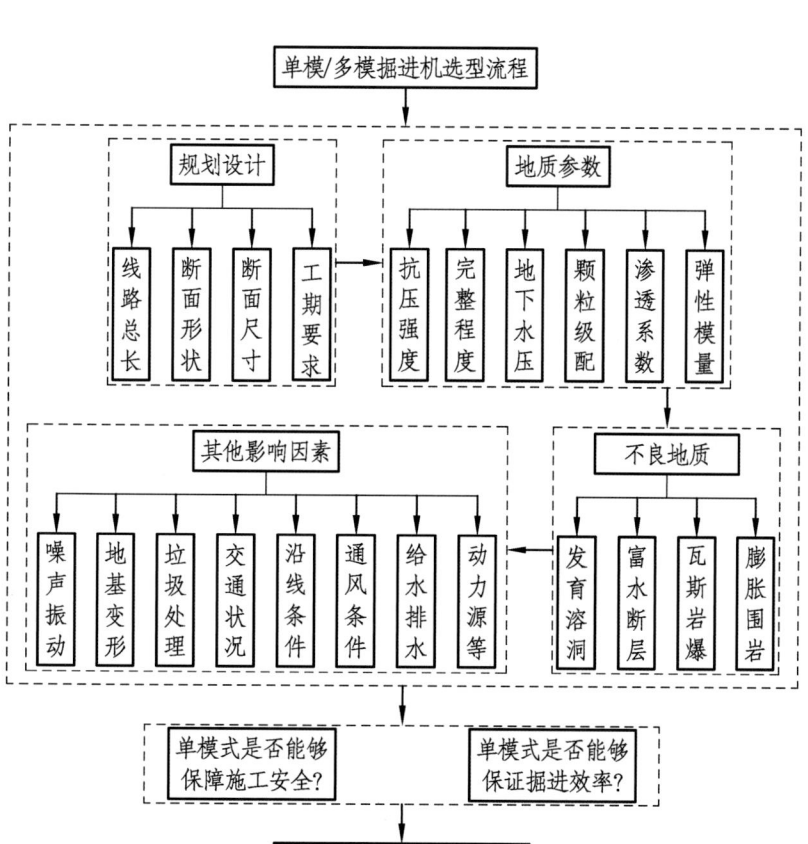

图 2-2-3　单模/多模掘进机选型流程示意图

2.2.2　隧道区段模式适应性评价方法选取

当前，适应性评价的方法有很多种，包括模糊理论、层次分析、灰色评价、神经网络、蒙特卡洛等。不同适应性评价方法适应于解决不同的评价问题，如表2-2-3所示，需选取适宜的评价方法，从而确保问题的科学评估及方案决策。

区间隧道不同区段选择不同模式的适应度受多个因素的影响，如地质条件、工程造价、施工安全、施工工期等，而这些因素大都具有不确定性、多样性的特点，此外上述因素基本都可以按类别、层次进行划分。因此，在隧道区段模式适应度评价中，既要兼顾各个因素的反映特性，又要综合考虑全部因素的影响，而常规的定性或半定量的评价方法很难同时满足上述要求，无法准确、科学地对模式适应度进行评判。

隧道各区段的模式适应度评价受到众多因素影响且难以直接观测，选取过程复杂且具有模糊性、不确定性等特点。因此，在隧道区段模式适应度评价中，需要遵循全面性和关键性的原则,将各影响因素按层次进行划分,从施工安全、掘进效率和项目造价等各个方面选取切合的评价指标并进行量化分析。模糊综合评价方法(Fuzzy Comprehensive Assessment)在处理复杂的多指标评价问题上具有优越性,能够综合反映多个因素的影响效果,在地下工程规划和决策评价等领域取得广泛应用。鉴于此,笔者采用模糊综合评价方法对隧道区段不同模式的适应性进行评价。

表 2-2-3 适应性评价方法优缺点

评价方法	方法优点	方法缺点
德尔菲法	减少权威带来的影响,意见修改的时间充足	意见函询缺乏交流,且专家易固执己见
事件数法	层次清晰,可多阶段多因素进行全过程分析	难以定量分析,不能讨论条件独立关系
层次分析	系统评价层次清晰,可形象具体地呈现数据	不能形成独立方案,评价过程主观性强
灰色评价	运算简便,适用性强	关联度为正值,难以全面反映对象本身
神经网络	学习能力较强,并行性及抗故障性较好	需要大量的样本数据,计算量较大
蒙特卡洛	适用于存在随机变量及任何分布的计算	不确定因素的概率分布难以获取,未考虑指标间的影响

在模糊综合评价体系中,首先需确定各影响因素的权重集 A。针对模糊评价的权重选取,常用如专家打分、因素敏感度法和统计影射法等方法,但都不可避免会受到主观因素的影响。本书采用层次分析法(Analytic Hierarchy Process,AHP)针对不同层次的组成因素进行线性代数运算,最终获得每个因素的权重,其计算过程主要包括:建立层次递阶结构、构造因素判断矩阵、确定指标权重及一致性检验。AHP 兼具定性和定量分析且直观实用,对不同类型问题具有广泛适应性,现已普遍应用于隧道可靠度分析、隧道施工安全风险评估、隧道线路选取等方面,并都取得了较为理想的效果。

1. 模糊综合评价模型计算过程

模糊综合评价是基于模糊数学理论的综合评价方法,同时考虑了多个因素的影响。经过大量的实践与应用,模糊综合评价已经应用到规划、选择、决策等多个领域,能较好地解决涉及多个因素的复杂问题。根据模糊数学理论，通过隶属度描述信息的模糊化，不是非0（假）即1（真）、非1（真）即0（假）的确定逻辑描述，而是一种介于[0，1]即真假之间的多值逻辑描述，难以通过经典数学模型对该因素进行确定、统一的描述。模糊综合评价模型的计算过程主要包括：建立因素集、建立评语集、建立权重集、因素隶属度集和模糊综合评价。

2. 隶属度函数的确定

模糊综合评价的关键在于隶属度的确定，隶属度直接关系到数据的模糊化及其实际情况，直接影响了模糊综合评价结果的科学性、可靠性、客观性，通常用隶属度函数来刻画评判因素与评判等级之间的隶属度。隶属度函数不能随意捏造，需结合影响因素的性质，同时结合大量工程数据的统计结果和研究人员的主观判断。在确定隶属函数时，研究人员需要详细研究评价指标的分布规律，分析评价对象与评价指标之间的内部联系，结合研究人员长期以来积累的经验，考虑引入一些特殊的数学方法，如模糊统计试验、模糊运算、逻辑推理、概率统计等，但必须考虑到客观实际，不能与评价指标本身特性相违背，若出现一定偏差，需要进行及时的修正。

通常隶属函数可以根据评价指标的本身分布特性构造，从常见的模糊分布函数中选择，如简单的矩形分布、三角分布、梯形分布，此外有抛物线分布、柯西分布、正太分布以及岭形分布等，常见隶属度函数如表 2-2-4 所示。

表 2-2-4 常见隶属度函数

三角形	偏小半梯形	偏大半梯形
$U(x)=\begin{cases} \dfrac{x-a_1}{a_2-a_1} & a_1<x\leqslant a_2 \\ 0 & x\leqslant a_1;x\geqslant a_3 \\ \dfrac{x-a_2}{a_3-a_2} & a_2<x\leqslant a_3 \end{cases}$	$U(x)=\begin{cases} 1 & x\leqslant a_1 \\ \dfrac{a_2-x}{a_2-a_1} & a_1<x<a_2 \\ 0 & x\geqslant a_2 \end{cases}$	$U(x)=\begin{cases} 0 & x\leqslant a_1 \\ \dfrac{a_2-x}{a_2-a_1} & a_1<x<a_2 \\ 1 & x\geqslant a_2 \end{cases}$

3. 指标权重确定方法

评价因素对评价对象的重要程度称为权重集，模糊性较强，可以视为因素集对"重要"的模糊子集，采用纯数学的方法是难以精确得到的，如统计影射法、专家打分法、因素敏感度法等确定权重集的方法，一定程度上会受到人为因素的影响。而层次分析法简单、明确，且层次清晰、思路明了、过程简便、实用性强，是一种得到广泛应用的权重集确定方法，为此，采用层次分析法对权重集进行确定。

层次分析法（AHP）是一种多准则决策方法，可以把一个复杂的问题分解为多个具有不同层次、不同类别的组成因素，然后判别同层次、同类别元素的相对重要程度，此时需要构造两两比较矩阵，通过线性代数知识计算每个因素的权重。AHP简单、实用，能全面综合地考虑定性因素与定量因素，既运用了数学方法解决实际问题，同时结合了研究人员的主观判断，对不同类型问题的权重确定均较为适用。AHP主要包括：建立层次递阶结构、构造因素判断矩阵、确定指标权重及一致性检验。表2-2-5为层次分析1~9标度含义。

表2-2-5　层次分析1~9标度含义

标度	含义
1	针对两个评价因素，具有相同的重要程度
3	针对两个评价因素，某一个评价因素比另一个评价因素稍微重要
5	针对两个评价因素，某一个评价因素比另一个评价因素明显重要
7	针对两个评价因素，某一个评价因素比另一个评价因素强烈重要
9	针对两个评价因素，某一个评价因素比另一个评价因素极端重要
2、4、6、8	在以上两判断之间进行取值

2.2.3　盾构模式适应度模糊综合评价

根据各个区段的地质条件差异程度和其他施工环境因素确定所分区段选用软土盾构型和TBM型施工设备后，分别对这两类区段进行不同模式的适应性评价，即软土盾构型区段进行泥水、土压模式的比选；TBM型区间进行敞开式、单护盾及双护盾模式的适应性比选；具体步骤包括建立评价指标体系，设立各指标隶属函数矩阵，再基于AHP得到不同模式各指标因素权重，最终建立软土盾构型各模式及TBM型各模式的模糊综合适应性评价模型，具体区段适应性流程如图2-2-4所示。

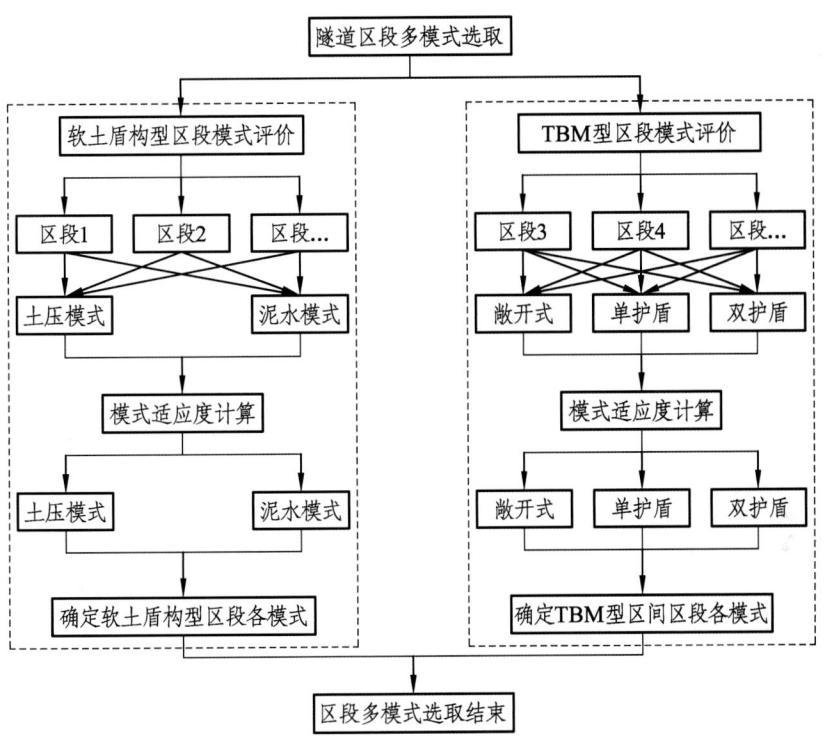

图 2-2-4 各区段模式选取流程图

1. 适应性评价指标体系

针对土压/泥水双模，在前述单一模式选型依据的基础上，完善已有盾构工法相关评价指标体系，建立区段模式适应性评价指标体系，以模式适应度为目标层，以场地占用、地表沉降、渗透系数、细粒含量、地下水压、掘进效率、建设成本为指标层，如图 2-2-5 所示。

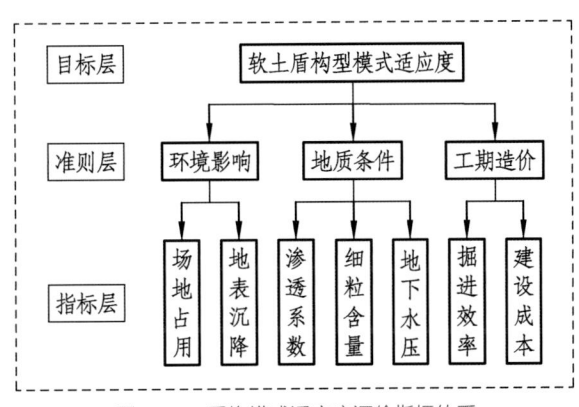

图 2-2-5 盾构模式适应度评价指标体系

2. 适应性评价隶属度函数

由于指标体系中渗透系数、细粒含量、地下水压对于不同地质条件的隧道是不确定的，因此采用模糊综合评判的方法建立隶属度函数，如表 2-2-6 所示。由于场地占用、地表沉降、掘进效率、建设成本 4 个评价指标对于某一确定的区段对应一个确定的值，因此为单值型，将在后文工程应用中详细阐述。

表 2-2-6 土压、泥水模式各指标的隶属度函数

评价指标	土压模式	泥水模式
渗透系数	$u_{2,1}(x)=\begin{cases} 1 & x<10^{-7} \\ \dfrac{10^{-4}-x}{10^{-4}-10^{-7}} & 10^{-7}\leqslant x<10^{-4} \\ 0 & x>10^{-4} \end{cases}$	$u_{2,2}(x)=\begin{cases} 1 & x>10^{-7} \\ \dfrac{x-10^{-7}}{10^{-4}-10^{-7}} & 10^{-7}\leqslant x<10^{-4} \\ 0 & x<10^{-4} \end{cases}$
细粒含量	$u_{2,1}(x)=\begin{cases} \dfrac{x}{0.4} & x<0.4 \\ 1 & x\geqslant 0.4 \end{cases}$	$u_{2,2}(x)=\begin{cases} 1 & x<0.4 \\ \dfrac{0.6-x}{0.6-0.4} & 0.4<x<0.6 \\ 0 & x>0.6 \end{cases}$
地下水压	$u_{2,1}(x)=\begin{cases} 1 & x<0.3 \\ \dfrac{0.4-x}{0.4-0.3} & 0.3<x<0.4 \\ 0 & x\geqslant 0.4 \end{cases}$	$u_{2,2}(x)=\begin{cases} \dfrac{x}{0.3} & x<0.3 \\ 1 & x\geqslant 0.3 \end{cases}$

2.2.4 TBM 模式适应度模糊综合评价

1. 适应性评价指标体系

根据多模式盾构选取原则建立过程，若确定该区间隧道需要选取 EPB/TBM 双模，对于土层段按照土压/泥水模式的选取过程进行，而对于岩层段需要考虑敞开式、单护盾、双护盾三种模式，根据前述的 TBM 选型依据，建立区段模式适应性评价指标体系，以模式适应度为目标层，以抗压强度、断层破碎、完整程度、岩爆程度、掘进效率、建设成本为指标层，如图 2-2-6 所示。

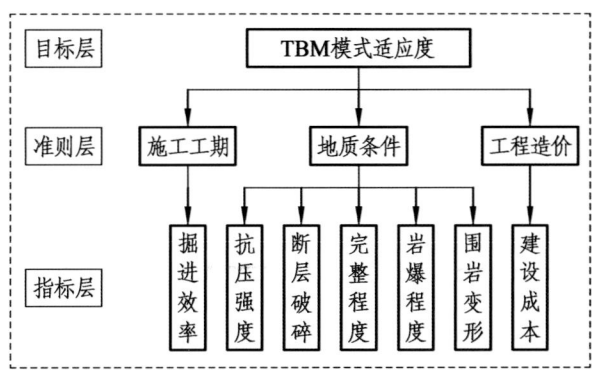

图 2-2-6 TBM 模式适应度评价指标体系

2. 适应性评价隶属度函数

由于指标体系中抗压强度、断层破碎、完整程度、岩爆程度、围岩变形对于不同地质条件的隧道是不确定的,因此采用模糊综合评判的方法建立隶属度函数。由于掘进效率、建设成本两个评价指标对于某一确定的区段(即确定的地层条件)对应一个确定的值,因此为单值型,将在后文工程应用中详细阐述。结合敞开式、单护盾、双护盾三种模式各指标的适应度描述及前述不同 TBM 模式的地层适应性,在已有研究成果的基础上进行适当修正和完善,增加不同模式对完整性系数的隶属度函数,得到敞开式、单护盾、双护盾模式各指标隶属度函数如表 2-2-7 所示。

表 2-2-7 敞开式、单护盾、双护盾模式各指标的隶属度函数

评价指标	敞开式	单护盾	双护盾
抗压强度	$u_{2,1}(x)=\begin{cases} 0 & x<30 \\ \dfrac{x-30}{50-30} & 30 \leqslant x<50 \\ 1 & 50 \leqslant x<150 \\ \dfrac{250-x}{250-150} & 150 \leqslant x<250 \\ 0 & x \geqslant 250 \end{cases}$	$u_{2,2}(x)=\begin{cases} 0 & x<5 \\ \dfrac{x-5}{10-5} & 5 \leqslant x<10 \\ 1 & 10 \leqslant x<60 \\ \dfrac{120-x}{120-60} & 60 \leqslant x<120 \\ 0 & x \geqslant 120 \end{cases}$	$u_{2,3}(x)=\begin{cases} 0 & x<10 \\ \dfrac{x-10}{30-10} & 10 \leqslant x<30 \\ 1 & 30 \leqslant x<100 \\ \dfrac{140-x}{140-100} & 100 \leqslant x<140 \\ 0 & x \geqslant 140 \end{cases}$
断层破碎	$u_{2,1}(x)=\begin{cases} 1 & x<5 \\ \dfrac{40-x}{40-5} & 5 \leqslant x<40 \\ 0 & x \geqslant 40 \end{cases}$	$u_{2,2}(x)=\begin{cases} 1 & x<2 \\ \dfrac{15-x}{15-2} & 2 \leqslant x<15 \\ 0 & x \geqslant 15 \end{cases}$	$u_{2,3}(x)=\begin{cases} 1 & x<5 \\ \dfrac{30-x}{30-5} & 5 \leqslant x<30 \\ 0 & x \geqslant 30 \end{cases}$

续表

评价指标	敞开式	单护盾	双护盾
完整程度	$u_{2,1}(x)=\begin{cases}0 & x<0.35\\ \dfrac{x-0.35}{0.55-0.35} & 0.35\leqslant x<0.55\\ 1 & 0.55\leqslant x<0.75\\ \dfrac{0.85-x}{0.85-0.75} & 0.75\leqslant x<0.85\\ 0 & x\geqslant 0.85\end{cases}$	$u_{2,2}(x)=\begin{cases}0 & x<0.15\\ \dfrac{x-0.15}{0.45-0.15} & 0.15\leqslant x<0.45\\ 1 & 0.45\leqslant x<0.75\\ \dfrac{0.85-x}{0.85-0.75} & 0.75\leqslant x<0.85\\ 0 & x\geqslant 0.85\end{cases}$	$u_{2,3}(x)=\begin{cases}0 & x<0.35\\ \dfrac{x-0.35}{0.45-0.35} & 0.35\leqslant x<0.45\\ 1 & 0.45\leqslant x<0.75\\ \dfrac{0.85-x}{0.85-0.75} & 0.75\leqslant x<0.85\\ 0 & x\geqslant 0.85\end{cases}$
岩爆程度	$u_{2,1}(x)=\begin{cases}1 & x<0.2\\ \dfrac{0.55-x}{0.55-0.2} & 0.2\leqslant x<0.55\\ 0 & x\geqslant 0.55\end{cases}$	$u_{2,2}(x)=\begin{cases}1 & x<0.3\\ \dfrac{0.55-x}{0.55-0.3} & 0.3\leqslant x<0.55\\ 0 & x\geqslant 0.55\end{cases}$	$u_{2,3}(x)=\begin{cases}1 & x<0.3\\ \dfrac{0.55-x}{0.55-0.3} & 0.3\leqslant x<0.55\\ 0 & x\geqslant 0.55\end{cases}$
围岩变形	$u_{2,1}(x)=\begin{cases}0 & x<0.25\\ \dfrac{x-0.25}{1-0.25} & 0.25\leqslant x<1\\ 1 & x\geqslant 1\end{cases}$	$u_{2,2}(x)=\begin{cases}0 & x<0.5\\ \dfrac{x-0.5}{1-0.5} & 0.5\leqslant x<1\\ 1 & x\geqslant 1\end{cases}$	$u_{2,3}(x)=\begin{cases}0 & x<0.5\\ \dfrac{x-0.5}{1-0.5} & 0.5\leqslant x<1\\ 1 & x\geqslant 1\end{cases}$

表 2-2-8 为敞开式、单护盾、双护盾模式各指标适应度描述，由表可知，针对抗压强度、断层破碎、完整程度、岩爆程度、围岩变形评价指标，分别采用饱和单轴抗压强度、破碎带宽度、完整性系数、初始应力水平、围岩分级进行刻画。

表 2-2-8 敞开式、单护盾、双护盾模式各指标适应度描述

评价指标	指标衡量	适应性描述
抗压强度	饱和单轴抗压强度	根据统计资料，敞开式 TBM 的适用范围为 30～150 MPa，双护盾 TBM 的适用范围为 10～100 MPa，单护盾 TBM 的适用范围为 10～60 MPa
断层破碎	破碎带宽度	宽度小于 2 m，可忽略不计，宽度小于 5 m，可采用小行程、低转速的方式快速掘进，宽度 10～40 m，灌浆预处理后再缓慢掘进通过，宽度大于 40 m，耗时较长，适应性差
完整程度	完整性系数	敞开式 TBM 适用于完整岩层，单护盾 TBM 完整、破碎均可，双护盾 TBM 适用于完整、中等破碎岩层
岩爆程度	初始应力水平	敞开式 TBM 施工封闭性较差，抵抗岩爆危害的程度较弱，护盾式 TBM 护盾较长，施工封闭性较好，认为 IV 级以上岩爆无法抵抗
围岩变形	围岩分级	围岩分级 I、II、III、IV 对应围岩变形为适应、一般适应、不适应

2.2.5 基于工期造价修正选型

在完成双模类型选取、单一模式选取两大步骤后,针对地铁区间隧道各区段采用何种具体的模式已得到确定,但实际施工过程中,往往以施工工期及工程造价为衡量工程效益的决定性指标,已经确定了掘进模式的隧道区段可能会存在掘进长度较短的情况,由此带来的模式转换时间却超过了掘进时间,此时则需要考虑是否转换。为此,分别建立基于施工工期、工程造价的等式关系,确定不同模式之间的临界地层比例及拟转换段下限长度,如图 2-2-7 所示,分别考虑土压式/泥水式、土压式/敞开式、土压式/护盾式、泥水式/敞开式、泥水式/护盾式五种类型,计算不同模式对应区段的地层比例、拟转换段下限长度,对小于下限长度的区段进行二次修正选型。

以隧道沿长度方向大致分为两类地层为例,如图 2-2-7 所示,隧道全长为 L,其中地层①长度为 x,地层②长度为 y,针对土压式、泥水式、敞开式、单护盾、多护盾五种模式选取两种进行施工,针对任意的两种模式,定义模式①在地层①、地层②中的掘进速度分别为 v_1、v_2,模式②在地层①、地层②中的掘进速度分别为 v_3、v_4,两种模式之间的转换工期为 t_z,转换次数为 n,衬砌环幅宽为 l,模式①在地层①、地层②中的单位里程工程造价分别为 w_1、w_2,模式②在地层①、地层②中单位里程工程造价分别为 w_3、w_4,单次模式转换工费为 w_z。

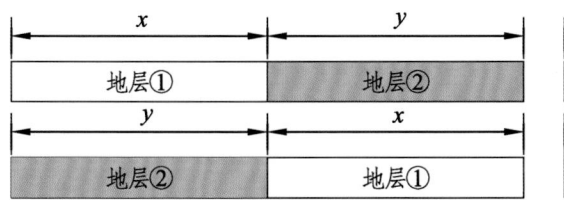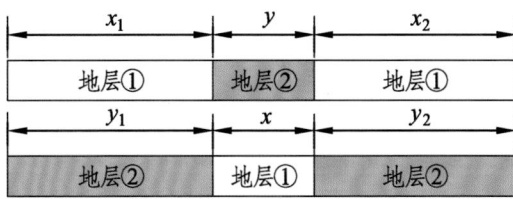

图 2-2-7 隧道沿长度方向地层划分示意

1. 根据工期修正选型

全线采用模式①施工,则施工工期为:

$$T_1 = \frac{x}{v_1 \times l} + \frac{y}{v_2 \times l} \quad (2\text{-}2\text{-}1)$$

全线采用模式②施工,则施工工期为:

$$T_2 = \frac{x}{v_3 \times l} + \frac{y}{v_4 \times l} \quad (2\text{-}2\text{-}2)$$

全线采用双模式施工，则施工工期为：

$$T_3 = \frac{x}{v_1 \times l} + \frac{y}{v_4 \times l} + n \times t_z \quad (2\text{-}2\text{-}3)$$

以全线采用模式①施工和全线采用模式②施工两种情况建立等式关系，此时地层①与地层②的长度之比为双模盾构施工的临界条件，即：

$$T_1 = \frac{x}{v_1 \times l} + \frac{y}{v_2 \times l} = T_2 = \frac{x}{v_3 \times l} + \frac{y}{v_4 \times l} \quad (2\text{-}2\text{-}4)$$

求解上式，得到若采用双模式施工 x 与 y 的最优比例关系为：

$$\frac{x}{y} = \frac{v_1 v_3}{v_2 v_4} \times \frac{v_2 - v_4}{v_3 - v_1} \quad (2\text{-}2\text{-}5)$$

以全线采用模式①施工和全线采用双模式施工两种情况的工期建立等式关系，此时地层②的长度即为是否采用双模式的下限长度，即：

$$\frac{x}{v_1 \times l} + \frac{y}{v_2 \times l} = \frac{x}{v_1 \times l} + \frac{y}{v_4 \times l} + n \times t_z \quad (2\text{-}2\text{-}6)$$

求解上式，得到若采用双模式施工地层②的下限长度 y 为：

$$y = \frac{n t_z v_2 v_4 l}{v_4 - v_2} \quad (2\text{-}2\text{-}7)$$

以全线采用模式②施工和全线采用双模式施工两种情况的工期建立等式关系，此时地层①的长度即为是否采用双模式的下限长度，即：

$$\frac{x}{v_3 \times l} + \frac{y}{v_4 \times l} = \frac{x}{v_1 \times l} + \frac{y}{v_4 \times l} + n \times t_z \quad (2\text{-}2\text{-}8)$$

求解上式，得到若采用双模式施工地层①的下限长度 x 为：

$$x = \frac{n t_z v_1 v_3 l}{v_1 - v_3} \quad (2\text{-}2\text{-}9)$$

2. 根据造价修正选型

全线采用模式①施工，则工程造价为：

$$W_1 = w_1 x + w_2 y \quad (2\text{-}2\text{-}10)$$

全线采用模式② 施工，则工程造价为：

$$W_2 = w_3 x + w_4 y \quad (2\text{-}2\text{-}11)$$

全线采用双模式施工，则工程造价为：

$$W_3 = w_4 y + w_1 x + n \times w_z \quad (2\text{-}2\text{-}12)$$

以全线采用模式① 施工和全线采用模式② 施工两种情况建立等式关系，此时地层① 与地层② 的长度之比为双模盾构施工的临界条件，即：

$$w_1 x + w_2 y = w_3 x + w_4 y \quad (2\text{-}2\text{-}13)$$

求解上式，得到若采用双模式施工 x 与 y 的最优比例关系为：

$$\frac{x}{y} = \frac{w_2 - w_4}{w_3 - w_1} \quad (2\text{-}2\text{-}14)$$

以全线采用模式② 施工和全线采用双模式施工两种情况在拟转换段的造价建立等式关系，此时地层① 的长度即为是否采用双模式的下限长度，即：

$$w_3 x = w_1 x + n \times w_z \quad (2\text{-}2\text{-}15)$$

求解上式，得到若采用双模式施工地层① x 的下限长度为：

$$x = \frac{n w_z}{w_3 - w_1} \quad (2\text{-}2\text{-}16)$$

以全线采用模式① 施工和全线采用双模式施工两种情况在拟转换段的造价建立等式关系，此时地层② 的长度即为是否采用双模式的下限长度，即：

$$w_2 y = w_4 y + n \times w_z \quad (2\text{-}2\text{-}17)$$

求解上式，得到若采用双模式施工地层② y 的下限长度为：

$$y = \frac{n w_z}{w_2 - w_4} \quad (2\text{-}2\text{-}18)$$

2.3 EPB/TBM 双模设备选型及应用分析

2.3.1 深圳地铁 14 号线布石区间隧道掘进设备选型计算

根据前述多模式盾构选型原则及方法，首先对深圳地铁 14 号线布吉站—石芽岭站区间隧道进行区段划分，分类统计各区段工程地质参数、水文地质参数，结合区间中部盾构始发风井，综合考虑模式转换施工效率和经济性，大致将隧道划分为若干区段，并详细分析了各类典型地层的盾构设备适应性选型过程。

鉴于深圳地铁 14 号线布吉站—石芽岭站区间隧道，微风化角岩天然单轴抗压强度最大值为 165 MPa，渗透系数差异较小，但因全线岩层的风化程度不一，使得单轴抗压强度差异达到 60 MPa 以上，因此可选用 EPB/TBM 双模盾构，而具体选取哪种盾构模式及 TBM 模式将在下文详细阐述。针对区段 1、区段 3、区段 5、区段 8、区段 9 确定具体的盾构模式，针对区段 2、区段 4、区段 6、区段 7 确定具体的 TBM 模式，地质条件指标数据如表 2-3-1、表 2-3-2 所示，盾构区段各模式掘进效率、建设成本评价指标如表 2-3-3 所示。

表 2-3-1　中风化、强风化、全风化角岩地层参数统计

地层参数	区段 1	区段 3	区段 5	区段 8	区段 9
	强风化	中风化	中风化	强风化	全风化
抗压强度 /MPa	—	13.5	13.5	—	—
渗透系数 /（m/s）	1.736×10^{-5}	2.315×10^{-5}	2.315×10^{-5}	1.736×10^{-5}	5.787×10^{-6}
细粒含量 /%	0.64	0	0	0.64	0.72
地下水压 /MPa	0.10	0.05	0.05	0.12	0.08

表 2-3-2　微风化角岩地层参数统计

地层参数	区段 2	区段 4	区段 6	区段 7
	微风化	微风化	微风化	微风化
抗压强度 /MPa	110	90	120	120
断层破碎 /m	0	0	0	0
完整性系数	0.49	0.45	0.55	0.55
岩爆程度	0.24	0.20	0.30	0.30

表 2-3-3　掘进效率、建设成本评价指标数据

指标	中风化		强风化		全风化	
	土压	泥水	土压	泥水	土压	泥水
掘进效率 /（环/天）	5	4	6	5	7	6
建设成本 /（万元/延米）	5	5.5	4.5	5	4	4.5

将表 2-3-1 中的指标数据按照隶属度函数计算不同模式的隶属度值，同时对表 2-3-3 中的指标数据进行一致化、归一化处理，最终汇总得到各区段评价指标隶属度，如表 2-3-4 所示。

表 2-3-4 各区段评价指标隶属度

指标	区段 1 强风化		区段 3 中风化		区段 5 中风化		区段 8 强风化		区段 9 全风化	
	土压	泥水	土压	泥水	土压	泥水	土压	泥水	土压	泥水
场地占用	1	0.6	1	0.6	1	0.6	1	0.6	1	0.6
地表沉降	0.800	1	0.667	1	0.667	1	0.800	1	0.833	1
渗透系数	0.828	0.172	0.769	0.231	0.769	0.231	0.828	0.172	0.943	0.057
细粒含量	1	0	0	1	0	1	1	0	1	0
地下水压	1	0.333	1	0.167	1	0.167	1	0.400	1	0.267
掘进效率	1	0.833	1	0.800	1	0.800	1	0.833	1	0.857
建设成本	1	0.900	1	0.909	1	0.909	1	0.900	1	0.889

运用模糊综合评价对各区段模式适应度进行计算，针对区段 1，土压模式的适应度为 0.784，采用泥水模式的适应度为 0.311；区段 3 采用土压模式适应度为 0.584，采用泥水模式的适应度为 0.480；针对区段 5 采用土压和泥水模式的适应度分别为 0.584、0.480；针对区段 8 分别为 0.784、0.318；针对区段 9 分别为 0.823、0.271。根据最大隶属度原则，深圳地铁 14 号线布吉站—石芽岭站区间隧道区段 1、区段 3、区段 5、区段 8、区段 9 均采用土压模式是最为适应的。

针对区段 2、区段 4、区段 6、区段 7 确定具体的 TBM 模式，地质条件指标数据如表 2-3-2 所示，掘进效率、建设成本评价指标数据如表 2-3-5 所示。

表 2-3-5 微风化岩层掘进效率、建设成本评价指标数据

指标	敞开式	单护盾	双护盾
掘进效率/（环/天）	4	3	4
建设成本/（万元/延米）	5.5	6	6.5

将表 2-3-2 中的指标数据按照隶属度函数计算不同模式的隶属度值，同时对 2-3-5 中的指标数据进行一致化、归一化处理，最终汇总得到各区段评价指标隶属度，如表 2-3-6、表 2-3-7 所示。

表 2-3-6　区段 2、区段 4 评价指标隶属度

指标	区段 2			区段 4		
	敞开式	单护盾	双护盾	敞开式	单护盾	双护盾
掘进效率	1	0.750	1	1	0.750	1
抗压强度	1	0.167	0.75	1	0.5	1
断层破碎	1	1	1	1	1	1
完整程度	0.7	1	1	0.5	1	1
岩爆程度	0.886	1	1	1	1	1
围岩变形	0.333	0	0	0.667	0.5	0.5
建设成本	1	0.923	0.846	1	0.923	0.846

表 2-3-7　区段 6、区段 7 评价指标隶属度

指标	区段 6			区段 7		
	敞开式	单护盾	双护盾	敞开式	单护盾	双护盾
掘进效率	1	0.750	1	1	0.750	1
抗压强度	1	0	0.5	1	0	0.5
断层破碎	1	1	1	1	1	1
完整程度	1	1	1	1	1	1
岩爆程度	0.714	1	1	0.714	1	1
围岩变形	0	0	0	0	0	0
建设成本	1	0.923	0.846	1	0.923	0.846

运用模糊综合评价对各区段模式适应度进行计算，针对区段 2，采用敞开式、单护盾、双护盾的适应度分别为 0.914、0.674、0.797，区段 4 分别为 0.925、0.777、0.913，区段 6 分别为 0.909、0.640、0.742，区段 7 分别为 0.909、0.640、0.742。根据最大隶属度原则，深圳地铁 14 号线布吉站—石芽岭站区间隧道区段 2、区段 4、区段 6、区段 7 均采用敞开模式是最为适应的。综上所述，深圳地铁 14 号线布吉站—石芽岭站区间隧道区段 1、区段 3、

区段 5、区段 8、区段 9 均采用土压模式，区段 2、区段 4、区段 6、区段 7 均采用敞开模式，模式选取结果如图 2-3-1 所示。

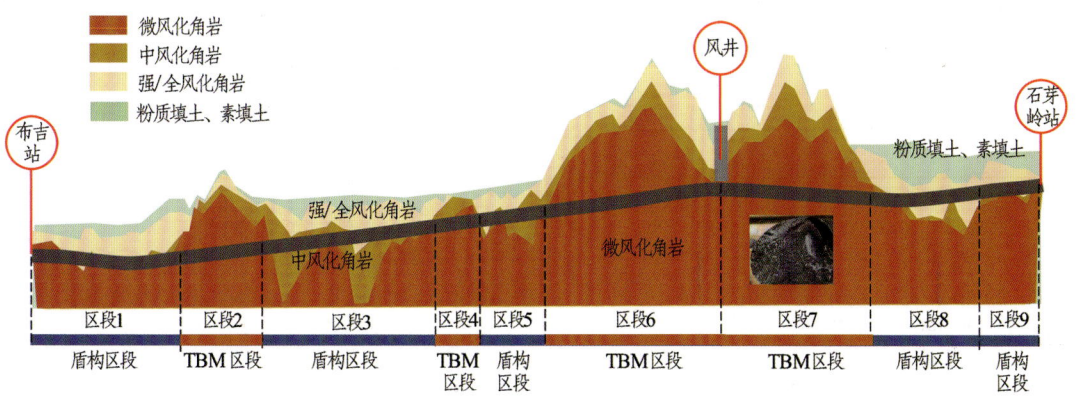

图 2-3-1 布吉站—石芽岭站区间各区段盾构模式及 TBM 模式选取结果

2.3.2 深圳地铁 14 号线布石区间工期造价选型修正

结合资料调研及深圳地铁规划文件，确定深圳地铁采用 EPB、TBM 施工的设备造价、工程造价、转换工费及在不同地层中的掘进效率如表 2-3-8 所示，分别考虑工期和造价两个因素，采用上述计算公式得到 EPB/TBM 双模长度方向地层比例及双模转换下限长度如表 2-3-9 所示。由该表可知，考虑工期及造价时微风化角岩与中风化角岩的地层比例界限值均为 2.0，若转换两次，当从工期角度考虑时，由 EPB 模式转换为 TBM 模式时微风化角岩的下限长度为 180 m，由 TBM 模式转换为 EPB 模式时中风化角岩的下限长度为 56 m。当从造价角度考虑时，由 EPB 模式转换为 TBM 模式时微风化角岩的下限长度为 120 m，由 TBM 模式转换为 EPB 模式时中风化角岩的下限长度为 60 m。

表 2-3-8 工期及造价基础数据

模式	工程造价/（万元/延米）		转换工费/万元	掘进效率/（环/天）	
	微风化	中风化		微风化	中风化
TBM	5.5	6.0	30	4	1
EPB	6.0	5.0	30	2	5

表 2-3-9　地层比例及下限长度计算结果

计算参数		考虑工期	考虑造价
硬岩 / 软土地层比例		2.0	2.0
EPB → TBM 下限长度 /m	转换 1 次	90	60
	转换 2 次	180	120
TBM → EPB 下限长度 /m	转换 1 次	28	30
	转换 2 次	56	60

针对区段 1 与区段 2 的情况，需考虑微风化角岩与强风化角岩之间的模式转换工程效益，工程造价及掘进效率基础数据如表 2-3-10 所示。分别考虑工期和造价两个因素，采用上述计算公式得到 EPB/TBM 双模长度方向地层比例及双模转换下限长度，具体如表 2-3-11 所示。

表 2-3-10　工期及造价基础数据

模式	工程造价 /（万元 / 延米）		转换工费 / 万元	掘进效率 /（环 / 天）	
	微风化	强风化		微风化	强风化
TBM	5.5	6.0	30	4	1
EPB	6.0	4.5	30	2	6

由表 2-3-11 可知，考虑工期及造价时微风化角岩与强风化角岩的地层比例界限值分别为 2.5、3.0。当从工期角度考虑时，由 EPB 模式转换为 TBM 模式时微风化角岩的下限长度为 180 m，由 TBM 模式转换为 EPB 模式时强风化角岩的下限长度为 54 m；当从造价角度考虑时，由 EPB 模式转换为 TBM 模式时微风化角岩的下限长度为 120 m，由 TBM 模式转换为 EPB 模式时强风化角岩的下限长度为 40m。进一步从工期和造价的层面考虑，区段 4 的长度仅为 154.5 m，基于工期修正的模式转换下限长度为 180 m，故修正为土压模式，可见，兼顾工期和造价对区间模式进行修正的必要性，其他区段掘进长度均大于下限长度，故不需要进行模式修正。综上，确定该区间隧道采用土压 / 敞开式 TBM 双模进行施工，其中，区段 1、区段 3、区段 4、区段 5、区段 8、区段 9 均采用土压模式，其余区段均采用敞开式。

表 2-3-11　地层比例及下限长度计算结果

计算参数		考虑工期	考虑造价
硬岩/软土地层比例		2.5	3.0
EPB→TBM 下限长度/m	转换 1 次	90	60
	转换 2 次	180	120
TBM→EPB 下限长度/m	转换 1 次	27	20
	转换 2 次	54	40

根据各区段不同模式及工期造价修正结果，合并区段 3、4、5 为同一区段，区段 8、区段 9 合并为同一区段，如图 2-3-2 所示。

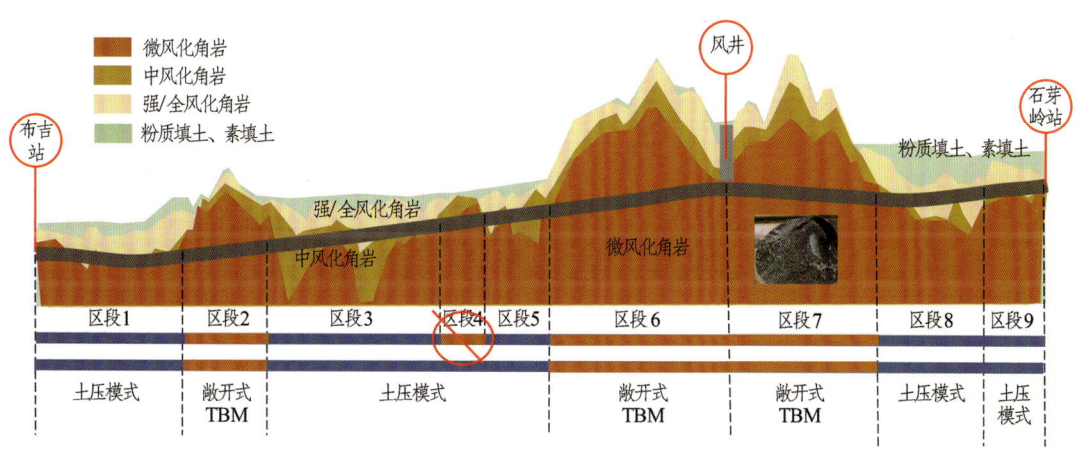

图 2-3-2　修正后的各区段掘进模式选取

依据上述选型流程对布吉站—石芽岭站区间隧道进行了各区段适应性评价及考虑转换工序工期与造价的选型修正，最终确立了每个区段的适应模式。针对每个区段的模式适应性情况，提出三种掘进施工方案进行工期及造价的比较，不同施工方案 EPB/TBM 盾构机始发及转换布置图如图 2-3-3 所示，各方案描述如下：

方案一将采用两台 EPB/TBM 双模式盾构从石芽岭站始发，向布吉站掘进，区间中部不设置风井，1# 与 2# 两台双模设备全程分别需要进行 4 次模式转换，全程仅考虑设备掘进效率及模式转换工序对工期的影响，经计算约为 20.5 月。

方案二采用在区间中部石芽岭公园设置中间风井的施工方案，采用三台 EPB/TBM 双模式掘进设备，其中双模设备 1#、2# 从中间风井处始发向布吉站掘进，另外一台双模式设备 3# 从石芽岭站始发向风井掘进，不同的是 3# 双模设备到达中部风井完成单线掘进任务之后，需进行二次拆卸、吊装并转运至石芽岭站，重新进行第二条线的掘进任务，从而完成全程区间施工，故此粗略将设备转运工期计为约 1 个月，从而计算出完成整个区段全部掘进工作需要约 16.8 个月。

方案三采用中间设置风井的施工方案，同时采用 4 台 EPB/TBM 双模式盾构设备，其中设备 1#、设备 2# 分别从石芽岭站始发向风井方向掘进，设备 3#、设备 4# 从中间风井始发，向布吉站方向掘进，由于左右线共同掘进将大大提高施工效率，从而避免转场时设备需要进行吊装、运输等一系列工序，计算结果显示，经过相同次数的模式转换工序后，掘进施工方案三所需时间缩短至 14.5 个月。不同掘进设计施工方案工期计算统计如表 2-3-12 所示。综上所述，相比于前两种施工方案，方案三具有明显的工期优势，从工期方面考虑选择其作为整体区段最优掘进方案。

针对布石风井布吉站—石芽岭站区段，考虑土压式转换为敞开式需在微风化角岩，距离交界面偏安全的取为 25 m，敞开式转换为土压式仍需在微风化角岩，距离交界面偏安全的取为 15 m。基于上述计算，确定布吉站—石芽岭站井区段采用 TBM 模式由布石风井始发，掘进 563 m 后转为 EPB 模式掘进 887 m，再转换为 TBM 模式掘进 340 m，最后转换为 EPB 模式掘进 399 m 至布吉站，针对布石风井—石芽岭站区段，首先采用 EPB 模式掘进 468 m，后转为 TBM 模式掘进 579 m 至布石风井。

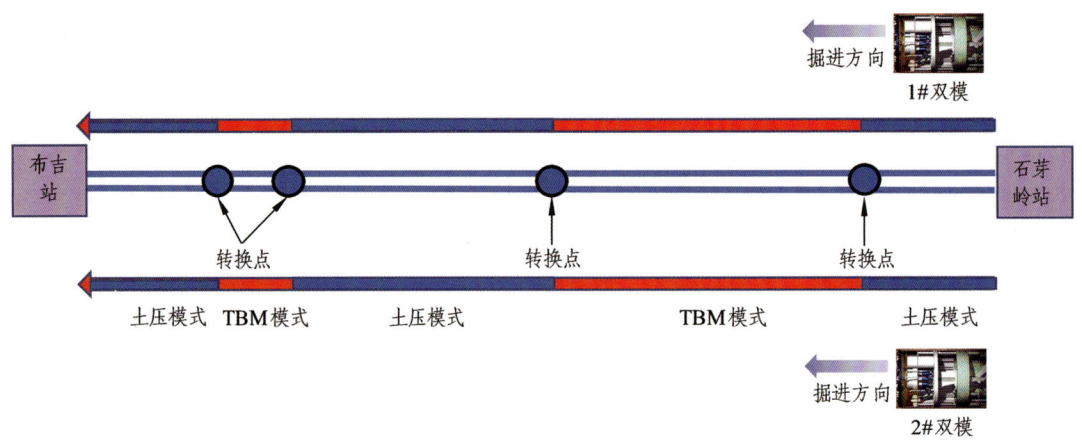

（a）掘进施工方案一

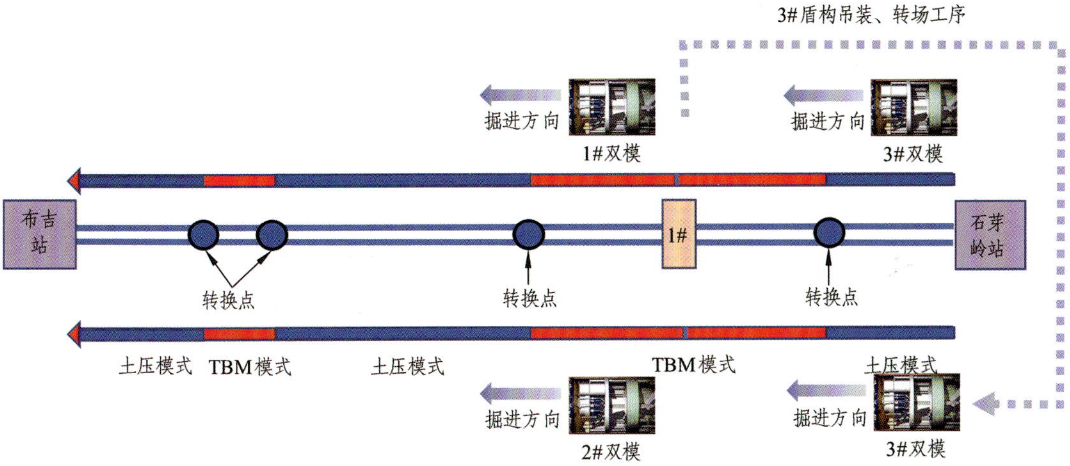

第2章 EPB/TBM双模盾构工法适应性与选型

（b）掘进施工方案二

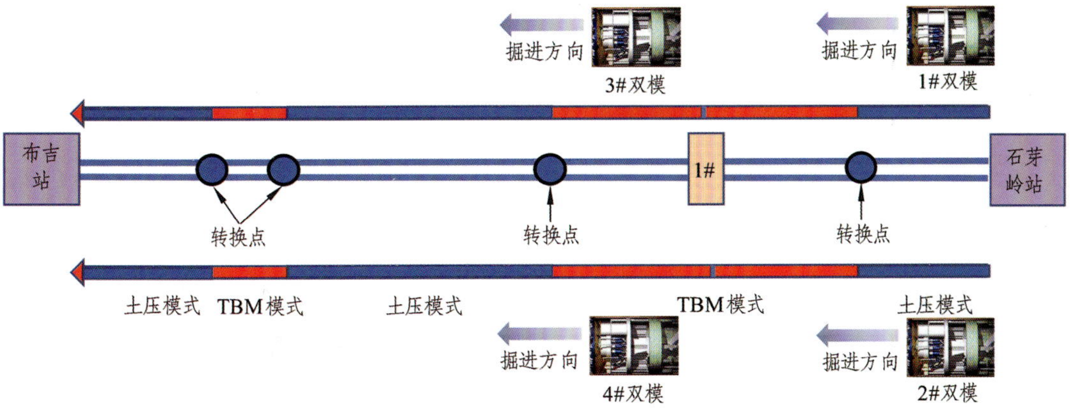

（c）掘进施工方案三

图 2-3-3 不同掘进设计施工方案示意图

表 2-3-12 不同掘进设计施工方案工期计算统计　　　　　　　　　单位：月

掘进施工方案	掘进设备编号	土压模式掘进	TBM模式掘进	设备转场工期	模式转换工期	施工工期
方案一	1#	7.6	8.8	0.0	4.0	20.4
	2#	7.6	8.8	0.0	4.0	20.4
方案二	1#	5.6	4.8	0.0	4.0	14.5
	2#	5.6	4.8	0.0	4.0	14.5
	3#	3.9	7.9	1.0	4.0	16.8

续表

掘进施工方案	掘进设备编号	土压模式掘进	TBM模式掘进	设备转场工期	模式转换工期	施工工期
方案三	1#	2.0	3.9	0.0	4.0	9.9
	2#	2.0	3.9	0.0	4.0	9.9
	3#	5.6	4.8	0.0	4.0	14.5
	4#	5.6	4.8	0.0	4.0	14.5

2.4 双模盾构应用效能分析

2020年12月16日至18日的中央经济工作会议，首次将碳达峰、碳中和列入新一年的重点任务。由于我国二氧化碳排放量占全球的28%，2060年实现碳中和目标意味着更陡峭的节能减排路径，面临的压力巨大。会议上强调在坚持"碳达峰、碳中和"和继续深化供给侧改革的要求下，会继续加强对房地产和基建领域的调控，降低市场对大宗商品的需求，还会更多地强调通过设备更新、技术改造和废金属循环利用等方式降低碳排放。而EPB/TBM双模盾构机作为新型设备，具有绿色低碳的特性，通过减少开挖面与开挖竖井的数量来降低工程量与材料消耗量，并且通过EPB/TBM双模盾构机提升掘进效率来减少工期，实现高效掘进，顺应低碳环保的大环境，因此推广双模盾构机有利于实现碳中和的远期目标。

双模盾构EPB模式适用于土层、土岩复合地层及短距离岩石地层施工，而TBM模式仅用于岩石地层施工。由于EPB与TBM两种模式的施工原理不同，不同地层的施工效果存在较大差异。本节通过跟踪双模区间与复合土压平衡盾构区间的施工过程，从盾构施工进度、掘进参数、滚刀磨损等方面探究EPB/TBM双模盾构不同地层下的施工效果。

2.4.1 EPB/TBM双模盾构不同模式掘进施工对比

深圳地铁8号线二期工程大梅沙站—小梅沙站区间穿越地层变化较大，洞身主要穿越粉质黏土、细砂、中砂、全强风化花岗岩、中微风化花岗岩且有存在孤石的可能性。微风化花岗岩单轴饱和抗压强度值为55.3~146 MPa，平均值为116 MPa，RQD一般为52%~92%，主要为坚硬岩，岩体较完整。区间左线采用中铁重工双模盾构机，EPB模式始发，掘进70环后进行在硬岩段转换成TBM模式，区间右线采用中交天和双模盾构机，EPB模式始发,掘进至318环转换为TBM模式,左右线70~318环岩石性质相似,均为高强度硬岩,选用此区段进行能效分析能判断不同模式下对硬岩的适应情况。

1. 刀具磨损统计分析

比较区间内,2台盾构机共累计掘进690环,累计开仓换刀次数71次,累计更换刀具367把,具体情况如表2-4-1和图2-4-1、2-4-2所示。

表2-4-1 不同地层换刀频次统计

大小区间	地质情况	施工环数	开始时间	完成时间	仓内换刀/次	刀具更换/把	换刀频次	掘进模式
左线	微、中及强风化花岗岩复合地层	22	4.22	5.11	0	0	0	EPB
	微风化花岗岩	48	5.12	5.31	5	42	0.58把/米	EPB
	微风化花岗岩	192	6.2	10.18	30	121	0.42把/米	TBM
右线	微、中及强风化花岗岩复合地层	22	5.19	6.9	0	0	0	EPB
	微风化花岗岩	194	6.1	10.18	36	202	0.7把/米	EPB

左右线穿越微、中及强风化花岗岩复合地层时,未进行开仓换刀,穿越微风化花岗岩时,左线总共更换163把滚刀,其中108把为正常磨损,55把为异常磨损,异常磨损率为33.74%,右线总共更换202把滚刀,其中116把为正常磨损,86把为异常磨损,异常磨损率为42.57%,可能是由于微、中及强风化花岗岩复合地层区间长度较短,土体较软,刀具磨损未到换刀阈值。EPB模式掘进微风化花岗岩时,左右线刀具消耗指标分别为0.58把/米、0.7把/米,而TBM模式掘进相同岩层时,刀具消耗指标为0.42把/米,约下降了27.6%。由于TBM模式下掘进减少了土仓内渣土对刀具的二次磨损,消耗量比土压模式偏低,并且异常磨损刀具占比较少,说明TBM模式能显著降低刀具更换费用,其对微风化花岗岩适应性远大于EPB模式。

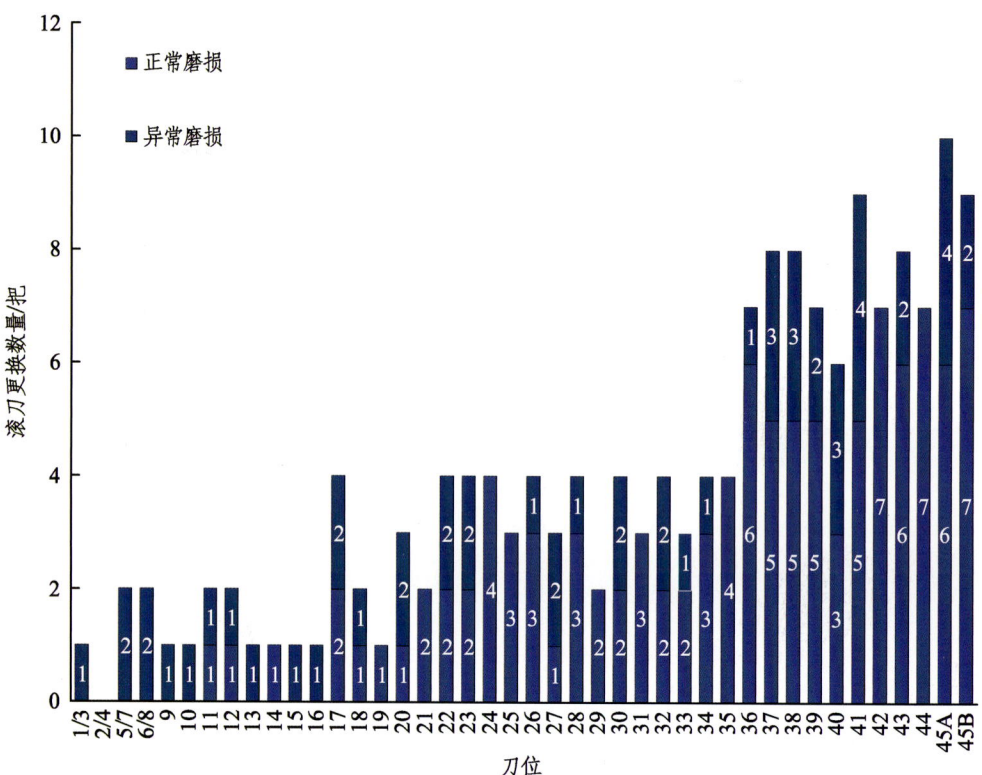

图 2-4-1　左线刀具更换统计

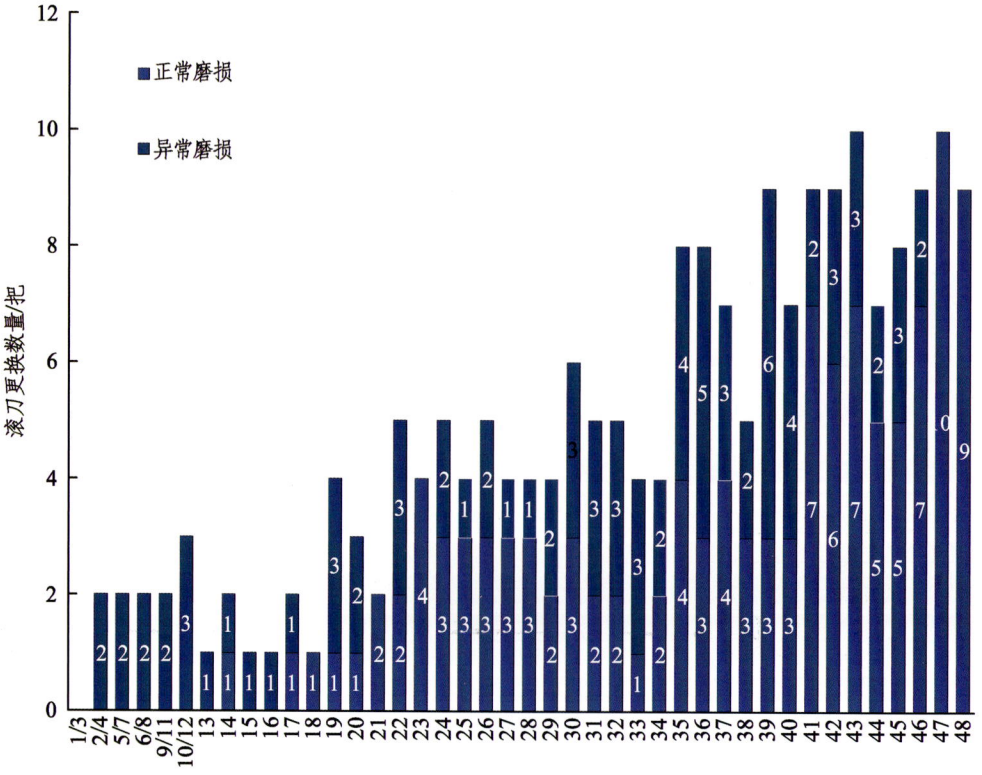

图 2-4-2　右线刀具更换统计

2. 掘进参数统计分析

为了更能直接明了地体现 2 台盾构机的施工情况，基于 2 台盾构机在相似地质（微风化花岗岩）、相同环数（191～286 环）、不同模式（中交天和：EPB；铁建重工：TBM）下的现场掘进数据，运用数理统计方法分析左右线刀盘扭矩、掘进时间和总推力随环号的变化趋势，对比不同掘进模式下掘进参数的变化规律；探究双模盾构在复合地层施工的适应性效果，具体如图 2-4-3 所示。

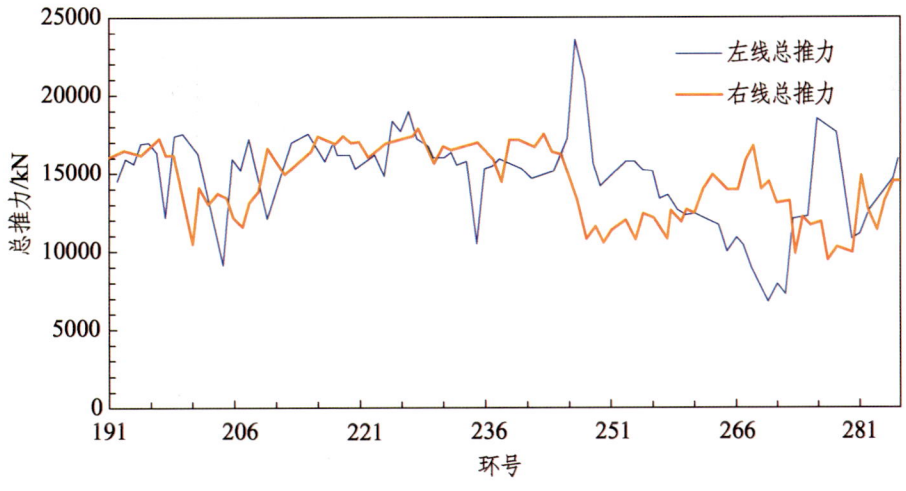

（a）总推力随环号变化图

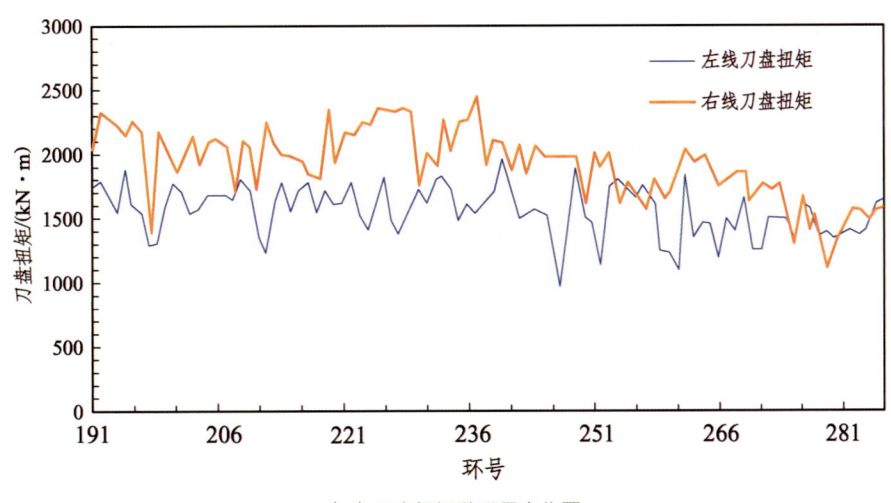

（b）刀盘扭矩随环号变化图

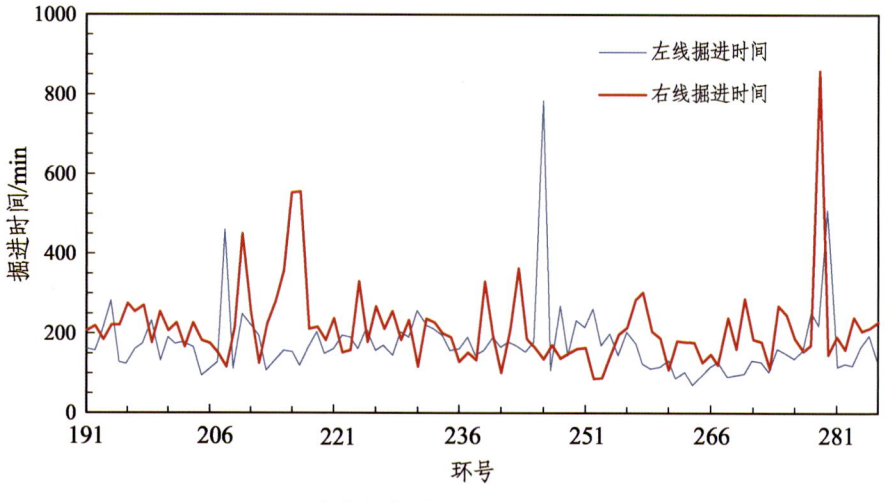

（c）掘进时间随环号变化图

图 2-4-3　掘进参数对比图

在微风化花岗岩中，左线 TBM 模式总推力均值为 14779 kN，最大值为 23557 kN，最小值为 6810 kN，波动幅度较大；右线 EPB 模式总推力均值为 14197 kN，最大值为 17869 kN，最小值为 9874 kN，较为稳定。两种模式在相似硬岩段，总推力差异不大。

通过对比分析发现，隧道左、右线刀盘扭矩随环号的变化规律相似，但总体量值有明显的差异，左线刀盘扭矩均值为 1544 kN·m，右线刀盘扭矩均值为 1905 kN·m，比左线高出近 23.4%，说明使用 EPB 模式在硬岩地层掘进时，为了保持贯入度，刀盘扭矩显著增大，刀盘刀具在高扭矩作用下容易出现刀具偏磨现象，增加额外的刀具维修费用。

左线平均每环掘进时间为 175 min，而右线平均每环掘进时间为 212 min，在硬岩段使用 TBM 模式大约能节省 20% 的掘进时间，每环拼装时间左右线差距不大，均为 53 min，在不考虑盾尾清渣等工序的工期安排，使用 TBM 掘进硬岩段，能显著提高施工效率，缩短建设工期。

3. 施工工期统计分析

为了对比不同掘进模式下施工工期的变化规律，对左线施工日掘进环数进行统计，具体如图 2-4-4 所示。对于左线 EPB 与 TBM 掘进微风化花岗岩地层，EPB 模式日均掘进 2.4 环，TBM 模式日均掘进 2.7 环。按照日均掘进环数计算，若后续 282 环依旧采用 EPB 模式掘进，将需要掘进 118 天，模式转换过程按照 10 天计算，转化后采用 TBM 模式掘进将总计消耗 113 天，比 EPB 模式工期减少了 5 天，当隧道掘进方向微风化花岗岩地层占比更高时，使用双模盾构机进行模式转换将明显节约工期。

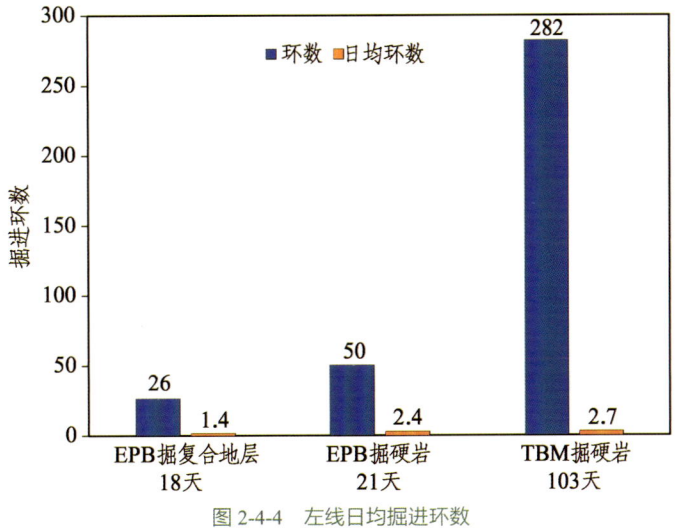

图 2-4-4 左线日均掘进环数

2.4.2 EPB/TBM 双模盾构与复合 EPB 盾构对比分析

盾构在掘进长距离隧道时可同时遇到软土地层、硬岩地层及土岩复合地层。针对上述复杂地质条件，可采用复合 EPB 盾构或 EPB/TBM 双模盾构进行施工。复合 EPB 盾构采用复合式刀盘设计，刀盘面板同时布置有滚刀及刮刀，可满足软土地层中刮刀切削土体作业，也可实现岩层中滚刀破岩作业。掘进岩石地层时，根据围岩及地下水发育情况，灵活控制土仓内渣土高度，可在敞开式、半敞开式或 EPB 模式之间切换。然而，复合盾构在长距离岩石地层施工时，滚刀磨损严重、施工速度慢等问题较为突出。

EPB/TBM 双模盾构通过模式转换可满足复杂地质条件下的安全高效施工，双模盾构设计需要兼顾 TBM 和 EPB 两种施工模式，而复合 EPB 盾构按 EPB 模式施工模式设计。两类盾构在机械结构及关键参数上存在较大不同，尤其是在刀盘系统、出渣系统、支护系统等方面，造成岩层中的施工效果差异较大。

翠岗工业园站—怀德站区间（翠怀区间）、怀德站—福永站区间（怀福区间）、福永站—永和站区间（福永区间）为深圳地铁 12 号线的三个相邻区间，区间隧道主要穿越的地层相似。其中，翠怀区间、福永区间采用复合 EPB 盾构施工，怀福区间采用 EPB/TBM 双模盾构施工。本节通过统计对比 EPB/TBM 双模盾构和复合 EPB 盾构的施工进度、设备利用率、掘进施工参数、刀具磨损及岩渣形态等，对两种盾构在岩层中的施工性能进行分析。

1. 平均施工进度对比分析

三个区间隧道左、右线掘进岩层的平均施工速度见图 2-4-5。怀福区间 EPB/TBM 双模盾构同一掘进模式下的施工速度差异较小，左右线的施工速度差异不明显。值得注意的是，怀福区间双模盾构 TBM 模式下的平均施工速度大约是 EPB 模式下的 4 倍，掘进速度明显提升。

翠怀区间与福永区间复合 EPB 盾构平均施工速度为 1.1 ~ 2.4 m/d，且左、右线施工速度相差较大，其中翠怀右线施工速度是左线的 2 倍，主要原因是翠怀左线施工期间频繁开仓换刀及清渣作业，单次换刀作业时间最长超过 14 d，导致施工期间复合 EPB 盾构长时间停机。

从 3 个区间的平均施工进度可以看出，岩层中采用 EPB 模式施工时，复合 EPB 盾构的施工速度略大于 EPB/TBM 双模盾构，然而岩层中双模盾构 TBM 模式的施工速度有显著优势，工效输出较复合 EPB 盾构更加稳定可靠。总体而言，怀福区间 EPB/TBM 双模盾构施工速度较翠怀区间及福永区间复合 EPB 盾构更快。

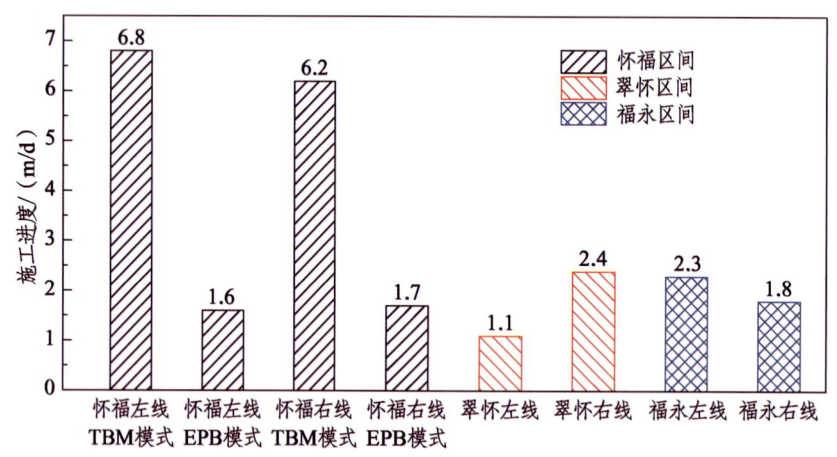

图 2-4-5　三区间盾构掘进岩石地层平均施工速度比较

2. 掘进设备利用率对比分析

对掘进期间的工序耗时进行统计，得到 EPB/TBM 双模盾构在怀福区间左线岩层中的设备平均利用率见图 2-4-6。其中，TBM 模式的机器利用率（包括开挖和管片架设）为 32.8%，EPB 模式下机器的利用率仅为 12% 左右，TBM 模式的机器利用率是 EPB 模式的近 3 倍。对于停机时间而言，TBM 模式下，机器维修所耗时间接近 20%，主要包括主机皮带机和开裂刀箱的维修。EPB 模式滚刀更换和清渣占用时间超过 1/2，成为降低 EPB/TBM 双模设备利用率的主要原因，最终影响 EPB 模式的推进速度。

怀福区间右线双模盾构岩层中的机器平均利用率见图 2-4-7，TBM 模式施工时，双模设备利用率接近 35%，EPB 模式下机器的利用率接近 20%。相比于区间隧道左线，右线 EPB 模式下机器利用率有较大幅度的提升，主要原因在于滚刀更换的时间减少。

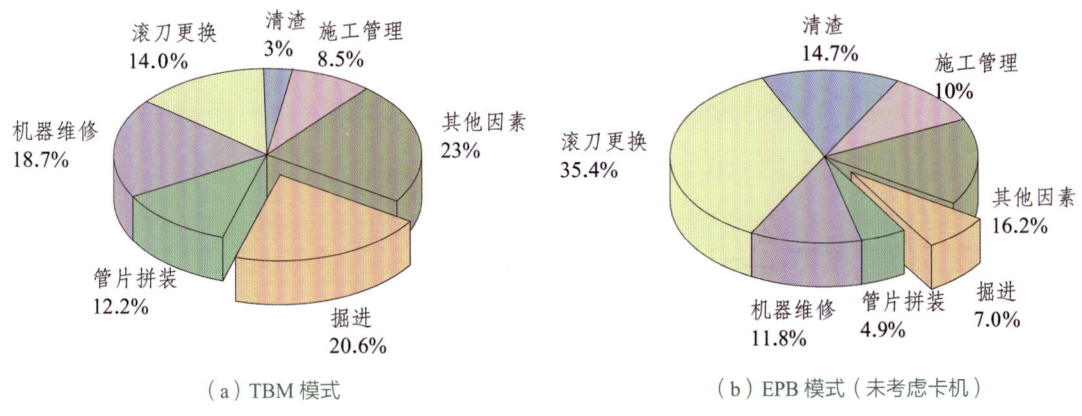

图 2-4-6　怀福区间左线双模盾构岩石地层设备平均利用率

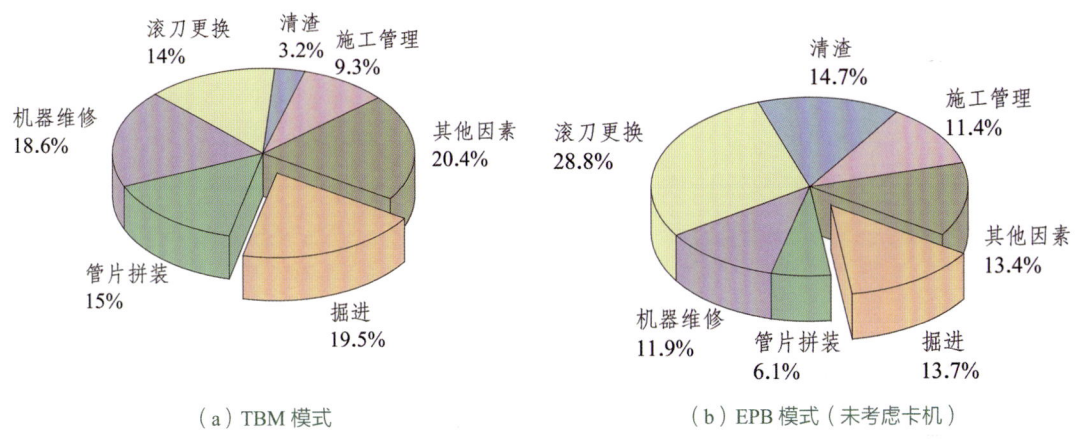

图 2-4-7　怀福区间右线双模盾构岩石地层设备平均利用率

翠怀区间与福永区间隧道复合 EPB 盾构岩层中的设备平均利用率见图 2-4-8、图 2-4-9。翠怀区间复合 EPB 盾构的设备利用率仅为 12%～20%，两者停机时间占比较接近。翠怀区间复合 EPB 盾构滚刀更换耗时占比约 1/3，清渣作业占时超过 10%。福永区间复合 EPB 盾构的设备利用率超过 25%，滚刀更换占时为 16%～17%，清渣作业占时不足 5%。怀福区间双模盾构在 TBM 模式下的设备利用率为 33% 左右，停机时间主要为滚刀更换和机器维修，其中机器维修主要包括主机皮带维修和开裂刀箱的更换，占时接近 19%。

对比分析三个区间的设备利用率可知，双模盾构 TBM 模式的设备利用率远高于复合 EPB 盾构和双模盾构 EPB 模式，施工效率总体更高。主要是因为 TBM 模式采用皮带机出渣，土压仓为敞开环境，滚刀磨损慢、更换效率高，皮带下方极少有渣土掉落。然而极大的滚刀推力及刀盘振动易造成刀盘故障，如刀箱开裂、C 型块变形、拉紧块螺栓松动等，掘进中需经常对刀盘进行检查。掌子面岩体节理发育时，较大的岩块可通过刀盘开口进入土仓，极易砸坏主机皮带，主机皮带维修耽误较长时间。

双模盾构 EPB 模式及翠怀区间复合 EPB 盾构施工时，近 1/2 的时间用于滚刀更换及清渣作业，主要是因为较大的地下水造成土压仓压力增大，土仓长时间处于带压工作模式，滚刀磨损严重，异常磨损多，且螺旋输土器出渣口压力大，严重的渣土喷涌造成清渣困难。常压推进是提高滚刀更换效率、减少清渣作业时间的最直接原因。值得注意的是，福永区间复合 EPB 盾构施工时的滚刀更换及清渣作业占时较低，与怀福区间 TBM 模式接近，可见隧道赋存的地质环境是影响 EPB 模式滚刀磨损及清渣难度的主要因素。

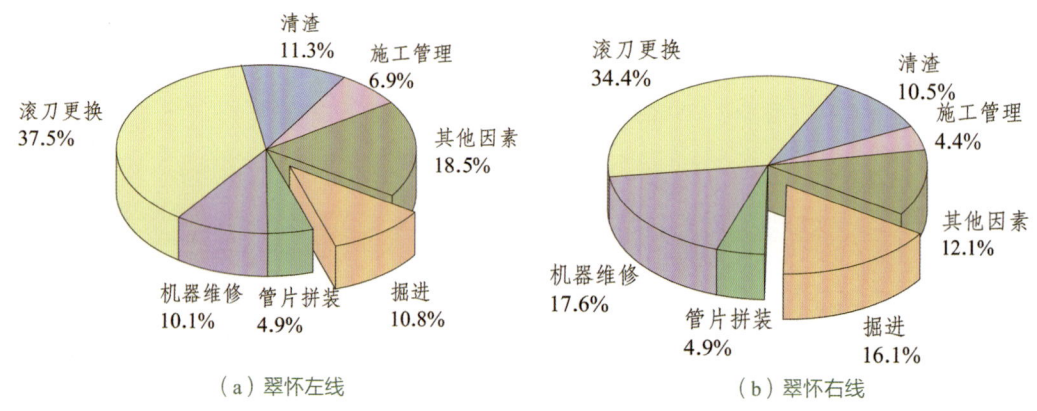

图 2-4-8　翠怀区间复合盾构掘进岩石地层设备平均利用率

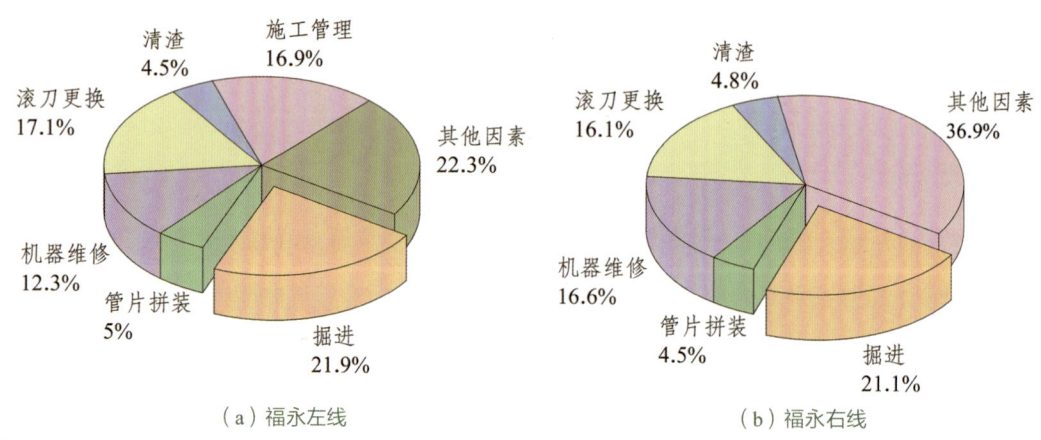

图 2-4-9　福永区间复合盾构掘进岩石地层设备平均利用率

3．掘进参数对比分析

掘进参数变化是岩机相互作用的结果，能直接反应盾构设备的掘进性能，三个区间盾构设备的施工参数均值见图 2-4-10。

对于双模盾构的两种施工模式而言，TBM 模式的刀盘推力和扭矩均小于 EPB 模式，刀盘推力最小仅为 EPB 模式的 60%。此外，TBM 模式的贯入度是 EPB 的 1.7 倍左右，刀盘转速也较高。最终，双模盾构掘进岩石地层时，TBM 模式的推进速度可以达到 EPB 模式的 2 倍。

双模盾构 TBM 模式与复合 EPB 盾构相比，刀盘推力和扭矩都有不同幅度的降低，但刀盘转速和贯入度有大幅度的提高，推进速度可达到后者的 3 倍左右。双模盾构 EPB 模式与复合 EPB 盾构相比，掘进施工时的贯入度差异较小，受土仓压力和刀盘转速影响，刀盘推力和扭矩差异较大。双模盾构 EPB 模式的刀盘转速可到 2.5 r/min，是复合 EPB 盾构的 1.3～1.6 倍，推进速度提升 50%～80%。

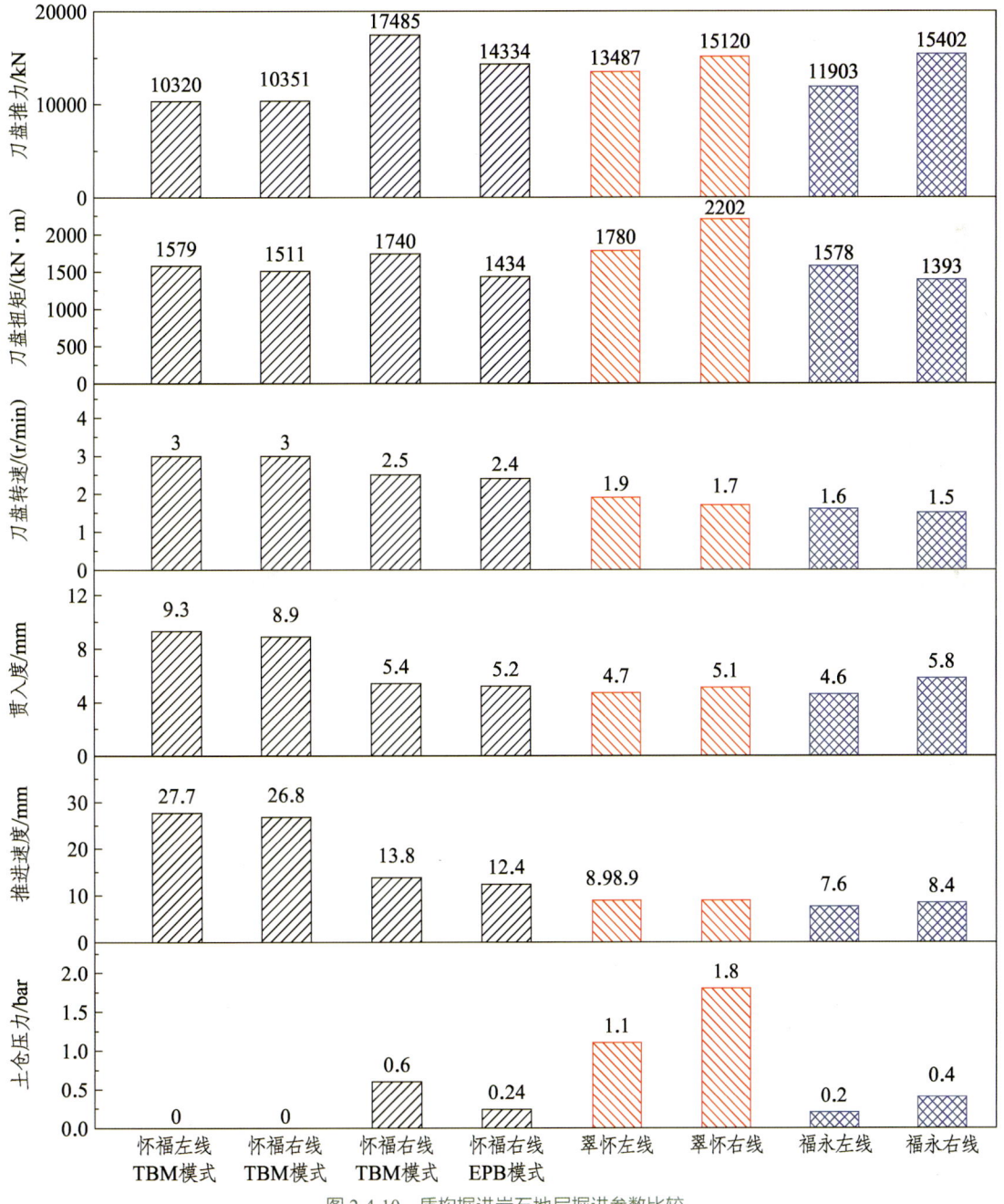

图 2-4-10　盾构掘进岩石地层掘进参数比较

综合而言，岩石地层中，双模盾构 TBM 模式下的推进速度是 EPB 模式的 2 倍左右，是复合盾构的 3 倍左右。结合两种盾构的结构差异对掘进参数进行分析。双模盾构 TBM 模式下，滚刀破碎岩体产生的岩渣通过刀盘开口进入土压仓。刀盘转动时，刀盘背部的刮渣板将土压仓底部的岩渣带到高处，岩渣在重力作用下落入土压仓中心的溜渣槽内，最后由主机皮带输送到土压仓外。该种出渣方式效率较高，土压仓内、刀盘与掌子面的空隙基本没有岩渣残留。掘进过程中，刀盘推力主要用于破碎掌子面岩体，作用在滚刀上的推力较大，贯入度较高。由于是空仓推进，较小的刀盘扭矩就可以维持刀盘的高速旋转。但刀盘转速通常在 3 r/min 左右，远低于设计值 5 r/min，主要原因在于双模盾构配置的稳定器性能不稳定，使用过程中油缸压力不稳定，效果较差，实际掘进中往往处于关闭状态，刀盘转速超过 3 r/min 后，经常因前盾转动角过大而异常停机。

双模盾构 EPB 模式及复合 EPB 盾构掘进时，土压仓内渣土需要维持在一定高度才能满足螺旋输土器的正常出渣，导致出渣效率低下。部分区间隧道地下水较发育，较大的涌水量造成土仓压力较大，特别是翠怀区间施工时土仓压力最高可达 0.4 MPa。盾构掘进时，刀盘系统不仅需要推动土压仓内渣土前进，还需克服较高的水压力。即使在较大的刀盘推力下，作用在滚刀的实际推力仍处于较低水平，导致贯入度无法提高。同时需要更大的刀盘扭矩驱动刀盘及土仓内渣土的旋转，造成刀盘转速无法达到双模盾构 TBM 模式的水平。此外，复合 EPB 盾构的装机功率仅为双模盾构的 60% 左右，复合 EPB 盾构的刀盘转速一般不超过 2 r/min，也是其推进速度低于双模盾构 EPB 模式的主要原因。

4. 滚刀磨损对比分析

不同地层或施工模式下滚刀磨损机理及破坏形式不同。图 2-4-11 为怀福区间左线 EPB 模式的换刀统计结果。软土及土岩复合地层中异常磨损占比约 35%，3 把中心刀发生偏磨。岩石地层中滚刀异常磨损占比 34%，中心刀磨损占比 78%。图 2-4-12 为怀福区间右线 EPB 模式的换刀统计结果。软土及土岩复合地层中滚刀异常磨损占比约 30%，7 把中心刀磨损皆为偏磨或刀圈开裂。岩石地层中滚刀异常磨损占比 63%，中心刀换刀皆为偏磨。EPB 模式下，左右线更换的中心刀基本均为异常磨损。其主要原因是盾构在黏土地层或全风化混合花岗岩地层中掘进时，中心区域渣土流动不畅，渣土容易糊住刀盘，滚刀滚动受阻，造成滚刀偏磨。其根本原因是渣土改良未达到需求的效果。岩石地层中，仓内渣土堆积，滚刀长时间研磨渣土，至使土仓内温度较高，易造成渣土堵塞滚刀，导致滚刀停转及偏磨。

将滚刀按照中心刀、面板刀、边缘刀进行分类，结合滚刀布局、地层条件及开挖里程对滚刀寿命进行统计，结果见图 2-4-13。EPB 模式下，滚刀寿命基本表现为：边缘刀滚刀寿命最短、中心刀次之、面板刀寿命最长。主要是因为边缘刀除破岩外，还有维持开挖洞径、防止盾构卡机的作用，其磨损量上限一般小于中心刀及面板刀，滚刀更换更加频繁。怀福区间边缘刀磨损上限为 10 mm，中心刀及面板刀磨损上限为 25 mm。此外，边缘刀安装半径较大且具有一定的安装倾角，盾构掘进中边缘刀运动的距离更长、滚动速度更快，刀刃与岩壁倾斜接触，接触面积较小且承受较大的偏心力矩，造成滚刀磨损速度更快。此外，岩石地层中土仓内岩渣堆积，边缘刀对岩渣重复研磨，也加剧了滚刀磨损速度。中心刀旋转半径小，滚动中受到侧向力作用大，且中心刀区域出渣不顺畅，易引发异常磨损。面板刀的刀间距适中，破岩时滚刀受力较合理，滚刀寿命更长。

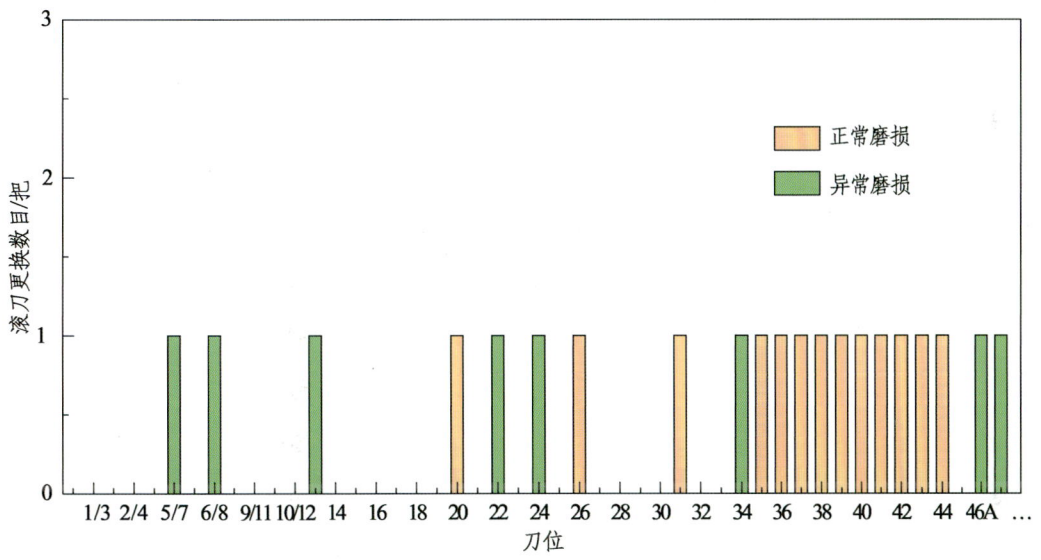

（a）软土及复合地层换刀统计

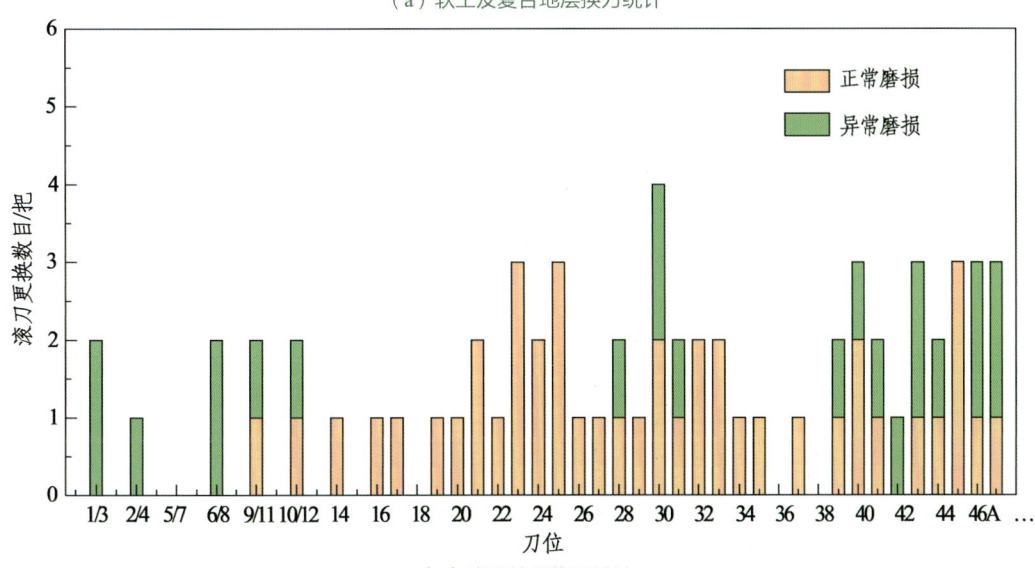

（b）岩石地层换刀统计

图 2-4-11　怀福区间左线 EPB 模式换刀统计

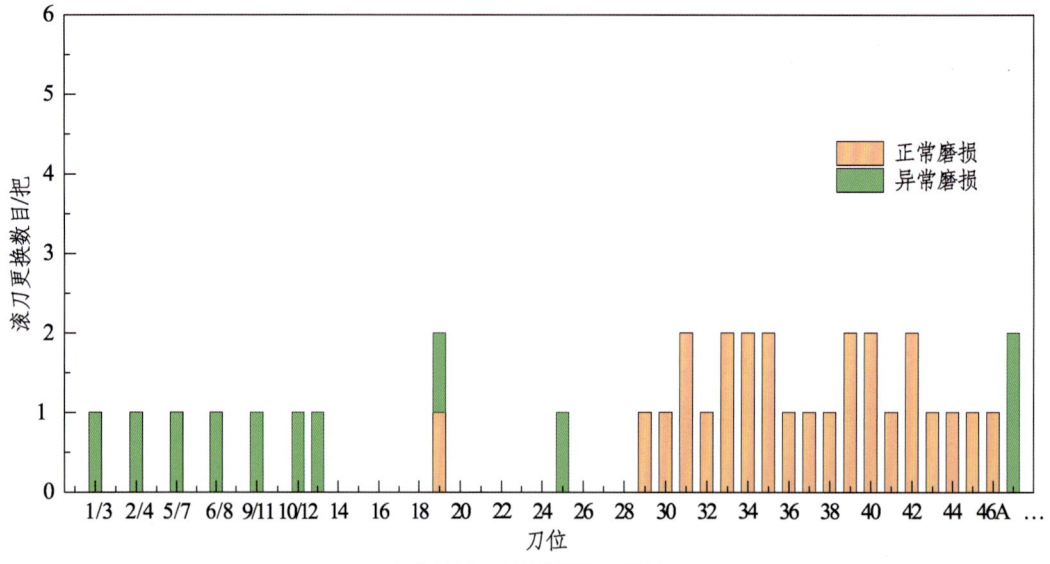

（a）软岩及复合地层换刀统计

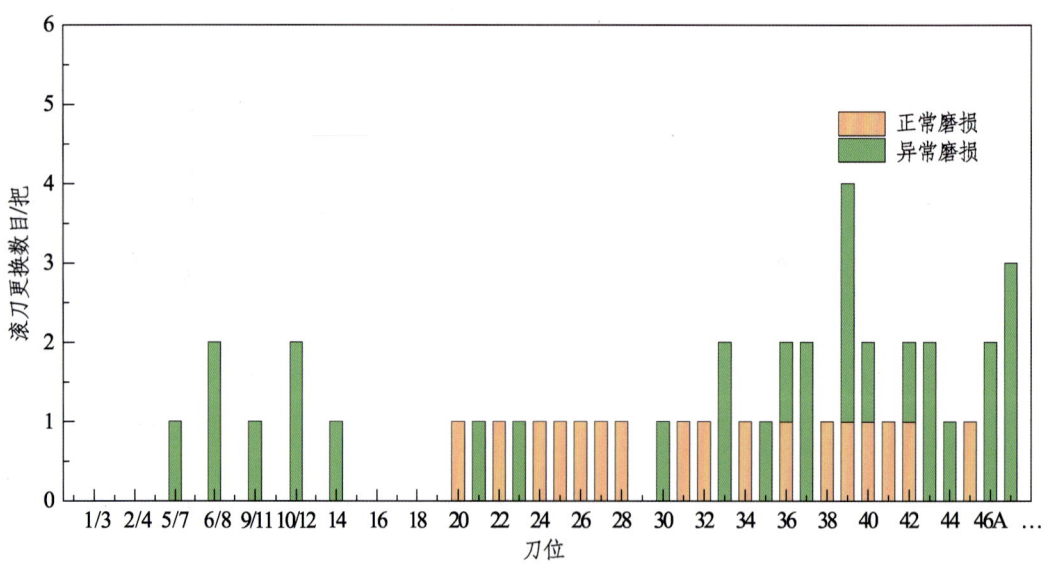

（b）岩石地层换刀统计

图 2-4-12　怀福区间右线 EPB 模式换刀统计

　　双模盾构在软土地层中的滚刀寿命大于岩石地层，主要因为土体的磨蚀性低于岩石。对比区间左、右线滚刀寿命，软土地层中左线的滚刀寿命更长，岩石地层中右线的滚刀寿命更长。结合盾构掘进参数可知，软土地层中左线施工时的土压力小于右线，造成刀盘推力、扭矩更小。岩石地层中右线施工时基本上是常压推进，而左线部分区间段土压力超过 0.1 MPa，刀盘推力和扭矩存在较大差异，表明盾构施工中土压力增加，会加剧滚刀磨损速度。

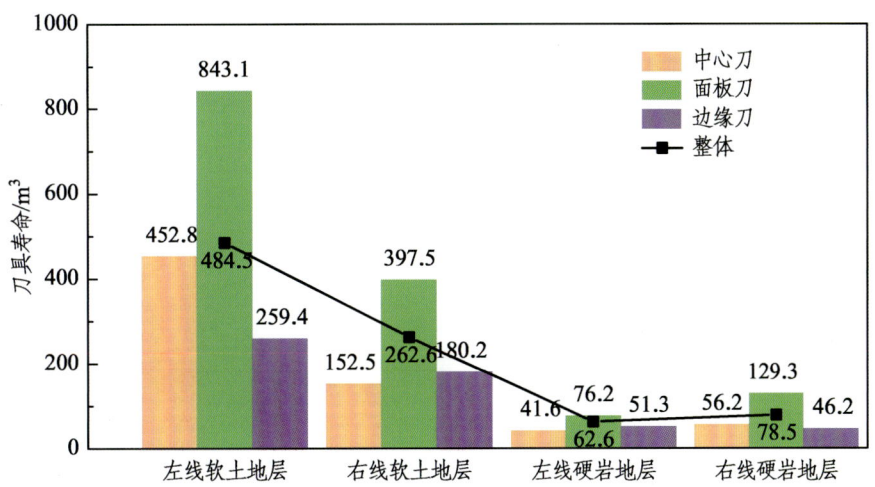

图 2-4-13 怀福区间土压平衡模式滚刀寿命

图 2-4-14 为怀福区间左线 TBM 模式的换刀统计结果，换刀数据分为新刀、修复刀两种。新刀和修复刀的滚刀异常磨损分别为 28% 和 72%。图 2-4-15 为怀福区间右线 TBM 模式的换刀统计结果，新刀和修复刀的滚刀异常磨损分别为 23% 和 58%。相比于新刀，修复刀更易发生异常磨损，异常磨损占比约为新刀的 2.5 倍。可能的原因是修复刀主要对损坏的滚刀刀圈、密封及轴承等部件进行维修或更换，剩余部件因长时间使用可能存在损伤，导致实际使用中修复刀更易发生偏磨等异常破坏。

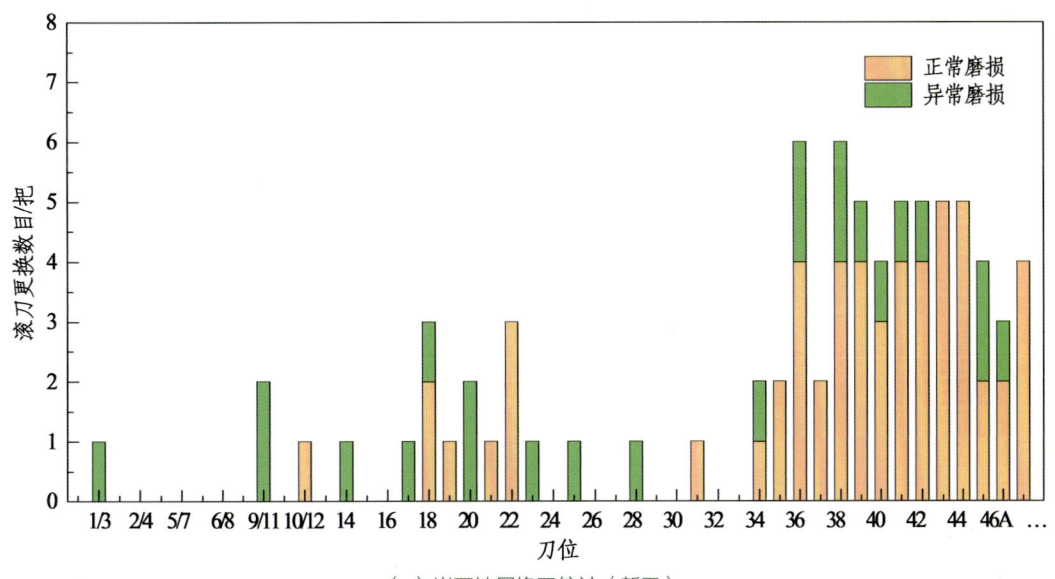

（a）岩石地层换刀统计（新刀）

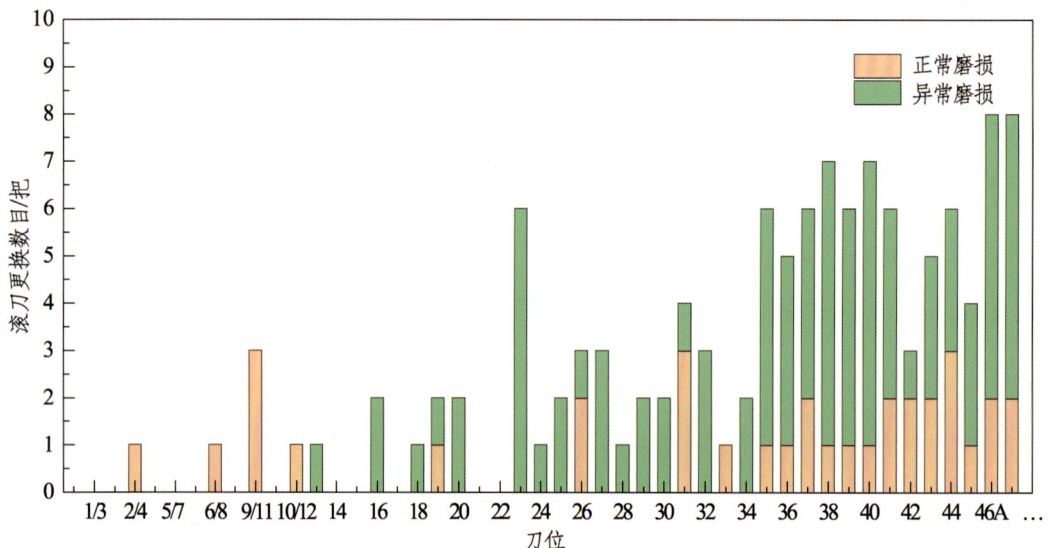

(b) 岩石地层换刀统计（修复刀）

图 2-4-14　怀福区间左线 TBM 模式换刀统计

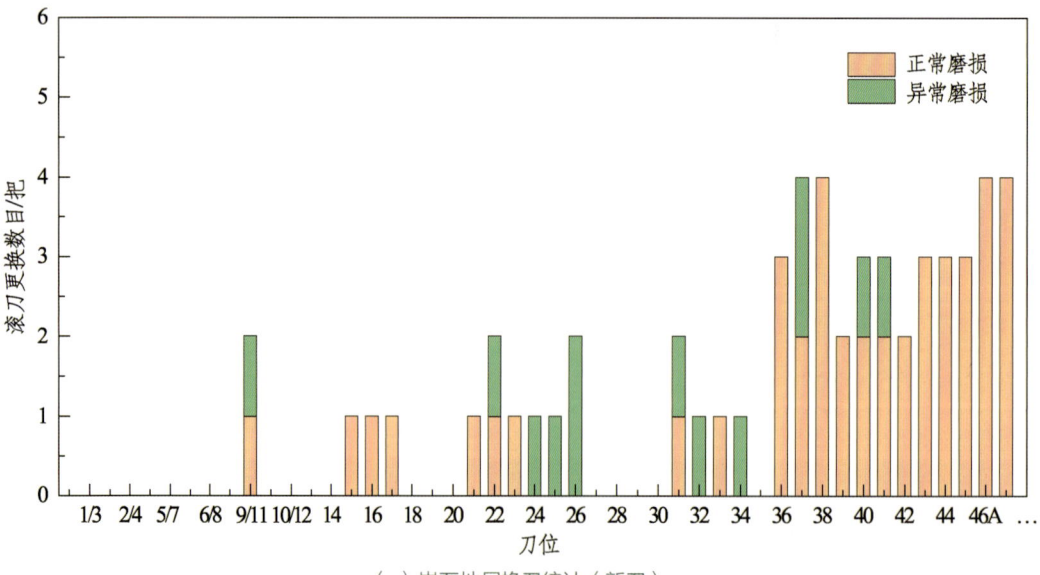

(a) 岩石地层换刀统计（新刀）

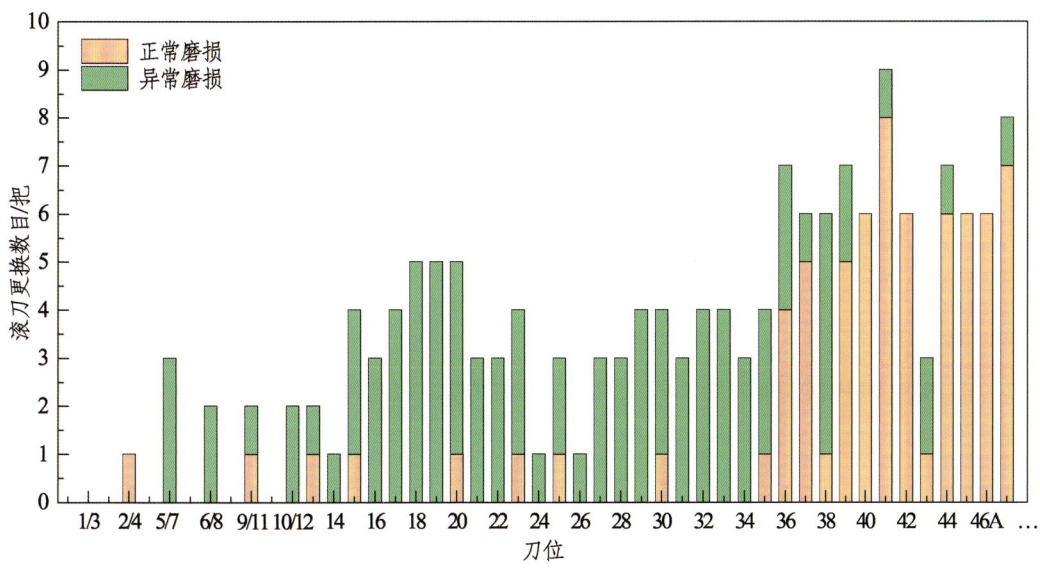

（b）岩石地层换刀统计（修复刀）

图 2-4-15　怀福区间右线 TBM 模式换刀统计

图 2-4-16 为怀福区间左、右线 TBM 模式施工的滚刀寿命统计结果。TBM 模式下的滚刀破岩方量基本呈现出中心刀破岩方量最大、面板刀次之、边缘刀最少的特点。边缘刀由于受力不合理且磨损上限低，更换最为频繁。与 EPB 模式不同的是，TBM 模式采用皮带机出渣，仓内极少残留岩渣。中心刀区域基本不会结泥饼，寿命较长，部分中心刀可连续掘进 400～500 环。相比于新刀，修复刀的寿命大幅度降低，仅为新刀的 50%～65%。采用修复刀虽可降低滚刀采购单价，但频繁的滚刀更换严重影响设备利用率，降低施工速度，造成施工过程中的成本增加。

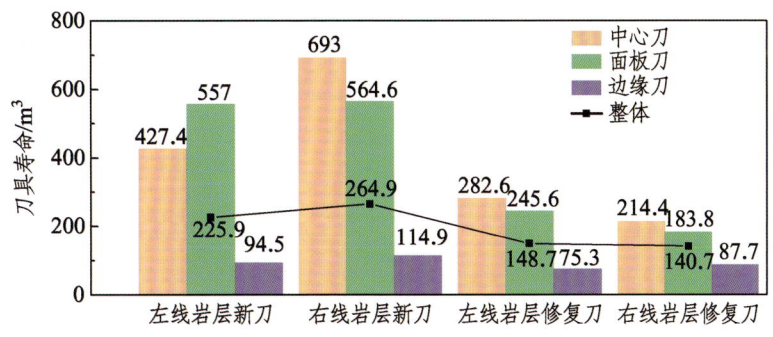

图 2-4-16　怀福区间 TBM 模式滚刀寿命

图 2-4-17 为 EPB/TBM 双模盾构、复合 EPB 盾构掘进岩层的滚刀寿命及换刀耗时对比。双模盾构 TBM 模式下的平均滚刀寿命在 240 m³ 左右，是 EPB 模式或复合 EPB 盾构的 3～5

倍，翠怀区间复合盾构的滚刀寿命最短，低至 45 m³。对于平均换刀耗时，TBM 模式时为 2.4 h，EPB 模式或复合 EPB 盾构施工时最低为 4.3 h，最高为 10.3 h。

三个区间盾构刀盘结构和开挖岩体条件相似，滚刀寿命与换刀耗时差异主要与盾构出渣方式和掘进参数相关。双模盾构 TBM 模式下为常压、空仓推进，滚刀基本上不需要重复破碎岩渣，磨损速度相对较低，寿命较长。此外，土仓通过主机皮带口与仓外连通，掘进过程中仓内温度一般在 40 ℃ 以下，且停机后温度会快速降低，适宜的温度有利于工人进行滚刀更换，换刀耗时短。

双模盾构 EPB 模式或复合 EPB 盾构为带压推进，土仓内及掌子面与刀盘间隙有较多岩渣堆积。滚刀除了破碎掌子面岩体外，还会对刀盘前方岩渣进行反复研磨，仓内岩渣会对滚刀造成二次磨损，造成滚刀磨损速度快、寿命短。同时，岩渣被反复研磨后与地下水混合形成糊状，附着于刀箱或滚刀上形成泥饼，特别是开口率较小的中心区域，这也是中心刀多为异常磨损的主要原因。封闭的土仓环境，连续掘进造成土仓的温度大幅度升高，最高可超过 60 ℃。滚刀更换前，往往需要对土仓进行长时间降温，增加滚刀更换时间。与其他两区间相比，福永区间滚刀寿命略高，换刀耗时更低，主要是因为福永区间刀盘转速低、土仓压力小。较低的转速下，盾构掘进时滚刀转速低、振动小，可降低滚刀异常破坏风险。较小的土仓压力表示仓内残留渣土高度更低，地下水不发育。半径较小区域的滚刀不需要重复研磨岩渣，磨损速度低，寿命更长。

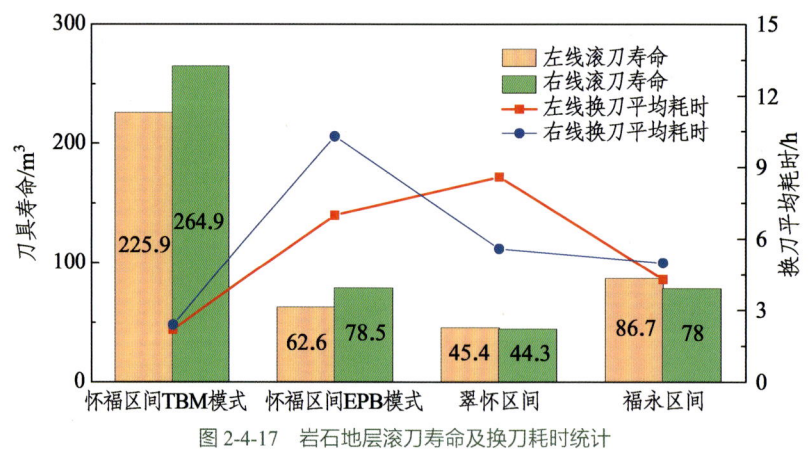

图 2-4-17　岩石地层滚刀寿命及换刀耗时统计

5. 岩渣筛分结果对比

岩渣粒径分布与岩片形状直接反应盾构掘进效率。为研究两种类型盾构掘进效率差异，盾构掘进岩石地层时收集岩渣试样，进行筛分试验和大块岩片尺寸测量。为保证收集的岩渣试样具有代表性，怀福区间双模盾构在 TBM 模式和 EPB 模式下分别取岩渣试样 6 次和 3 次，翠怀区间和福永区间复合 EPB 盾构掘进中各取岩渣试样 4 次。取样点的围岩条件均为微风化混合花岗岩，节理发育不均。岩石地层中两类盾构掘进岩石地层岩渣的筛分结果见图 2-4-18。

图 2-4-18　岩石地层中两类盾构掘进岩渣筛分结果

岩渣筛分曲线见图 2-4-19。双模盾构 TBM 模式下的岩渣筛分曲线位于图像底部，大块岩片的占比较高，岩粉和碎片的占比较低。EPB 模式和复合 EPB 盾构的筛分曲线位于图像上方，三条曲线差距较小，但同双模盾构 TBM 模式相比差距较大，例如，TBM 模式下筛网孔径大于 31.5 mm 的颗粒占比超过 25%，而 EPB 模式或复合 EPB 盾构下该粒径的岩渣占比仅 5% 左右。

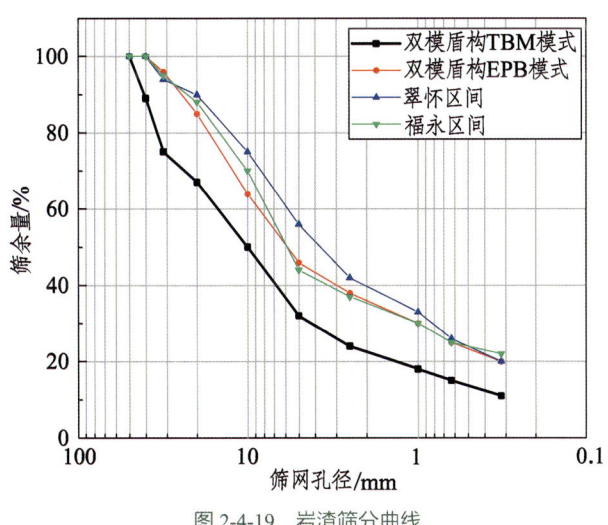

图 2-4-19　岩渣筛分曲线

筛分试验结束后，对 35 个长度最大的岩片进行三轴尺寸测量，并计算岩片中轴与长轴之比，短轴与中轴之比，得到岩片形状分布见图 2-4-20。TBM 模式下岩片长度最大，EPB 模式和复合 EPB 盾构的岩片长度差距较小，且远小于 TBM 模式。此外，TBM 模式的岩片中轴与长轴之比、短轴与中轴之比都小于 EPB 模式和复合 EPB 盾构。可见，岩石地层中，双模盾构 TBM 模式的岩渣中岩片更多，形状细长且扁平，相反，EPB 模式和复合 EPB 盾构的岩渣中几乎没有大块岩片，形状以短且方为主。

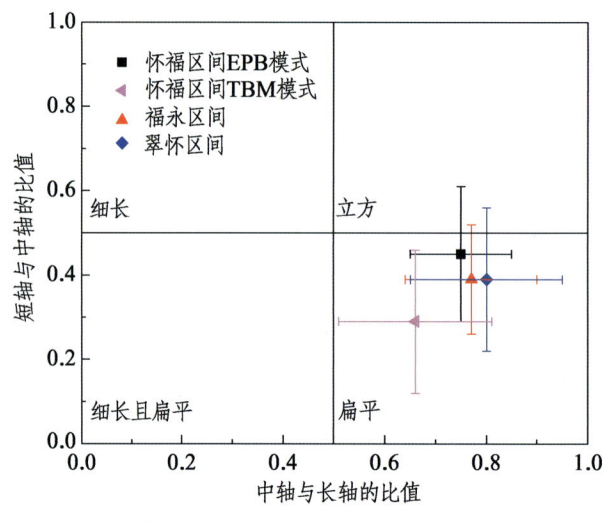

图 2-4-20　岩石地层典型岩片形态分布

考虑到 EPB/TBM 双模盾构与复合 EPB 盾构的滚刀类型、滚刀布局及刀盘结构基本一致，滚刀破岩产生的岩渣粒径分布与形状差异主要由出渣方式不同造成。TBM 模式下，皮带机的出渣效率较高，滚刀破岩形成的岩渣直接被运出仓外，极少发生重复破碎，岩渣的完整性较好、尺寸较大。EPB 模式与复合 EPB 盾构施工时，滚刀先对刀盘与掌子面间隙内的岩渣重复破碎；然后，搅拌棒快速搅拌使土仓内的岩渣再次破碎；最后，螺旋输土器的叶片旋转加剧岩渣的破碎。整个出渣过程持续较长时间，岩渣被反复碾压，完整性较差、大块岩片少。这也反映出岩石地层中双模盾构 TBM 模式的掘进效率更高。

2.5　本章小结

本章依托深圳地铁 8 号线大小梅沙区间、12 号线怀福区间、13 号线留白区间及白应区间、14 号线清布区间及布石区间共计 6 个区间隧道工程，采用理论分析与数学模型的手段，建立了多模式 EPB/TBM 选取原则及方法，确定了双模/单模选取判别条件，建立了盾构模式、TBM 模式适应度模糊综合评价模型，基于工程造价、施工工期确定不同模式的下限长度计算公式，得到以下几点结论：

（1）基于地质条件的双模式盾构选型，需根据地层参数差异程度确定是否选取双模式，而具体选取何种类型的双模式需结合单一模式选型原则，根据地层关键参数的界限值进行判定，同时考虑沿线其他不良地质条件及控制要求。

（2）从地层参数的差异程度分析，交替地层区段之间渗透系数差异程度达到10^3数量级，弹性模量差异程度达到10^3数量级，单轴抗压强度差异程度达到60 MPa，上述三个条件满足其一，则该区间隧道宜选用双模式盾构施工方法。

（3）盾构模式适应度指标体系包括：场地占用、地表沉降、渗透系数、细粒含量、地下水压、掘进效率、建设成本；TBM模式适应度指标体系包括：抗压强度、断层破碎、完整程度、岩爆程度、围岩变形、掘进效率、建设成本。

（4）已经确定了掘进模式的隧道区段可能会存在掘进长度较短，由此带来的模式转换时间却超过了掘进时间。本章分别建立了基于施工工期、工程造价的等式关系，确定不同模式之间的临界地层比例及拟转换段下限长度，对小于下限长度的区段进行修正。

（5）在同等条件的硬岩地层，TBM模式和EPB模式进行推进时，刀具的正常磨损基本一致，但TBM模式掘进时，刀具的异常磨损明显较少，单环掘进时间显著缩短，大约能节省20%的掘进时间。因此在硬岩地层，TBM模式能降低刀具消耗，提高掘进效率，减少碳排放，适应性高于EPB模式。

本章参考文献

［1］ 刘川昆. 地铁区间隧道多模式盾构适应性研究［D］. 成都：西南交通大学，2020.

［2］ 何川，陈凡，黄钟晖，等. 复合地层双模盾构适应性及掘进参数研究［J］. 岩土工程学报，2021，43（1）：43-52.

［3］ 曾华波. 复合地层土压平衡盾构施工应用技术研究［D］. 南京：河海大学，2006.

［4］ 杨继华，齐三红，郭卫新，等. 厄瓜多尔CCS水电站引水隧洞TBM选型及工程地质问题与对策［J］. 资源环境与工程，2017，31（4）：425-430.

［5］ 钟礼亮. 深埋长距离高磨蚀性岩层盾构设备选型分析［J］. 低温建筑技术，2020，42（4）：141-146.

［6］ 尚艳亮，鲍林，师文君. 石家庄无水砂层盾构选型分析［J］. 铁道工程学报，2017，34（11）：81-87.

［7］ 杨志勇，程学武，孙正阳，等. 大直径泥水平衡盾构适应性改造技术研究［J］. 铁道工程学报，2018，35（3）：92-96.

第 3 章

EPB/TBM 双模盾构关键模块针对性研究及设计

深圳地铁隧道区间普遍存在上软下硬地层和全断面硬岩地层，近几年来，EPB/TBM 双模盾构设备在这类地层中的应用越来越多。为提高盾构机在该类地层的掘进效率和经济性，现对深圳盾构机掘进的破岩机理及设备关键模块配置进行系统性研究，形成一套理论、设计体系。以下主要针对刀盘破岩、双模盾构整机集成、关键模块配置及创新成套技术等研究设计进行介绍。

3.1 深圳全断面／部分全断面岩层破岩机理研究

破岩机理是指导刀盘设计的基础，在纯硬岩地层掘进时，通常采用滚刀破岩，其原理是依靠刀具滚动产生冲击压碎和剪切碾碎的作用达到破碎岩石的目的。国内外有许多学者对滚刀破岩机理进行了研究。王超等[1]为研究 TBM 破岩过程的滚刀受力情况，简化了滚刀运动模式，推导得出了计算破岩过程中滚刀法向力及滚动力的计算模型，该计算模型所得结果与现场监测结果之间的相关性较好，且相比于近似常截面盘形滚刀破岩力 CSM 模型的计算误差较小，从而验证了该模型的适用性和合理性，为 TBM 滚刀破岩的力学计算和模型研究及其相关工程的应用提供了参考。张桂菊等[2]为了研究 TBM 盘形滚刀在不同动静载荷组合作用下切削花岗岩过程中的切削特性，在动静载荷组合作用下对盘形滚刀进行受力分析，采用颗粒离散元法建立岩石破碎全过程的二维数值模型，得到破岩效果最优的动静载荷组合。刘洪斌等[3]为研究贯入度对 TBM 盘形组合滚刀顺次回转切削性能的影响，运用 ABAQUS 建立刀间距为 60 mm 的盘形组合滚刀模型，分析不同贯入度下 TBM 盘形组合滚刀顺次回转破岩的复杂非线性动态响应过程。结果表明刀间距一定的情况下，组合滚刀顺次回转切削存在一个临界贯入度使破岩区域相交，滚刀间岩石破碎程度最佳，比能耗最小，破岩效率最高。

滚刀的尺寸大小、刀间距、刀具载荷等参数都对破岩效率及刀具磨损有直接影响，本章通过对滚刀破岩过程进行数值模拟，并结合滚刀破岩实验台分析了滚刀破岩机理，为深圳 EPB/TBM 双模盾构刀盘设计提供理论基础。

3.1.1 机械破岩实验平台

为分析滚刀的破岩机理，利用线性破岩实验平台进行了滚刀破岩试验，该平台由机械系统、液压系统、自动控制系统及测试系统组成，实验平台实物和整体模型如图 3-1-1 和图 3-1-2 所示。实验平台的机械系统由顶部框架、立柱及加强板和底部框架组成，在底部框架上安装有横向和纵向移动平车，试样箱固定在移动平车上。破岩使用的刀具安装在顶部框架下方的调模移动刀盘上，装载岩石试样的试样箱可以容纳 1000 mm × 1000 mm × 600 mm 的岩石试样。在进行破岩试验时，横向推力油缸和纵向推力油缸为移动平车提供推力，带动试样箱做 X 和 Y 方向的运动；X 方向的运动使岩石与滚刀产生相对运动，完成对岩石的切割，Y 方向的运动可调节不同的刀间距。刀具通过其上部的调模机构和两侧滑移组件的协调工作进行 Z 方向的运动，模拟不同的贯入度。试验过程中，自动控制系统控制液压系统，为试验平台提供动力，调节刀间距、贯入度、控制切割速度等变量，测试系统采集到的试验数据如滚刀三向力和 X 方向、Y 方向和 Z 方向的位移等内容可以实时显示在计算机屏幕上，供试验人员查看，试验完成后，试验数据可以自动储存为 Excel 格式的文件。

图 3-1-1　机械破岩实验平台

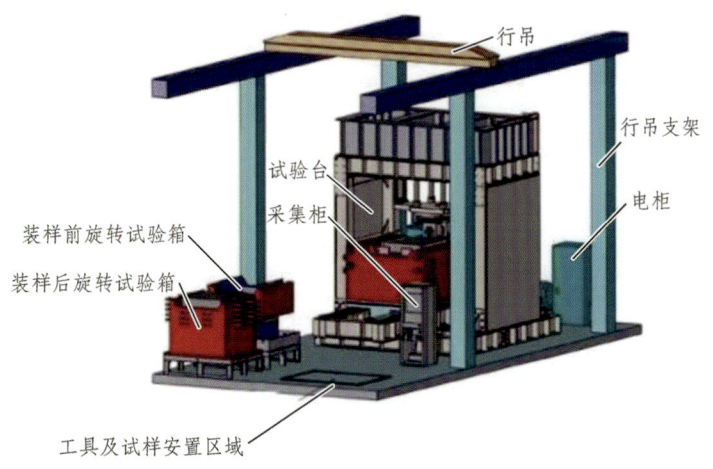

图 3-1-2　机械破岩实验平台整体模型图

3.1.2 滚刀破岩试验方法

本试验岩样选用某山高放废物地质处置库甘肃北山预选区的花岗岩（其岩性及单轴抗压强度与深圳地区盾构施工区间花岗岩较相似，可用于滚刀破岩的试验），岩样尺寸为 980 mm×980 mm×600 mm（长×宽×高），花岗岩放置于破岩实验平台上的照片如图 3-1-3 所示，按照现行国家标准《工程岩体试验方法标准》（GB/T 50266）的要求对花岗岩的单轴抗压强度、纵波波速进行测试，花岗岩物理力学参数见表 3-1-1。

图 3-1-3　破岩试验平台上的花岗岩岩样

表 3-1-1　花岗岩物理力学参数

密度/(g/cm³)	弹性模量/GPa	泊松比(v)	单轴抗压强度/MPa	波速/(km/s)
2.60	40.52	0.25	141.68	3.8

为研究刃宽及刀间距对 TBM 滚刀破岩机理及效率的影响，分别采用刃宽为 13 mm 和 17 mm 的 17 寸盘形滚刀，设置不同的刀间距分组进行试验。其中，刃宽 13 mm 的滚刀切割试验分为 4 组，刀间距分别为 60 mm、65 mm、70 mm、75 mm，选取的贯入度依次为：0.5 mm、1.0 mm、2.0 mm、3.0 mm、4.0 mm、5.0 mm、6.0 mm；刃宽 17 mm 的滚刀切割试验分为 2 组，刀间距分别为 75 mm、80 mm，选取的贯入度依次为：0.5 mm、1.0 mm、2.0 mm、3.0 mm、3.5 mm、4.0 mm、4.5 mm（仅刀间距 80 mm 条件下）。每层切割试验结束后对破岩产生的岩屑进行收集并进行筛分试验、称重及典型大岩片形状统计分析，取得岩片的几何尺寸及质量的分布规律。具体试验参数见表 3-1-2。

表 3-1-2　滚刀破岩试验的设计参数

刃宽 /mm	刀间距 S/mm	贯入度 P/mm
13	60、65、70、75	0.5、1.0、2.0、3.0、4.0、5.0、6.0
17	75	0.5、1.0、2.0、3.0、3.5、4.0
17	80	0.5、1.0、2.0、3.0、3.5、4.0、4.5

滚刀破岩试验过程共分为以下四步：

第一步，安装刀具后将岩样装入线性试验盒，在岩样四周放置钢制铁板，并在铁板与岩样间放置三合板，防止围压施加过程中应力集中导致岩体破碎，最后通过 X、Y 方向液压油箱对岩样施加较小围压以固定岩石。

第二步，对岩石试样的表面进行工况处理。由于在进行滚刀破岩试验前，岩石试样的表面是完整无破损的，而施工时，刀盘遇到的掌子面是由一系列的同心圆切槽所组成的不平整面，此时相邻的切槽之间是存在相互影响的，且这种影响有利于破岩。因此，为了模拟真实的情况，应对平整的岩石表面进行处理，即滚刀在预设的滚刀间距下，以试验设计的最小贯入度 0.5 mm 切割岩石表面，使岩石表面形成一系列等间距的切槽。切割的具体次数由岩石的平整度等因素决定，一般需要进行 15 ~ 20 层试验，直到试验得到有规律的、重复的数据为止。

第三步，按照试验设计的贯入度和刀间距切割岩石、进行破岩试验，并记录在不同贯入度下所产生的三向力，即垂直于切割面的法向力、沿滚刀滚动方向的滚动力及垂直于滚动方向的侧向力。滚刀三向力对于 EPB/TBM 双模设计和施工预测具有重要作用，如法向力可用来估计施工时的推力，滚动力可用来估计开挖时所需的扭矩和功率，侧向力可用于分析刀盘的平衡。

第四步，做完每一层的切割后，对岩样切割面拍照；收集该层所产生的岩片及岩粉，并对其称重及筛分；对收集岩屑后的岩样切割面再次拍照。每个贯入度和刀间距都需要做 4 ~ 10 层的切割，直到数据有重复规律，以检验数据的正确性。

试验中，当更换不同的刀间距和贯入度时，只需重复上述的试验步骤。

3.1.3　滚刀破岩试验结果

根据上述的试验设计参数分别进行了试验，在此仅以刃宽 13 mm、刀间距 S = 60 mm

破岩试验以及刃宽 17 mm、刀间距 S = 75 mm 破岩试验为例，分别介绍其试验过程及现象。

（1）刃宽为 13 mm、刀间距 S = 60 mm 的破岩试验过程

在贯入度 P = 0.5 mm 时，破岩过程中岩面岩脊较低，切槽内含有少量压实的岩粉及小岩粒。切割过程中产生的大岩片数量较少，块度及厚度不大，产生大岩片时会伴随着闷响声，并且在某一岩脊上产生大岩片后往往需要经过两层切割才能再次产生岩片。其中，P = 0.5 mm 时滚刀破岩后岩面及典型大岩片（背景参照方格为 5 cm×5 cm）如图 3-1-4 所示。

 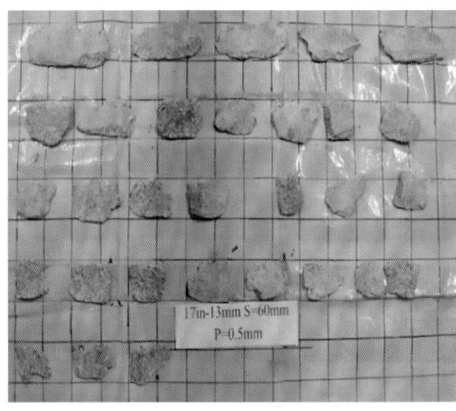

（a）切割后岩面　　　　　　　　　　　（b）典型大岩片

图 3-1-4　S = 60 mm、P = 0.5 mm 滚刀破岩后岩面及典型大岩片

P = 1.0 ~ 2.0 mm 时，破岩现象相比贯入度为 0.5 mm 时有一定的变化：每一层产生的岩片量增多但岩片的形成并不连续，刀刃两侧逐渐出现起灰、迸渣现象，岩片的增多使岩脊的平整度逐渐增加。岩片裂纹扩展的吱吱声和岩片产生造成的闷响声频繁且音量较大。贯入度为 2.0 mm 时滚刀破岩后岩面及典型大岩片如图 3-1-5 所示。

 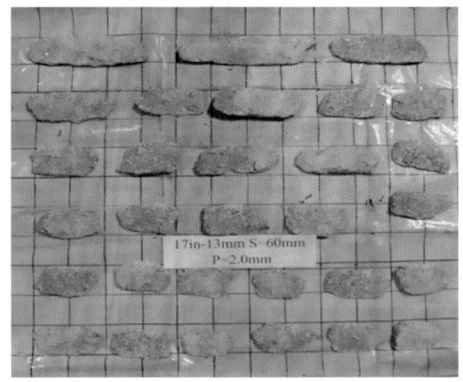

（a）切割后岩面　　　　　　　　　　　（b）典型大岩片

图 3-1-5　S = 60 mm、P = 2.0 mm 滚刀破岩后岩面及典型大岩片

$P = 3.0 \sim 4.0$ mm 时，破岩现象逐渐剧烈，岩石在滚刀作用下较为连续的产生岩片，切槽内岩粉和岩粒极多，并且存在少量的压实核，岩片块度较大，但少量大岩片从中间断开，且破岩过程中声响巨大，岩片产生瞬间三向力骤降，滚刀偶有抖动和侧移，且两侧有起灰现象。贯入度为 4.0 mm 滚刀破岩后岩面及典型大岩片如图 3-1-6 所示。

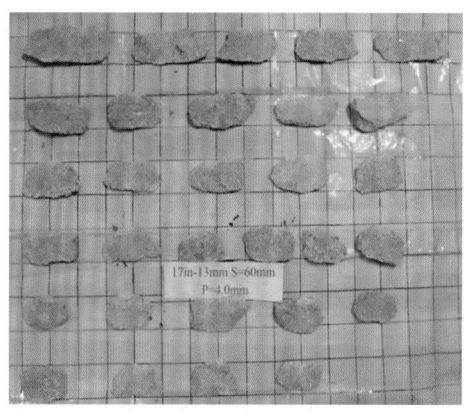

（a）切割后岩面　　　　　　　　　　（b）典型大岩片

图 3-1-6　$S = 60$ mm、$P = 4.0$ mm 滚刀破岩后岩面及典型大岩片

$P = 5.0 \sim 6$ mm 时，破岩现象十分剧烈，岩石在滚刀作用下连续产生岩片并伴随着密集且沉闷的崩响声，刀刃下有大量的岩粉及小碎片崩出，切槽内存在大量的压实核，岩屑布满整个岩面，岩片极其破碎，过度破碎现象较为严重，岩片不规则且厚度变化较大，大岩片数量急剧下降。法向力的变化迅速，且幅值较大。贯入度为 6.0 mm 时滚刀破岩后岩面及典型大岩片如图 3-1-7 所示。

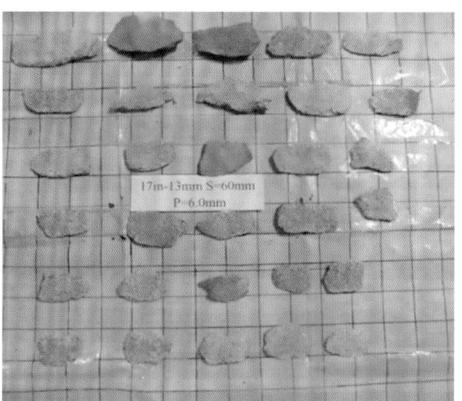

（a）切割后岩面　　　　　　　　　　（b）典型大岩片

图 3-1-7　$S = 60$ mm、$P = 6.0$ mm 滚刀破岩后岩面及典型大岩片

（2）刃宽为 17 mm、刀间距 S = 75 mm 的破岩试验过程

P = 0.5 mm 时，破岩过程中岩面不平整，岩脊较高，部分切割层仅有少量岩粉和岩粒，整个贯入度下仅在第 2 层产生少量大岩片。前 4 层平均法向力稳定于 65 kN 附近，后 2 层平均法向力增大至 90 kN 附近，数据波动明显。其中，P = 0.5 mm 时滚刀破岩后岩面及典型大岩片如图 3-1-8 所示。

 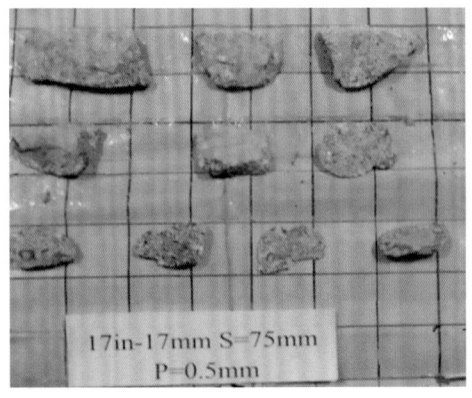

（a）切割后岩面　　　　　　　　　（b）典型大岩片

图 3-1-8　S = 75 mm、P = 0.5 mm 滚刀破岩后岩面及典型大岩片

P = 1.0 ~ 2.0 mm 时，破岩过程中产生的岩片增多，岩片尺寸及厚度增大，切槽内岩粉及岩粒含量增加，存在少量压实核，岩片的形成并不连续，刀刃两侧逐渐出现起灰现象；整体上，平均法向力相对贯入度 0.5 mm 条件时有大幅提升，但各层平均法向力处于不断波动中，若某一层或两层法向力较大，则下一层法向力会有明显的降低。

P = 3.0 mm 时，破岩现象逐渐剧烈，每一层切割完成后有大量岩片产生且岩片尺寸达到最大，岩片相对完整，呈长方形，厚度较厚，岩片的形成相对稳定而连续但存在少量重复破碎现象；刀刃两侧出现更明显的起灰、进渣现象，岩片产生时力突变造成的闷响声很频繁并伴随滚刀的小幅振动。贯入度 3.0 mm 和 4.0 mm 条件下各层平均法向力稳定，法向力波动较小，其中贯入度 4 mm 平均法向力相对贯入度 3 mm 条件下仅有小幅提升。贯入度 3.0 mm 滚刀破岩后岩面及典型大岩片如图 3-1-9 所示。

（a）切割后岩面　　　　　　　　　　　（b）典型大岩片

图 3-1-9　$S = 75$ mm、$P = 3.0$ mm 滚刀破岩后岩面及典型大岩片

$P = 4.0$ mm 时，破岩现象比较剧烈，岩片的形成十分连续且存在较多重复破碎现象，每一层切割完成后有大量岩片产生，但岩片长度及厚度有小幅减小；破岩过程中声响较大，三向力起伏较大，滚刀偶有抖动、侧移及两侧起灰现象。

$P = 4.5$ mm 时，破岩过程中闷响、刀刃下起灰、迸渣等现象更加剧烈，岩石在滚刀作用下连续地产生大量岩片，布满整个岩面，形成的岩屑质量大幅增加；重复破碎现象十分严重，少量大岩片从中间断开，大尺寸岩片数量急剧减少而中等尺寸岩片数量达到峰值。岩片产生瞬间三向力大幅度突降，滚刀抖动现象相对剧烈且频繁。贯入度为 4.5 mm 时滚刀破岩后岩面及典型大岩片如图 3-1-10 所示。

（a）切割后岩面　　　　　　　　　　　（b）典型大岩片

图 3-1-10　$S = 75$ mm、$P = 4.5$ mm 滚刀破岩后岩面及典型大岩片

3.1.4 滚刀破岩机理分析

1. 滚刀破岩过程分析

滚刀破岩过程分为两个阶段：单滚刀侵入岩体阶段、两滚刀之间岩石碎片形成阶段。

单滚刀侵入岩体阶段又可分成五个部分：建立应力场、形成压碎区、形成岩石碎片、出现侵入坑、产生宏观裂纹并扩展。在初始阶段，随着应力的增加，使岩石中的微小裂隙闭合，而后岩石处于线弹性变形阶段。随着荷载的继续增加，在滚刀的边缘出现圆锥形的裂纹，在滚刀底部形成压碎区。为了破碎岩石必须继续增加荷载，从而最终造成紧邻滚刀下方岩石碎片的剧烈粉碎。这些岩石粉碎后由于受到滚刀的法向压力及侧向压力的限制又被重新压实，从而形成白色高密度压实核，如图 3-1-11 所示。岩石粉碎颗粒向内及两侧扩张，扩张的趋势造成了岩石中部及侧向产生放射状裂纹。在岩石裂隙形成过程中，滚刀逐渐侵入岩石。当侧边裂隙到达岩石表面时，滚刀底部的部分岩石及滚刀周围的岩石迅速脱离岩体形成岩石碎片。与此同时，贮存在岩石中的应变能转化成岩石碎片的动能。这时作用在滚刀上的力会降低到一个较低的水平，滚刀在短时间里侵入到岩石中一定的深度。

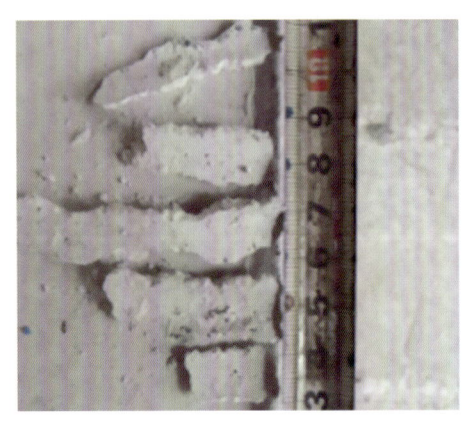 

（a）压实核　　　　　　　　　　　　　（b）岩粉

图 3-1-11　压实核及岩粉

滚刀侵入岩体之后，即会进入岩石碎片形成阶段。当 TBM 滚刀滚过隧道工作面时，滚刀连续扩大它的压碎区，产生裂纹并使之扩展。当一条或更多的裂纹到达自由面或相邻滚刀间裂纹贯通时就会形成岩石碎片，如图 3-1-12 所示。第一种情况实际上是单个滚刀的侵入过程，第二种情况反映了相邻两滚刀的相互作用。这个相互作用的过程受诸多因素影响，如破岩载荷、滚刀间距、岩石的物理力学性质、已有的岩体裂隙及其特性、裂隙的方向等。当滚刀间距过大或载荷过小时，裂纹朝着自由面扩展，岩石形成较小的三角形碎片；当滚刀间距过小或载荷过大，较长但无效的裂纹向岩石内部扩展，在两滚刀之间形成凹槽。只有当滚刀间距、破岩载荷等参数与岩石的力学参数匹配状态达到最优时，裂纹才能平直地向着邻近滚刀扩展，有效形成破岩岩片。

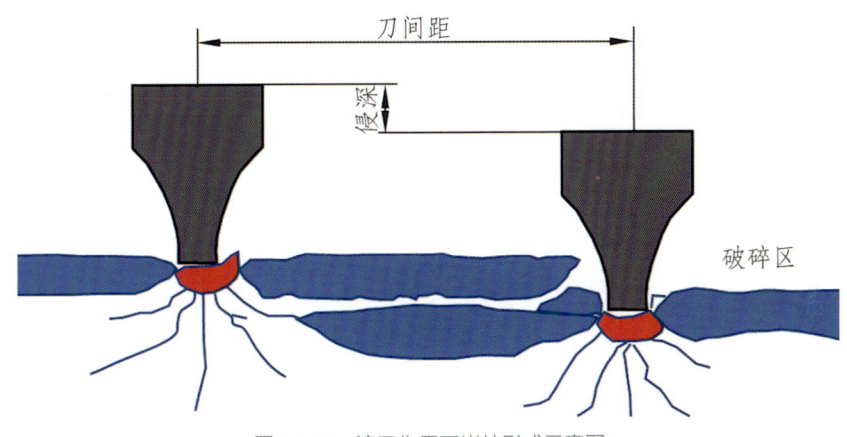

图 3-1-12　滚刀作用下岩片形成示意图

2. 刃宽、刀间距对平均法向力的影响

滚刀运转时为滚压破岩，即其法向力为主导作用力。当刀盘转速一定时，现场掘进过程中刀盘每转一圈时掘进速率可等同于破岩试验中的贯入度指标。因此，通过试验不同刃宽、不同刀间距条件下滚刀平均法向力和贯入度的变化规律来研究实际工程中不同刀型、刀间距对掘进速率的影响。

通过对试验数据分析得出了不同刃宽及刀间距条件下，滚刀平均法向力随贯入度变化的曲线如图 3-1-13 所示。对于试验中所采用的任何刀间距，贯入度的增加都导致了平均法向力的增长且其增长速度随着贯入度的增加而逐渐降低，即贯入度增量相同时，平均法向力的增量将逐渐减小，如对于刃宽 13 mm 的滚刀，当贯入度逐渐增加至 5.0 mm、6.0 mm 时，平均法向力的增长速度迅速减小；而刃宽 17 mm 的滚刀，当贯入度逐渐增加至 4.0 mm、4.5 mm 时，平均法向力的增长速度迅速减小，这主要是由于随着贯入度增加，较大的法向力使得滚刀下方岩体裂纹发展更加充分，相邻滚刀间作用更加明显，滚刀侵入岩体所受的抵抗力相对减小。

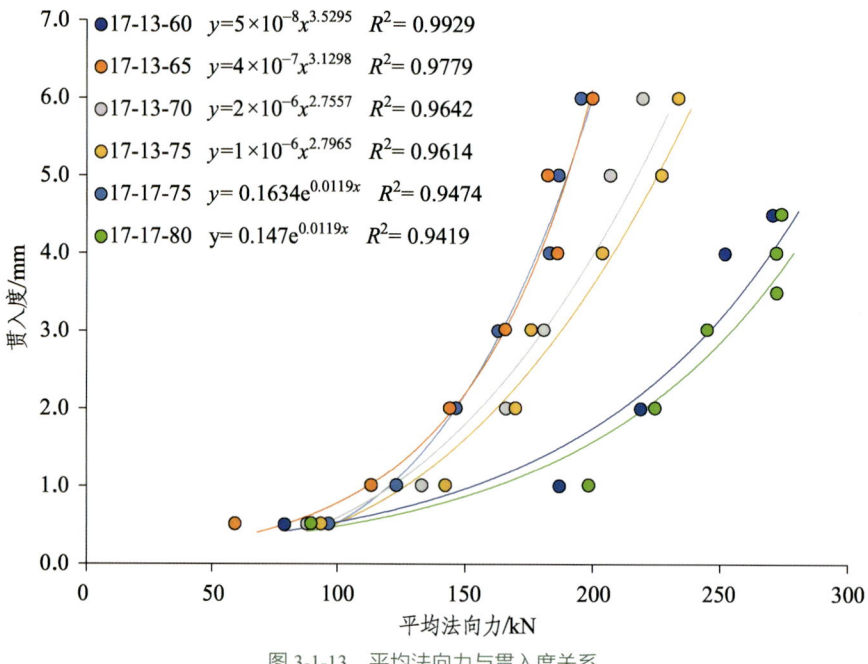

图 3-1-13　平均法向力与贯入度关系

在相同刃宽、贯入度条件下，平均法向力随刀间距的增大而增大，且其增长速率随刀间距增大而增大，即刀间距较大时，相同的刀间距增量导致的平均法向力增量更大。这说明刀间距的增加使得相邻滚刀间裂纹贯通速度减缓，岩片的产生受到抑制，滚刀间的相互作用效果减弱，且刀间距越大现象越明显。

在相同贯入度、刀间距条件下，平均法向力随刃宽的增加而增大。在刀间距为 75 mm 的两组试验中，刃宽 17 mm 的平均法向力显著大于刃宽 13 mm 的平均法向力。刃宽的增大使得刀刃与岩石的接触面积增大，从而导致平均法向力增长。对于刃宽 13 mm 的滚刀，平均法向力与贯入度都呈幂函数的关系；而刃宽 17 mm 滚刀在刀间距为 70 mm、80 mm 条件下，平均法向力与贯入度呈指数函数关系。由此可推断 13 mm、17 mm 两种刃宽滚刀的破岩规律有所不同。

贯入度为 0.5 mm 时，平均法向力的变化没有稳定的规律，随着贯入度增大，上述规律逐渐稳定。这是由于贯入度为 0.5 mm 时，滚刀与岩石的相互作用较弱，所产生的大岩片数量较少，但块度及厚度较大，并且在某一岩脊上产生大岩片后往往需要经过多层的切割才能再次产生岩片，即贯入度为 0.5 mm 条件下的切割受前期表面处理影响较大，因此有一定的波动性。

3. 刃宽、刀间距对平均滚动力的影响

TBM模式掘进中刀盘扭矩大小取决于每个滚刀的平均滚动力,通过本试验中不同刃宽、刀间距条件下平均滚动力的变化趋势,可以对实际工程中不同刀型及刀间距下TBM模式掘进时的扭矩运行参数进行优化。

图3-1-14给出了不同刃宽及刀间距条件下,滚刀平均滚动力随贯入度变化的曲线。通过分析可得,平均滚动力随着贯入度的增大均呈线性函数增长趋势。同一刀间距条件下,平均滚动力随着贯入度的增加而增大,贯入度增加导致法向力及滚刀与岩面接触面积的提高,使得破岩过程中滚刀所受的摩擦力加大,从而平均滚动力增大。

在相同贯入度、刀间距条件下,平均滚动力随刃宽的增加而增大。在相同贯入度下,滚刀刃宽越大,法向平均力、滚刀与岩石的接触面积越大最终导致滚动力增大。

在相同刃宽、贯入度的条件下,滚动力随着刀间距先增大后减小。如刃宽为13 mm的滚刀,刀间距为60 mm、65 mm、70 mm在相同贯入度下其平均滚动力随着刀间距增加而逐渐增大;而刀间距为75 mm时,其平均滚动力在相同贯入度下均小于刀间距为70 mm时的数值。

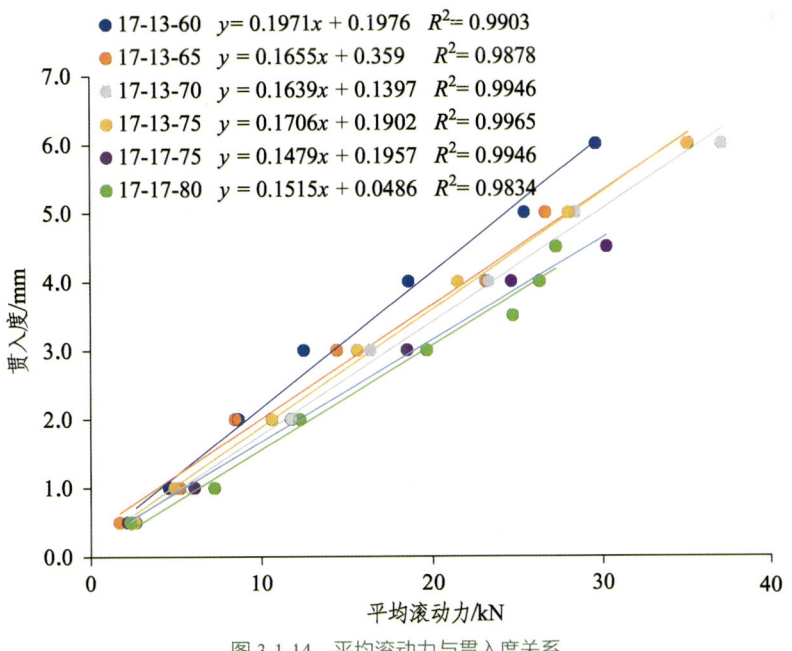

图3-1-14 平均滚动力与贯入度关系

3.2　设备关键模块配置

EPB/TBM双模盾构区别于常规单一模式盾构,其关键模块配置主要包括整机集成、刀盘、刀具、不同(双模)掘进模式下出渣方式等。刀盘在土压模式掘进时,需具备渣土搅拌及渣土改良功能等,在TBM模式掘进时又需要具备刮渣功能。由于TBM模式下掘进的地质为硬岩地层,且刀盘转速高、振动大,所以刀盘主结构需具有高强度以及高耐磨性等特点。此外,在长距离掘进过程中,滚刀刀箱的可靠性也是极为重要的一点,应优化刀箱设计,尽可能避免刀箱出现变形、压溃、开裂等异常损坏现象。

3.2.1　EPB/TBM双模盾构整机集成技术

EPB/TBM双模盾构是集机、电、液、传感技术等于一体的综合集成设备,具备土体开挖(刀盘)、渣土改良(泡沫、膨润土等)、渣土输送(螺旋输送机、带式输送机)、物料运输(编组列车、连续皮带机等)、管片拼装、通风除尘、隧道测量、姿态调整等功能。

双模盾构满足EPB掘进模式下通过螺旋输送机出渣、中心回转接头通道进行渣土改良及TBM掘进模式下通过主机皮带机/中心螺旋机出渣功能要求;同时具备土压平衡模式人舱保压功能及TBM模式除尘功能。双模盾构既能满足两种功能模式的施工需求,又可实现各系统高效运作的同时不相互制约和影响,同时还可以实现洞内两种模式的快速转换。

目前主要针对TBM模式不同的出渣方式,研究出两种EPB/TBM双模盾构,即中心皮带机出渣形式EPB/TBM双模盾构和中心螺旋机出渣形式EPB/TBM双模盾构。

EPB/TBM双模盾构一般由主机系统和后配套系统组成。

主机系统主要包括:刀盘、刮渣板(TBM模式使用)、溜渣槽(TBM模式使用)、盾体、主驱动、人舱、材料仓、推进系统、铰接系统、稳定器、管片拼装系统、螺旋输送机、主机带式输送机(TBM模式使用)、除尘风管(TBM模式使用)等。

后配套系统主要包括:拖车结构、物料吊运系统、管片小车(或者选配)、设备带式输送机、注浆系统、盾尾油脂系统、润滑油脂系统、液压系统(液压泵站等)、泡沫系统、膨润土系统、水系统、通风除尘系统(TBM模式使用)、豆砾石系统(TBM模式使用,若有)、配电系统、动力系统、导向系统等。

两种模式的转换通过相关部件(刀盘、螺旋输送机、主机带式输送机等)的转换,以改变刀盘切削及出渣形式来实现。

图3-2-1～3-2-4为两种不同出渣形式EPB/TBM双模盾构的主机示意图。

第3章 EPB/TBM双模盾构关键模块针对性研究及设计

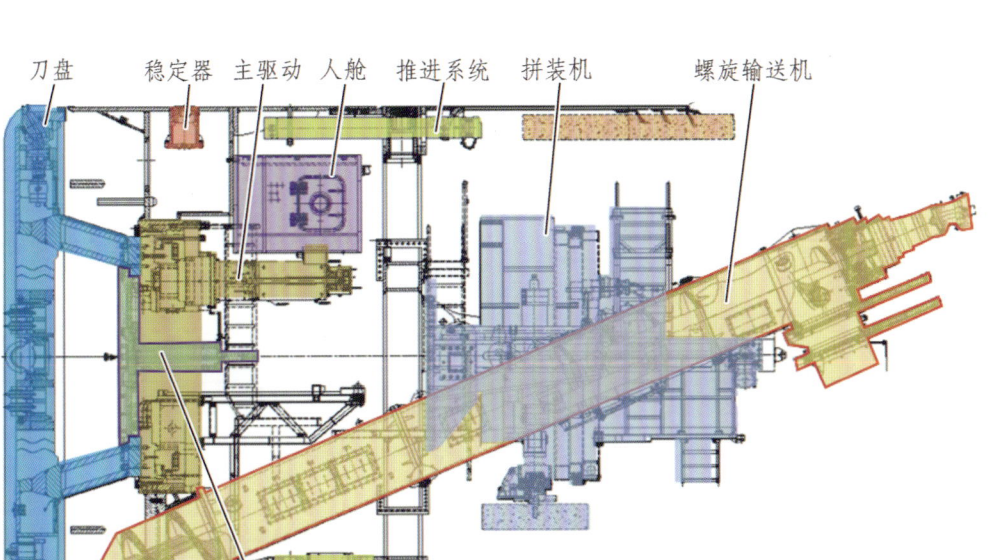

图 3-2-1　EPB 模式主机布置图（中心皮带机出渣形式 EPB/TBM 双模盾构）

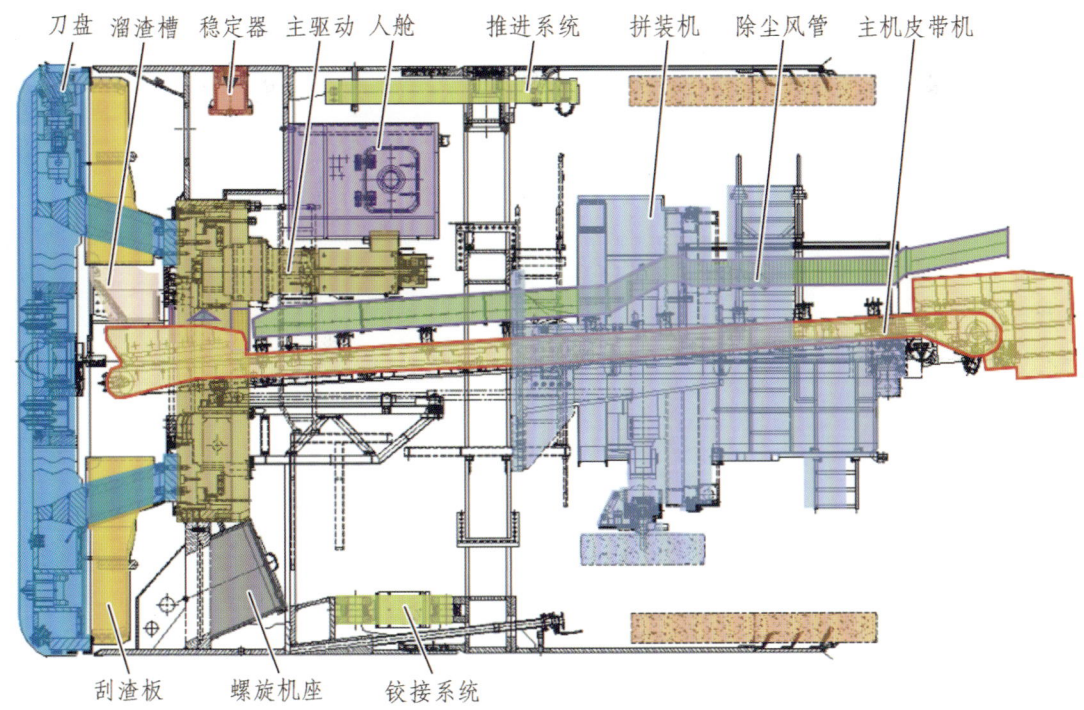

图 3-2-2　TBM 模式主机布置图（中心皮带机出渣形式 EPB/TBM 双模盾构）

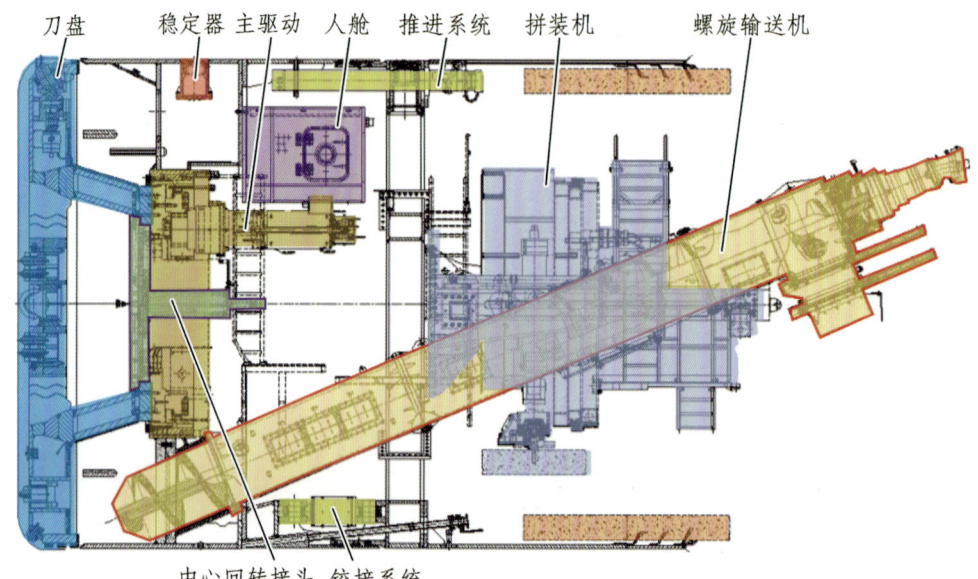

图 3-2-3　EPB 模式主机布置图（中心螺旋机出渣形式 EPB/TBM 双模盾构）

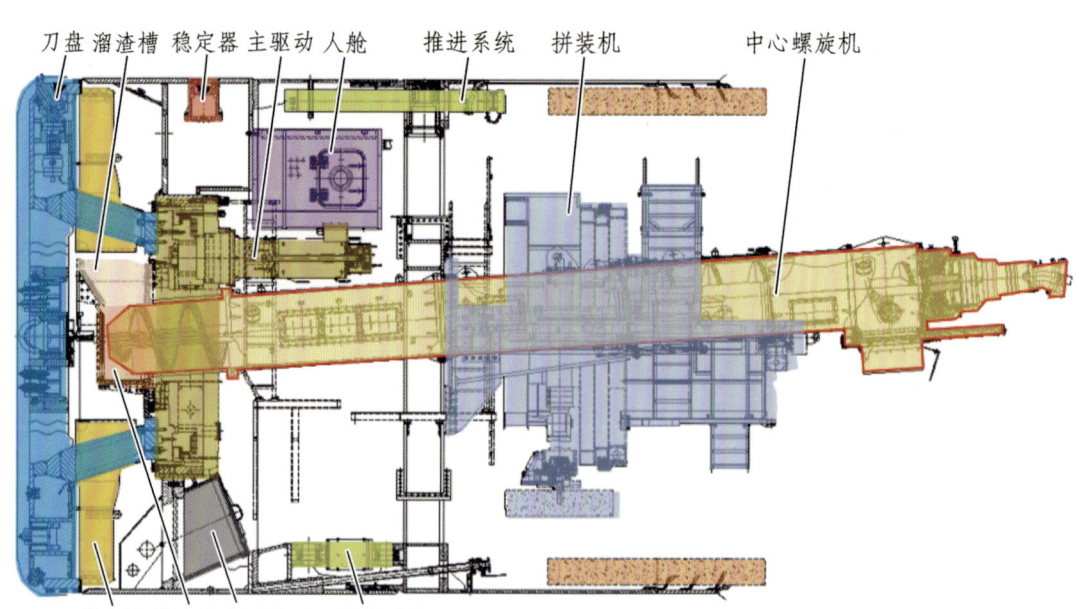

图 3-2-4　TBM 模式主机布置图（中心螺旋机出渣形式 EPB/TBM 双模盾构）

目前，深圳地铁四期用EPB/TBM双模盾构主要有两种形式，其主要参数见表3-2-1、3-2-2。

表3-2-1　EPB/TBM双模盾构主要参数（中铁738号）

序号	项目	参数	备注
1	刀盘	双模复合刀盘	
2	整机长度	约105 m	
3	双模形式	中心螺旋机式	
4	纵向爬坡能力	±50‰	
5	最大工作压力	0.5 MPa	
6	开挖直径	ϕ6990 mm	
7	刀盘转速	0-2.26-5.4 r/min	
8	驱动功率	1400 kW	
9	最大推进速度	80 mm/min	
10	推进系统最大推力	5060 t	
11	额定扭矩	5920 kN·m	
12	脱困扭矩	7100 kN·m	
13	螺旋机尺寸/出渣能力	ϕ800 mm/335 m³/h	双模共用
14	设备皮带机带宽/输送能力	800 mm/550 m³/h	
15	装机功率	约2400 kW	

表3-2-2　EPB/TBM双模盾构主要参数（中铁755号）

序号	项目	参数	备注
1	刀盘	双模复合刀盘	
2	整机长度	约125 m	
3	双模形式	中心皮带机式	
4	纵向爬坡能力	±50‰	
5	最大工作压力	0.5 MPa	
6	开挖直径	ϕ6470 mm	
7	刀盘转速	0-2.5-5 r/min	

续表

序号	项目	参数	备注
8	驱动功率	1750 kW	
9	最大推进速度	80 mm/min	
10	推进系统最大推力	4086 t	
11	额定扭矩	6686 kN·m	
12	脱困扭矩	8023 kN·m	
13	螺旋机尺寸/出渣能力	ϕ800 mm/335 m³/h	EPB模式用
14	主机皮带机带宽/输送能力	800 mm/550 m³/h	TBM模式用
15	设备皮带机带宽/输送能力	800 mm/550 m³/h	
16	装机功率	约2950 kW	

3.2.2　EPB/TBM双模盾构刀盘设计

EPB/TBM双模盾构刀盘设计应满足土压模式合理、足够的开口、充分的渣土改良注入口以及渣土搅拌需要，同时满足TBM模式足够的刚度、强度、破岩效率高且可以实现刮渣、收渣、出渣需要。双模盾构刀盘是一种复合式、能满足土压和TBM两种工况模式使用需求的双模式刀盘，同时可进行洞内换装，实现模式转换。

1. 刀盘结构设计

（1）刀盘结构形式

长距离、大埋深、地层岩石硬度高等施工特点决定了EPB/TBM双模盾构刀盘需具有较高的结构强度和可靠性。为此，以管片外径6700 mm的隧道用双模盾构为例，根据前文"刀盘破岩机理研究"，同时针对深圳地区地质特性，设计刀盘方案采用"6主梁+6面板"的结构形式，选取正面单刃滚刀，刀间距一般为75～80 mm。刀盘结构布置如图3-2-5所示，主切削刀具采用18寸滚刀，布置18寸中心滚刀6把、单刃滚刀38把、刮刀61把、边刮刀12组、硬岩仿行（超挖）滚刀1把。

为增大刀盘强度，适应于长距离掘进硬岩地质，对刀盘结构进行针对性加强设计。第一，增大了大圆环厚度，如图3-2-6所示，增强各主梁间外围的结构连接性；第二，增大主梁钢板厚度，增大主梁钢板高度，提升刀盘的整体结构强度；第三，中心区域采用厚板整体加工后与主梁侧板焊接，如图3-2-7所示，改善中心区域结构稳定性，减小刀盘中心区域变形概率。

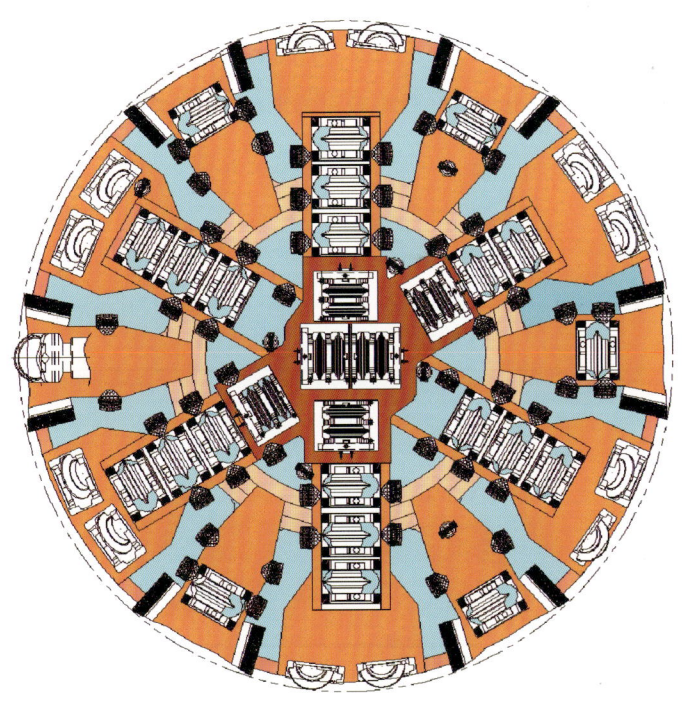

图 3-2-5 刀盘结构布置图

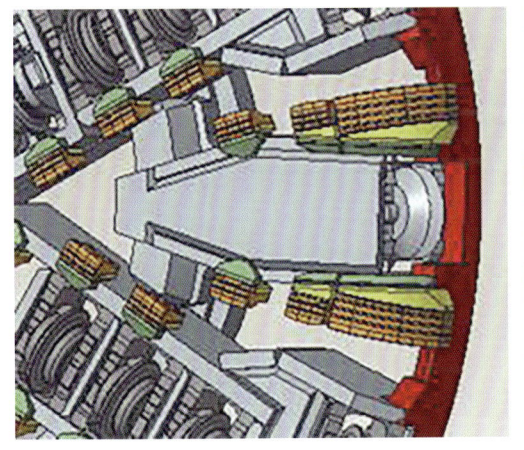

图 3-2-6 大圆环加厚设计

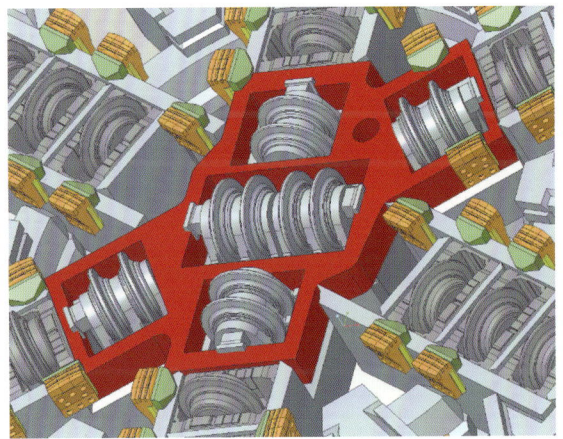

图 3-2-7 中心块前面板整体厚板设计

（2）刀盘结构有限元分析

① 分析说明

基于 ANSYS Workbench 19.0 有限元分析软件平台，对该双模复合刀盘整体结构进行静力学强度、刚度校核，理论设计加强辅以有限元分析验算，使其满足深圳地区双模工况使用要求。

② 三维模型建立

在保证计算精度要求的前提下，为提高模型计算效率，本模型中忽略耐磨、刀具刀座、磨损检测、喷口等对刀盘结构强度、刚度影响较小的部件，刀盘结构的三维简化模型如图3-2-8所示。

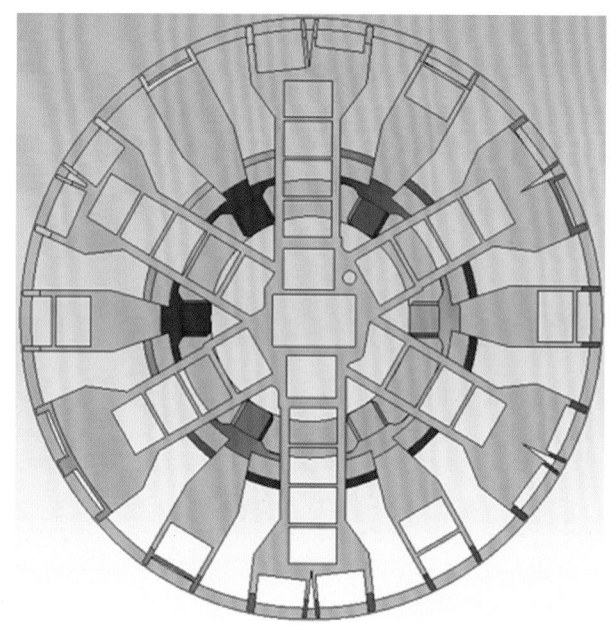

图 3-2-8　刀盘模型

③ 边界条件确定

盾构掘进过程中，刀盘前部和背部都有渣土，刀盘前部和背部受到的水土压力是一个平衡的状态，即水土压力对刀盘整体受力情况影响较小，可忽略不计；此外，刀盘受到底部渣土的支撑作用，因此其自身重力的影响也忽略不计。本章分析主要考虑刀盘所受推力和扭矩的影响。

根据刀盘工作工况，本次分析考虑以下两种工况：

工况一：均载工况分析，即分析刀盘全盘滚刀承受额定载荷以及承受主驱动最大扭矩的静力学状态。

工况二：偏载工况分析，即分析刀盘环梁外侧区域受最大推力以及承受主驱动最大扭矩的静力学状态。

④ 评价标准

赋予刀盘模型 Q355B 材料属性，其基本物理属性为弹性模量 2.0×10^{11} Pa、泊松比 0.3、密度 7850 kg/m^3，其许用应力见表3-2-3。

表 3-2-3　材料许用应力

材料	钢板厚度 /mm						
Q355B	≤ 16	16 ~ 40	40 ~ 63	63 ~ 80	80 ~ 100	100 ~ 150	150 ~ 200
屈服强度 δ_s/MPa	≥ 345	≥ 335	≥ 325	≥ 315	≥ 305	≥ 285	≥ 275
安全系数	1.2						
许用应力 δ/MPa	≥ 288	≥ 279	≥ 271	≥ 263	≥ 254	≥ 238	≥ 229

注：数据来源于《低合金高强度结构钢》（GB/T 1591—2008）和《钢结构设计标准》（GB 50017—2017）。

⑤ 网格划分

为了平衡有限元求解效率与求解精度之间的矛盾，设置全局单元尺寸为 40 mm，添加 Patch Conforming Method 设置，并将所有可调节项设置为最优，如图 3-2-9 所示。

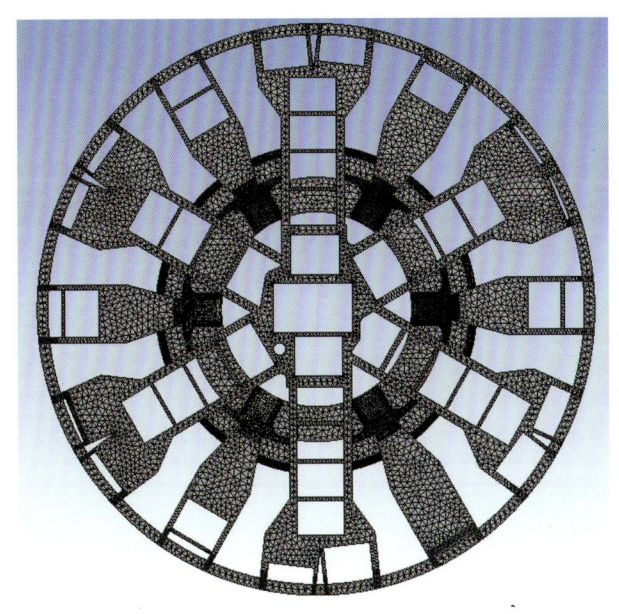

图 3-2-9　网格划分

⑥ 边界条件加载

工况一：固定约束刀盘法兰与主驱动连接面，将刀盘承受推力作用在滚刀刀箱所在位置，将刀盘承受扭矩作用在大圆环外表面，如图 3-2-10 所示。

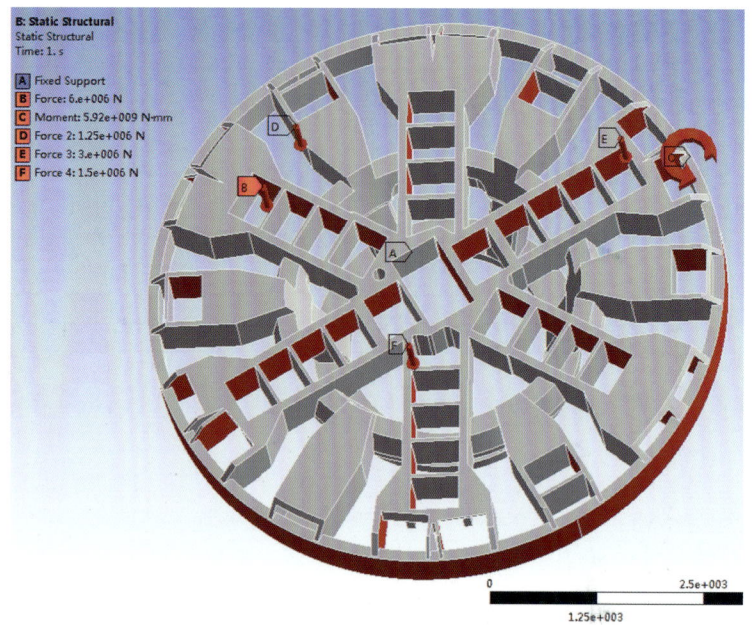

图 3-2-10　工况一边界条件加载

工况二：固定约束刀盘法兰与主驱动连接面，将刀盘承受推力作用在刀盘环梁外侧区域位置，将刀盘承受扭矩作用在大圆环外表面，如图 3-2-11 所示。

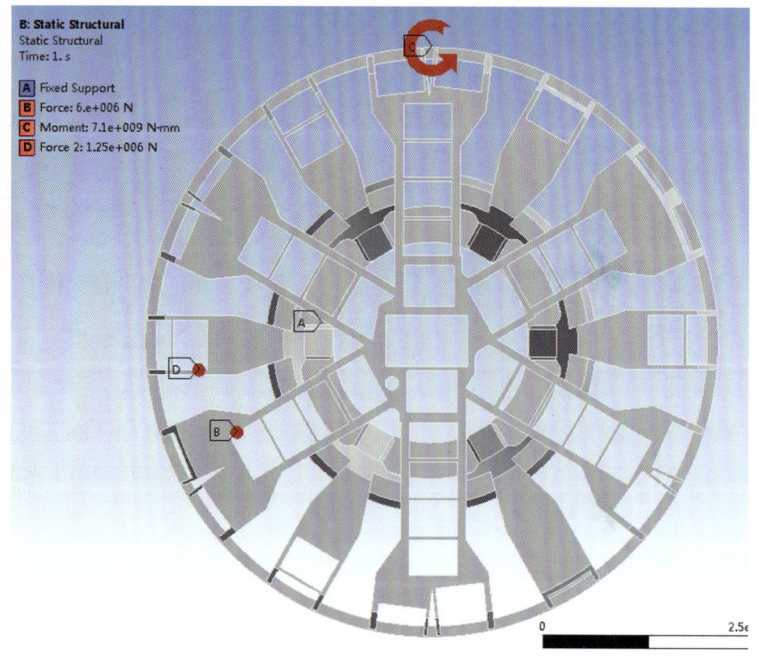

图 3-2-11　工况二边界条件加载

⑦ 计算结果评价

工况一：最大等效应力为 152 MPa，出现在刀盘中心前面板位置，绝大部分应力低于 100 MPa。材料许用应力为 254 MPa；刀盘结构的最大变形量为 2.47 mm，出现在刀盘大圆环上，如图 3-2-12 所示。由以上有限元分析可知，刀盘强度、刚度满足施工需求。

工况二：计算结果显示，最大等效应力为 152.1 MPa，出现在主梁靠近扭腿与法兰连接的位置，绝大部分应力低于 100 MPa。材料许用应力为 254 MPa，刀盘结构的最大变形量为 3.25 mm，出现在刀盘大圆环上，如图 3-2-13 所示。由以上有限元分析可知，刀盘强度、刚度满足施工需求。

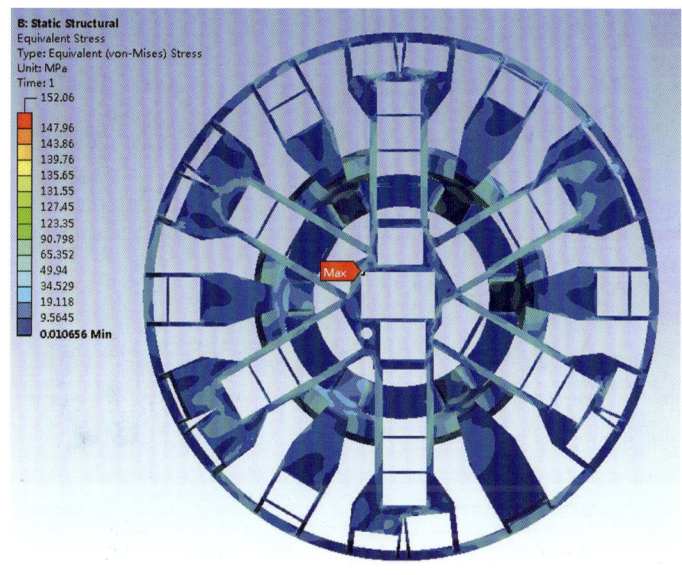

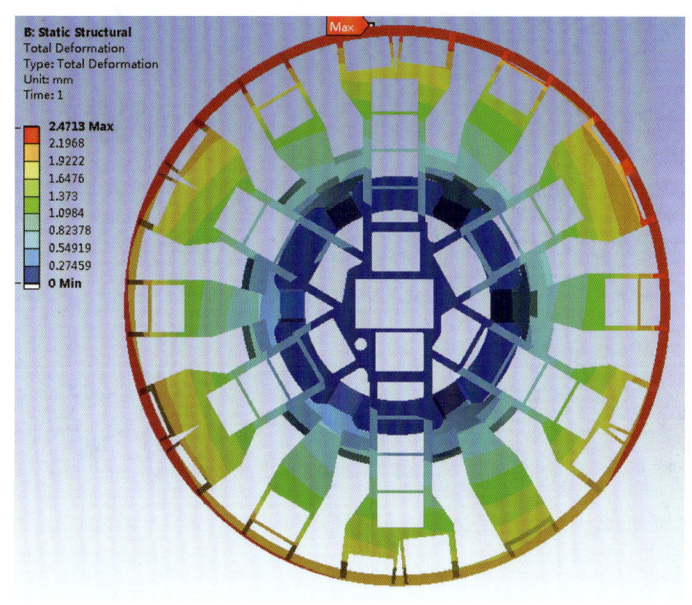

图 3-2-12　工况一分析结果

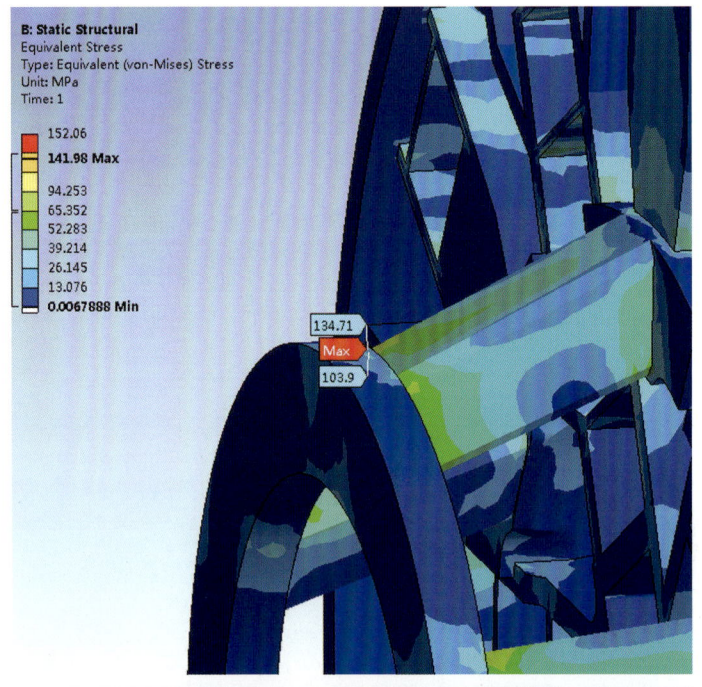

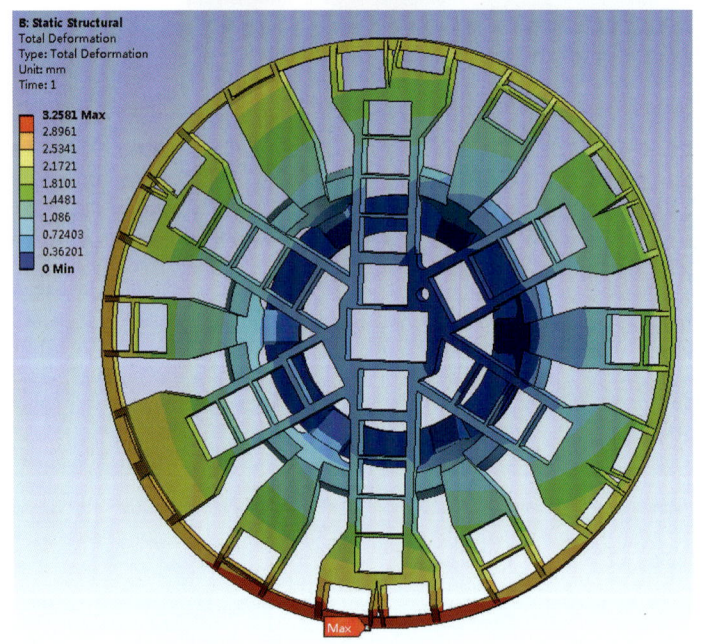

图 3-2-13　工况二分析结果

综上所述，两种工况中刀盘的最大等效应力均低于材料许用应力，最大变形量也比较小，刀盘结构强度、刚度可以满足以上两种工况的使用要求。

（3）刀盘开口率说明

双模刀盘设计要兼顾土压模式掘进（中强度，大开口 - 防结泥饼）和 TBM 模式掘进（小开口，高强度 - 防结构变形），所以双模刀盘开口率的设置是综合选择的结果，如图3-2-14所示。

一般刀盘开口率计算是将刀盘前面板镂空部分算为有效开口，主要包含主梁之间空隙以及主梁与副梁之间空隙，刀盘格栅不计入开口，设计适应深圳地区用双模复合刀盘，开口率约为30%，从工程应用情况来看，效果比较理想。

图 3-2-14　刀盘开口率示意图

2. 刀具刀箱设计

（1）刀具设计

适应深圳地区的双模刀盘设计刀具一般分两大类：滚动刀具和刮削刀具。

滚动刀具是指不仅随刀盘转动，还同时作自转运动的破岩刀具。滚刀根据其刀刃形状可分为齿形滚刀（钢齿和球齿）、盘形滚刀（钢刀圈滚刀和球齿刀圈滚刀）。

滚刀根据其安装位置还可分为正滚刀、中心滚刀、边滚刀、仿行滚刀。目前盾构/双模盾构采用的滚刀主要是盘形滚刀，盘形滚刀又有单刃、双刃和多刃之分。

刀盘在双模盾构/TBM推力作用下，贯入岩体，在主驱动转动扭矩作用下，带动刀盘转动，滚刀在驱动力和掌子面的反作用下绕刀盘中心轴公转，同时各滚刀还绕各自的刀轴自转，使滚刀在岩面上连续滚压，此时掌子面为滚刀转动提供足够的摩擦力。通过滚刀对岩体的挤压和剪切使岩体发生贯穿性裂纹破碎，实现破岩，同时在岩面上切出一系列的同心圆。

适用于深圳地铁的双模刀盘主切削刀具采用18寸滚刀，其中中心滚刀6把、单刃滚刀

38 把，同时配置硬岩仿行（超挖）滚刀 1 把，其中仿行滚刀结构形式如图 3-2-15 所示，仿行滚刀设置有 2 个刀刃，刀具布置在油缸的末端，当有仿行/超挖需求时，油缸推动刀具向前，刀盘的开挖直径就会增大。

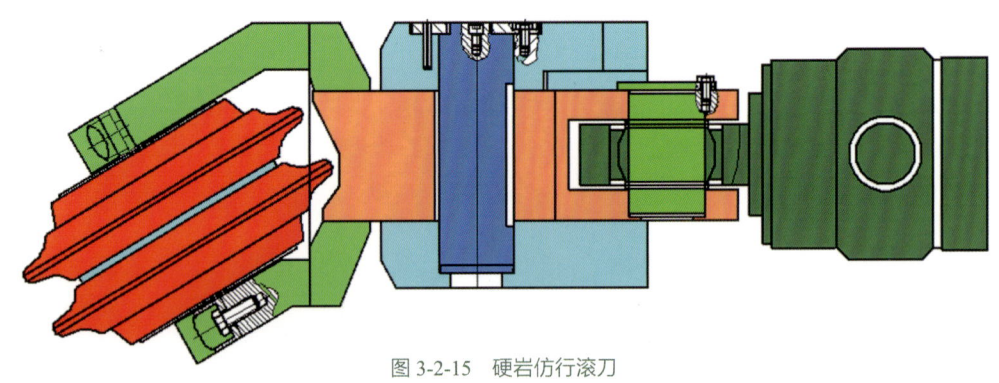

图 3-2-15　硬岩仿行滚刀

图 3-2-16 所示为不同刀间距试验后的岩渣图，由图可知刀间距在 60 mm 时，渣样细小，以粉尘居多，存在较多的轨迹残留块，这是由于刀间距过小形成过度破碎的原因；刀间距在 75 mm 时岩渣大小适中，岩石面破碎均匀、无过多的轨迹残留块；刀间距在 90 mm 时岩渣大小适中，岩石面破碎相对均匀、存在局部的轨迹残留块。

图 3-2-16　不同刀间距破岩实际效果

（2）滚刀刀间距设计

深圳地区地质复杂，有黏土、全风化花岗岩的软弱地层，上软下硬、地质不均的复合地层以及全断面岩层等，一般设计双模刀盘为复合式双模刀盘。刀盘配置滚刀，滚刀刀间距设计是否合理一定程度上决定了刀盘的破岩效率的高低。滚刀刀间距过大或过小都不利于破岩。间距过大，滚刀间会出现"岩脊"现象；间距过小，滚刀间会出现小碎块现象，降低破岩工效。

以深圳地区双模设备施工地质条件为依据，设计双模刀盘正面滚刀刀间距一般为75～80mm，现场实际应用效果良好。

（3）滚刀刀箱设计

滚刀作为刀盘的主切削刀具，其安装方式的可靠性至关重要，根据其安装位置的不同，可分为中心滚刀、正面滚刀和弧形区滚刀。正面滚刀和弧形区滚刀的安装方式往往相同。

根据中心滚刀的结构特点，将原有的常规安装方式优化升级为TBM安装方式，如图3-2-17和图3-2-18所示。优化前的常规安装方式为螺栓直接受力，在刀盘掘进过程中，由于强烈的震动和冲击，导致螺栓易发生松动和断裂。如图3-2-18所示，优化后的TBM安装方式采用了楔紧的原理，通过设置拉紧螺栓和拉紧块实现了滚刀的定位和夹紧，滚刀受到的力直接传递到刀箱上，避免了螺栓直接受力。

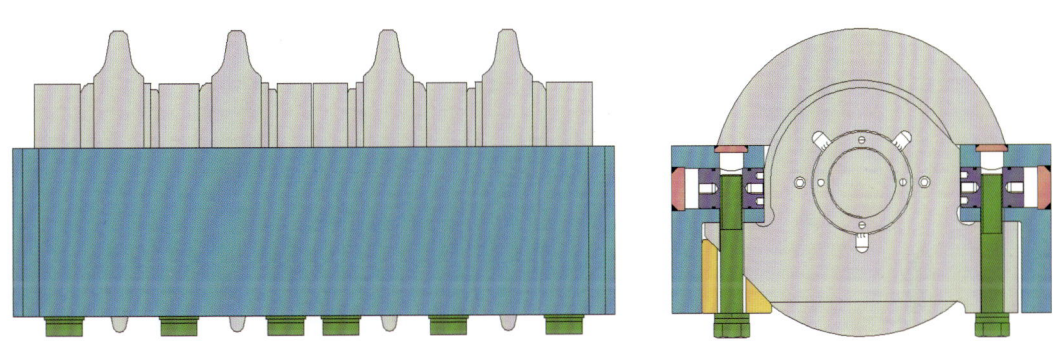

图 3-2-17　中心滚刀的常规安装方式示意图（优化前）

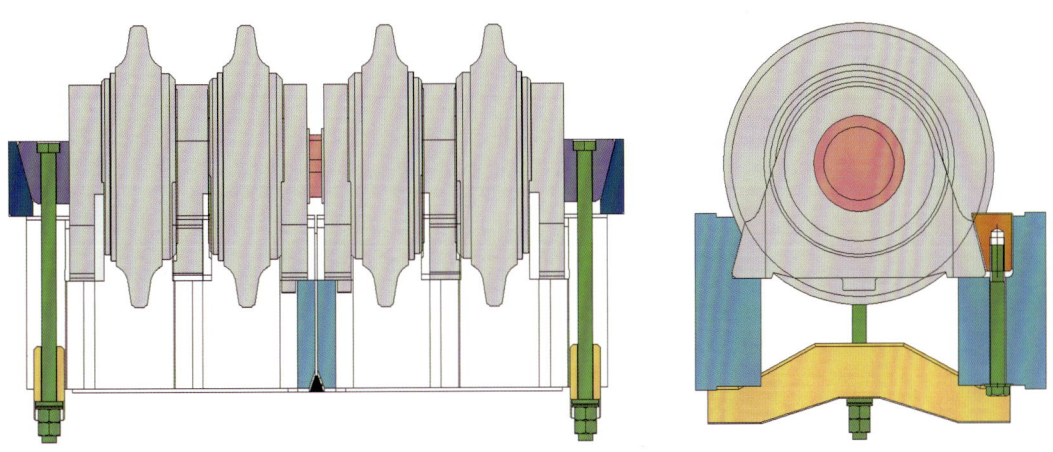

图 3-2-18　中心滚刀的TBM安装方式示意图（优化后）

正面及弧形区滚刀采用如图 3-2-19 所示的拉紧式安装方式，滚刀通过 C 型块安装在刀箱上，并经拉紧块通过拉紧螺栓预紧，C 型块通过两个螺栓固定在刀箱上，滚刀正常工作时，C 型块承载滚刀的工作载荷并把载荷传递到刀箱上面。

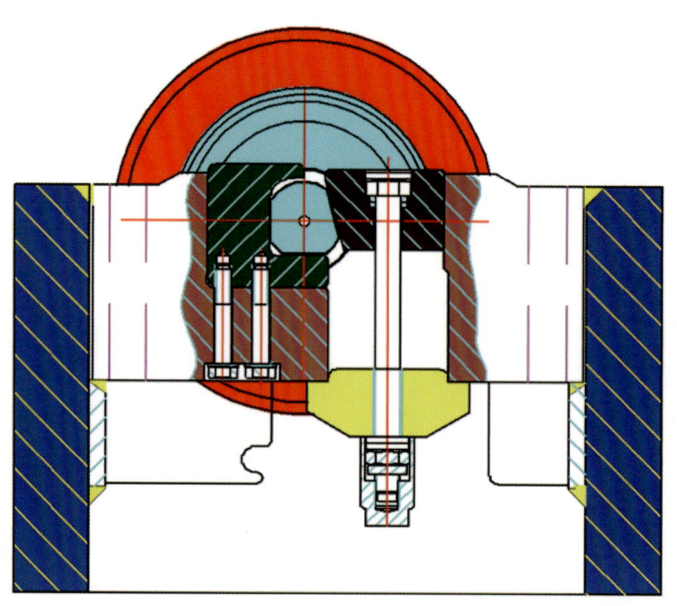

图 3-2-19　正面及弧形区滚刀安装方式示意图

图 3-2-19 中的拉紧式刀箱虽然紧固方式可靠，但是换刀步骤烦琐，为此，中铁工程装备集团有限公司自主研发了可便捷拆卸的新型刀箱（专利技术），如图 3-2-20 所示。新型刀箱的滚刀在 C 型块和卡块的作用下被夹紧，卡块呈"7"字形，下端插入至刀箱本体。传动杆穿插于刀箱本体中，传动杆与卡块之间通过螺纹配合。传动杆拉紧卡块，进而将滚刀刀轴夹紧。

新型刀箱的拆刀过程可分为三步，具体如下：

第一步：拧动传动杆，传动杆推动卡块向前移动，如图 3-2-21 所示。

第二步：卡块被推出后，将滚刀向右移动，如图 3-2-22 所示。

第三步：滚刀向右移动至合适位置后，即可将滚刀取出，如图 3-2-23 所示。

此外，装刀的过程是上述拆刀过程的逆过程。现场应用结果表明，该新型刀箱的结构可靠，目前刀箱尚未出现压溃、开裂、变形等异常损坏问题。

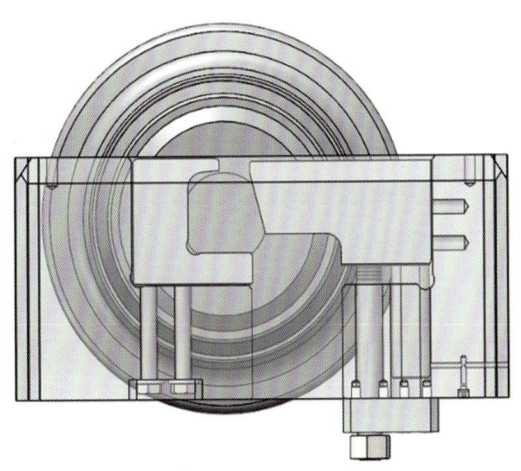

图 3-2-20　新型刀箱结构示意图

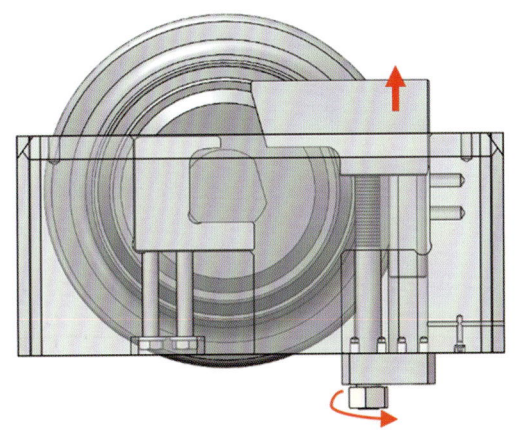

图 3-2-21　推出卡块

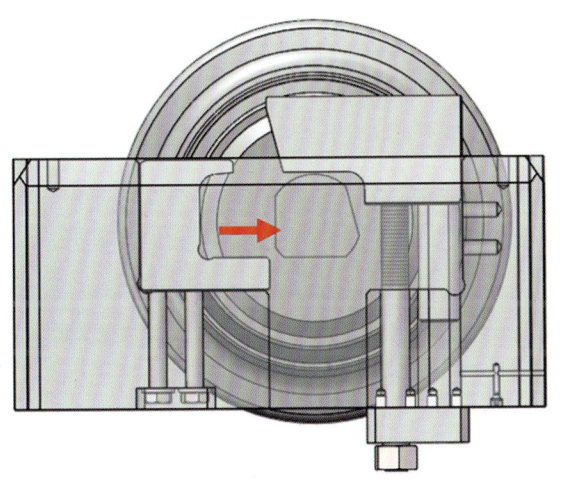

图 3-2-22　平移滚刀

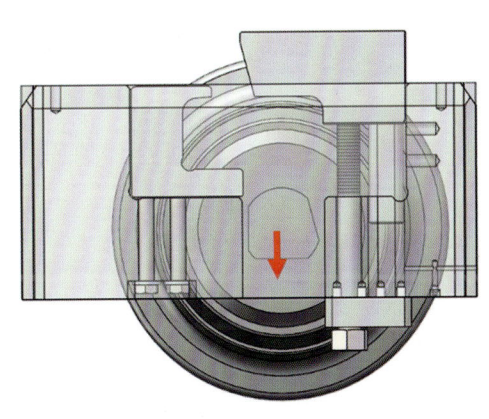

图 3-2-23　取出滚刀

3. 刀盘搅拌棒设计

双模刀盘搅拌棒设计主要考虑土压模式渣土改良，其对土仓渣土改良起着重要作用，通过刀盘主动搅拌棒与盾体被动搅拌棒相互之间的配合，改善土仓渣土的流动性，减小土仓/刀盘结泥饼的概率。同时，在复合地层掘进，搅拌棒有被石块频繁冲击的风险，要求其设计有足够的强度且布置合理。TBM 模式渣土主要通过刀盘刮渣板进入中心接渣斗，仓内基本处于空仓状态，不需要进行搅拌，同时考虑拆装便捷性，一般设计双模刀盘搅拌棒在辅梁背部，TBM 模式处在刮渣板之间，不拆设计，可共存于两种掘进模式下。

4. 刀盘溜渣结构设计

双模盾构刀盘设计可满足两种出渣工况需求。采用中心螺旋机出渣时，通过关闭螺旋输送机后闸门应对土仓突泥突水风险；采用中心皮带机出渣时，当土仓内部失稳时渣土会直接通过中心区域涌入主机。采用中心螺旋机出渣时，可封闭土仓内部粉尘，保证作业环境的健康；采用中心皮带机出渣时，粉尘会溢出至隧道内部，影响作业环境。无论采用中心螺旋机还是中心皮带机出渣，刀盘上均需设置刮渣板，刮渣板设置于刀盘副梁背面，用于将土仓中切削下来的渣土刮至中心隔板上的接渣斗中，刀盘刮渣板及中心接渣斗如图 3-2-24、图 3-2-25 所示。

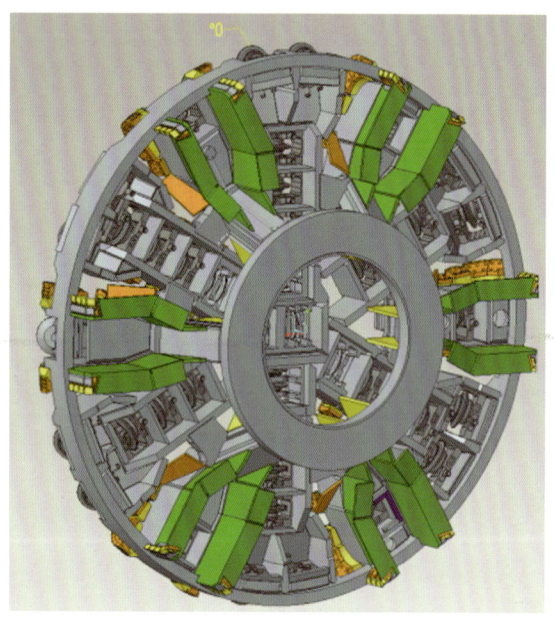
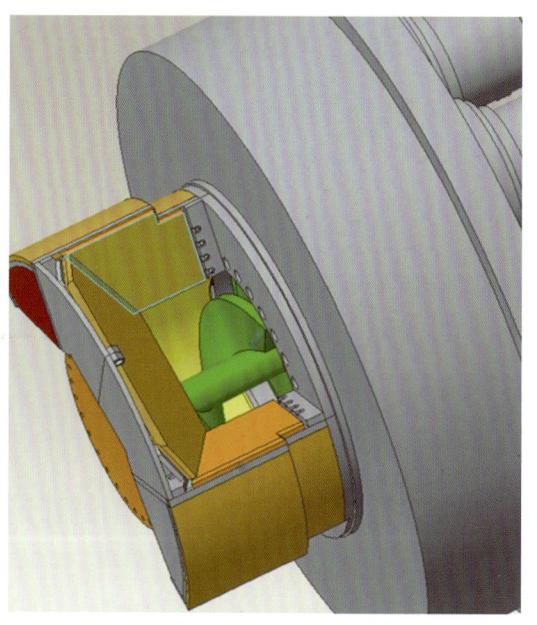

图 3-2-24　刀盘刮渣板设计　　　　　　　图 3-2-25　刀盘中心接渣斗设计

3.2.3　EPB/TBM 不同掘进模式下的出渣方式

实际工程应用中，土压掘进模式下部（螺旋机）出渣，土仓底部渣土一般需要保持在 1.5 m 左右；TBM 掘进模式中部（皮带机 / 螺旋机）出渣，刀盘刮渣及溜渣结构的设置，理论上可以实现土仓内没有残余渣土。

EPB 掘进模式下，滚刀破岩的同时需要对残余渣土多次研磨，导致滚刀异常磨损加剧，而 TBM 掘进模式下，滚刀不需要对岩渣进行二次破碎、研磨。同时，EPB 掘进模式中，刀盘破岩的同时带动土仓内渣土前进及转动，造成刀盘推力及扭矩增大，贯入度反而降低，整体掘进速度相较 TBM 模式会降低。图 3-2-26 为两种不同出渣模式示意。

（a）EPB 模式出渣方式

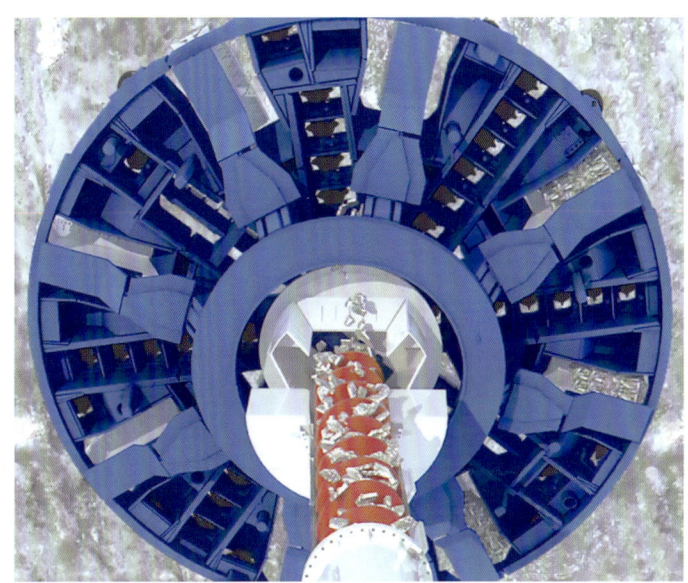

（b）TBM 模式出渣方式

图 3-2-26　两种不同出渣方式

1. 中心皮带机出渣形式 EPB/TBM 双模盾构

目前国内双模盾构土压模式为倾斜螺旋输送机出渣，TBM 模式出渣多为中心皮带机出渣，当地层为软土、中强风化岩层、富水破碎带地层等情况时，此时土仓建压采用土压模式掘进。当地层为中微风化岩层且地层稳定，此时空仓掘进，采用 TBM 模式掘进。

现有的 EPB/TBM 双模盾构机，TBM 模式多使用中心皮带机出渣，刀盘破岩、切削的渣土经刀盘刮渣板过溜渣槽到中心接渣斗，再到中心皮带机上，继而输送至设备皮带机。例如，中铁 150、151 号中心皮带机式双模盾构，先后应用于重庆轨道交通环线和青岛地铁 8 号线；应用在深圳地铁 12 号线怀德站—福永站区间的中铁 755、756 号 EPB/TBM 双模盾构，以 TBM 模式为主，进行了两次洞内模式转换。相关数据统计分析表明，TBM 模式刀盘贯入度以及转速的增加，掘进速度是 EPB 模式的 2 倍左右（对比其他项目平均在 1.5 倍左右），且刀具消耗也降低了约 36%，刀具异常损坏情况显著降低。在中心皮带机故障率可控，且突涌水可能性较小的情况下，可以选用中心皮带机式 EPB/TBM 双模盾构。如图 3-2-27 所示为双模盾构 TBM 模式（怀福区间）与土压复合盾构（翠怀区间）施工效率对比。

由于中心皮带机式 EPB/TBM 双模盾构存在盾构机中心不封闭的情况，若遇到突泥突水地质施工存在一定安全隐患，且主机皮带机易被掉落的渣土损坏，工程实践表明，故障率相对高一些。同时，TBM 模式掘进，刀盘滚刀挤压破碎岩石产生大量粉尘，由于中心区域不封闭，大量粉尘沿主机皮带机直接进入主机内部，尽管配备除尘系统，但在掘进机运行过程中，无法完全清除主机内部所有粉尘，产生一些施工问题。所以，从安全施工及文明施工层面考虑，提出中心螺旋机出渣形式双模盾构。

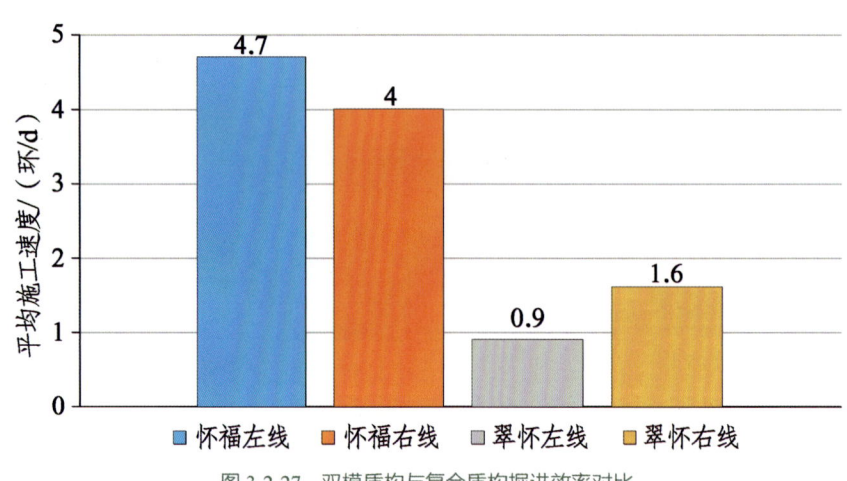

图 3-2-27 双模盾构与复合盾构掘进效率对比

2. 中心螺旋机出渣形式 EPB/TBM 双模盾构

通过对隧道水文地质条件进行分析，结合复杂地质下存在隧道喷涌、主机淹没等问题，从出渣可行性、主机保压性方面考虑，以深圳地铁双模为研究背景，结合实验室试验研究，提出了中心螺旋式 EPB/TBM 双模盾构，以期解决中心皮带机存在的一些施工问题，并设计生产应用，为类似地层掘进机的合理设计提供了一定参考。

为验证中心螺旋输送机能否代替中心皮带机出渣，其可行性、高效性能否得到保证，进行实验室试验。

3. 中心螺旋机出渣试验

（1）试验台设计

根据依托背景项目深圳某地铁区间隧道掘进机主机布置情况，试验台螺旋输送机采用 5°倾角布置，螺旋输送机输入端连接容量 2.5 m³ 的渣斗，如图 3-2-28 所示。

图 3-2-28　水平出渣螺旋输送机试验台

（2）水平螺旋机出渣能力试验

为了进一步验证中心螺旋输送机出渣方案的可行性，利用现有条件，选取切片微风化花岗岩（渣样材料和深圳地铁的地质情况类似）。此外，还选取了青岛某地铁区间微风化安山岩，进行中心螺旋机出渣试验。选取渣样 2.5 m³，螺旋机按 5 个不同转速等级循环出渣，测试相关数据见表 3-2-4。

由图 3-2-29 可知，水平螺旋输送机出渣量随转速的增加，出渣量随之升高，当转速达到 13 r/min，螺机填充率可达 68%，出渣量可达 138 m³/h。

表 3-2-4　试验数据 - 岩块干渣

渣量 /m³	螺旋机转速 /(r/min)	平均扭矩 /(kN·m)	出渣时间 /s	出渣量 /(m³/h)	填充率 /%
2.5	5	38	300	30	39
2.5	7	40	155	58	53
2.5	9	44	125	72	51
2.5	11	50	80	113	66
2.5	13	52	65	138	68

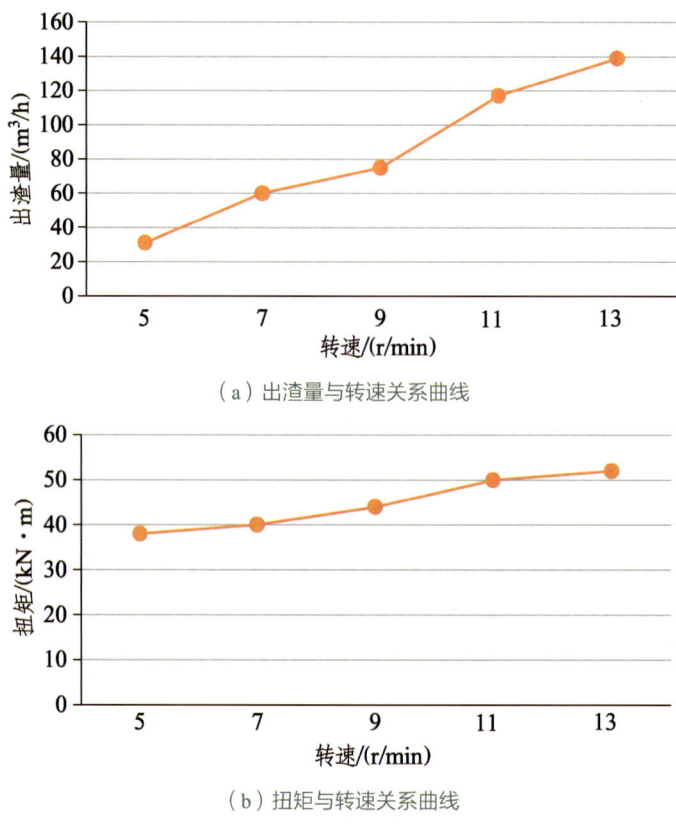

(a) 出渣量与转速关系曲线

(b) 扭矩与转速关系曲线

图 3-2-29　螺旋机施工参数曲线

（3）试验结论

① 水平螺旋机出渣具有可行性。

② 出渣效率随螺机转速加快而提高，由于提供渣量为静态渣（2.5 m³），真实情况渣样为源源不断的动态渣，推断该类渣料采用水平螺机出渣效率具有较大提升空间。

③ 螺旋机水平出渣方式工况下，干切片岩渣料在出渣时，摩擦生热较明显，试验中会看到出料口处有不同程度的水蒸气冒出，高温可能会引起螺旋机密封损坏。

④ 螺旋机水平出渣方式工况下，当渣土级配中细颗粒成分比较多时，在出渣口位置容易产生粉尘。

⑤ 螺旋机水平出渣方式工况下，干切片岩渣料在出渣时，摩擦现象明显，螺旋叶片有划痕现象，推断长时间运行，螺旋机磨损情况严重。

4. 中心螺旋式 EPB/TBM 双模盾构现场施工案例

应用于深圳地铁 14 号线布吉站—石芽岭站区间的中铁 738、739 号 EPB/TBM 双模盾构，其 TBM 模式采用中心螺旋机出渣。设计刀盘开挖直径 ϕ6980 mm，螺旋输送机直径 ϕ800 mm，最大转速 22 r/min。

（1）中心螺旋机出渣

中铁 738 号 EPB/TBM 双模盾构某一时间点掘进参数如下：螺机转速 8.8 r/min，刀盘推进速度 29 mm/min，施工现场计算松方系数 1.4，经计算螺机填充率达到 64%，按照中心螺旋输送机最大能力 22 r/min 计算，盾构机推进速度可达到 72.5 mm/min。验证了尾部中心驱动螺旋输送机应用于 TBM 模式下水平出渣的高效性。

经过出渣颗粒测量，此处地质为微风化角岩，地质较为稳定，含水量不大。出渣粒径大多为长条状，大粒径渣土很少，一般长 50 mm、宽 30 mm、厚 15 mm。破碎岩层渣样如图 3-2-30 所示。

图 3-2-30　破碎岩层渣样

（2）除尘与散热

根据实验室试验发现中心螺旋模式产热现象明显，且伴有粉尘，针对该情况在螺机筒节设计防尘降温喷雾，实现在密闭空间内部除尘。与中心皮带机模式对比，经济性好、占用空间小、通用性强。

（3）中心螺旋机磨损

根据实验室试验情况，针对实际工程中心螺旋输送机设计通轴耐磨合金块。针对螺旋输送机磨损问题统计数据如下：

螺旋轴通轴焊接耐磨合金块，耐磨合金块高度为 46 mm，合金块平均硬度为 60 HRC，具有高耐磨性能，使用情况如下：

图 3-2-31（a）为盾构机掘进 110 环（165 m）时，螺旋轴伸出土仓隔板外的合金块磨损情况，最大磨损量 40 mm 左右（背渣面方向），主要为偏磨，背渣面方向耐磨合金块磨损严重。图 3-2-31（b）为筒节内外合金块磨损情况，从图中可以看出伸出到土仓的合金块磨损较快，筒节内部合金块磨损量较小。

（a）伸出土仓隔板磨损　　　　　　　　（b）筒节内外合金块磨损

图 3-2-31　耐磨合金块磨损情况

作为项目施工方，中铁隧道局对中铁 738、739 号评价道："对于国内首次采用中心螺机的 TBM 模式出渣方式，总体来说是成功的，螺机的磨损情况在可接受范围内，中心螺机模式下螺机单次可掘进长度可达到 500 m 左右。"由此可知，国内首台中心螺旋式 EPB/TBM 双模盾构是可行的，行得通的。

（4）施工参数统计分析

① 掘进参数

布石风井—布吉站左线中铁 738 号盾构机于 2020 年 1 月 10 日始发，2021 年 3 月 8 日贯通，累计掘进 2128.5 m。右线中铁 739 号盾构机于 2020 年 2 月 8 日始发，2021 年 3 月 24 日贯通，累计掘进 2121 m。TBM 模式和土压模式的全断面硬岩的掘进参数统计见图 3-2-32 及表 3-2-5。

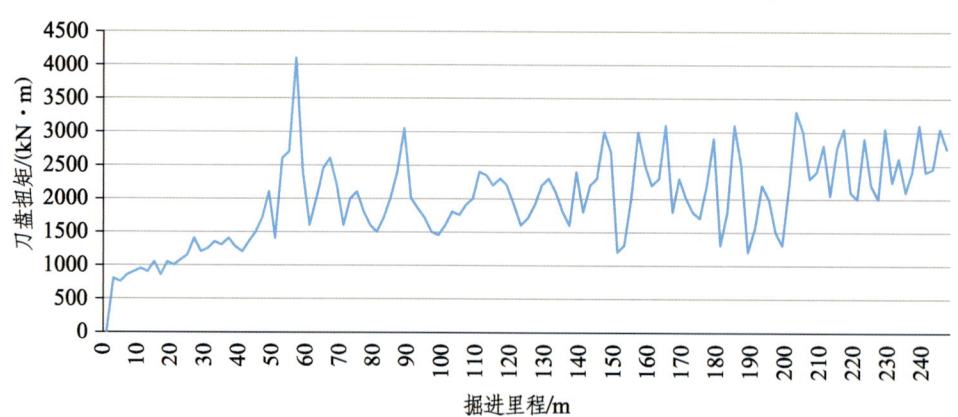

（a）设备刀盘扭矩曲线

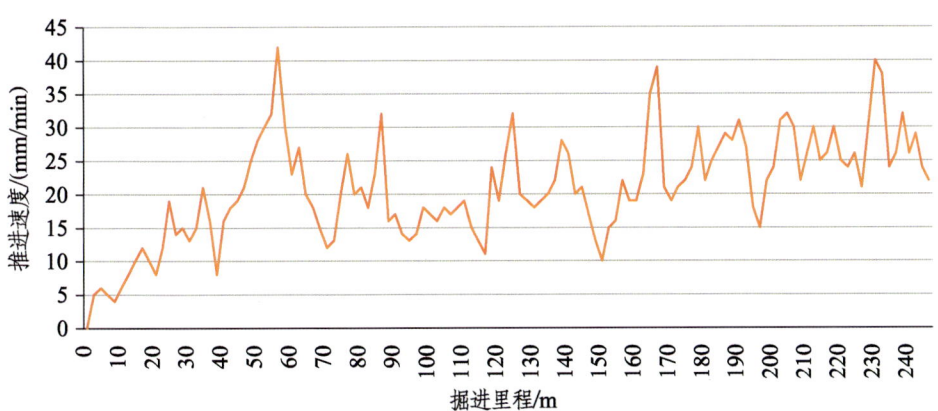

(b)设备推进速度曲线

(c)设备总推力曲线

图 3-2-32 掘进参数曲线

表 3-2-5 掘进参数统计

掘进模式	岩石强度/MPa	刀盘转速/(r/min)	刀盘扭矩/(kN·m)	推进速度/(mm/min)	总推力/kN	贯入度/(mm/r)	螺机转速/(r/min)	螺机扭矩/(kN·m)	备注
TBM	100以上	2.5~3.0	1300~1600	10~20	14000	4~10	6~8	60~80	稳定器伸出状态
TBM	100以上	2.5~3.0	1300~1600	10~20	13000	4~10	6~8	60~80	稳定器缩回状态
土压	约100	1.5~2.0	1800~2200	5~15	13000	3~7	8~12	80~100	全断面硬岩

② 刀具消耗

选取布石风井—布吉站区间左线微风化岩层 TBM 模式和土压模式对刀具消耗进行对比。左线区间选用了国产厂家的刀具，刀具刃口为圆弧或平口，刃宽为 19～22 mm。由于 TBM 模式下掘进减少了土仓内渣土对刀具的二次磨损，消耗量比土压模式偏低，并且异常磨损刀具占比较少。统计数据见表 3-2-6。

表 3-2-6　刀具使用统计

掘进模式	岩石	环号/环	长度/m	掘进磨损指标/(把/m)	换刀数量	刀具使用情况							
						正常磨损	偏磨	漏油	刀圈脱落	挡圈脱落	崩刃	刀具脱落	断轴
TBM	微风化角岩	0～347	520.5	0.26	137	98	32						7
土压		491～600	165	0.37	61	35	21	1	4				
		951～1165	322.5	0.46	148	75	60	1	1	1	8	1	1

由以上统计数据可以得出 TBM 模式下刀具消耗指标为 0.26 把/m，土压平衡模式下刀具消耗指标平均为 0.41 把/m。同时，TBM 模式硬岩段，刀具正常磨损占比为 73%；1# 土压模式硬岩段，刀具正常磨损占比 53%；2# 土压模式硬岩段，刀具正常磨损占比 51%。

③ 施工效率

对布石区间双模盾构及临近施工标段土压盾构在 60～80 MPa 之间全断面硬岩地层下施工 49 天进行对比分析（见图 3-2-33），得出以下结论：

双模盾构平均日指标 4.5 环/d，复合型土压盾构 3.8 环/d，施工工效差距较小。

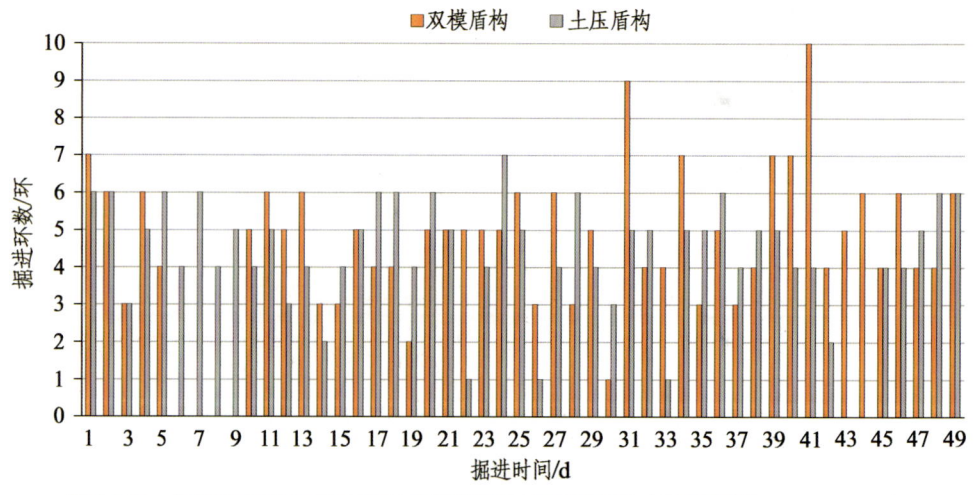

图 3-2-33　全断面硬岩地层 EPB/TBM 双模盾构和土压盾构对比（岩石强度为 60～80 MPa）

对布石区间双模盾构及临近施工标段土压盾构在 80 MPa 以上硬岩地层施工 46 d 进行对比分析（见图 3-2-34），得出以下结论：

双模盾构平均日指标 4.3 环 /d，复合型土压盾构 3 环 /d，施工工效差距较大。由以上统计数据分析可得：中心螺旋式 EPB/TBM 双模盾构，出渣效果良好，且掘进效率可观。TBM 模式出渣状态的改变，影响了设备掘进效率和刀具消耗。同等地质条件下（硬岩地层），双模 TBM 模式相较于普通土压盾构模式，掘进效率提高（约 30%），刀具消耗降低（约 35%），且刀具异常磨损情况减少。

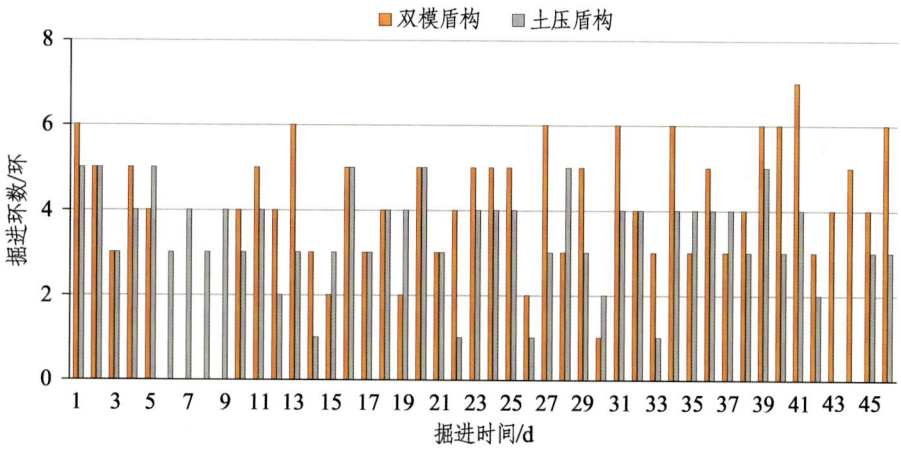

图 3-2-34　全断面硬岩地层 EPB/TBM 双模盾构和土压盾构对比（岩石强度在 80 MPa 以上）

3.3　EPB/TBM 双模盾构系统创新成套技术

双模盾构主要针对复合地层掘进过程中，主机振动、滚转及 TBM 模式通风除尘等问题进行分析研究，形成 EPB/TBM 双模盾构创新成套技术。

3.3.1　高转速掘进模式下主机振动滚转

1. 概　述

EPB/TBM 双模盾构在掘进过程中，当刀盘旋转切削岩体时，被切削岩体将给刀盘一个反方向的作用力，这就导致盾构机主体会发生一定程度的滚动。实际施工过程中，可以通过控制刀盘的正、反转来减小主体滚转的程度。同时盾体上配有滚转角传感器（见图 3-3-1），限制盾体滚转最大角度 ±4°，超过 ±4°，刀盘自动停转。

图 3-3-1　盾体滚转角传感器

但是，在硬岩地层 TBM 模式掘进时，由于掌子面及掘进机周围岩体硬度较大（自稳性较好），被切削岩体给刀盘的冲击较大，且开挖轮廓与盾体存在一定间隙（见图 3-3-2），此时围岩不能有效包裹主机（盾体）/提供的反扭矩有限，导致刀盘在切削岩体时，主机（盾体）存在较大的振动/滚转，这就使得硬岩盾构相比软土盾构在实际施工过程中发生滚转的程度更加剧烈，给设备的正常掘进带来不利影响。

为了有效地减小振动/滚转现象的发生，经分析可以通过增大盾体与隧道内壁间的周向摩擦力来实现。增大周向摩擦力一般有两个途径：① 可以增大盾体与隧道内壁的摩擦系数；② 可以增大盾体对隧道内壁的正压力。由于摩擦系数是由介质本身的性质所决定的，所以通过第一种方案增大摩擦力不能实现。经分析通过增大盾体对隧道内壁的正压力来增大周向摩擦力是可以实现的。同时，左右防滚装置给盾构机增加了左右支点，且对主体发生滚转时增加了约束，对减小滚转起到了重要的作用。

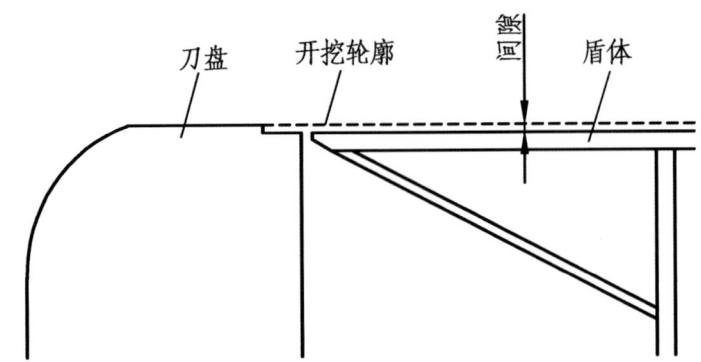

图 3-3-2　刀盘开挖轮廓与盾体间隙关系示意图

防滚装置是通过增大盾体对隧道内壁的正压力进而增大周向摩擦力的装置，如图 3-3-3、图 3-3-4 所示。在前盾顶部左右两侧设置有防滚装置，掘进过程中，防滚装置通过伸出油缸，将撑靴支撑于隧道内壁，油缸推力给隧道内壁提供一正压力 F，进而增大了盾体与隧道内壁的周向摩擦力，同时盾体底部设置有防滚条（见图 3-3-5），有效地改善了设备在硬岩地质中掘进时相对滚转的发生。工程上，我们也称防滚装置为稳定器。

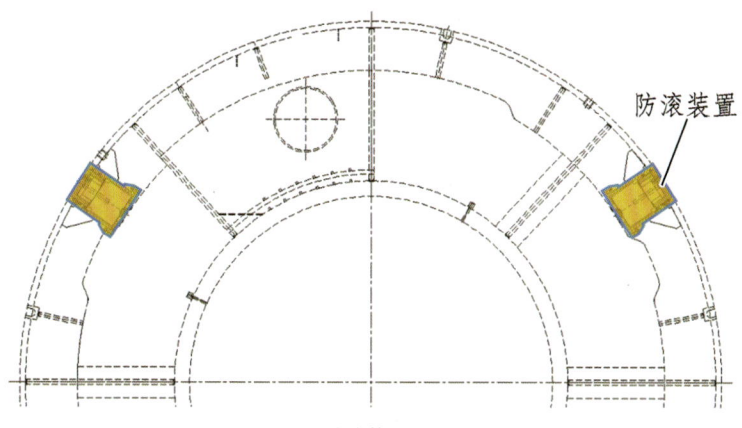

图 3-3-3　防滚装置周向布置图

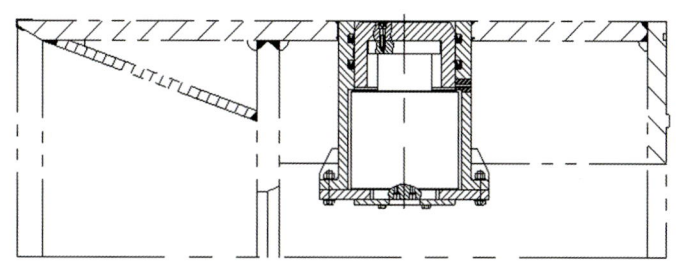

图 3-3-4　防滚装置轴向布置图

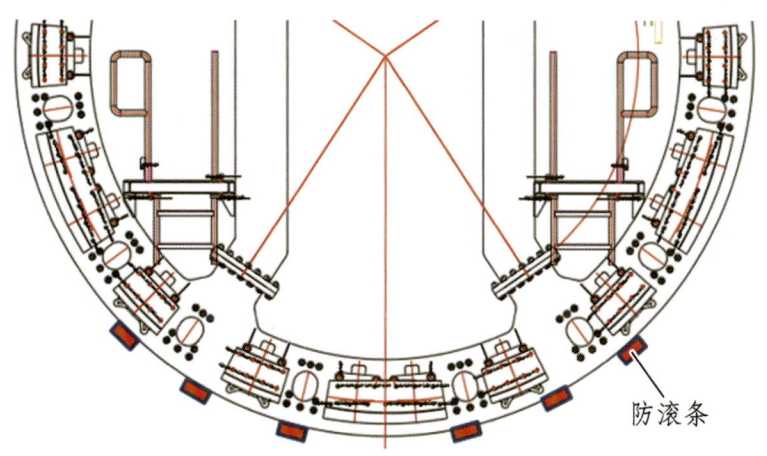

图 3-3-5　底部防滚条布置图

2. 结构设计

防滚装置通过油缸的伸出或缩回来带动撑靴的伸出或缩回，其主要结构包括固定套、油缸、撑靴、密封、接近开关、油杯（黄油嘴）以及相关紧固件，如图3-3-6所示。

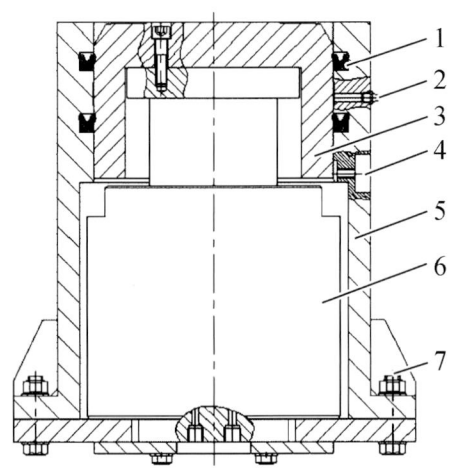

1—密封；2—油杯；3—撑靴；4—接近开关；5—固定套；6—油缸；7—紧固件。

图3-3-6　防滚装置结构

当需要使用防滚装置时，液压系统给油缸通入高压油，油缸伸出，撑靴支撑于隧道内壁，增大了盾体与隧道内壁的周向摩擦力，有效地减小了主机滚转的程度。防滚装置结构相对比较简单，在撑靴与固定套滑动区域设计了两道Y型密封，防止隧道内的岩土及水侵入防滚装置内部，对其造成损坏。同时还在两道Y型密封之间设计有一个油杯（通常称其为黄油嘴），可根据实际情况往密封腔体内注入油脂，起到润滑和保护密封的作用。为了有效掌控防滚装置工作情况，还在固定套前端设计了一个接近开关，接近开关将所捕捉的信号反馈回主控室，操作人员通过信号来确定防滚装置处于伸出还是回收状态。防滚装置总成最终是与前盾主体焊接在一起的，焊接时需保证足够的强度，使其能克服油缸的反作用力。下面以直径为6250 mm的盾体，配置两个防滚装置进行力学计算。

防滚装置油缸伸出力：

$$F = P \times \pi d^2/4 = 18 \times 3.14 \times 220^2/4 \approx 684 \text{ kN}$$

式中：F——油缸伸出力；

d——油缸活塞腔直，径取220 mm；

P——油缸工作压力，取18 MPa。

撑靴对隧道内壁的比压：

$$P_1 = F/(\pi d_1^2/4) = 684/(3.14 \times 320^2/4) \approx 8.5 \text{ MPa}$$

式中：P_1——撑靴与隧道内壁的比压，小于岩体本身强度；

d_1——防滚装置撑靴直径，取 320 mm。

防滚装置对隧道内壁的周向摩擦力：

$$F_1 = \mu F = 0.3 \times 684 = 205.2 \text{ kN}$$

式中：F_1——防滚装置对隧道内壁的周向摩擦力；

μ——金属与岩石的摩擦系数为 0.3。

防滚装置提供的防周向滚动的力矩：

$$T = nF_1 D/2 = 2 \times 205.2 \times 6250/2 = 1285.5 \text{ kN} \cdot \text{m}$$

式中：T——防滚装置提供的防止周向转动的力矩；

n——防滚装置数量为 2；

D——前盾直径，取 6250 mm。

3. 应用案例

以深圳地铁 12 号线怀德站—福永站区间施工用中铁 755、756 号 EPB/TBM 双模盾构为例，进行工程应用、分析。较高转速会加大主机振动和刀盘滚动，前盾上半部对称布置两组防滚转装置，伸出的油缸可以吸收主机传来的振动，对刀盘振动形成半刚性约束，可防止盾体滚动。

现场实际使用表明：随稳定器压力（可以提供的支撑力）增大，刀盘可使用（达到）的转速会相应提高，说明该稳定器确实起到了稳定主机、减缓振动、滚转的作用。

4. 小 结

防滚转装置（稳定器）与盾体底部与开挖面的接触点一起形成三角形支撑结构，稳定器的油缸可以吸收主机传来的振动，对刀盘振动形成半刚性约束，可有效减少刀盘的振动。同时，由于增加了约束点，增大了盾体与隧道内壁的摩擦力以获得较大的反扭矩，减少盾体由于刀盘扭矩引起的滚转速率，进而达到了减小滚转的作用。

防滚装置在深圳盾构及 EPB/TBM 双模盾构中得到了广泛的应用，根据现场反应情况，防滚装置在实际掘进过程中，对防止主机滚转有着积极的作用。同时，在深圳地铁 EPB/TBM 双模盾构中防滚装置应用有了成功的经验后，还将其运用到了其他复合地质项目中，也产生了积极的效果。

进一步地，根据目前 EPB/TBM 双模盾构防滚装置使用情况及存在的问题，对后续 EPB/TBM 双模盾构设备配置的防滚装置进行了局部优化设计，未来将应用到更多的双模项目上，相信防滚转及防振动效果会进一步增强。

3.3.2 双模盾构通风除尘分析与设计

一般地，TBM 模式掘进时，为常压非闭式掘进，刀盘转速高，主机震动大，会产生大量粉尘，隧道施工环境较差。研究分析粉尘来源及危害如下：

1. 粉尘来源

隧道内粉尘的来源主要分为粉尘源和泄漏点，如图 3-3-7 所示。

（1）粉尘源分为原生粉尘和掘进一段时间后沉积下来的粉尘。

（2）粉尘泄漏点依据管片进行分析。

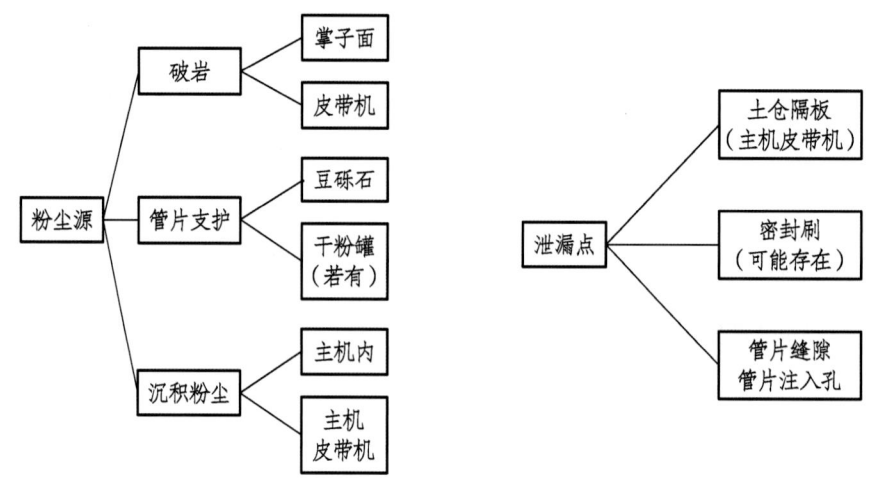

图 3-3-7 粉尘来源示意图

2. 粉尘危害

粉尘对隧道的危害不仅仅在于影响文明施工以及对电液流等设备的防尘考验，严重时甚至影响导向系统（激光）的工作。从施工现场了解到，几乎所有单一 TBM 模式项目均出现过粉尘过大，导致"盲推"的情况。EPB/TBM 双模盾构主要的应用场景（如地铁施工）对隧道施工轴线要求高（可靠的导向系统），这为项目安全施工带来极大考验。

值得注意的是，豆砾石吹填过程中大量的压缩空气囿于管片背部填充密实的原因势必将进入主机，而其涌入路径中就包括土仓隔板。在应对土仓内破岩产生的粉尘涌入主机内部这一问题，EPB/TBM 双模盾构相较于常见的双护盾 TBM，其优势在于不存在无密封的伸缩盾（EPB/TBM 双模盾构设置有铰接密封）、盾尾底部（整圈盾尾密封解决）等粉尘涌入区域，便于通风除尘装置进行集中除尘,其劣势在于几乎所有的压缩空气夹杂着岩粉涌入土仓隔板。

3. 除尘措施

经调研,以往 TBM 模式掘进时主机段粉尘大,施工环境恶劣,如图 3-3-8 所示。为避免 EPB/TBM 双模盾构存在同样的现象,创新设计了一系列防尘措施。

(1) EPB/TBM 双模盾构(主机皮带机式)除尘系统

主机皮带机形式 EPB/TBM 双模盾构除尘系统一般包括:隔板喷水、喷雾除尘,中心接渣斗处橡胶帘挡板、喷雾降尘、链条挡尘,除尘风机除尘等,如图 3-3-9 至 3-3-12 所示。

图 3-3-8 原 TBM 模式施工环境

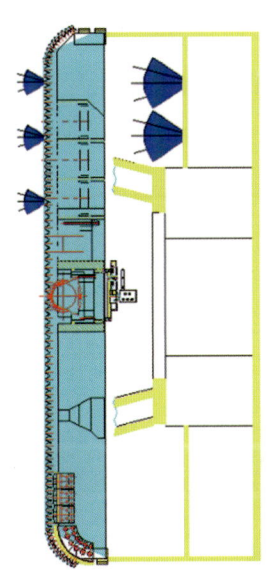

图 3-3-9 刀盘土仓隔板喷水喷雾装置

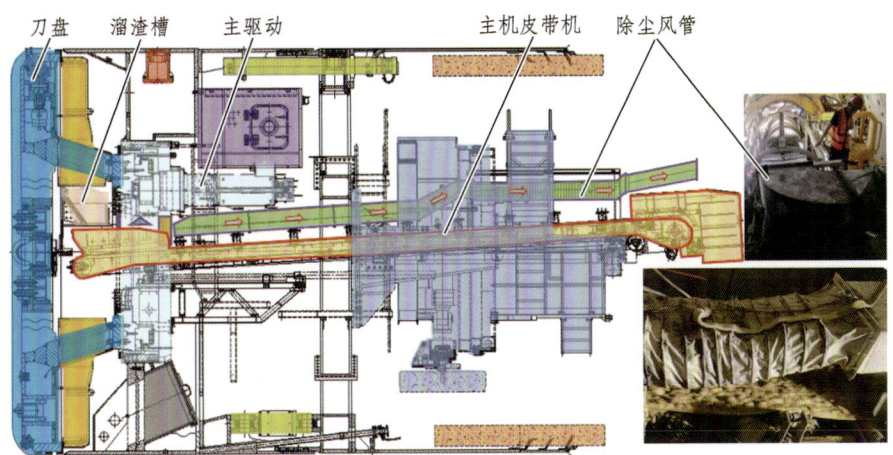

图 3-3-10 主机皮带机出尘通道(中心皮带机出渣)

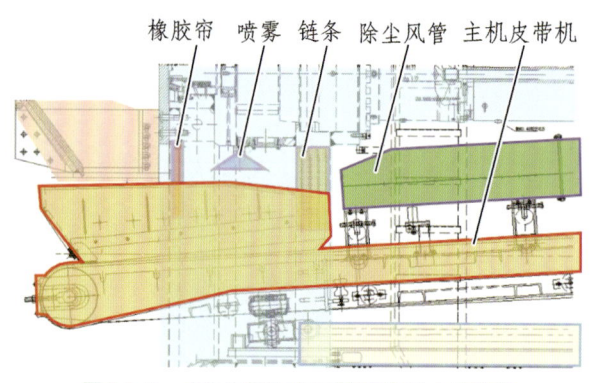
图3-3-11 主机皮带机除尘措施局部放大示意图
（中心皮带机出渣）

图3-3-12 隔板及中心溜渣斗处喷雾除尘效果图
（中心皮带机出渣）

（2）EPB/TBM双模盾构（中心螺旋机式）除尘系统

中心螺旋机式EPB/TBM双模盾构除尘系统一般包括：隔板喷水、喷雾除尘（与主机皮带机式EPB/TBM双模盾构一致），因中心螺旋机安装至主驱动中心，施工环境相对封闭，故无中心接渣斗处橡胶帘挡板、喷雾降尘、链条挡尘等措施，且渣土通过中心螺旋机输送至后配套皮带机上，渣土在中心螺旋机内经由螺旋叶片、筒体上喷水、喷雾进行降尘、除尘，故无除尘风机设置，如图3-3-13所示。

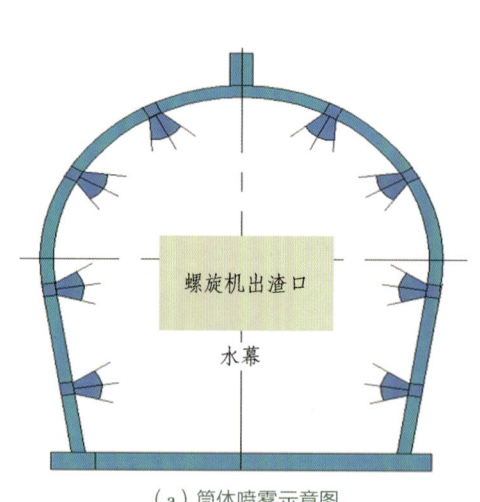

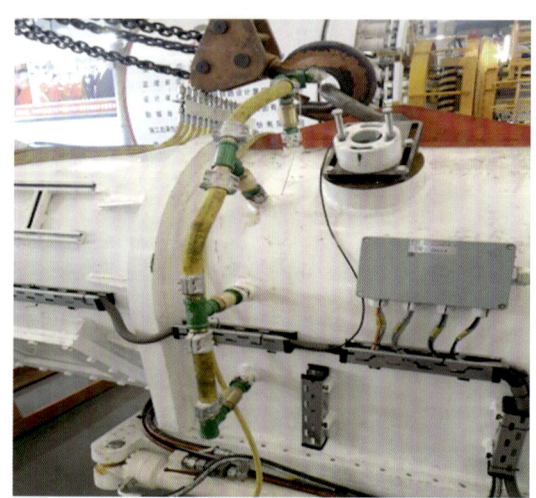

（a）筒体喷雾示意图　　　　　　　　（b）筒体喷雾实物图

图3-3-13 中心螺旋机筒体喷雾除尘（中心螺旋机出渣）

进一步地，考虑中心螺旋机式EPB/TBM双模盾构也会存在从螺旋机后闸门出尘的问题，可在螺旋机末端筒体接入除尘器装置进行除尘，如图3-3-14所示。

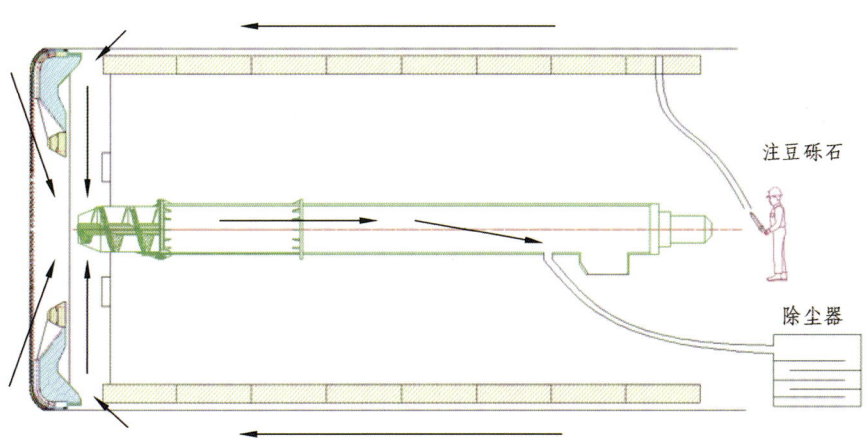

图 3-3-14　预留螺旋机出尘通道（中心螺旋机出渣）

3.4　本章小结

以深圳地铁 EPB/TBM 双模盾构为依托，通过对 EPB/TBM 双模盾构刀盘刀具破岩机理、整机集成布置、关键部件配置、创新成套技术进行研究，对两种不同出渣模式（中心皮带机及中心螺旋机）进行对比分析，同时进行实验室试验及工程应用实践，主要结论如下：

（1）滚刀为滚压破岩，即其法向力为主导作用力。当刀盘转速一定时，现场掘进过程中刀盘每转一圈时掘进速率可等同于破岩试验中的贯入度指标。在相同刃宽、贯入度条件下，平均法向力随刀间距的增大而增大，且其增长速率随刀间距增大而增大。在相同贯入度、刀间距条件下，平均法向力随刃宽的增加而增大。在相同贯入度、刀间距条件下，平均滚动力随刃宽的增加而增大。在相同刃宽、贯入度的条件下，滚动力随着刀间距先增大后减小。只有当滚刀间距、破岩载荷等参数与岩石的力学参数匹配状态达到最优时，裂纹才能平直地向着邻近滚刀扩展，有效形成破岩岩片。目前深圳地区双模盾构选取正面单刃滚刀刀间距一般为 75～80 mm。

（2）EPB/TBM 双模盾构是集刀盘、刀具、驱动、双出渣方式、流体、液压、电气等一体的整机集成技术。经技术研究、工程验证，设计合理、经济、可靠，可根据复杂工况需要实现洞内不同模式的自由切换，工程施工效益良好。

（3）中心皮带机式 EPB/TBM 双模盾构也是可用、能用的，其在渣土输送效率方面还是有一定优势的。如应用在深圳地铁 12 号线怀德站—福永站区间的中铁 755、756 号 EPB/TBM 双模盾构，TBM 模式刀盘贯入度以及转速的增加，掘进速度是 EPB 模式的 2～3 倍，且刀具消耗也降低了约 60%，刀具异常损坏情况显著降低。在中心皮带机故障率可控，且突涌水可能性较小的情况下，可以选用中心皮带机式EPB/TBM双模盾构。后续可针对其除尘问题、中心皮带机故障率等进行优化设计，提高其工程适应性。

（4）中心螺旋式EPB/TBM双模盾构经试验及工程应用，出渣效果良好，且掘进效率可观。TBM模式出渣状态的改变，影响了设备掘进效率和刀具消耗。相关工程案例表明，同等地质条件下（硬岩地层），双模TBM模式相较于普通土压盾构模式，掘进效率提高（约30%），刀具消耗降低（约35%），且刀具异常磨损情况减少，同时螺旋机磨损情况在可接受范围内，总体来说是成功的。

（5）工程实践证明，EPB/TBM双模盾构配置的防滚装置（稳定器）是有作用的（防振动、防滚转），且可以使双模盾构在高转速下运行，但要注意防滚装置油缸压力的设置及选用的时机。

（6）EPB/TBM双模盾构，TBM模式会产生大量粉尘，合理、可靠的除尘措施尤为关键。工程实践表明，中心螺旋式双模是个不错的选择，同时针对现场施工问题，可进行后续优化设计，以期进一步提高其适应性。

本章参考文献

［1］ 王超，乔世范，刘红中. TBM破岩过程的滚刀受力计算模型研究［J］. 工程力学，2021，38（10）：54-63.

［2］ 张桂菊，谭青，劳同炳. 不同动静载荷组合作用下盘形滚刀破岩机制［J］. 中南大学学报（自然科学版），2019，50（3）：540-549.

［3］ 刘洪斌，刘石头，穆伟涛，等. 不同贯入度下TBM盘形组合滚刀切削性能分析［J］. 中国测试，2019，45（2）：36-41.

第 4 章

EPB/TBM 双模盾构模式快速转换技术

模式转换是EPB/TBM双模盾构施工过程中的关键节点工作，目前针对模式转换技术的研究未能全面总结EPB/TBM双模盾构模式转换施工经验[1]。本章基于深圳地铁四期工程和8号线二期工程EPB/TBM双模盾构模式转换的施工经验，针对中心皮带式和中心螺机式两种机型、EPB转TBM和TBM转EPB两种模式转换形式[2]，详细总结了模式转换流程及施工工艺，以期为后续同类型EPB/TBM双模盾构模式转换施工方案的制定提供参考。此外，基于模式转换工期及现场施工调研，对模式转换耗时和重难点工序进行分析，提出加快模式转换速度的措施和建议。

4.1 中心螺机式EPB/TBM双模盾构转换技术

中心螺机式EPB/TBM双模盾构特指TBM模式采用"中心螺旋输送机"出渣的EPB/TBM双模盾构。中心螺机式EPB/TBM双模盾构采用EPB模式施工时为"封闭式"，可提供掌子面前方水土压力的平衡反力，结构形式见图4-1-1（a）。EPB模式下，螺旋输送机以大角度斜插至盾构机土仓底部，掘进施工期间渣土的运输路径为：刀盘切削土体→渣土进入土仓→土仓底部螺旋输送机运输→后配套皮带运输→电瓶车运输。

中心螺机式EPB/TBM双模盾构采用TBM模式施工时为"敞开式"，适用于强度高、完整性好的地层中掘进，能大幅降低刀盘、刀具的二次磨耗。TBM模式下的结构形式见图4-1-1（b），螺旋输送机以较小的倾角（约下倾5°）斜插至盾构机土仓中部，掘进施工期间渣土的运输路径为：刀盘切削土体→渣土收集至集渣斗→中心螺旋输送机运输→后配套皮带运输→电瓶车运输[3]。

中心螺机式EPB/TBM双模盾构两种掘进模式均使用螺旋输送机（简称螺机），两者的主要区别是螺旋输送机的安装方式不同。除此之外，机体结构还存在以下两方面的区别：

（1）EPB模式土仓内安装有被动搅拌棒、泡沫改良喷口等特有组件。此外，土仓隔板的中心位置安装有"中心回转体"，是渣土改良流体、高压水、电信号等从盾构机内部进入刀盘的通道。

（2）TBM模式土仓内安装溜渣槽、溜渣板、集渣斗等渣土收集组件。因TBM模式施工无需进行渣土改良，模式转换时需拆除泡沫改良喷口及中心回转体。

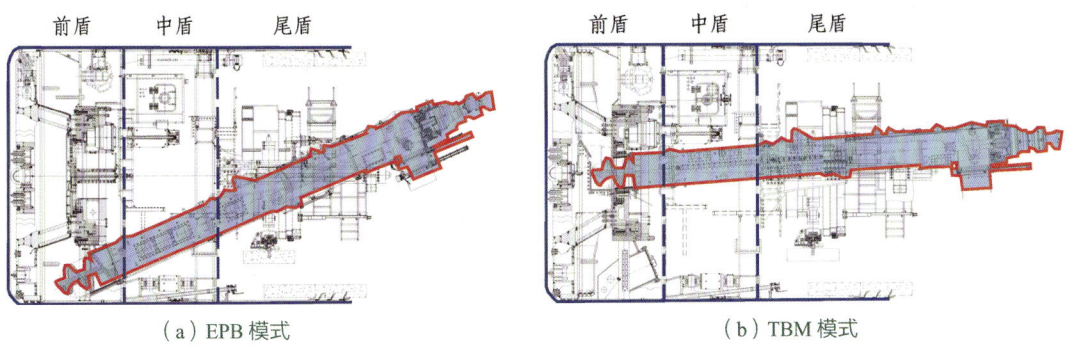

图 4-1-1 中心螺机式 EPB/TBM 双模盾构

4.1.1 EPB 模式转 TBM 模式

中心螺机式 EPB/TBM 双模盾构 EPB 转 TBM 模式的流程如图 4-1-2 所示，转换流程可分为"准备工作、螺机拆卸、螺机安装及调试掘进"4 个环节，模式转换的主要内容是更换螺旋输送机的安装方式、拆卸 EPB 模式的中心回转及搅拌棒等组件，安装 TBM 模式的溜渣组件。本节根据模式转换现场施工情况，对中心螺机式双模盾构 EPB 转 TBM 模式的施工工艺进行归纳总结。

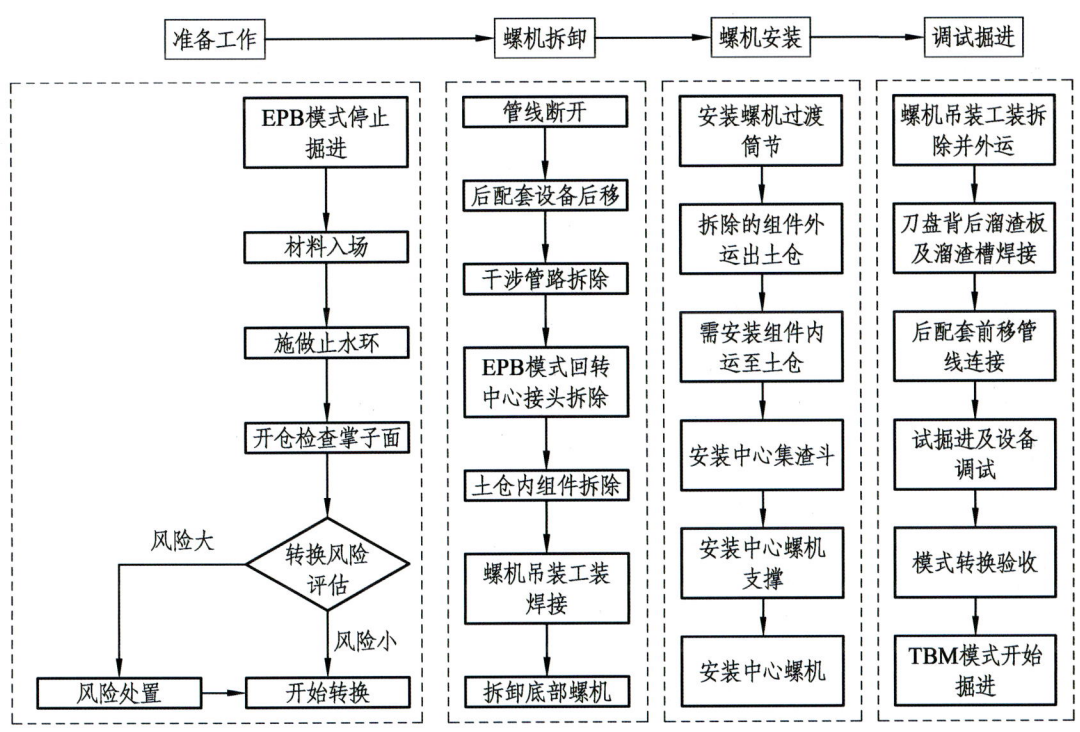

图 4-1-2 EPB 模式转 TBM 模式（中心螺机式）

1. 准备工作环节

准备工作环节的主要任务是评估模式转换的风险大小，实施本环节作业时应细致耐心，确保模式转换安全可靠。

步骤1：EPB模式停止掘进。

根据勘察设计期间形成的区间地质纵断面图及场地平面图，综合考虑工程地质条件、水文条件、场地建（构）筑物分布情况，结合渣样、渣温及双模盾构机的工作状态，选择合适的模式转换位置。双模盾构机掘进至模式转换位置时停止，准备开始模式转换。依据现场模式转换施工经验，EPB/TBM双模盾构由EPB转TBM模式时，刀盘宜进入硬岩段且刀盘至地层软硬交界面处有20~25 m的安全距离[4]。

步骤2：材料进场。

通过电瓶车将型钢、拆卸工具、焊接工具等材料运输至转换位置处。由于隧道内操作空间狭窄，材料进场宜根据模式转换作业的推进程度分批分次进行。

步骤3：施做止水环。

施做止水环的目的是防止管片背后的地下水路相互连通，规避地下水沿管片外侧流入刀盘前部的风险。为此，模式转换前应在转换位置附近采用"注双液浆"的方式施做止水环箍。每道止水环箍施工完成后，都应对管片开孔以检查止水效果是否满足要求。

步骤4：开仓检查掌子面。

开仓检查掌子面情况主要包含三项检查内容：围岩状态、止水环施做质量、刀盘刀具磨损程度。

检查掌子面围岩状态的目的是判断转换位置处的地质情况是否安全，以掌子面无渗水、无掉渣现象为宜，若转换位置处的围岩状态不佳，需及时进行风险处理或重新选取转换点。检查止水环施做质量，通常以土仓、切口缝处是否有沙、水涌出来判断止水环是否有效，若止水效果不佳，应及时补注浆液提升止水效果。检查刀盘刀具的磨损程度，磨损或偏磨严重的刀具应编号记录，模式转换期间可统筹协调对磨损、偏磨的刀具进行更换。

2. 螺机拆卸环节

步骤5：管线断开。

以双模盾构设备厂商提供的EPB转TBM模式液压流体管路拆装明细表为依据，仔细核对检查后拆除管路、断开主驱动电缆作业。拆除及断开的管线应分类拖拽至设备桥两侧，最后断开设备桥与拼装机托梁两侧连接的拖拉油缸。

步骤6：后配套设备后移。

为给吊装、拆卸、调平、安装螺旋输送机提供足够的作业空间，管线断开后可参照图 4-1-3 的方式，断开后配套设备与双模盾构主体间的连接，并通过电瓶车牵引后配套设备后移 15～20 m。为避免后配套设备前端因失去支撑而"栽头"，牵引后退的过程中，需在后配套设备前端安装"可移动支撑工装"，该工装由支撑型钢焊接在管片运输车上组成。

后配套设备后退至指定位置后，将"可移动支撑工装"置换为图 4-1-4 所示的"固定支撑工装"，避免"可移动支撑工装"长期占用轨道，侵占电瓶车的走行空间。固定支撑工装由型钢组件焊接在轨道外侧组成，支撑后配套设备的同时不侵占电瓶车的走行空间，方便模式转换期间材料运输进场及拆除的零件及组件等运输离场。

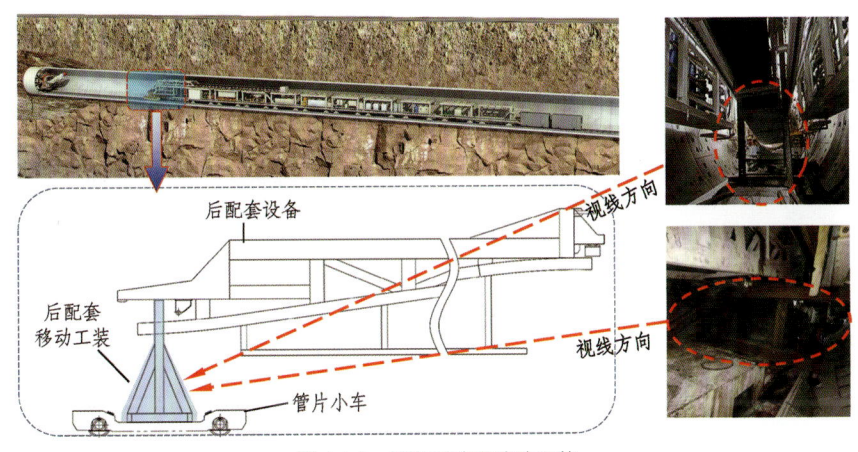

图 4-1-3　拖车后移及移动工装

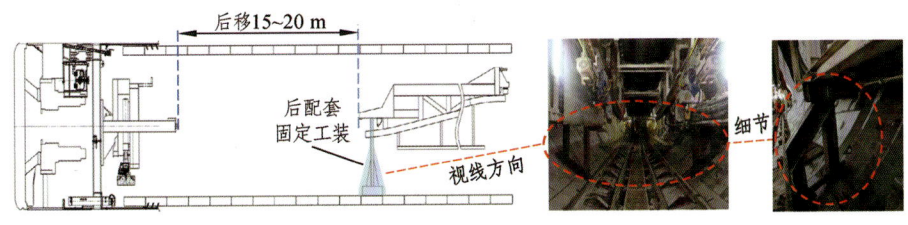

图 4-1-4　后配套设备轨道固定支撑

步骤7：干扰管路拆除。

为拆卸 EPB 模式下的特有装置——中心回转接头，作业人员需在土仓内部，事先将干扰中心回转接头拆卸的管路盒附件、管路及前端法兰等组件拆除。图 4-1-5 为干扰管路拆除示意图，需拆除的干扰管路主要包括电缆、刀具磨损检测管路、油脂润滑管路、泡沫管路等。拆除时应先拆除管路盒盖板，再拆除与前端法兰、刀盘体管路阀块连接的管路。拆除的管线宜暂时放置在土仓底部，待中心回转接头拆除后运输出仓。整个拆除过程应严格保护拆除部件，包括管路盒、前端法兰、管路阀块及管路接头，尤其是拆除部件的连接部位。因作业空间狭小、拆除工序较为繁杂，干扰管路拆除成为模式转换时消耗时间较长的工序之一。

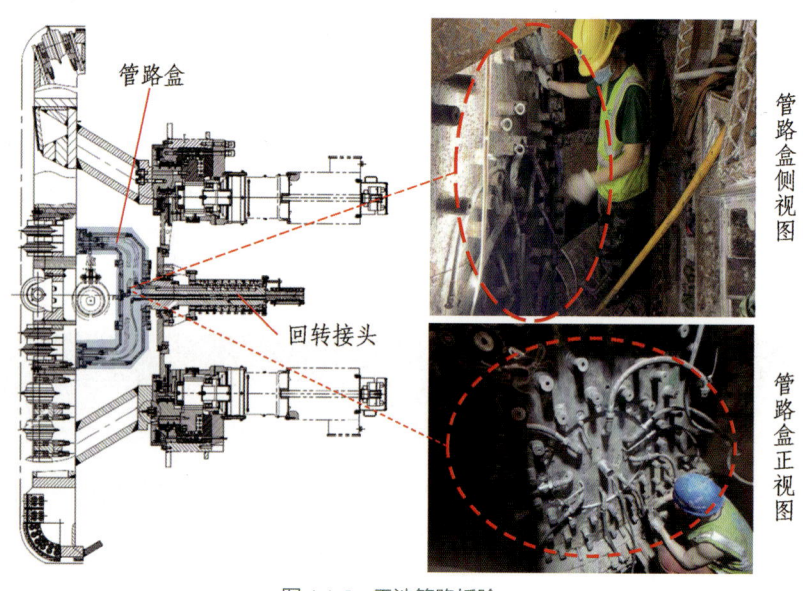

图 4-1-5　干扰管路拆除

步骤 8：EPB 模式中心回转接头拆除。

土仓内的干扰管路拆除后方可拆除 EPB 模式的中心回转接头。拆卸全过程如图 4-1-6 所示，拆除前应先用葫芦将中心回转接头拉紧，防止拆卸期间突然掉落，而后拆除中心回转接头支撑，并将中心回转接头搬运至预留摆放位置。整个拆除过程应注意保护回转中心接头的机械加工面。

拆除中心回转接头后将形成"土仓内部→中心回转接口→土仓外部"的通道，可作为土仓内拆除的搅拌棒、泡沫管路、管路盒盖板等零件的运输出仓路线，也是 TBM 模式下溜渣槽、溜渣板等溜渣组件的运输进仓路线。

步骤 9：土仓内组件拆除。

为了给安装 TBM 模式的集渣组件（溜渣板、溜渣槽等）提供安装空间和点位，EPB 转 TBM 模式时需将安装在刀盘背后的被动搅拌棒拆除。拆除过程如图 4-1-7 所示，作业人员在土仓内松开被动搅拌棒与基座间的连接螺栓，拆除搅拌棒并暂时放置在土仓底部，与拆除的管路盖板等组件（步骤 7）一起运输至土仓外。拆除搅拌棒后，为防止 TBM 模式施工时搅拌棒基座螺栓孔被渣土堵塞，应及时安装基座防护封板。

第4章 EPB/TBM双模盾构模式快速转换技术

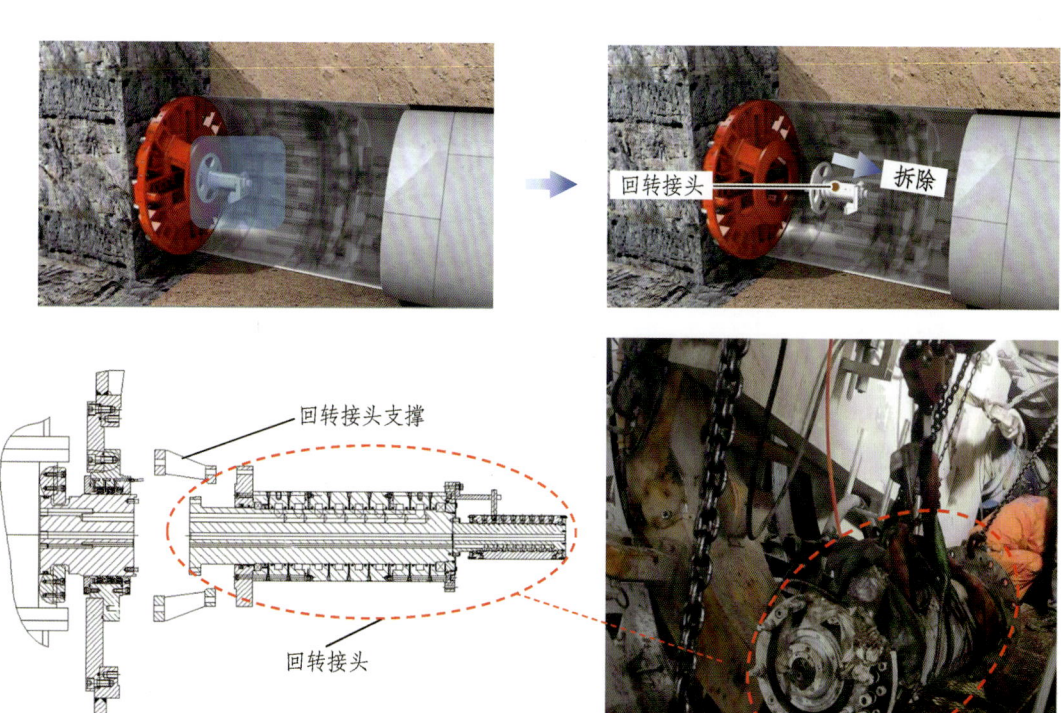

图 4-1-6 回转中心接头拆卸过程

图 4-1-7 拆除土仓搅拌棒

步骤 10：螺机吊装工装焊接。

抽出、调平及再安装螺旋输送机是中心螺机式 EPB/TBM 双模盾构模式转换的核心工序。深圳地铁双模盾构区间使用的螺旋输送机重 30～40 t，质量较大，模式转换时需安装数个手拉葫芦进行吊装施工。考虑到隧道内不具备机械起重条件，若将手拉葫芦直接安装在已成型的管片上，吊装时管片极易因承受集中点荷载而出现局部损伤。为方便螺旋输送机的拆卸及再安装，提供手拉葫芦的安装位置，常用做法是在隧道内加工制作临时吊装工装。

深圳地铁四期工程采用的螺旋输送机吊装工装由两榀门架梁组成，其中一榀门架梁焊接在管片运输车上，作可移动吊点使用；另一榀门架梁焊接在轨道外侧，作固定吊点使用。图 4-1-8 提供了一种螺旋输送机吊装工装作为参考，吊装门架的结构形式无统一要求，所需的横撑、斜撑、支腿数量应根据螺旋输送机吊装工作的实际需要确定，但需在安全验算的基础上预留一定的安全储备。目前，模式转换采用的螺旋输送机吊装工装大多是在隧道内焊接而成，焊接前需将 H 型钢、工字钢、吊耳、氧气瓶、乙炔瓶、焊机等材料运至转换点附近，然后依照吊装工装设计图纸进行焊接组装，焊接处应保证牢固无缝隙，并进行焊缝质量检测。

螺旋输送机吊装工装焊接完成后，在吊装工装的横梁、中盾 H 架（米字梁）横梁、尾盾及螺旋输送机尾部的左右侧焊接临时吊耳，待吊耳的焊缝探伤检测完成后悬挂手拉葫芦并拉紧。

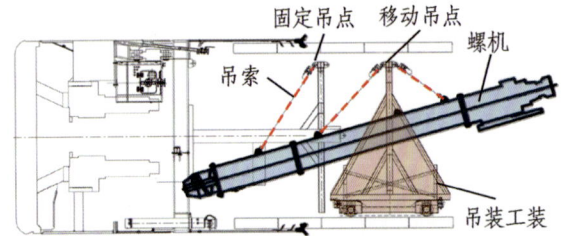

图 4-1-8　螺机吊装工装形式及作用

步骤 11：拆卸底部螺旋输送机。

EPB 模式螺旋输送机的拆卸过程可分为拔出、调平、放置三步，拆卸过程如图 4-1-9 所示。

拆卸螺旋输送机前应检查各吊点是否牢固，吊带或吊索有无磨损；吊装期间螺旋输送机下方严禁站人；整个拆卸施工过程应有安全员现场监督，工作人员应相互协调配合。

拔出螺旋输送机。首先用吊索将螺旋输送机固定，然后拆除螺旋输送机固定拉杆，随后松开螺旋输送机与防涌门之间的连接螺栓，此时螺旋输送机与盾构主体失去连接，全部重量由吊索承担。在各吊点工作人员相互配合下，缓慢后退吊装门架，将螺旋输送机从土仓底部的防涌门中拔出。螺旋输送机拔出后应及时安装防涌门保护盖板，保证防涌门上的栓孔不被渣土堵塞，避免 TBM 模式掘进时土仓渣土经防涌门飞溅至盾体内部。

调平螺旋输送机。螺旋输送机拔出后，逐步拉紧位于螺旋输送机前方的吊索，适当放松螺旋输送机后方吊索，在空中将螺旋输送机姿态调整为近似水平。

放置螺旋输送机。事先将装有螺旋输送机固定支架的管片运输车移动至螺旋输送机下方，缓慢放松吊索，逐步下降螺旋输送机并放置固定在管片运输车上，随后运输至预留摆放区域。

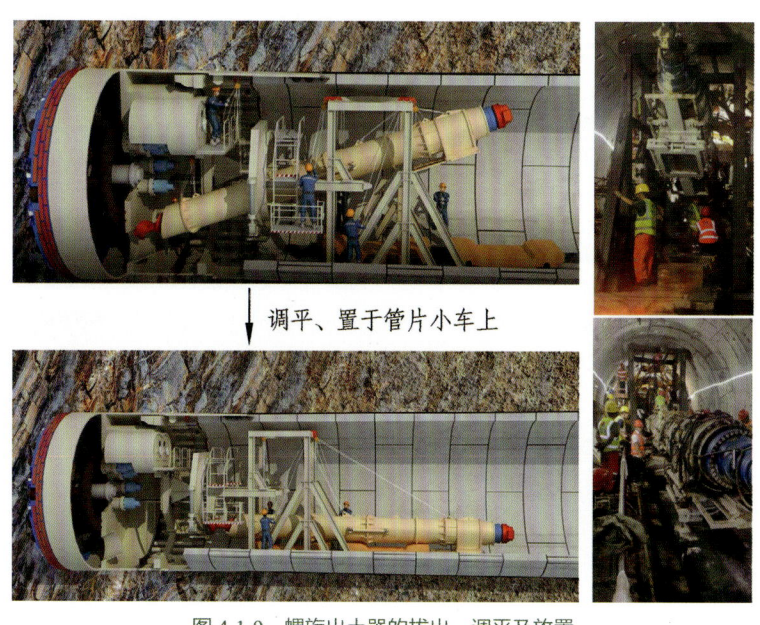

图 4-1-9 螺旋出土器的拔出、调平及放置

步骤 12：安装螺旋输送机过渡筒节。

中心螺机式 EPB/TBM 双模盾构 2 种掘进模式均需要采用螺旋输送机，主要区别是螺旋输送机的安装角度存在差异，从而导致两种掘进模式下的螺旋输送机前端连接面不一致。EPB 模式下螺旋输送机前端连接面为倾斜面，TBM 模式则为垂直面。EPB 模式转至 TBM 模式时，需对螺旋输送机前端进行改造，常用的手段是在螺旋输送机前端安装过渡筒节。过渡筒节的安装如图 4-1-10 所示，管片运输车将螺旋输送机运送至预留摆放位置后，将事先

运输进场的过渡筒节安装在螺旋输送机前端,安装时应保证螺栓连接牢固不松动并注意对接口密封条的保护。

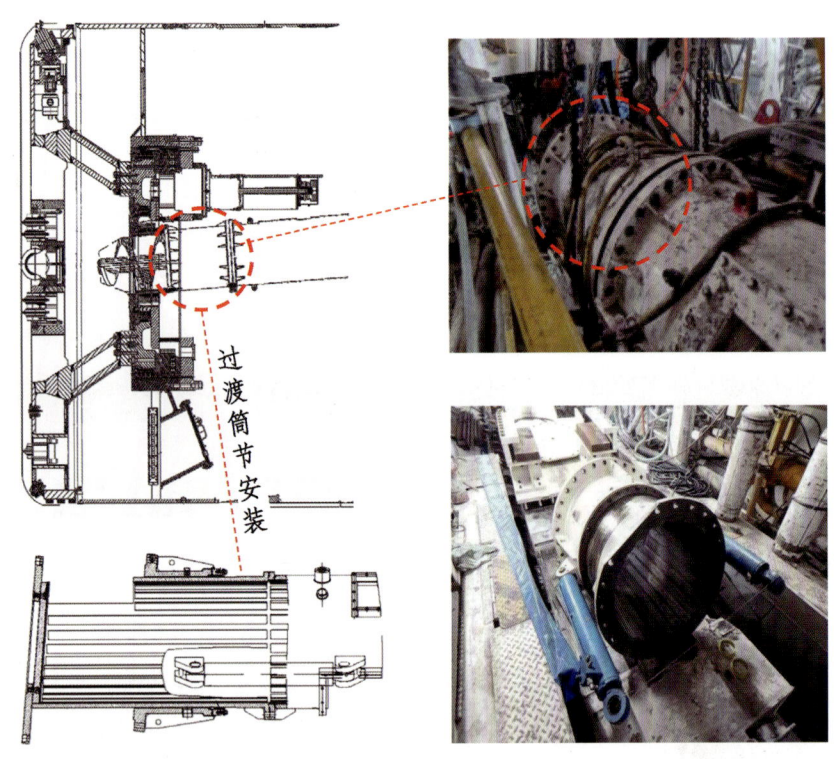

图 4-1-10　安装螺旋输送机过渡筒节

3. 螺机安装环节

步骤 13:土仓内拆除组件及进仓组件运输。

拆除 EPB 模式中心回转接头为模式转换组件提供了进出土仓的运输通道(步骤 8),但由于螺旋输送机尚未拆除,导致运输空间狭窄,制约了运输速度。根据模式转换施工经验,螺旋输送机拆除后,土仓内部→中心回转接口→土仓外部的运输通道较为宽敞,此时是开展相关运输作业的最佳时间。

拆除后暂存于土仓内的 EPB 模式组件,如管路盒盖板、泡沫管、法兰连接件及搅拌棒等的运输出土仓路线如图 4-1-11 所示,运输时应"分类分批次"进行,并注意对组件进行保护。TBM 模式下的溜渣槽、溜渣板、中心集渣斗等组件单个体积较大,可在地面将其分块分解,按照图 4-1-11 所示的路线运输并堆放在土仓底部。对于重量较大的模式转换组件,可在双模盾构机及管片的合适位置悬挂小型手拉葫芦进行辅助施工。

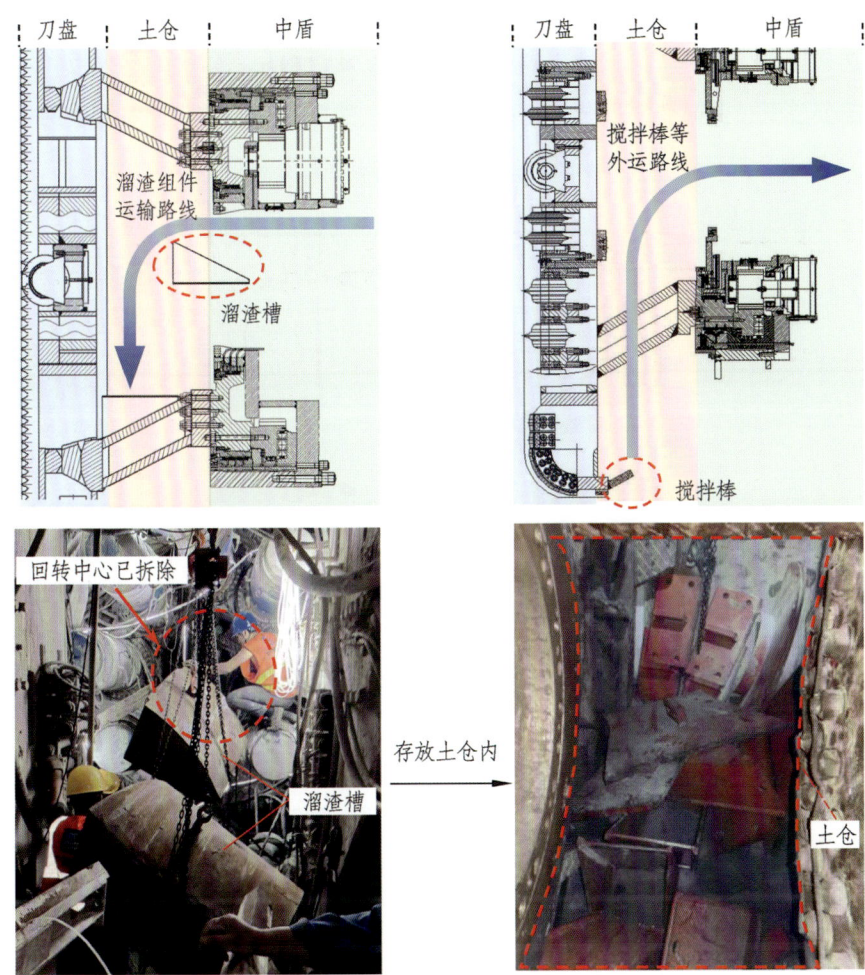

图 4-1-11　出仓、进仓组件运输路线及实际操作

步骤 14：安装中心集渣斗。

中心集渣斗是中心螺机式双模盾构 TBM 模式下的重要构件，其结构如图 4-1-12 所示，安装在刀盘 2 个支腿间，能为螺旋输送机前端提供支撑。中心集渣斗另一个作用是汇集溜渣板、溜渣槽收集的渣土，TBM 模式掘进时，刀盘切削下来的渣土经溜渣板、溜渣槽汇集至中心集渣斗，然后由螺旋输送机运输至后配套皮带机上。

在安装 TBM 模式的螺旋输送机之前，需先在土仓内安装中心集渣斗，安装时在刀盘支腿上悬挂小型手拉葫芦，然后悬吊中心集渣斗板件至安装位置并拼接组合，最后采用螺栓将中心集渣斗安装牢固。

步骤 15：安装中心螺旋输送机支撑。

在安装中心螺机式双模盾构 TBM 模式的螺旋输送机之前，需在双模盾构机中盾 H 架上

（米字梁）上安装螺旋输送机尾部支撑总成，其安装位置与结构形式如图 4-1-13 所示。中心螺旋输送机尾部支撑总成的安装步骤如下：首先在隧道内用三角形的支撑板和弧板组成支撑总成，需要注意，此时暂不安装支撑板上的盖板；然后通过手拉葫芦将组装的支撑总成安装到中盾 H 架上，拧紧螺栓，确保牢固；最后在支撑板上安装盖板。

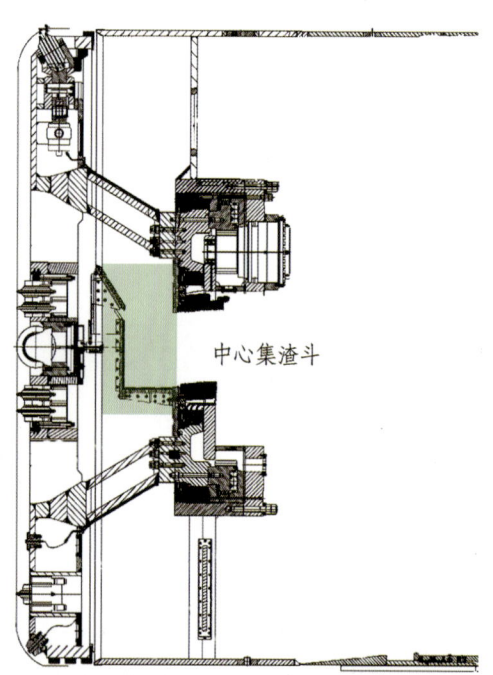

图 4-1-12　TBM 模式中心集渣斗安装

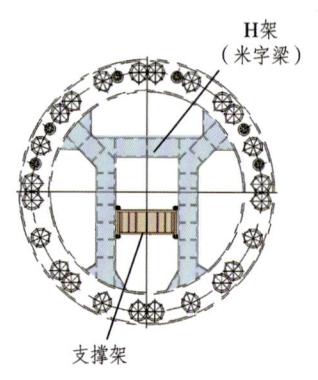 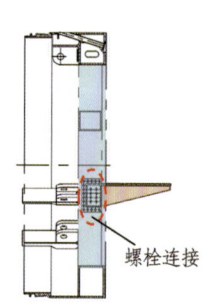 

图 4-1-13　中心螺旋输送机尾部支撑总成安装

步骤 16：安装中心螺旋输送机。

螺旋输送机尾部支撑总成安装完成后，可进行 TBM 模式的螺旋输送机的安装，其安装过程可分为"运送、安装、调整"三个环节，安装过程见图 4-1-14。

运送环节：手拉葫芦配合管片运输车，将螺旋输送机从停放位置逐步运至主驱动内密封环附近，方便安装螺旋输送机。

安装环节：各吊点的手拉葫芦配合管片运输车继续前移，前移时逐渐收紧手拉葫芦吊索，让螺旋输送机前端与中心集渣斗接触，并用螺栓连接过渡筒节与封板法兰。

调整环节：调整螺旋输送机姿态至 TBM 模式下的工作状态（约倾斜 5°），并将螺旋输送机后端安装在 H 架（米字梁）的支撑总成上，保证螺旋输送机尾部具有强有力的支撑。

螺旋输送机安装完成后需进行一次检查，查看连接部位是否安装牢固，有无明显安装瑕疵，检查过程中若发现安装不足，应及时处理修复。

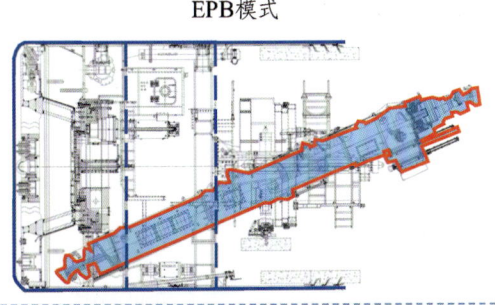

螺旋出土器大角度倾斜

螺旋出土器近似水平

图 4-1-14　中心螺旋输送机安装

4. 调试掘进环节

步骤 17：螺旋输送机吊装工装拆除及外运。

中心螺机式双模盾构 EPB 转 TBM 模式的过程中，螺旋输送机的拆卸及再安装均需门字吊装工装提供辅助吊点，待 TBM 模式的中心螺旋输送机安装完成后，宜及时拆除吊装工装，为后续的模式转换操作提供空间。拆除门字吊装工装一般采用"割炬热切割"的方式将其分解为型钢组件，而后用电瓶车将型钢材料运输至隧道外。

步骤 18：焊接溜渣装置。

EPB/TBM 双模盾构两种掘进模式的重要区别是 TBM 模式刀盘背后安装有溜渣装置，

改造 EPB 模式的土仓是双模盾构由 EPB 转 TBM 模式的重要环节[5]，TBM 模式下溜渣组件的安装过程如图 4-1-15 所示。

TBM 模式使用的溜渣装置一般由连接块、溜渣盖板座、溜渣槽隔板、溜渣挡座及导渣板拼接组成。事先运输溜渣组件及安装所需零部件至刀盘背部（步骤 13），安装作业开始前，应先清点零部件数量是否配齐，再拆卸"安装（或铆焊）在刀座上的连接块"及"定位块的保护盖板"。

溜渣装置安装过程中，应遵循"先安装外侧溜渣板，后安装内侧溜渣板"的顺序，沿逆时针（或顺时针）同一方向安装。安装时首先对溜渣组件进行定位，再用扭矩扳手打紧螺栓，最后焊接溜渣板与刀盘的连接区域。铆焊溜渣槽导渣板时，应根据现场实际情况，合理调整导渣板的角度。

在安装 TBM 模式的溜渣组件期间，需在土仓内进行大量的焊接作业，极易产生高温，焊接人员作业期间必须穿戴好防护服，防止焊接火星烫伤。由于作业空间狭窄，溜渣组件重量大，人力难以搬运，致使安装溜渣组件耗时较长，成为决定模式转换工期的关键工作。为压缩模式转换工期，可在保证安全条件下可增开 2～3 个工作面，同时进行溜渣组件的安装及焊接，也可将安装溜渣装置工作与其他转换工序搭接施工，达到节省模式转换时间的目的。

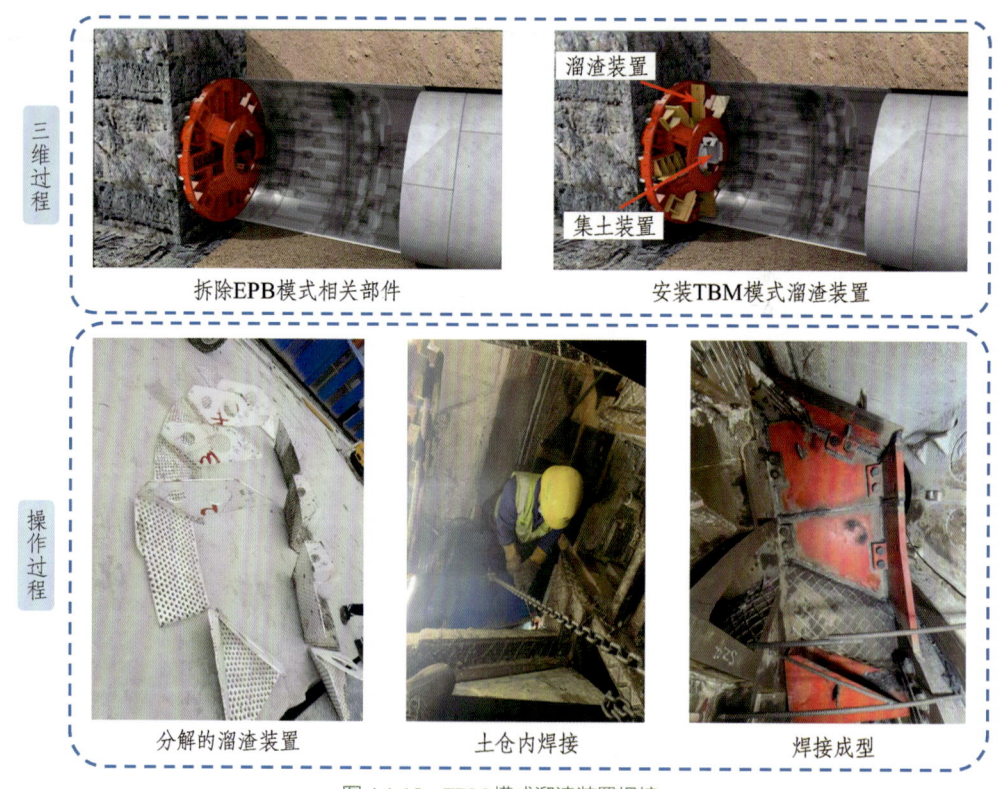

图 4-1-15　TBM 模式溜渣装置焊接

步骤19：后配套设备前移及管线连接。

TBM模式螺旋输送机安装完成、溜渣组件安装基本结束时，可开展后配套设备前移工作。后配套设备前移时，首先采用可移动支撑工装替换固定支撑工装，在电瓶车的牵引下前移后配套设备并与盾构主体连接，施工示意图如图4-1-16所示。后配套设备与盾体连接完毕后，后撤可移动支撑工装，连接断开的液压流体管路及主驱动电缆线。

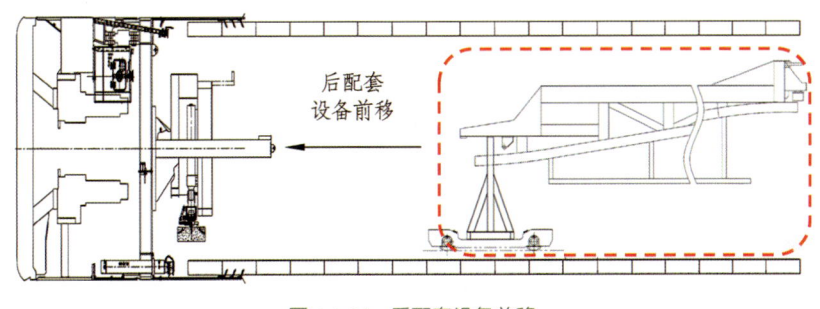

图4-1-16　后配套设备前移

步骤20：试掘进及设备调试、组织模式转换验收。

中心螺机式双模盾构EPB转TBM模式相关工作基本结束时，需进行TBM模式下的掘进试验，全面检验模式转换效果，查找问题并确定双模盾构在TBM模式下的合适掘进参数。若TBM模式试掘进施工期间状态平稳，盾构机体无异常震动，可组织模式转换验收会对模式转换进行验收。

步骤21：TBM模式恢复掘进。

模式转换经验收合格后，中心螺机式EPB/TBM双模盾构以TBM模式进行掘进施工，EPB转TBM模式转换施工正式结束。

4.1.2　TBM模式转EPB模式

中心螺机式EPB/TBM双模盾构由地质条件好、自稳能力强的硬岩地层过渡到岩层破碎、自稳能力不足、强度低且地表沉降要求严格的软土地层时，应由TBM转为EPB模式，利用EPB模式稳定开挖掌子面、确保地层沉降不超限。

中心螺机式双模盾构由TBM转EPB模式的流程如图4-1-17所示，整个转换过程可划分为"准备工作、螺机拆卸、螺机安装、调试掘进"4个环节。作为中心螺机式双模盾构EPB转TBM模式的逆过程，TBM转EPB模式在转换流程及施工操作方面与EPB转TBM模式具有较强的相似性，少数转换工序存在差别。本节着重介绍两种模式转换的差异步骤，相似步骤的施工要求可参照 4.1.1 节。

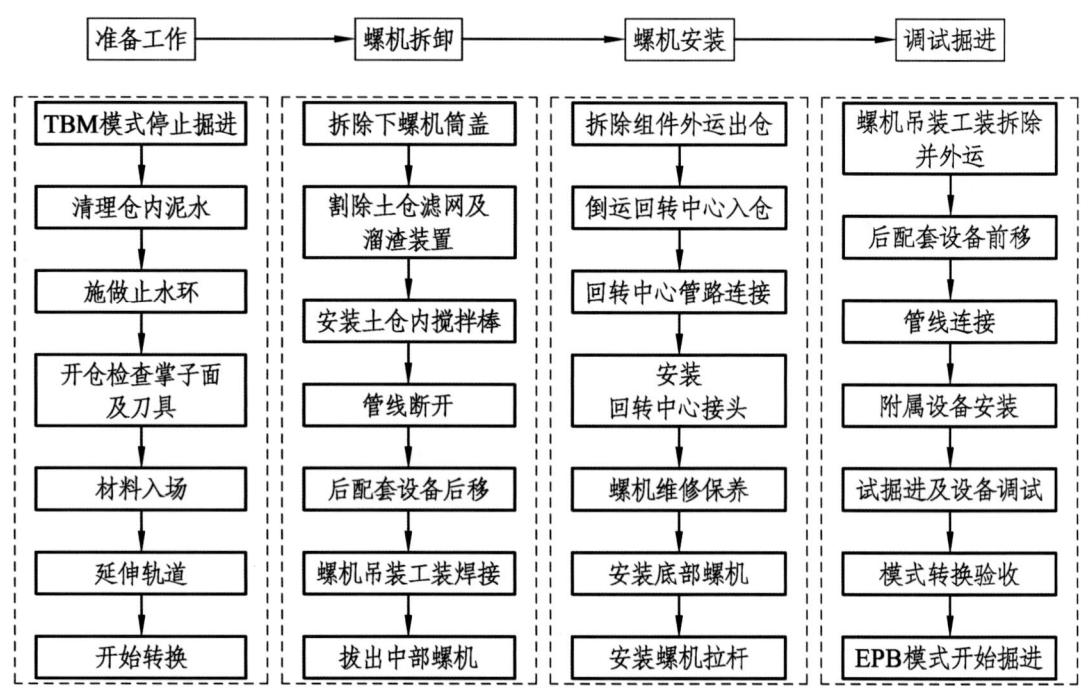

图 4-1-17　TBM 模式转 EPB 模式（中心螺机式）

1. 准备工作环节

步骤 1：TBM 模式停止掘进。

根据隧道区间地质纵断面图及场地平面图，综合考虑地质条件、水文条件及场地要求，选择合适的 TBM 转 EPB 模式的转换点，双模盾构掘进至转换点处停止施工，准备开始模式转换。根据模式转换施工经验，EPB/TBM 双模盾构 TBM 转 EPB 模式的转换点应位于硬岩地层中，且应保持刀盘距地层软硬交界面 15～20 m 的安全距离[4]。

步骤 2：清理仓内泥水。

EPB/TBM 双模盾构采用 TBM 模式掘进时为敞开模式，施工期间围岩蕴藏的地下水汇集在土仓内，土仓内存在积水为模式转换施工带来困难，待盾构机停止掘进时，应采用小型抽水泵将土仓内的积水排至盾构机尾部，确保模式转换期间土仓干燥。

施做止水环（步骤 3）、检查掌子面情况及刀具（步骤 4）及材料入场（步骤 5）的施工要求可参照 4.1.1 节的相应步骤。

步骤 6：延伸轨道。

为方便模式转换材料运输，需将电瓶车走行轨道延伸至盾构机中盾 H 架（米字梁）处。

2. 螺机拆卸环节

步骤7：拆除下螺机筒盖。

中心螺机式EPB/TBM双模盾构采用TBM模式施工时，位于土仓下部的螺旋输送机防涌门端部被盖板密封（4.1.1节步骤11）。TBM转EPB模式时需将该密封盖板拆除，一方面供安装EPB模式的螺旋输送机使用，另一方面可作为土仓通风通道使用，改善土仓内的施工环境。拆除防涌门保护盖板的施工过程如图4-1-18所示，需人工将连接螺栓松开，然后移除保护盖板并运送至隧道外，供下一次模式转换使用。

图4-1-18　EPB模式螺机防涌门盖板拆除

步骤8：割除土仓滤网及溜渣组件。

该步骤主要是为了改造TBM模式下的土仓，为EPB模式下的被动搅拌棒及泡沫改良管路提供安装空间和位置，是4.1.1节步骤18的逆过程。割除TBM模式的溜渣组件示意图如图4-1-19所示，需拆除或割除的组件包括①溜渣板、②溜渣槽、③中心集渣斗三类。

焊接人员在土仓内采用"割炬热切割"的方式割除溜渣槽、溜渣板。切割过程应遵循"先割除外侧溜渣板、再割除内侧溜渣板"的原则，沿顺时针（或逆时针）的方向进行切割作业。溜渣组件割除完成后，及时安装"溜渣槽连接块"及"定位块"的保护盖板。

割除的溜渣组件及拆除的连接螺栓先分类放置在土仓内，后期通过土仓底部的螺旋输送机防涌门运至土仓外（运输路线1），也可在中心螺旋输送机拆除后经土仓面板中部（运输路线2）运至土仓外。

割除溜渣组件需在狭小的空间内进行动火作业，作业期间应安全操作，土仓内及时通风换气，保证施工人员安全。由于割除溜渣组件耗时较长，在保证作业安全的条件下，土仓内可增设2~3个工作面，加快溜渣组件割除速度。

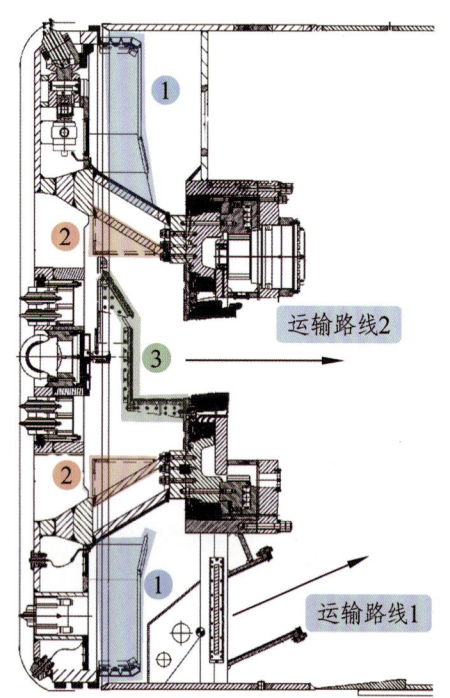

切割溜渣装置

现场运输路线1

图 4-1-19　TBM 模式溜渣装置拆除及运输

步骤 9：安装搅拌棒。

土仓内 TBM 模式的溜渣组件拆除完毕后，可安装 EPB 模式搅拌棒。安装时先拆除搅拌棒底座的保护封板，然后用小型手拉葫芦将搅拌棒提升至底座位置并用螺栓定位，最后用扭矩扳手打紧螺栓，将搅拌棒与底座连接牢固。

管线断开（步骤 10）及后配套设备后移（步骤 11）可参照 4.1.1 节相应步骤的施工流程。待电瓶车运输吊装工装的组装型钢至隧道内后，开始组装螺旋输送机吊装工装（步骤 12），检查吊装工装焊接质量后在各吊点处悬挂手拉葫芦，各吊点工作人员相互配合，将 TBM 模式下的中心螺旋输送机拔出（步骤 13），在空中调平后放置在管片运输车上，运送预留停放位置。TBM 转 EPB 模式步骤 12 和步骤 13 的操作要求可参照 4.1.1 节相应步骤。

3. 螺机安装环节

中心螺旋输送机拆除后，参照 4.1.1 节的步骤 13 将土仓内拆除的溜渣组件运出土仓外（步骤 14）。

步骤 15：倒运中心回转入仓并连接中心回转管路。

如图 4-1-20 所示，首先将刀盘管路保护板在地面分解为 1 中心块 +4 周边块，并将刀盘管路分块运送至土仓内，随后在土仓内拆除中心回转的管路保护块（或堵头），检查管路接口是否损坏，接口无损坏的管路可按照预留位置接入管路并进行保压实验，接口损坏的管路应在维修后将管路接入刀盘。管路连接完成后，安装刀盘管路保护块，刀盘管路保护板采用螺栓安装到主驱动隔板上，安装时要确保隔板和管路保护分块上的数字一一对应。

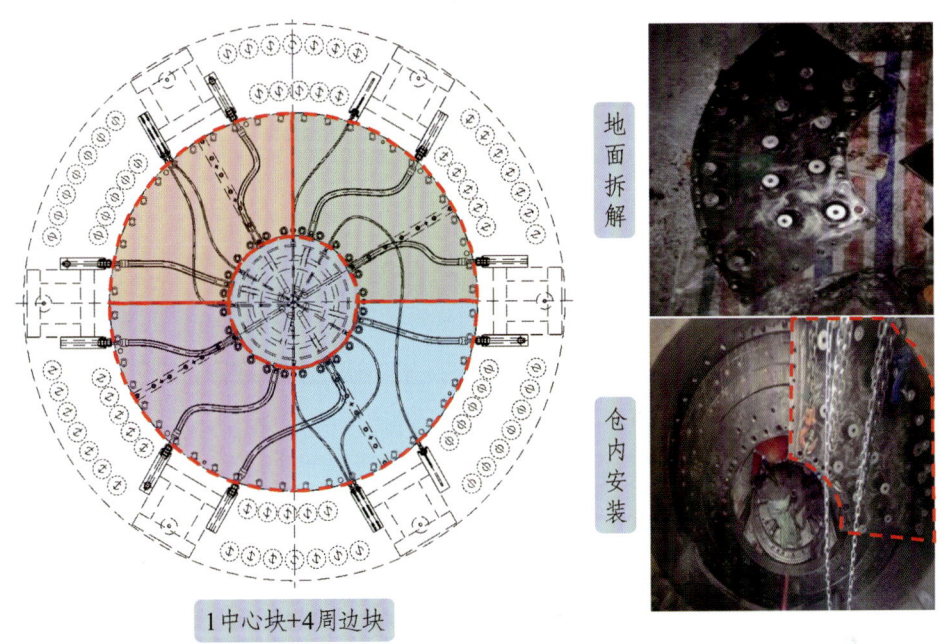

图 4-1-20　EPB 模式管路保护分块及安装

步骤 16：安装中心回转接头。

本步骤是 EPB 转 TBM 模式中心回转接头拆除的逆过程。首先将中心回转接头及固定法兰运送至土仓面板附近，将固定用的法兰安装在土仓面板上，随后采用小型手拉葫芦将中心回转接头吊起，再安装中心回转接头周围的支撑（见图 4-1-6），将中心回转接头与固定法兰连接牢固。

步骤 17：螺旋输送机维修保养。

中心螺机式 EPB/TBM 双模盾构机两种掘进模式通常共用同一个螺旋输送机，主要区别是螺旋输送机安装角度不一致。鉴于螺旋输送机旋转出渣过程中叶片会出现不同程度的磨损，在模式转换的间歇期间应进行维修保养。维修过程如图 4-1-21 所示，主要是碳刨打磨磨损的螺旋输送机叶片，并在打磨处加焊耐磨合金。维修保养后的螺旋输送机投入使用前，还需对焊缝进行探伤检测，确保叶片坚固耐用。

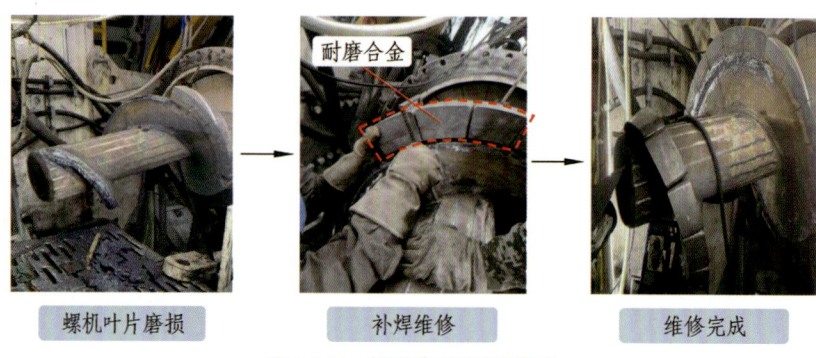

图 4-1-21 螺旋输送机维修保养

步骤 18：安装 EPB 模式螺旋输送机。

安装 EPB 模式的螺旋输送机也需使用螺机吊装工装，施工过程与安装中心螺旋输送机（4.1.1 节步骤 16）相似，也可分为"运送、安装、调整"3 个环节。

运送环节：工作人员操作手拉葫芦配合管片运输车逐步将螺旋输送机由停放位置运送至主驱动内密封环附近处，方便吊装和安装螺旋输送机。

安装环节：各吊点的工作人员配合管片运输车继续前移，前移过程中逐渐收紧后方吊索，放松前部吊索，调整螺旋输送机至大角度下倾姿态，缓慢前移并将螺旋输送机前端插入土仓下部的防涌门内。

调整环节：调整螺旋输送机在 EPB 模式下的工作姿态，采用螺栓将螺旋输送机与防涌门连接牢固，此时位于螺旋输送机尾部的吊索暂不放松，拉住螺旋输送机尾部。

步骤 19：安装螺机拉杆。

EPB 模式螺旋输送机前端固定完毕后，应及时安装螺旋输送机拉杆。如图 4-1-22 所示，拉杆一端连接在螺旋输送机中部，另一端用"销钉"固定在主驱动下方，保持螺旋输送机在掘进出渣过程中的稳定。

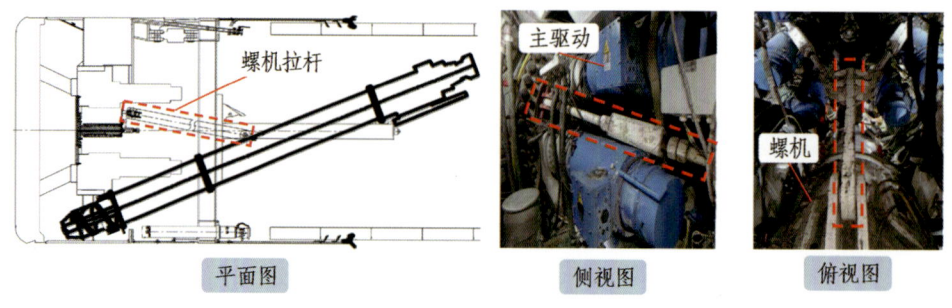

图 4-1-22 安装螺旋输送机拉杆

4. 调试掘进环节

中心螺机式双模盾构 TBM 转 EPB 模式的调试掘进环节可参照 EPB 转 TBM 模式的试掘进环节进行（即 4.1.1 节步骤 17～步骤 21）。

4.2 中心皮带式 EPB/TBM 双模盾构转换技术

中心皮带式 EPB/TBM 双模盾构特指 TBM 模式采用"中心皮带机"出渣的 EPB/TBM 双模盾构。中心皮带式与中心螺机式两类型的双模盾构在 EPB 模式下的结构基本一致，因此两种类型双模盾构的模式转换施工方式较为相似，两者的差异主要体现在 TBM 模式下出渣方式不同，如图 4-2-1（b）所示，中心皮带式双模盾构 TBM 模式采用中心皮带机出渣。TBM 模式掘进时洞内渣土运输路径为：刀盘切削土体→收集渣土至集渣斗→土仓中部皮带机运输→后配套皮带运输→电瓶车运输，这是其与中心螺机式双模盾构的本质区别。

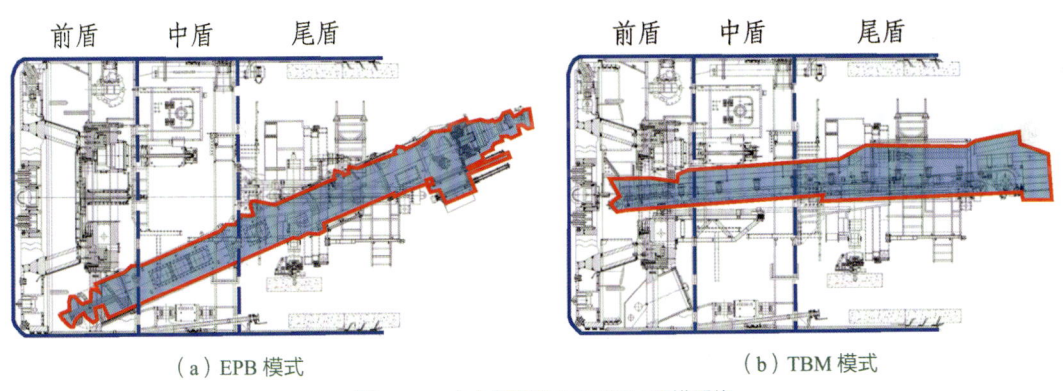

（a）EPB 模式　　　　　　　　　（b）TBM 模式

图 4-2-1　中心皮带式 EPB/TBM 双模盾构

4.2.1　EPB 模式转 TBM 模式

中心皮带式双模盾构 EPB 转 TBM 模式的流程如图 4-2-2 所示，模式转换施工可分为"准备工作、螺机拆卸、皮带机安装、调试掘进"4 个环节，其中准备工作、螺机拆卸、调试掘进环节的工作与中心螺机式双模盾构 EPB 转 TBM 模式一致，施工时可参考 4.1.1 节的相关要求，本节着重介绍中心皮带式双模盾构 EPB 转 TBM 模式时皮带机安装环节的施工方法。

步骤1：倒运螺旋输送机至地面。

中心皮带式双模盾构TBM模式掘进时不再使用螺旋输送机，EPB模式的螺旋输送机拆除后，宜先在洞内分解，再用电瓶车运输至地面进行维修保养。

步骤2：土仓内拆除的搅拌棒及回转中心等组件运输出仓，TBM模式的溜渣组件运输进仓要求可参照4.1.1节步骤13。

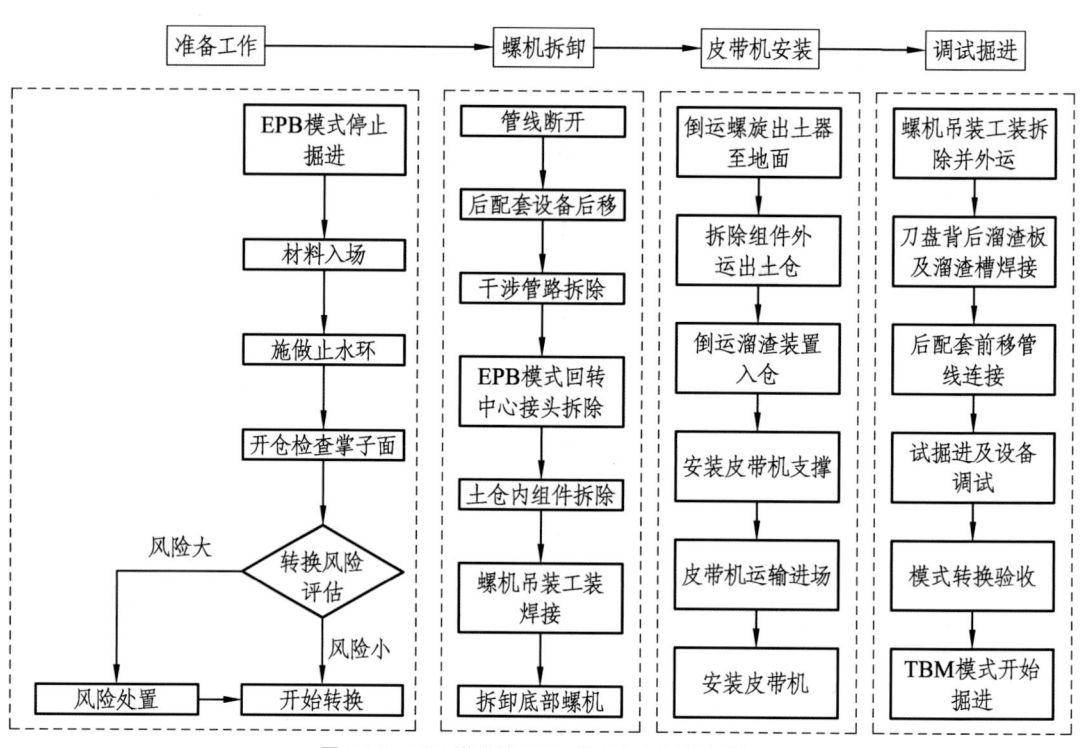

图 4-2-2　EPB 模式转 TBM 模式（中心皮带式）

步骤3：安装皮带机支撑。

皮带机运行期间需要足够的支撑，在安装皮带机之前需在其中部及尾部安装支撑总成。如图4-2-3所示，首先用2个手拉葫芦和2根吊索悬挂在皮带机支撑总成两侧受力平衡的位置，随后缓慢提升皮带机支撑总成至指定位置，安装连接销子。提升皮带机支撑总成前须确认葫芦及吊点是否安全可靠；提升过程中，操作人员必须站在隧道两侧的安全空间，皮带机支撑总成正下方严禁人员逗留；待连接销轴和支撑横梁安装完成后方可撤去起吊葫芦。

第4章 EPB/TBM双模盾构模式快速转换技术

皮带机中部支撑　　　　　　　　　　皮带机尾部支撑

图 4-2-3　皮带机支撑安装

步骤 4：皮带机进场。

深圳地铁四期工程 EPB/TBM 双模盾构区间使用的皮带机全长约为 11 m，总重约 6 t，运输时应拆分为前部、后部两段，分别放置在管片运输车上运至模式转换点附近。

步骤 5：皮带机安装。

安装皮带机是中心皮带式双模盾构 EPB 转 TBM 模式的重要工序。该工序使用管片运输车将皮带机运至拼装机末端，各手拉葫芦处的工作人员相互配合将皮带机前部拖至滑轨前端并固定安装，为中心皮带式双模盾构 TBM 模式施工提供中心出渣路径。

皮带机的安装顺序应为"先运输和安装皮带机前部，后运输和安装皮带机后部"，安装过程如图 4-2-4 所示，可分为"起吊、调整、安装"三个阶段。

起吊阶段：皮带机中部吊点宜设置在可移动螺旋输送机吊装门架上，尾部吊点宜设置在管片上，各吊点挂装手拉葫芦，利用吊索将皮带机吊起。

调整阶段：吊起皮带机后，调整吊索长度将皮带机姿态调整为正常工作状态，然后前移可移动吊装门架，逐步将皮带机送至安装位置。

安装阶段：皮带机到达安装位置后，安装皮带机的主动轮和从动轮，然后将皮带拉接到位。皮带机安装完成后，降低后配套皮带机出渣口并前移拖车，使皮带机出渣口相互连接。

中心皮带机安装完成后，可进行中心皮带式双模盾构 EPB 转 TBM 模式的试掘进作业，调试掘进环节的施工方法及要求可参考 4.1.1 节的相应步骤。

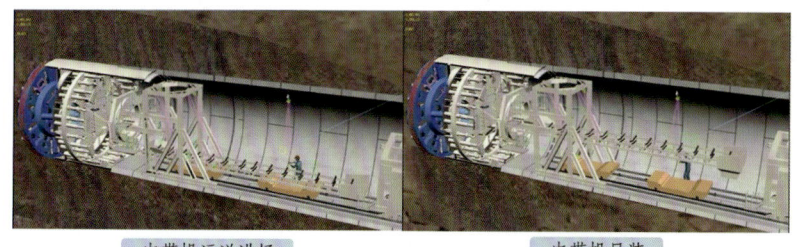

皮带机运送进场　　　　　　　　　　皮带机吊装

图 4-2-4 EPB 转 TBM 模式皮带机安装

4.2.2 TBM 模式转 EPB 模式

中心皮带式与中心螺机式双模盾构 TBM 转 EPB 模式的施工工序及操作基本一致，唯一的区别是中心皮带式双模盾构需将中心皮带机拆除，而中心螺机式双模盾构则是将中心螺旋输送机拆除。中心皮带式双模盾构 TBM 转 EPB 模式的施工流程如图 4-2-5 所示，本节仅对"拆卸中心皮带机"进行介绍，其余工序参照 4.1.2 节的对应工序即可。

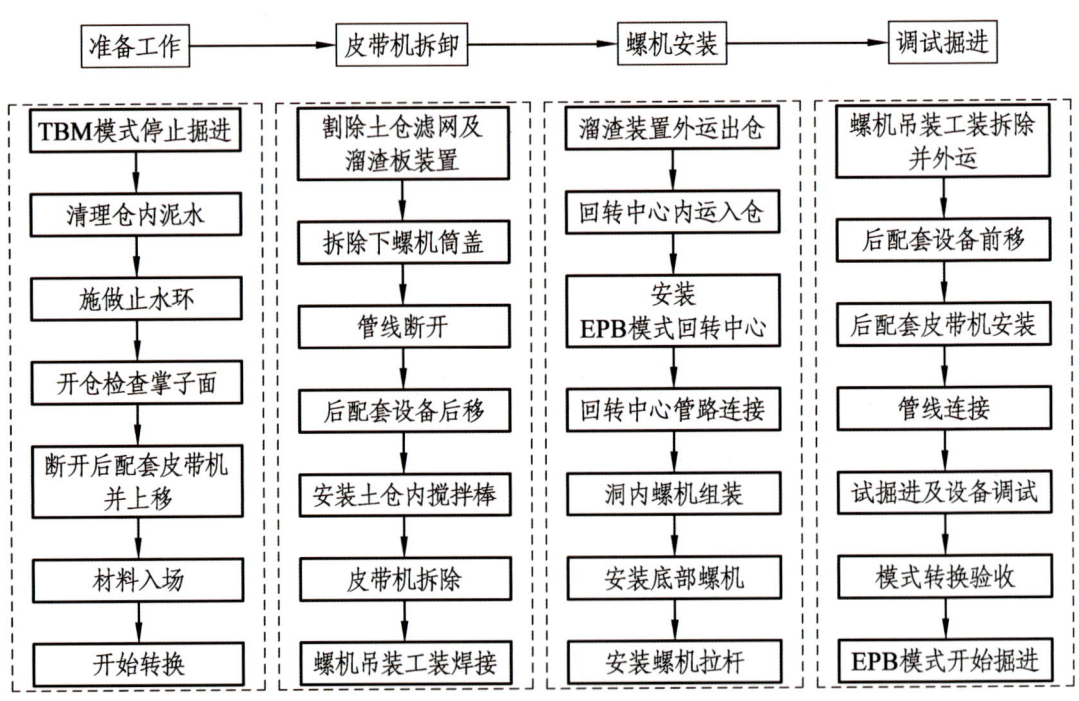

图 4-2-5 TBM 模式转 EPB 模式流程

拆卸皮带机的示意图如图 4-2-6 所示，拆卸过程可大致分为"抽出、调平、外运"三个阶段，拆卸时应按照"先拆除皮带机后部，再拆除皮带机前部"的顺序进行。由于皮带机的重量并不大（每段 3～4t），拆卸时无需制作吊装工装，可直接加长管片螺栓作为吊点。

抽出阶段：在管片的加长螺栓处悬挂手拉葫芦，并将吊索连接在皮带机上，而后拆除皮带机与盾体之间的连接，拉紧尾部吊索并放松前部吊索，将皮带机缓缓抽出。连接部件的拆除顺序为：先拆除皮带机上部的除尘风管，再断开皮带机的土仓内连接、中部及尾部与支撑总成的连接，最后拆除皮带机的主动轮、从动轮及轨道。

调平阶段：抽出皮带机后，放松皮带机尾部吊索，逐步调整皮带机的姿态至近似水平，而后缓慢下落皮带机并放置在提前就位的管片运输车的固定架上。

运出阶段：管片运输车按照图4-2-6所示的运输路线，依次将拆除的皮带机后段及前段运送至地面。

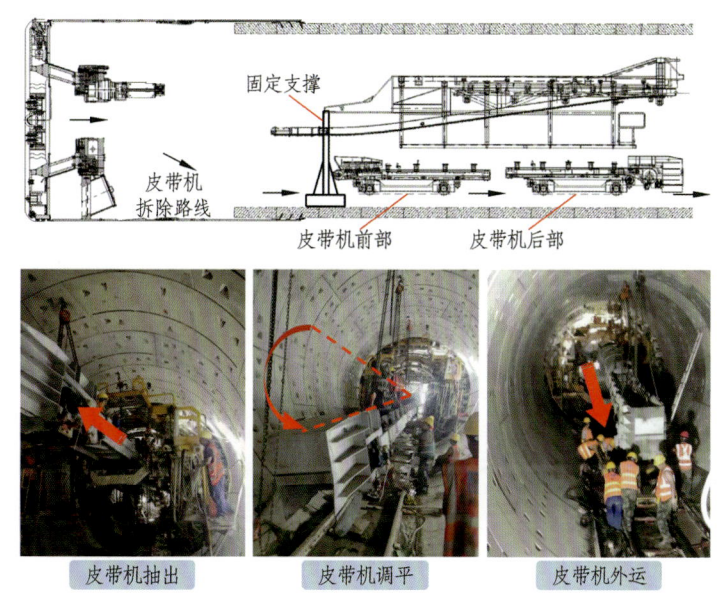

图 4-2-6　TBM 模式皮带机拆除

4.3　EPB/TBM双模盾构快速转换技术

作为在软硬不均复合地层中修建隧道的新方法，EPB/TBM 双模盾构通过在一台盾构设备上集成了两种开挖方式，大大提升了在复合地层中的适应性，掘进速率提升明显[6]。然而，目前投入使用的 EPB/TBM 双模盾构尚不能实现 EPB 模式与 TBM 模式的"一键切换"，仍需在合适的地层中停机进行模式转换，模式转换施工成为制约双模盾构施工速度的重要节点工作[7]，加快模式转换速度是进一步发挥双模盾构效率高、经济可靠、适应性强等优势的重要保障。为此，本节结合深圳地铁四期工程 EPB/TBM 双模盾构模式转换施工的实际情况，对模式转换耗时进行分析，寻找模式转换重难点施工工序，提出加快模式转换速度的针对性建议，以期为后续 EPB/TBM 双模盾构施工提供参考。

4.3.1　EPB/TBM 双模盾构模式转换总耗时分析

深圳地铁四期工程及 8 号线二期工程共投入 16 台 EPB/TBM 双模盾构。目前已完成 20 次模式转换，其中 TBM 转 EPB 模式 10 次，EPB 转 TBM 模式 10 次。表 4-3-1 统计了不同形式的 EPB/TBM 双模盾构模式转换耗时情况。

表 4-3-1　双模盾构转换情况统计

线路	区间	左/右线	转换方式	转换点的里程	转换的时间	转换耗时	双模模式
12号线	怀德站—福永站区间	左（第1次）	EPB→TBM	ZDK30+301	2020.07.01—2020.07.12	12天	中心皮带式
		左（第2次）	TBM→EPB	ZDK31+408	2021.01.07—2021.01.19	13天	
		右（第1次）	EPB→TBM	YDK30+307	2020.06.20—2020.07.04	15天	
		右（第2次）	TBM→EPB	YDK31+449	2021.02.23—2021.03.06	12天	
13号线	留仙洞站—中间风井区间	左（第1次）	TBM→EPB	ZDK10+336	2020.07.24—2020.08.04	12天	
		左（第2次）	EPB→TBM	ZDK11+594	2021.09.10—2021.09.28	19天	
		右（第1次）	TBM→EPB	YDK10+357	2020.06.18—2020.06.28	11天	
		右（第2次）	EPB→TBM	YDK11+169	2021.05.15—2021.06.02	19天	
	白芒站—中间风井区间	左	EPB→TBM				
		右	EPB→TBM				
14号线	布吉站—中间风井区间	左（第1次）	TBM→EPB	ZDK11+917	2020.04.20—2020.05.05	16天	中心螺机式
		左（第2次）	EPB→TBM	ZDK11+025	2020.08.26—2020.09.07	13天	
		左（第3次）	TBM→EPB	ZDK10+697	2020.11.14—2020.11.27	14天	

续表

线路	区间	左/右线	转换方式	转换点的里程	转换的时间	转换耗时	双模模式
		右（第1次）	TBM→EPB	YDK11+886	2020.05.21—2020.06.04	15天	中心螺机式
		右（第2次）	EPB→TBM	YDK11+012	2020.10.02—2020.10.16	15天	
		右（第3次）	TBM→EPB	YDK10+684	2020.12.25—2021.01.07	14天	
	石芽岭站—中间风井区间	左（第1次）	TBM→EPB	ZDK12+870	2020.07.07—2020.07.20	14天	
		右（第1次）	TBM→EPB	YDK12+990	2020.09.02—2020.09.16	15天	
8号线二期	大梅沙站—小梅沙站区间	左（第1次）	EPB→TBM	ZDK59+787	2021.06.21—2021.07.10	20天	
	大梅沙站—小梅沙站区间	右（第1次）	EPB→TBM	YDK60+159	2021.09.30—2021.10.16	17天	

表4-3-1可见，深圳地区EPB/TBM双模盾构进行一次模式转换约耗时11~20天，模式转换占用了较长工期，加快模式转换速度，优化模式转换工序刻不容缓。除此之外，EPB/TBM双模盾构模式转换施工还具有以下特点：

（1）两种类型的EPB/TBM双模盾构模式转换耗时情况存在差异。正常情况下，中心皮带式EPB/TBM双模盾构模式转换耗时为11~13天，中心螺机式EPB/TBM双模盾构模式转换耗时13~15天，前者较后者节省工期1~2天，可见中心皮带式EPB/TBM双模盾构更具优势，更能节约模式转换施工成本。

（2）EPB/TBM双模盾构不同转换方式的耗时不同。统计表明，TBM转EPB模式平均耗时13.77天，EPB转TBM模式平均耗时16.25天，可见EPB转TBM模式的转换速度更慢。结合不同转换方式的作业内容，造成EPB转TBM模式转换速度慢的原因是土仓内溜渣板焊接耗费大量时间，这一特点在13号线留仙洞站—中间风井区间表现得较为显著。

（3）EPB/TBM双模盾构模式转换耗时与施工熟练程度存在一定联系。14号线布吉站—中间风井区间左、右线各进行了两次TBM转EPB模式，表中显示，第2次TBM转EPB模式在材料运输距离延长的情况下，模式转换耗时与第1次相比仍下降1~2天，说明熟练操作转换作业对提升模式转换速度具有积极意义。

（4）EPB/TBM双模盾构模式转换工期仍有较大提升空间。统计的20次模式转换中，最短工期11天，最长工期20天，为最短工期的1.82倍，模式转换工期仍有较大的压缩空间。建议施工单位选择合理的模式转换施工顺序，做好应急预案，加强施工管理，以进一步加快模式转换施工速度。

4.3.2 EPB/TBM双模盾构各转换工序耗时分析

模式转换施工期间需要在隧道内协调推进各项工序，然而隧道内的施工空间有限，模式转换各工序的难度迥异、耗时长短不一，合理组织模式转换施工具有一定难度。为此，本节选取3个模式转换施工案例，对其施工组织及重难点工序进行分析。

8号线二期中心螺机式EPB/TBM双模盾构由EPB转TBM模式的施工安排如图4-3-1所示，模式转换总耗时20天。其中安装TBM模式的溜渣组件为模式转换的重难点工序，耗时长达12天（挡渣板焊接1.5天，溜渣板焊接7.5天、补焊铲刀3天），占模式转换总时长的60%，这是因为安装溜渣组件需要在土仓有限空间内进行板件定位和大面积焊接工作，施工强度大，环境差，易导致焊接人员身体不适，工作效率低下。值得注意的是，管线连接及台车后移耗时2.5天、EPB回转中心拆除耗时2天，与复杂管路相关的模式转换工序也造成大量的时间消耗，一方面管线连接需仔细核对管线位置图纸及设备说明，防止管线误连、漏连；另一方面连接管线需人力拖拽至指定位置，耗时较长。

此外，8号线二期的模式转换工序之间未能合理搭接，例如：挡渣板焊接完成后未能及时抽调工人焊接溜渣板；前移台车期间未同时进行铲刀的补焊工作。转换工序实施慢，各工序衔接不紧凑是造成模式转换工期长的主要原因。

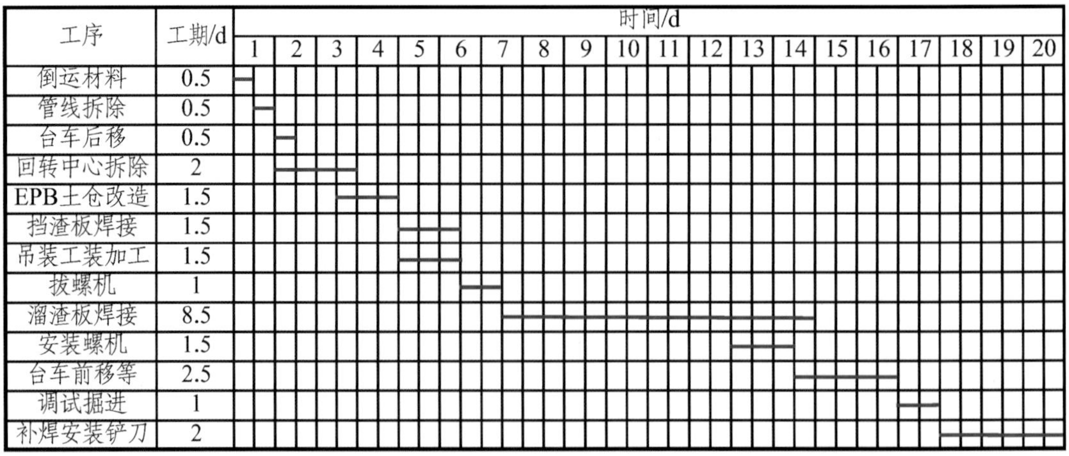

工序	工期/d	时间/d
倒运材料	0.5	1
管线拆除	0.5	1
台车后移	0.5	2
回转中心拆除	2	2-3
EPB土仓改造	1.5	4-5
挡渣板焊接	1.5	5-6
吊装工装加工	1.5	5-6
拔螺机	1	6
溜渣板焊接	8.5	7-15
安装螺机	1.5	15-16
台车前移等	2.5	16-18
调试掘进	1	19
补焊安装铲刀	2	18-20

图4-3-1 8号线二期EPB转TBM施工横道图（中心螺机式）

图 4-3-2 是 14 号线中心螺机式双模盾构由 TBM 转 EPB 模式的施工流水图，模式转换工期为 16 天。图中可见，双模盾构由 TBM 转 EPB 模式的重难点工序为割除溜渣装置、安装 EPB 模式回转中心和维修螺旋输送器，每项工序耗时 3 天。此外，焊接螺旋输送机吊装工装耗时 2 天，也制约了模式转换的速度提升。由此可知，TBM 转 EPB 模式转换耗时较长的重难点工序主要与焊接、切割及复杂管线连接有关，减少模式转换的焊接、切割工作量成为加快模式转换速度的突破口。

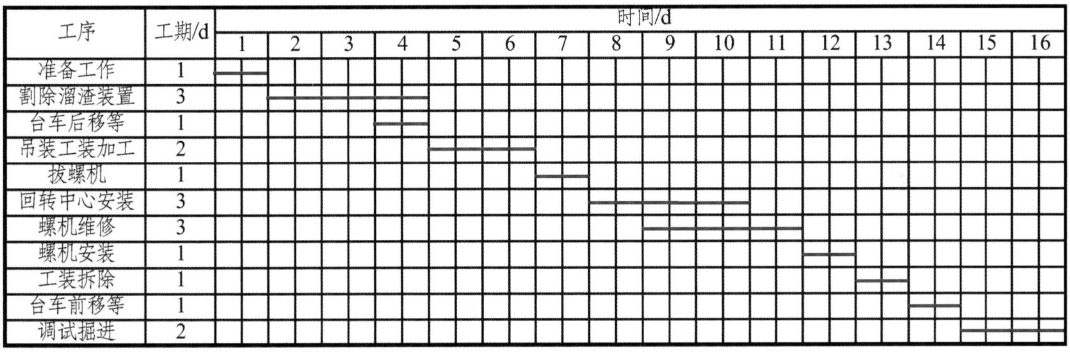

工序	工期/d	时间/d
		1 2 3 4 5 6 7 8 9 10 11 12 13 14 15 16
准备工作	1	
割除溜渣装置	3	
台车后移等	1	
吊装工装加工	2	
拔螺机	1	
回转中心安装	3	
螺机维修	3	
螺机安装	1	
工装拆除	1	
台车前移等	1	
调试掘进	2	

图 4-3-2　14 号线 TBM 转 EPB 施工横道图（中心螺机式）

图 4-3-3 是 12 号线中心皮带式双模盾构由 EPB 转 TBM 模式的施工流水图，模式转换总耗时 12 天，基本实现了模式快速转换，主要原因是各转换工序耗时被大幅压缩，工序间的搭接重叠施工合理。然而，焊接刮渣板耗时 4.5 天、焊接螺旋输送机吊装工装耗时 2.5 天、安装溜渣槽耗时 2.5 天、拆除回转中心耗时 2 天，与焊接、管线连接有关的模式转换工序仍耗费大量时间。

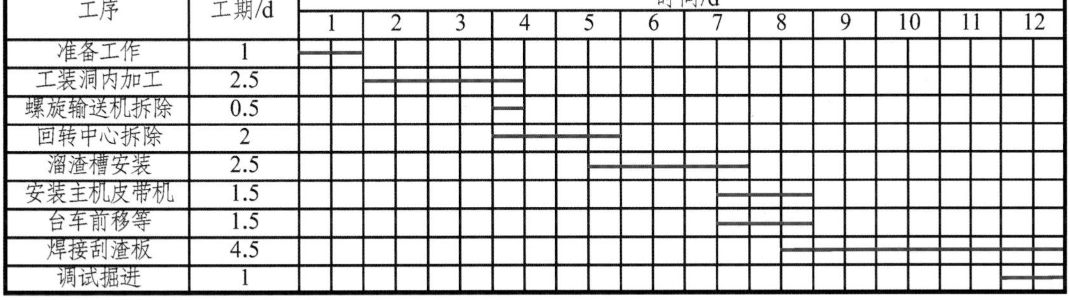

工序	工期/d	时间/d
		1 2 3 4 5 6 7 8 9 10 11 12
准备工作	1	
工装洞内加工	2.5	
螺旋输送机拆除	0.5	
回转中心拆除	2	
溜渣槽安装	2.5	
安装主机皮带机	1.5	
台车前移等	1.5	
焊接刮渣板	4.5	
调试掘进	1	

图 4-3-3　12 号线 EPB 转 TBM 横道图（中心皮带式）

上述分析表明，EPB/TBM 双模盾构模式转换的重难点工序与焊接、管线连接有关，优化相关施工工艺，加快焊接速度是缩短模式转换工期的重要手段。此外，合理组织模式转换施工、尽可能搭接、重叠施工是压缩模式转换工期的另一途径。

4.3.3 EPB/TBM 双模盾构快速转换建议

国内外现有的 EPB/TBM 双模盾构施工案例表明，目前模式转换工期普遍在 15 天至 1 个月左右，时间较长。造成 EPB/TBM 双模盾构模式转换效率低下的主要原因是模式转换作业环境狭窄、施工难度大、风险高。狭小的洞内作业空间导致工作人员的操作及工具的使用均受到限制，对工作人员的体力及专业水平提出了较高要求。此外，在隧道内进行动火、吊装作业，易造成火灾、机械伤害等安全事故。在上述条件限制下，结合深圳地铁四期工程及 8 号线二期双模盾构模式转换的施工经验，针对加快双模盾构模式转换速度的问题提出以下 5 点建议。

（1）重视施工组织，合理安排工序。优化施工组织安排，提前进行工序衔接交底，模式转换现场由总调度统一指挥，确保现场施工条理清晰，避免作业冲突影响工期。以深圳地铁 12 号线怀德站—福永站区间 EPB 转 TBM 模式转换为例，因工序安排合理，交叉重叠开展部分工序，使右线模式转换的实际工期比厂家指导的转换工期提前了 4 天。

（2）优化临时工装，加快转换效率。对模式转换期间使用的临时工装进行优化，以满足狭小空间中快速作业的性能要求。深圳地铁 12 号线左线模式转换期间进行了 2 次临时工装优化，转换工期在右线的基础上减少了 3 天。优化内容为：加强吊装工装刚度，增加吊装点位以节省拆除螺旋机的时间。此外，左线采用单边带轮的后配套固定工装，减少二次焊接及后配套设备前移时的工装改造。

（3）研发新型设备，减少焊接工作。EPB/TBM 双模盾构模式转换焊接操作耗时严重，尤其是溜渣板的焊接工作，焊接量大、环境差、施工效率低下，严重制约了模式转换速率提升。倘若土仓内的溜渣装置由"焊接"变为"螺栓连接"，或设计为折叠式，研发新型溜渣设备将极大提升模式转换效率[8]。

（4）采用装配工装，节约组装时间。无论是中心螺机式还是中心皮带式 EPB/TBM 双模盾构，两者在模式转换时均需要在隧道内进行吊装工装的焊接，阻碍了模式转换时间的缩短，而采用螺栓连接的装配式吊装工装便能有效压缩组装时间（见图 4-3-4），施工时仅需将拼装组件运至隧道内并进行连接组装即可，这样能大幅减少制作螺旋输送机吊装工装的时间消耗。

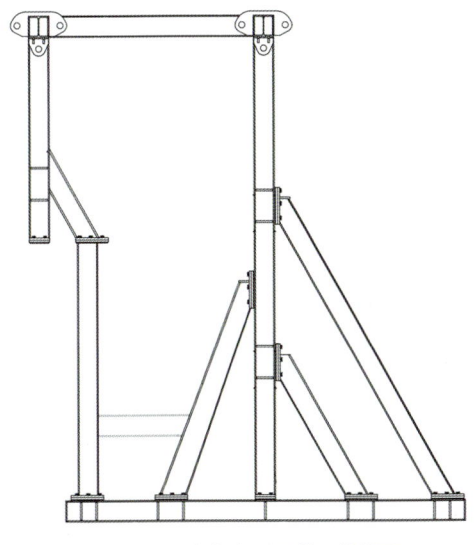

图 4-3-4 可拆卸新型吊装工装装置

（5）规范施工作业，保障施工安全。施工安全是成功完成模式转换的根本保障。模式转换过程中需在隧道内开展动火、吊装等作业，易造成火灾、机械伤害等安全事故。此外，电瓶车需经常将拆下的部件运至地面，或将材料、机具等运至洞内，运输频繁，且进洞运输为长下坡，易造成电瓶车溜车、物体撞击等运输事故，应规范施工作业，保障模式转换过程中的生命和财产安全。

4.4 本章小结

本章以深圳地铁4期工程及8号线二期大规模EPB/TBM双模盾构工程为背景，详细介绍了2种不同类型的EPB/TBM双模盾构机的模式转换流程，阐述了重要转换工序的施工工艺。通过统计分析模式转换工期发现：EPB/TBM双模盾构模式转换工期普遍为11～20天，具有较大的提升空间；中心皮带式EPB/TBM双模盾构模式转换工期较中心螺机式缩短1～2天；TBM转EPB模式较EPB转TBM模式更快；焊接溜渣装置与临时吊装工装、安装回转中心和连接管线是耗时较长的模式转换施工工序。为压缩模式转换工期，提出重视施工组织、优化临时工装、研发新型设备、采用装配工装、规范施工作业5条针对性建议，本章总结的EPB/TBM双模盾构模式转换施工经验可为类似工程提供参考。

本章参考文献

[1] 喻畅英，钟志全. 土压平衡/单护盾TBM双模盾构模式转换施工技术探析[J]. 隧道建设（中英文），2021，41（S1）：464-469.

[2] 宋天田，娄永录，吴蔚博，等. 城市轨道交通双模式盾构（EPB/TBM）模式转换技术[J]. 现代城市轨道交通，2020（12）：59-64.

[3] 赖泉昌. EPB/TBM双模盾构机掘进施工技术在复合地层中的应用[J]. 工程技术研究，2021，6（24）：89-91+105.

[4] 刘东亮，康峰. EPB和TBM双模盾构选型探讨[J]. 建筑机械化，2021，42（8）：26-28.

[5] 郑伟. 土压/TBM双模盾构洞内转换刀盘技术研究[J]. 建筑机械化，2021，42（5）：32-34.

[6] 王宇通，王新线，赵林. 复合地层地铁隧道工程技术发展概述[J]. 现代城市轨道交通，2021（S1）：17-20.

[7] 张宁川，李光. 双模式全断面掘进机探讨[J]. 隧道建设，2013，33（4）：323-326.

[8] 雷军，朱向飞，彭斌，等. 双模盾构TBM转EPB的关键技术与应用研究[C]//2021年工业建筑学术交流会论文集（下册），2021：1136-1140.

第 5 章

EPB/TBM 双模盾构辅助技术

国内外学者对单一盾构模式的隧道施工提出了诸多辅助技术，形成了超前地质预报、信息管理平台等研究成果，如结合应用计算机及互联网技术，开发了盾构施工信息监控管理系统。对盾构施工远程管理系统整体结构进行设计，分析了数据的采集和传输、数据库的建立、数据的发布等关键技术，经过研究建立了一套经授权用户在任何地方通过登录网页可查看施工盾构信息的盾构远程信息化管理系统；开发了沉降自动化监测及数据移动发布系统，实现了 24 h 监测数据的自动化采集、分析和移动端推送，并将该系统应用于南宁轨道交通 1 号线盾构隧道下穿南宁火车站铁路股道及站房工程，获得盾构推进中的地表沉降及火车轨道沉降的变化规律；利用 Tesseral-2D 软件模拟了 TSP 隧道超前地质预报方法，验证了此方法的有效性，同时对盾构法施工环境超前地质预报方案进行了正演模拟，在不影响盾构机施工的情况下，首次将盾构机本身机械振动作为震源，在隧道管片上安置接收器接收直达波、反射波，通过数据处理分析，对开挖面前方地质情况进行预测。

可见，辅助技术在盾构掘进隧道领域得到了一定程度的应用，但相关研究未在双模盾构模式选取、模式转换等方面形成成套技术。针对深圳地铁四期工程复杂的地质条件，本章对 EPB/TBM 双模盾构施工工法在复杂地层中掘进展开一系列先进辅助工法及技术研究，主要包括超前地质预报及超前地质处理、先进刀具磨损监测及换刀等关键技术。

5.1 超前地质预报及超前地质处理技术

隧道超前地质预报是对隧道开挖掌子面前方的地质情况及不良地质体的性质及位置、产状进行探测、分析解释及预报，从而实现对开挖面前方不良地质体空间位置、赋存形态、充填特性三大核心属性的定性辨识和定量预报[4]。具体来说，超前地质预报的主要任务如下：① 探明断层及其影响带的位置、规模及其性质，是否充填水；② 探测岩溶位置、规模，判断其充填物性质；③ 探测不同岩体接触面位置及其产状形态；④ 判断隧道围岩级别变化情况；⑤ 判断地质灾害可能发生的位置和规模。

为达到超前地质预报的任务目的，不同的超前探测方法应运而生，最先用来探测隧道开挖面前方地质情况的方法是超前导洞、超前钻探。后来，科学技术的不断发展催生了其他的探测方法，比如无损地球物理超前探测技术，包括地震反射类、电磁类、直流电法类等方法，并且已经在大量工程实际中得到应用，下面主要从中铁装备研究应用超前地质预报系统进行阐述。

5.1.1 波法超前地质预报系统

1. TSP 超前地质预报

（1）工作原理

隧道地震波超前预报是利用地震波在岩体传播过程中，在声阻抗变化界面（即不均匀、不连续地质界面）会产生地震反射波，利用仪器设备采集隧道岩体中地震波传播的信息，通过相关处理系统进行数据处理，结合已有的地质资料综合分析，实现对隧道前方地质条件的推断，达到地质超前预报的目的。

地震波在岩体中呈球面波形式传播，当地震波遇到岩体中声波阻抗存在差异的界面时，例如断层、岩体破碎带、岩性变化带或岩溶发育带等，一部分地震波信号被反射回来，一部分信号会透射进入前方介质继续传播，在传播过程中反复重演着反射与透射的过程，陆续反射回来的地震波信号被高灵敏度的地震检波器接收下来。地震波信号的传播时间与传播距离成正比，与传播速度成反比；地震波信号的衰减和传播符号与岩体性质和界面的声阻抗性质有关。因此，预报工作要采集隧道地震波的全波列信息，实现全波列分析，通过分析各种波形的传播时间、波形特征和强度变化，实现预报隧道掌子面前方地质条件的目的。

需要明确在岩质隧道中预报时，接收孔应避开破碎带布置，尤其不要造成在接收孔和激发孔之间存在较大的构造带或者布置接收孔靠近构造带的局面，因为破碎带会造成地震波的明显衰减并过滤掉地震波的高频成分，影响预报距离和分辨能力。

隧道地质超前预报工作要贯穿隧道施工的全过程，采取无间断预报资料的隧道施工原则。应合理规划每次预报检测的地段，接收装置和激发炮的布置应尽量避开在隧道的变径段（例如避让车道段），并应避开构造带等岩体明显不均匀的地段。强调连续预报和规划预报，一方面是隧道安全施工工序的需要，另一方面是预报工作本身资料分析的需要。连续无间断资料的重复对比，有利于保证现场地震波采集的质量，有助于提高预报成果的质量和准确性。尽管如此，由于 TSP 地震波法隧道超前预报方法是基于岩土体物理性质差异进行推断的，受方法限制采用单一方法探测的物性参数进行地质解释有时与实际地质情况有误差，建议根据本次解译结果与实际开挖情况对比分析，确定该区域物性参数与地质情况的对应关系，以提高超前探测结果解译的精度。

地震波法探测系统是地质勘探技术与现代电子技术相结合的高科技产品，针对盾构法施工的隧道以及顶管式施工的大直径管道施工掌子面前方不良地质体超前探测而设计，包括仪器设备、配件和处理软件。该系统重量轻，系统操作简单，有效预报距离在 100～200 m 范围内，最高分辨率为大于等于 1 m 地质体，软件系统含数据预处理、滤波、偏移成像与速度

（2）前期工程应用

如图 5-1-1 所示为应用在深圳某隧道项目中的中铁装备盾构机搭载的 TSP48E 超前地质预报现场布置情况。如图 5-1-2 所示，在洞壁同一水平线上，打直径 10 mm、深 5～8 cm 的安装孔，测试时将 16 个三分量检波器按直线靠近一侧洞壁布置，保证检波点间隔为 1.5～2.0 m 均匀布设，放平调正（方向一致，蓝色指示灯为垂直方向 Z，红色指示灯为水平方向 X），仪器接在中间。接收排列尽量靠近掌子面，激震点（炮孔）远离掌子面，距其最近检波点的距离控制在 20 m 左右。

然后进行逐炮地震波数据的采集工作，测量中要求隧道内具有安静的工作环境，有关的产生振动施工的项目需要暂时停止。所有炮孔的数据采集完毕，在检查采集数据合格后结束现场测量工作。

图 5-1-1　现场布置示意图

图 5-1-2　现场实际布置图

（3）预报结果分析

① 数据记录

2021 年 8 月 29 日在隧道里程 ZK2+242.8 进行了隧道地质超前预报，本次预报共在面向掌子面的右侧洞壁上布设了 16 组检波器，在最后一个检波器后方 15 m 进行激振，系统观测参数如图 5-1-3 所示。

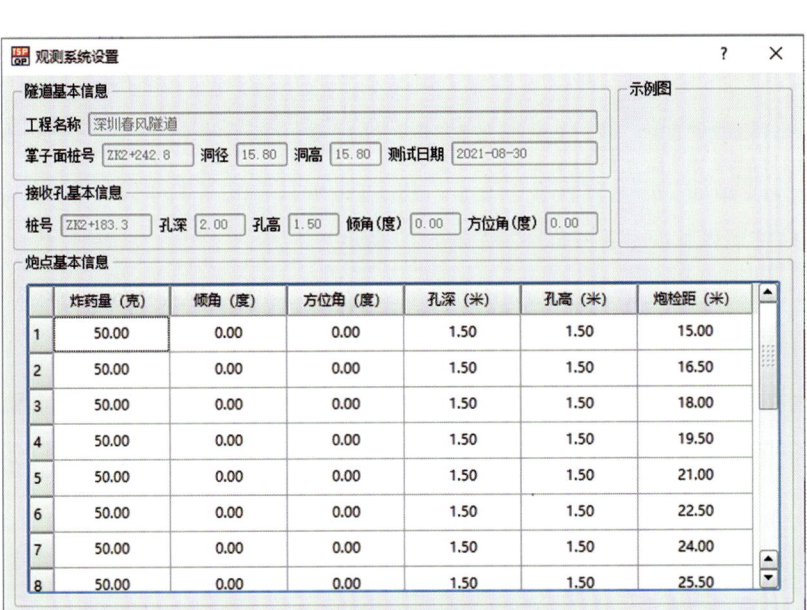

图 5-1-3　系统观测参数设置

② 偏移结果

如图 5-1-4 所示为 ZK2+242.8 里程段 TSP 地质预报偏移成果图。图中颜色的深浅和密集程度表示反射波的强弱，某区域颜色越深，红蓝相间越密，表明该区域反射强烈，为异常区段；上面的图表示纵波偏移成像图，中间和下面的图分别表示横波的水平方向和竖直方向的偏移成像图。

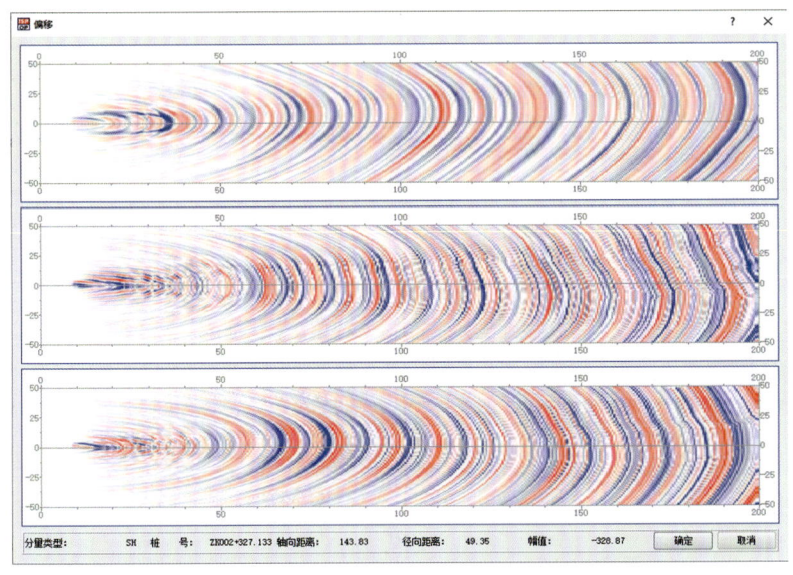

图 5-1-4　ZK2+242.8 里程段 TSP 地质预报偏移成果图

③ 综合地质预报成果表

如图 5-1-5 所示为 ZK2+242.8 里程段 TSP 地质预报解译及解译结果图，V_P 表示纵波波速，对断层、破碎带比较敏感，V_S 表示横波波速，对水系、溶洞等介质的变化比较敏感，故通过纵波波速 V_P、横波波速 V_S 和纵横波速比 V_P/V_S 可基本判断异常地质类型，再结合地质资料，可准确判断异常地质状况。在 ZK2+243 处，V_P 骤降，V_S 几乎不变，波速比 V_P/V_S 稍有降低，表明该区段内以断层、破碎带为主；在 ZK2+252 处，V_P 不变，V_S 降低，波速比 V_P/V_S 升高，表明该区域有可能存在裂隙水。

如图 5-1-6 所示为图 5-1-5 对应位置成果解释的详细参数表，倾角和方位角表示异常区域大致方向，反射系数表示异常区域反射波的强度。

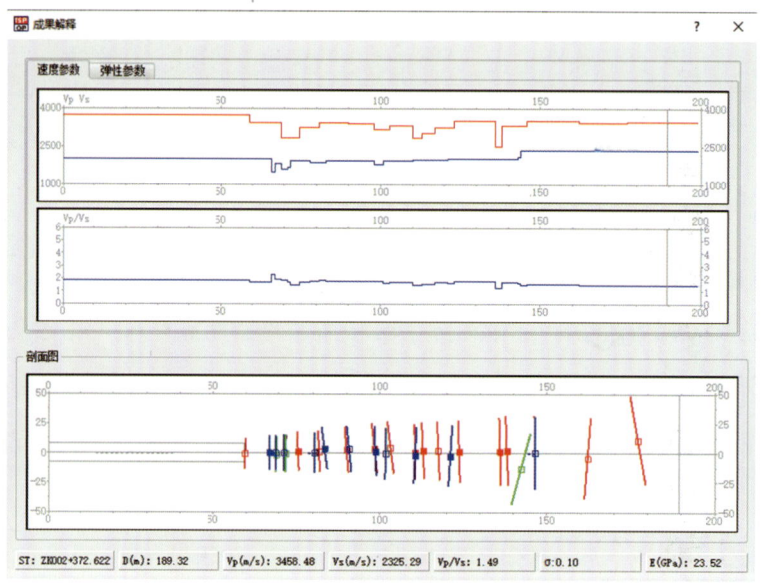

图 5-1-5　ZK2+242.8 里程段 TSP 地质预报解译图

解释成果表格

	桩号	倾角	方位角	反射系数	类型
1	ZK002+242.999	89.38度	49.34度	-720.04	P波
2	ZK002+252.469	90.00度	48.75度	-996.07	P波
3	ZK002+255.332	89.48度	7.48度	-875.53	P波
4	ZK002+259.093	89.02度	29.74度	1096.81	P波
5	ZK002+293.876	89.66度	55.46度	671.96	P波
6	ZK002+296.329	89.01度	54.62度	467.47	P波
7	ZK002+300.953	89.05度	54.52度	-713.97	P波
8	ZK002+265.259	89.09度	48.64度	-919.22	P波
9	ZK002+273.463	88.35度	80.90度	162.76	P波

图 5-1-6　ZK2+242.8 里程段 TSP 地质预报解译结果

④ TSP 预报分析和推断结论

结合地质资料和施工开挖情况,以偏移结果为基础对处理结果进行分析解释,得出如表 5-1-1 所示结论(以目前开挖面岩石为主要参照物)。

表 5-1-1 TSP 预报分析和推断结论

序号	起止里程	长度/m	推断结论
1	ZK2+252 ~ ZK2+266	14	该里程段内纵、横波反射界面增多,纵波、横波速度均有降低,推断此里程段内岩体破碎;其中 ZK2+248 ~ ZK2+252 和 ZK2+262 ~ ZK2+266 里程段横波反射增强,纵横波速度比增高,推断该里程段地层含水量较高
2	ZK2+293 ~ ZK2+300	7	该里程段内纵波反射界面增多,纵波速度有降低,推断此里程段内岩体破碎;该里程段内横波反射较弱,推断该里程段地层含水量相对较低
3	ZK2+319 ~ ZK2+329	10	该里程段内纵波反射界面增多,纵波速度有降低,推断此里程段内岩体破碎;该里程段内横波反射较弱,推断该里程段地层含水量相对较低

根据以上推断结论,建议施工方严格按照设计文件和现行相关标准、规范、规程的相关规定进行现场施工,针对风险点提前做预案,降低施工风险。

2. SSGP 超前地质预报

(1)工作原理

SSGP 超前地质预报是利用地震波遇到不同声阻抗介质时产生反射的原理,结合大功率地震波发射器和高灵敏度接收器来探测盾构机掌子面前方(10 ~ 40 m)的地质状况。通过发射器和接收器的特殊布置,利用刀盘带动发射器和接收器转动实现对掌子面前方地层的全方位扫描,并对接收器接收的数据进行特殊处理,结合刀盘的角度和盾体的进尺信息,得到前方孤石或漂石的三维图像,从而为操作人员提供孤石或漂石的超前预报信息。

SSGP 法的测试设备由安装在刀盘上的震源和检波器组成,采用叠前深度偏移和自动剩余时差分析相结合来计算速度,实时测量构成三维结果图,适用于盾构开挖的软土隧道对孤石的探测,可实现掌子面前方异常体的定位探测。

该系统由主机、信号传输大缆、检波器、触发检波器、耦合杆、软件系统组成,有效预报距离在 0 ~ 40m 范围内,软件系统包含数据采集和数据处理。

该系统集成于盾构机上,用来探测掌子面前方孤石、断层等地质结构,包括声波发射器、声波接收器、发射器与接收器的集线器装置、数字转换器、回转接头单元、气体调节系统、功率放大器、计算机系统、扫频仪，如图 5-1-7 所示。利用功率放大器为发射器提供能量，声波发射器发射声波信号，接收传感器采集来自隧道前方的反射波信号，经过计算机系统进行数据处理后判别隧道前方地质情况。

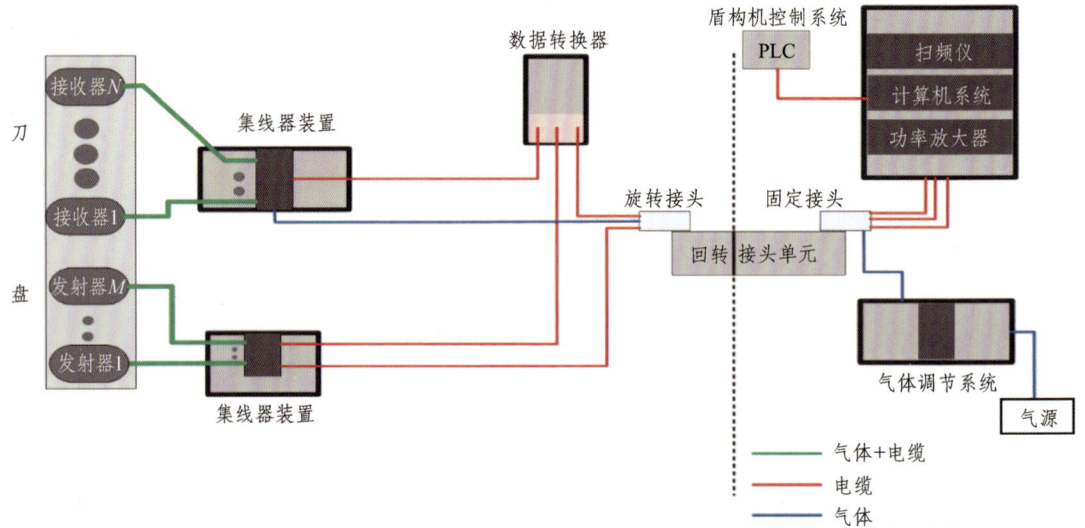

图 5-1-7　SSGP 超前地质预报方案示意图

（2）掘进实时数据反演

如图 5-1-8 所示为实时数据采集、反射波拾取及偏移成像结果。

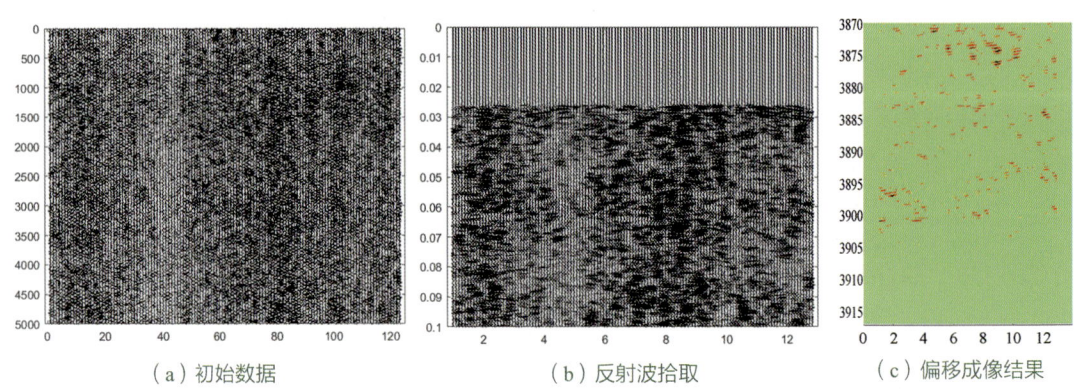

图 5-1-8　SSGP 超前地质预报掘进实时数据反演

此外，波法还有以中铁西南院为代表研制的 HSP 超前地质预报系统，应用于深圳地铁 6 号线、10 号线，广州地铁 18 号线，福州地铁 4 号线等项目。可对掌子面前方断层破碎带、岩体破碎带及软弱夹层或其他不良地质体进行超前（地质）预报，探测距离可达掌子面前方 100 m 左右。

5.1.2 电法超前地质预报系统

电法主要以中铁装备联合中国电波所共同研制的适用于盾构法施工的聚焦频域激电法 TEAM-2000 超前地质预报系统进行阐述。

（1）工作原理

TEAM-2000 隧道电法超前地质预报系统是一种应用于盾构搭载式的电法超前地质预报系统，该系统利用聚焦电法与频域激发极化法相结合，如图 5-1-9 所示。

聚焦电法主要以刀盘为发射电极、以盾体为屏蔽电极，向地层发射不同频率的交变电流，在聚焦作用下，发射电流可以深入掌子面前方地层，通过测量发射电流的电阻率参数和激发极化参数，就可以实现对掌子面前方岩石完整性和含水特性的评价。测量电阻率参数 R，可得敏感区域的视电阻率值，可识别地层空洞（高 R 值）和水体（低 R 值）。

激发极化法是以不同地质介质之间（围岩与不良地质）的激电参数差异为物质基础，通过测量分析地质体的激电效应实现探查。在电流激发作用下，因为电化学作用引起地质介质电荷分离，从而产生随时间变化的二次电场现象。当供电电极 A、B 供入稳定电流，测量电极 M、N 之间的电压 U 随时间变化，一般随着供电时间变长趋于稳定的饱和值，当断开供电电流，断电瞬间电压 U 急剧下降之后缓慢减小，一段时间之后衰减到零附近。以频率激电参数 PFE（百分比频率效应）为横坐标，横坐标数值越大对应地层越完整，反之，对应地层越破碎；再以电阻率参数 R 为纵坐标，纵坐标数值越大含水越少，反之，纵坐标数值越低含水情况越严重。将这两个坐标结合起来，形成一个坐标系，设置合理的区间，每个区间代表一种岩石完整性和含水特性，这样一来，每测得一组电阻率参数和频率激电参数都能一一对应一种地质解释，从而实现数据测量到地质解释。

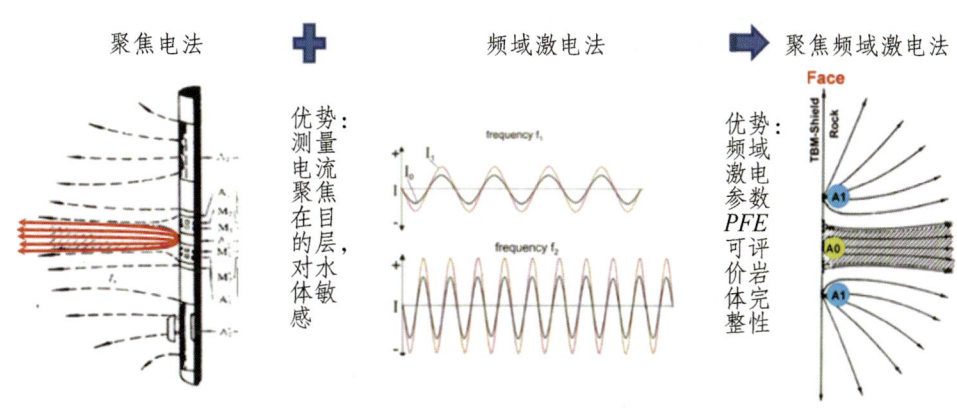

图 5-1-9　聚焦频域激电法示意图

聚焦频域电法超前地质预报系统由主机、电极系和软件组成，其中主机作为独立的单元放置在操作室内或者 PLC 室内，主机作为该系统的主控单元，与电极系通过电极线相连，控制电流的发射和接收，与上位机通过网线相连，实现与盾构机上位机的通信和数据交互。聚焦频域电法超前地质预报系统主要探测掌子面前方断层、破碎带、溶洞、水体等，探测分辨率可达 1 m，软件系统包含数据采集和数据处理。如图 5-1-10 所示为电法超前地质预报系统示意图，TEAM-2000 主机见图 5-1-11。

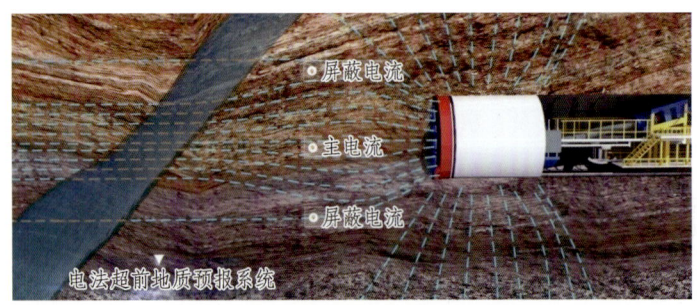

图 5-1-10　电法超前地质预报系统示意图

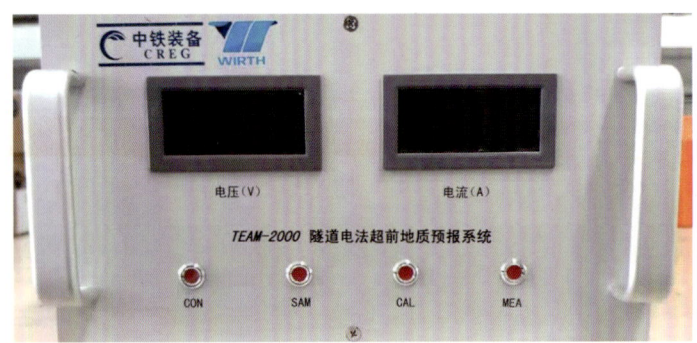

图 5-1-11　TEAM-2000 主机

一般隧道电法超前地质预报现场实施过程如表 5-1-2 所示。

表 5-1-2　现场实施过程

工作过程	工作内容	工作结果
电极系安装接触状态检查	1、A0、A1、B 电极接触测试检查； 2、A2 电极安装检查	得出测试结果
主机状态自检	主机工作状态测试	得出自检结果
测前检查	对主机进行刻度	得出刻度结果
测量	进行各个频率的信号测量	得出测量结果及曲线
测后	对测后进行校验	得出测后检查结果
地质勘查资料校验	及时对测量结果进行检验和必要的校正	评价含水性和岩石级别

（2）前期工程应用

应用在深圳某隧道项目的中铁装备盾构机搭载了 TEAM-2000 超前地质预报系统，进行了超前地质预报，预报结果与实际地质相符。预报测量结果如图 5-1-12 所示，其中红色曲线为 PFE 曲线，表征岩石完整性，蓝色曲线为 R 曲线，表征填充物电阻率；自动评价区由颜色和条纹组成，颜色表示 PFE 值大小，红色表示异常级别高、黄色表示异常级别低、绿色表示无异常，条纹表示 R 值大小；地质评价区为图中异常区域的文字说明，包括岩石类型（完整、中等破碎、强破碎、溶洞、空洞等）和含水特性（无水、少量水、中量水、大量水）。

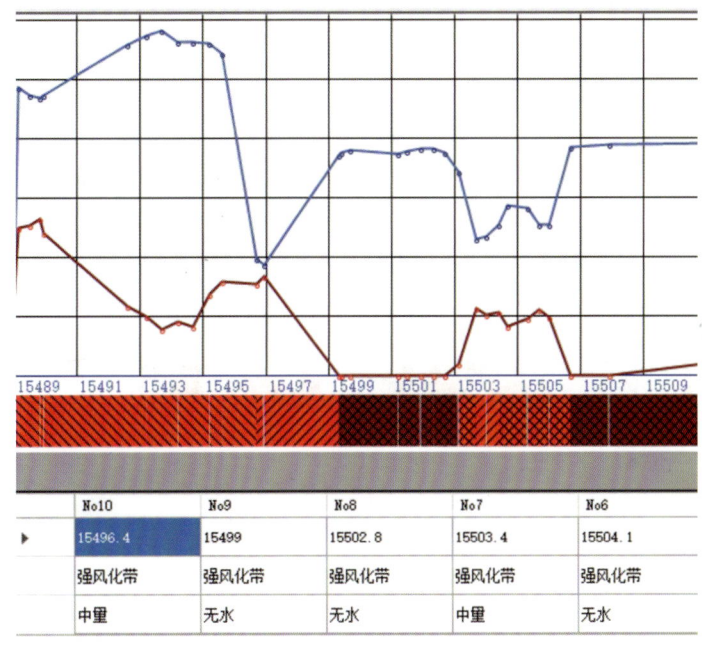

图 5-1-12　实时预报测量结果

从地勘资料图可以看出，15+500 附近处于强风化片麻岩段，部分段可能有水渗出。预报结果显示 15+489 ~ 15+513 段整体电阻率较低，PFE 为低值，整体处于强风化带地层，其中 15+496.4 和 15+503.4 两处出现异常，预报为有涌水风险。后期掘进验证与预报情况基本一致。

5.1.3　超前地质处理技术

针对复合地层可能出现的溶洞、孤石、开仓换刀等情况，一般会进行超前地质预处理，通常包括：溶洞超前注浆加固，孤石提前钻孔破除/取出，带压换刀地层超前钻孔，超前地质加固。不良地质条件的确定可通过超前地质预报系统，进行提前预报、预警。

溶洞一般采取地面注浆加固的方式进行处理。

孤石一般采取旋挖钻孔或冲击钻孔破除的方式进行处理，如图 5-1-13 所示。冲孔桩破除孤石主要施工工艺为：钻机定位→连接线路、安装十字冲击锤→作业平台就位→开挖泥浆池及安装护筒→十字冲击锤高低冲程交替冲击→破除孤石→孤石碎片通过护壁泥浆带出→孔位灌注 C15 混凝土→重复上述步骤循环至全部施工完毕。

图 5-1-13　旋挖钻取芯孤石

开仓换刀在不稳定地层实施时，会进行超前地质加固，以确保开挖面的稳定，保证施工安全、顺利地进行，一般有地面加固和洞内加固两种形式。洞内注浆加固一般通过掘进机上预留的超前注浆加固孔进行钻孔、注浆。在前盾隔板上布置有水平式超前注浆孔，同时在盾壳周向布置有倾斜式超前注浆孔。如图 5-1-14 所示为盾体超前注浆加固孔注浆加固范围示意图，图 5-1-15、图 5-1-16 分别为洞内超前注浆加固示意图和实物图。

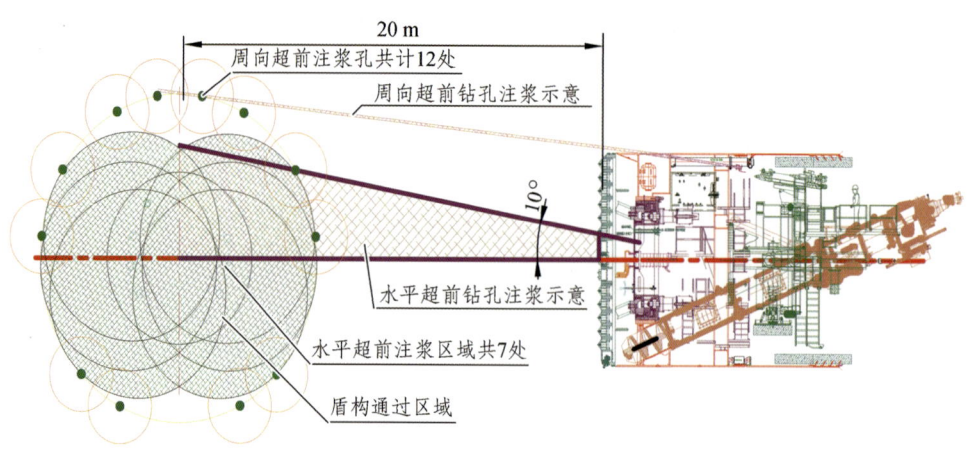

图 5-1-14　超前注浆加固范围示意图

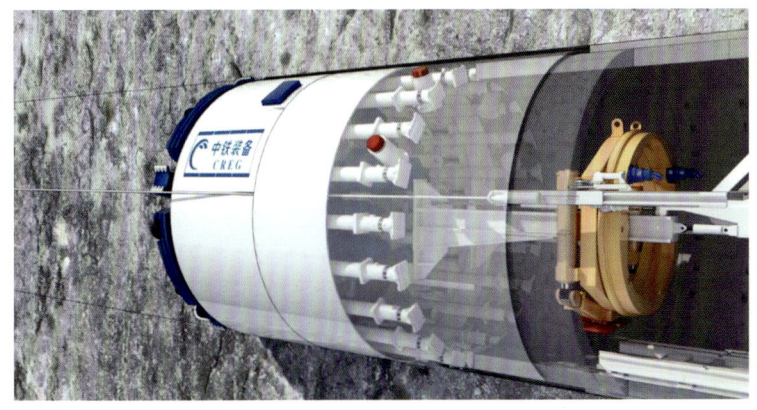

图 5-1-15 超前注浆加固示意图

图 5-1-16 超前注浆加固实物图

5.2 刀具状态监测技术

EPB-TBM 双模盾构以安全、快速、高效的巨大优势被用于地铁及长大隧道工程项目，而施工中带压进仓对刀具进行检修是掘进机施工最易发生重大安全事故的工作。由于刀盘运行工况复杂，人工带压进仓作业会因地层坍塌造成人员伤亡，因此刀具检修过程存在极大的安全隐患，2017 年厦门市轨道交通 2 号线施工中，因带压进仓换刀作业火灾造成 3 名工人死亡，同时造成高达上千万的经济损失。受切削条件多样性和切削过程环境复杂性的影响，多种刀具检测方法很难应用于实际生产，刀具智能诊断系统研制过程中存在"检测难、传输难、诊断难"三大行业难题。因此，亟需自主创新研制稳定、可靠、准确的刀具智能诊断系统。

为解决人员带压进仓检查过程中的重大安全风险问题，避免刀具更换不及时造成的经济损失，同时科学准确地指导司机在复杂地质下的掘进操作，刀盘刀具检测系统在复杂工况下，在"刀具工作状态参数的检测""开挖仓内数据无线通信""多参数融合刀具状态智能诊断"

等关键技术领域取得了重大突破，解决了三大行业难题，实现了刀具智能诊断系统的产业化生产应用。

5.2.1 刀具状态参数采集技术

1. 滚刀磨损、温度、转速检测装置设计

鉴于滚刀处于强冲击振动、高压富水、渣土淤泥等恶劣工作环境中，接触式的检测方法无法满足工作要求，因此，只能采用非接触式测量法。通过非接触式磨损传感器（电涡流、超声波）的模拟试验，采用电涡流传感器直接测量滚刀刀刃磨损量。如图 5-2-1 所示，将滚刀和电涡流传感器分别放置于空气、水、泥浆和渣土中，通过改变数据更加准确可靠。

（a）空气中

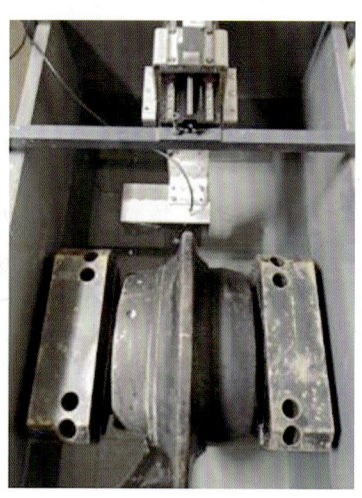
（b）水中

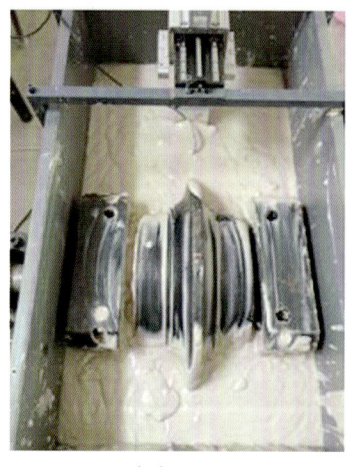
（c）泥水中

（d）渣土中

图 5-2-1　复杂实际工况下传感器试验

通过试验得出磨损量与电涡流传感器电流之间的关系如图 5-2-2 所示，可以看出电流随着传感器与刀圈之间的间隙值（位移）的增大而增大，且变化明显。

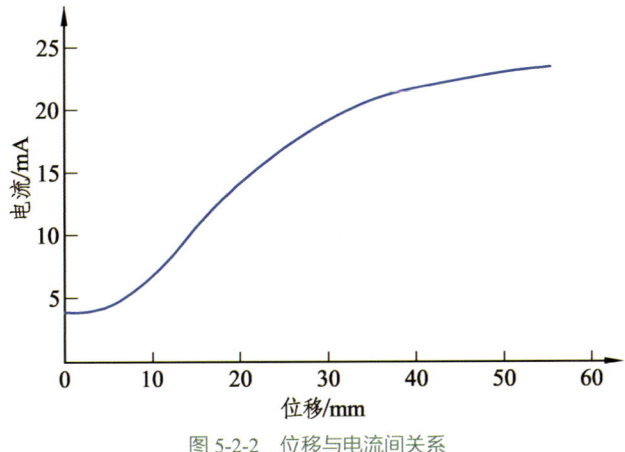

图 5-2-2　位移与电流间关系

针对滚刀出现异常磨损或卡死的情况，创新性地提出采用磁传感器测量转速，对滚刀刀圈中预埋的钕铁硼磁场强度、传感器嵌入深度、测量距离开展深入研究，如图 5-2-3 所示，设计微控制器处理复杂磁场环境下，开关磁场元件利用周期法测量计算滚刀转速，实现刀具转速的准确测量。

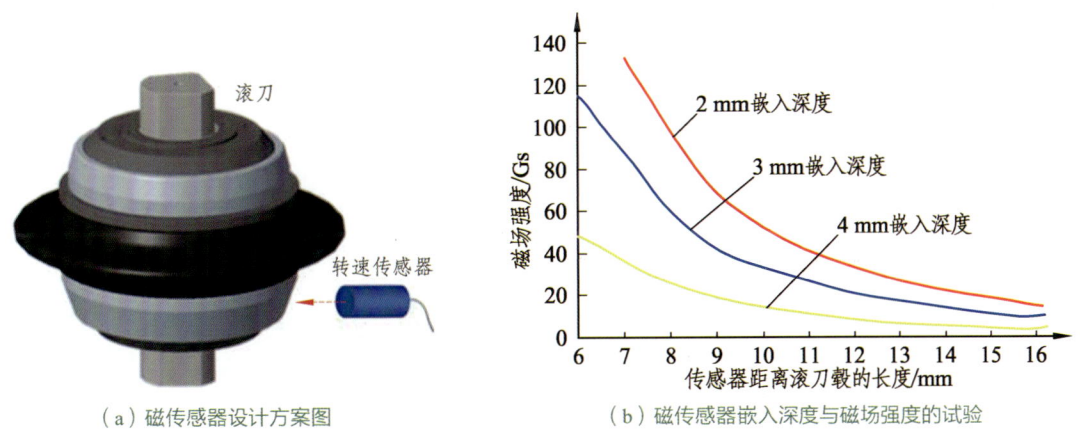

（a）磁传感器设计方案图　　　　　　（b）磁传感器嵌入深度与磁场强度的试验

图 5-2-3　滚刀转速传感器的机理、试验研究

2. 传感器防护装置设计

针对高压冲击、磨损、潮湿、腐蚀和高温等不利因素的工况特点，创造性地提出一种无须对刀盘进行改动的一体式滚刀状态检测方案，同时对检测装置内的传感器、电缆、连接器

等部件均进行了特殊设计。如图 5-2-4 所示,将滚刀转速传感器和磨损传感器集成在一起,达到了安装简单可靠、拆卸方便的目的。

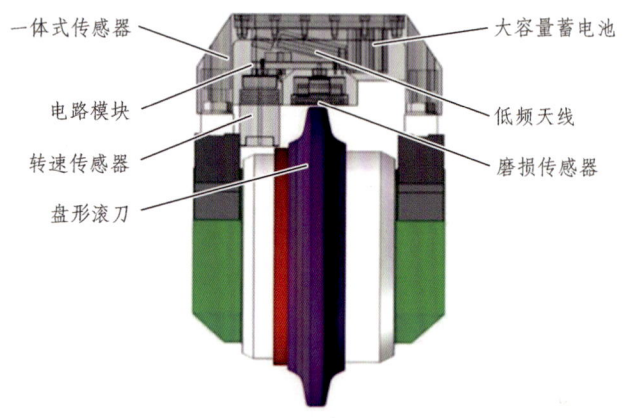

图 5-2-4　一体式滚刀状态检测装置

如图 5-2-5 所示,在满足传感器防护条件的基础上,对抽沙管、润滑棒、PEEK、POM 等多种非金属防护材料进行研究试验。从试验结果(见表 5-2-1)可以看出,不同材料的耐磨性不尽相同,在滚刀转速为 28.8 r/min、持续测试时间为 3 h 的试验条件下,PEEK 材料的磨损量最小;在滚刀转速为 28.8 r/min、持续测试时间为 12 h 的试验条件下,PEEK 材料的磨损量小于 POM。在试验过程中,各试验材料均可满足传感器信号的良好传输要求。因此,可适用于冲击、磨损、潮湿、腐蚀和高温等不利因素工况下的 EPB/TBM 双模盾构刀盘刀具状态检测。

图 5-2-5　复杂工况下耐磨防护材料的试验

表 5-2-1　不同防护材料的试验结果

材料	滚刀转速 /（r/min）	持续时长 /h	磨损量 /mm
抽沙管	28.8	3	1.08
润滑棒	28.8	3	1.8
PEEK	28.8	3	0.3
POM	28.8	3	1.2
PEEK	28.8	12	1.2
POM	28.8	12	1.84

3. 嵌入式刮刀磨损检测设计

刮刀作为刀盘刀具重要组成部分，在硬岩地层中掘进时主要起到刮渣的作用，负责将滚刀破碎后的掌子面上的渣石刮落，也属于极易磨损的刀具部件。为了避免刮刀严重磨损影响掘进效率，创造性地提出嵌入式电阻磨损传感器，发明了电阻式测量传感器，如图 5-2-6（a）所示，磨损传感器呈细长状，且一端大一端小，较小的一端安装于刮刀刀刃附近，当其发生磨损后，电阻会发生变化，以此来感知刮刀的磨损量。芯片外部封胶防护后的磨损传感器如图 5-2-6 所示。刮刀开孔设计如图 5-2-7 所示，开孔形状与防护浇注的磨损传感器外形相对应。

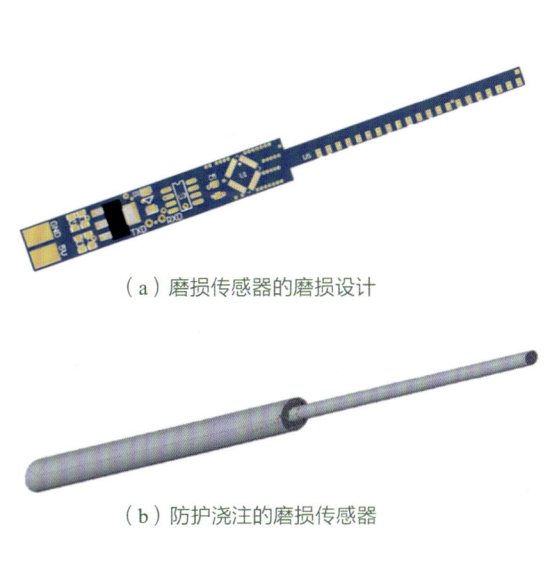

（a）磨损传感器的磨损设计

（b）防护浇注的磨损传感器

图 5-2-6　刮刀磨损检测传感器

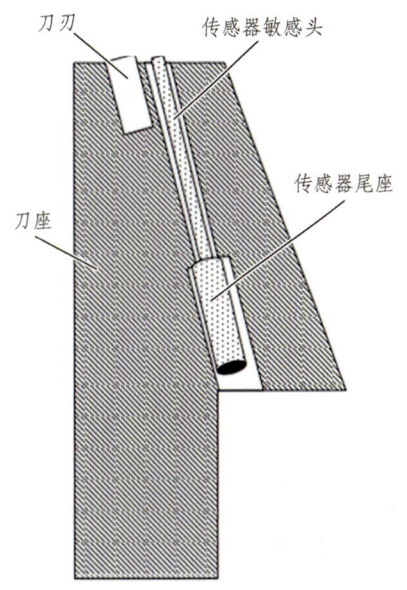

图 5-2-7　刮刀开孔设计图

嵌入式刮刀磨损传感器可实现传感器和被测刮刀一起磨损，传感器的磨损值即为被测刮刀的磨损量，传感器输出信号经采集模块的数据处理将磨损量传输至上位机，直观指导盾构司机及时更换异常磨损刀具。

5.2.2 刀具信号实时传输技术

跟踪 EPB-TBM 双模盾构掘进的实际工况，刀具状态检测的无线通信传输技术需满足三大条件：第一，传输信号不能被隧道掘进机刀盘附近的钢铁结构所屏蔽；第二，解决在渣土或泥浆介质下的传输问题；第三，解决信号传输过程中背景噪声的过滤处理问题。

针对上述问题，创造性地采用双频通信、星形网络和可配置路由设计，突破了不同介质传输难、通信路径配置难、震动噪声处理难等一系列难题，实现了 EPB/TBM 双模盾构掘进环境下的数据无线通信传输。首创一种混频通信和星形配置的传输技术，经不同介质下的无线通信试验，发明了不同盾构刀盘环境下的数据无线通信传输系统。通过强衰减下无线通信传输理论研究（见图 5-2-8），模拟真实工况开展了多种无线通信的测试试验（见图 5-2-9）。

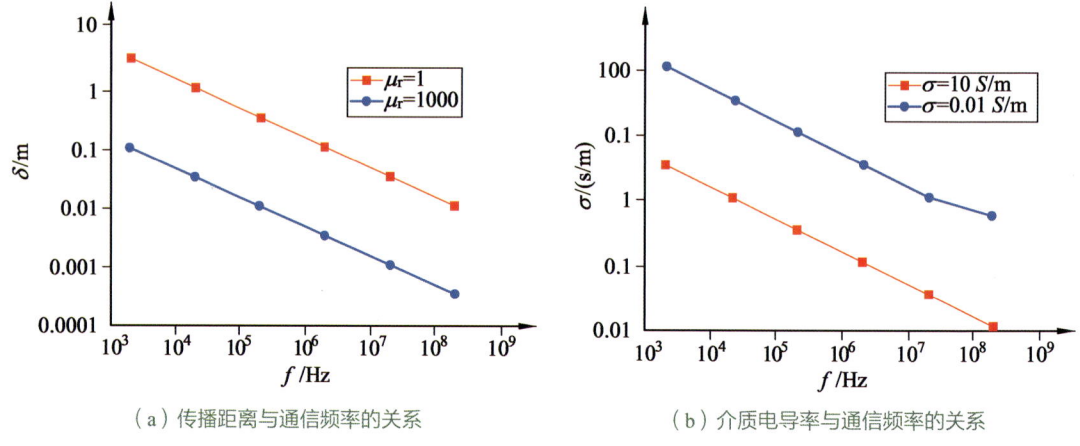

（a）传播距离与通信频率的关系　　　　（b）介质电导率与通信频率的关系

图 5-2-8　无线通信技术理论研究

（a）0°测试高低频通信　　　（b）土壤介质通信测试　　　（c）泥水介质通信测试

图 5-2-9　模拟真实工况的通信试验

基于强衰减环境下及通信关键参数的试验研究，形成无线通信传输方案（见图 5-2-10），系统配置 N 个检测节点（N 视要求检测滚刀数量而定），节点内置无线发射功能，配置一台路由接收机，每个节点的频率和地址码都不相同，与节点的通信采用分时复用的方式。路由接收机安装在土仓隔板上，用于接收节点传递过来的各个传感器信号，并将这些数据通过 RS485 总线传递给监控显示中心进行处理。

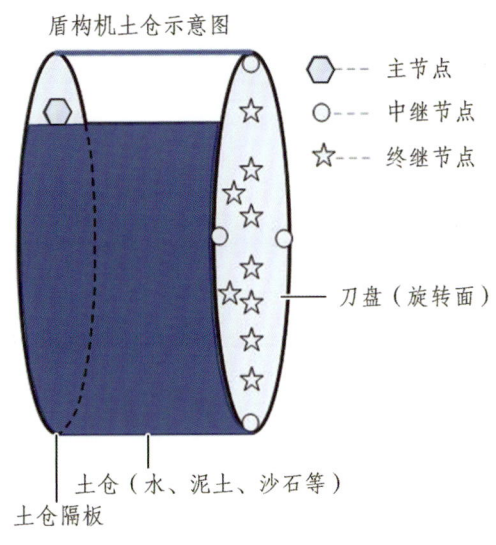

图 5-2-10　多节点的无线组网通信技术

无线通信传输方案的设计和工业性验证表明，在 TBM 模式下掘进时可采用高频模式通信，针对土压/泥水模式掘进时可采用低频模式。采用中继网络，可以方便地实现任意数量（目前最大支持 255 个终端节点）终端节点接入网络，组网方便；采用可配置路由，实现通信路径的自动配置，适应通信环境变化。

5.2.3　刀具状态监测技术应用实例

应用在青岛地铁某项目的中铁装备盾构机配备了刀具状态检测系统，该设备为常规泥水盾构，施工地段在青岛北站到大洋站段，开挖直径为 7020 mm。该刀具状态检测系统需要监测滚刀的磨损、转速、温度三个状态变量，该系统由终端节点、主节点天线、主节点、室内采集单元、上位机五部分组成。终端节点主要负责采集滚刀转速、温度、磨损三个状态信息，并将滚刀状态信息通过无线模式发送给主节点。将终端节点安装在滚刀上，安装完成后的状态如图 5-2-11 所示。

图 5-2-11　终端节点安装在滚刀上　　　　图 5-2-12　主节点天线安装

主节点天线安装在土仓，就是靠近终端节点的位置，为了防止石块或者沙石将主节点天线砸坏，将主节点天线安装在了土仓隔板顶部，如图 5-2-12 所示。在主节点天线和土仓隔板之间由 O 形圈进行保压密封。

中铁 654 号搭载的刀具状态检测系统的终端节点和主节点天线都浸泡在泥水中，且承压 0.7 MPa，验证了低频无线通信在泥水中通信正常，采用 19.8 A·h 锂电池供电，终端节点可以正常工作 4~6 个月。该次工业试验也验证了传感器采用 POM 材料防护的可行性。

5.3　本章小结

针对 EPB/TBM 双模盾构施工工法在复杂地层中掘进，进行了超前地质预报及超前地质处理、先进刀具磨损监测及换刀等关键技术研究、试验，并在一些项目上进行了应用验证，主要得到以下结论：

（1）电法/波法超前地质预报系统可对掘进地层中断裂带、溶洞、水、不良地质进行超前预报，可提前预警，为实际施工提供了指导意见，提高了工程施工的安全可靠性。

（2）刀具在线磨损和转速检测技术，可提前预判刀具异常磨损、偏磨等情况，刀具状态参数信号的实时传输技术可将信息实时显示在主控室，该技术有效防止因刀具异常引起的刀盘磨损、盾体卡机等问题的出现。

本章参考文献

［1］ 王俊彬，徐明辉，余继庭．盾构施工信息监控管理系统在盾构施工管理中的应用［J］．现代制造技术与装备，2018，（8），139-141．

［2］ 任颖莹，陈馈，张兵，等．盾构远程信息化管理系统关键技术研究［J］．建筑机械化，2016，37（10），41-44．

［3］ 王超，谢雄耀，李军，等．盾构施工地表沉降自动化监测及数据移动发布系统［J］．岩土力学，2016，37（S2）：788-794．

［4］ 张星煜．盾构法施工超前地质预报初探［D］．北京：北京市市政工程研究院，2016．

第 6 章

盾构管片上浮机理与控制技术

深圳地区岩体坚硬，在各种结理裂隙中地下水水量丰富，岩体透水性好，地层岩体破碎、节理发育。盾构穿越富水岩层时，在地下水和衬砌背后未凝固的浆液作用下易发生隧道上浮现象，继而引发管片错台、开裂以及隧道偏移等一系列问题。目前，双模盾构管片上浮控制技术在国际范围内尚未成熟，国内虽然有个别管片上浮控制案例，但在相关文献中只是简单优化了盾构掘进参数以及二次补浆措施，未对盾构掘进过程中管片上浮的机理进行深入分析，同时也未深入研究同步注浆浆液性能对管片上浮特性的影响。本章依托深圳地铁 13 号线，通过有限差分软件 FLAC3D5.0 模拟留白区间 EPB/TBM 双模盾构开挖掘进的全过程，对注浆材料完全填充和注浆材料不完全填充的两种工况支护结构的上浮特性进行了研究，分析了采用速凝型浆液和管片堆载措施时支护结构的位移和力学特性，最后根据室内注浆材料试验对盾构同步注浆材料进行了优化。本章研究内容对富水岩性地层隧道的上浮特性和抗浮措施提出了重要参考。

6.1 盾构管片上浮现象分析

深圳地铁 13 号线盾构掘进过程中，区间盾构管片出现上浮现象，其中留仙洞站—白芒站区间（下文简称"留白区间"）上浮现象尤为严重，其最大上浮量可达 30 mm。其地层为富水岩层，断层周边的岩体破碎，节理裂隙极发育，且具有很好的连通性。

针对留白区间上浮现象分析可知，盾构在该地层中掘进时，由于周围岩体稳定性较好，不易受到盾构开挖过程的扰动，这使得管片与周围岩体存在的间隙不会消失，因此，围岩对管片的力很小，不足以抵抗管片上浮力。在此过程中，管片壁后形成的环形建筑空间为管片上浮的产生创造了条件。此外，硬质岩层具有渗透性小的特性，同步注浆不能有效地扩散渗透进入周围地层，而由盾尾刚喷射出的浆液又具有一定的流动性，在重力作用下，不断流向盾构管片衬砌结构底部的外侧，造成底部沉积相对较多的浆液，对已拼装好的管片产生上浮力作用。同时，若盾构在富水硬岩地层中掘进，围岩与管片之间会存在大量的水，加之注浆浆液很长一段时间内处于流动状态，无法快速胶凝，这导致浆液和水会在管片外壁施加浮力，使管片的上浮情况进一步加重。而一旦隧道局部上浮严重，隧道轴线将成为不规则折线，导致对管片衬砌结构纵向受力的不利现象发生，如图 6-1-1 所示。

因此，盾构管片上浮主要是受工程地质、水文地质、衬砌背后注浆质量等方面的影响。为进一步分析工程地质条件、水文地质条件对管片上浮影响规律，对近年来盾构隧道施工中管片上浮情况进行了统计，不同地层中盾构隧道上浮量如表 6-1-1 所示。

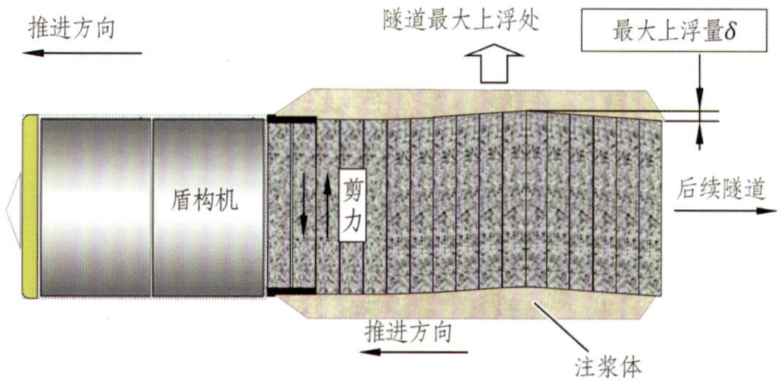

第6章 盾构管片上浮机理与控制技术

图 6-1-1 盾构管片上浮示意图

表 6-1-1 不同地层中盾构隧道上浮量

项目名称	隧道直径/m	地层条件	最大上浮量/mm	数据来源
上海长江隧道	15.43	软黏性土、粉土	33.4	曹文宏，2011
广州地铁7号线	6.28	风化花岗岩层	118	杨延栋，2015
南京地铁3号线	6.4	中风化岩层	>80	董赛帅，2016
佛山地铁3号线	6.28	风化砂岩	145	王小军，2018
佛山地铁2号线	6.28	砂岩	90	王敏，2018
南宁地铁3号线	6.28	泥岩	50	李鹏，2021
合肥市轨道交通5号线	6.28	黏土、风化泥质砂岩	53	李彦兴，2021
上海大连路隧道	11.22	淤泥质土、黏土	36.3	曹文宏，2011
呼市地铁1号线	6.43	砂卵石	<40	魏广造，2018
温州瓯江北口市域铁路隧道	14.93	黏土	26	张亮，2021

表中不同地层的隧道最大上浮量数据表明，盾构在硬岩地层中掘进时的隧道上浮量最大，其次是砂土地层，上浮量最小为软土地层。在砂土和软土地层中掘进时，同步注浆浆液的质量是控制管片上浮的关键因素，当浆液在失去流动性和具有一定早期强度之前，隧道管片仍然可视为浸泡在液体之中，在液体浮力作用下必然会产生上浮现象；同时，软土地层中会出现局部松软导致空隙增大，管片局部所受浮力增大，进而受力不均，导致管片上浮。而在富水硬岩地层中掘进时，管片上浮影响因素除了受注浆浆液的质量控制以外，还与围岩和管片之间存在的大量流动地下水有关。盾构同步注浆时，浆液胶凝材料会随着地下水流失，浆液

长时间不胶凝，导致浆液和水会同时给管片外壁施加浮力。因此，相对于砂土和软土地层，富水硬岩地层盾构管片上浮量较大。

因此，管片上浮现象是与盾构同步注浆以及其所处水文地质环境相伴随的问题，而盾构在深圳地区这种富水硬岩地层中掘进时隧道上浮现象尤为突出的，很有必要针对管片上浮问题展开研究，以期为类似工程借鉴。

6.2 盾构管片上浮的力学特征与规律分析

6.2.1 盾构施工管片上浮机理分析

盾构隧道掘进施工中，由于盾构施工参数与地层性质的不匹配，经常会导致管片发生上浮情况，主要有错台、开裂以及隧道偏移等问题，特别是刚脱离盾尾约束的管片更加明显。盾构及管片在施工期发生上浮的主要原因，通常是在管片拼装完成并脱离盾尾后，立即进行壁后注浆，盾尾间隙被浆液、泥浆和水等液体充填，液体对管片产生向上的浮力，同时管片又失去了盾尾的约束，当管片结构自重和上覆土重力小于上浮力时，管片因具备向上移动的力，管片可能发生上浮。

针对盾构施工中管片上浮问题，国内外学者展开了系统的研究，将上浮现象的原因归纳为5个方面：① 浆液包裹而产生的静态上浮力；② 盾尾同步或壁后注浆充填、渗透及压密而产生的动态上浮力；③ 上覆土的反向压缩作用；④ 由于千斤顶顶力不均匀而引起的纵向偏心荷载；⑤ 隧道上方的基坑开挖等工况对隧道结构产生卸载效应。其中，静态上浮力和动态上浮力是影响管片上浮的主要因素。

1. 静态上浮力

盾构隧道施工过程中，由于盾构机的开挖直径大于管片的直径且盾构机的外壳会带走部分黏附于盾构外壳上的土体以及为管片拼装操作特意预留的空隙，当管片脱离盾尾时，将在管片与开挖洞体之间形成一个环形空隙，该空隙就是盾尾间隙。盾尾间隙的大小是由盾壳厚度和管片拼装操作空间以及带走部分泥土的空间共同决定的。当管片脱离盾尾后，盾尾间隙需要及时填充浆液，并达到一定强度，才能阻止管片竖向移动，即防止管片上浮或下沉的发生。

随着管片脱离盾尾，地层中自由水的渗透以及同步注浆的进行，盾尾间隙被大量液体填充（如地下水、泥浆、注浆液等），并对管片产生上浮作用力，如图6-2-1所示。

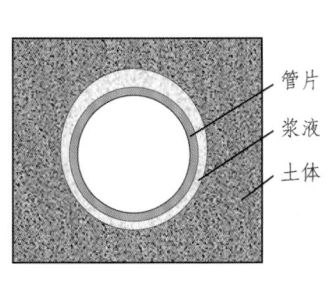 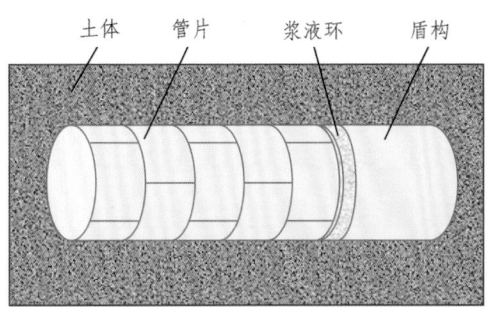

图 6-2-1　静态上浮力形成示意图

此外，盾构机掘进时开挖出来的土体重量一般要比盾构机重量大，破坏隧道底部土体长期受力平衡状态，导致土体产生回弹，形成类似的液体"上浮力"。通常，管片受到的浮力是由回弹力和浆液浮力组成的，这里将它们共同定义为静态上浮力。考虑到盾构机向前掘进时，扰动产生的地层损失与管片底部土体的回弹作用相互抵消，在抗浮计算中可忽略管片底部土体的回弹作用。衬砌受浆液的静态上浮力影响时，其浮力计算公式为：

$$F_{浮} = \pi R^2 \rho_{浆} g \tag{6-2-1}$$

式中，R 为管片半径；$\rho_{浆}$ 为注浆材料的密度。

通过上式计算可知不同开挖直径所受静态上浮力如表 6-2-1 所示。

表 6-2-1　不同开挖直径隧道所受上浮力

管片直径/m	幅宽/m	厚度/m	内径/m	上浮力/kN	自重/kN	差值/kN
6	1	0.4	5.2	1130.9	183.0	948.0
10	1	0.5	9	3141.5	388.0	2753.5
16	1	0.65	14.7	8042.2	815.0	7227.3

由上表可知，管片所受上浮力随管片直径上升较快，管片直径为 16 m 时相较直径为 6 m 时，所受上浮力增幅为 611.1%，且管片自重增加量值较小，不能很好地抵消上浮力，所以在大直径盾构隧道开挖施工时，应特别注意管片上浮问题。

2. 动态上浮力

盾构隧道施工中，保证隧道稳定的关键是及时同步注浆，其主要作用是防止地表沉降变形、确保隧道衬砌受力均匀、提高管片的抗渗性能、确保隧道的早期稳定、承受台车等设备对隧道管片产生的荷载。由于盾构间隙的不确定性，注浆工艺与灌浆材料的多样性，盾构同步注浆加固与正常基础加固并不相同。在同步注浆过程中，注浆压力及注浆量难以控制，可能产生使管片发生破坏的力，而这种力的大小及分布与施工工艺有一定的联系，是一种动态力。

动态上浮力主要是在注浆过程中产生的，且与浆液的配比、注浆材料、注入时间以及注浆位置有一定的联系，并且可能作用于管片的任意位置，也可能是管片的局部或整体部位。因此，近似地将注浆压力认为是施工产生的一种动态上浮力，其数值大小会随注浆时间发生变化。对于注浆压力的分布国内有许多学者做了大量研究，在日本隧道规范以及中国《地铁设计规范》（GB 50157—2013）进行施工荷载计算中均考虑了同步注浆产生的注浆压力。根据现有的研究成果，注浆压力在环向上的分布分为完全填充和部分填充，其分布规律如图6-2-2（a）所示。注浆压力沿管片环向自拱顶到拱底呈线性增长趋势，当浆液未完全填充时，管片上部空间被地下水、泥浆填充，而注浆材料堆积在管片底部对隧道衬砌产生均匀分布的压力，根据盾构施工数据，隧道底部注浆压力的数值为0.35 MPa，拱顶的注浆压力约为0.20 MPa。在纵向方向上，同步注浆压力随盾构掘进逐渐消散，既有研究通常假设纵向注浆压力线性降低直至为0，如图6-2-2（b）所示。

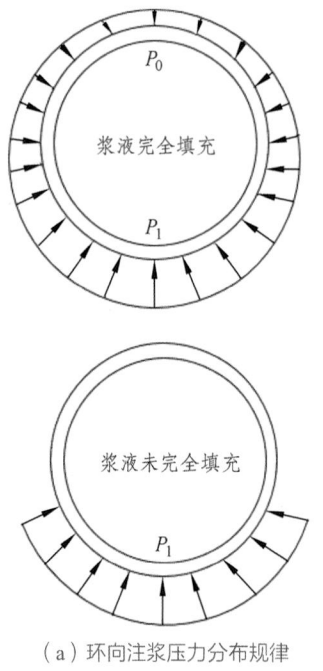
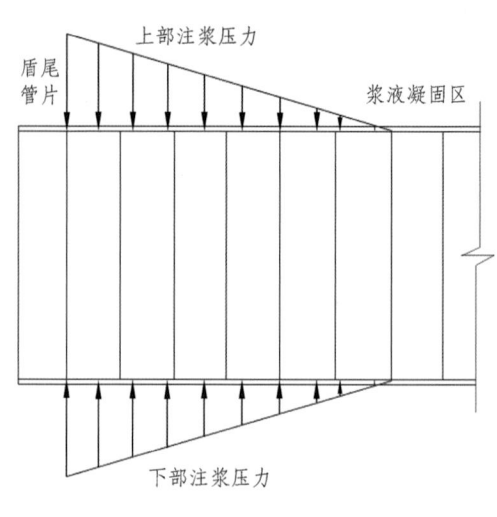

（a）环向注浆压力分布规律　　　　　　（b）纵向注浆压力分布规律

图6-2-2　注浆压力分布示意图

6.2.2 盾构施工管片上浮模型建立

1. 基本假设

为了对留白区间双模盾构施工全过程进行模拟,假设隧道周边岩土体为均质各向同性材料,在流固耦合计算时为多孔材料,流体渗流时满足达西定律,模型边界为不透水边界,开挖后的核心土单元为不透水模型;管片环间的接触为平整混凝土,不考虑凹凸榫和止水胶条等的影响;忽略管片上螺栓孔和预紧力对结构力学特性的影响,并依据已有的研究成果,将环间纵向螺栓等效为直螺栓。为了模拟施工中管片的上浮及管片间的错台,需要定义环间接触形式和注浆压力。

在盾构施工过程中,不同管片环在荷载的作用下会发生相对错动,传统的耦合节点模型不能真实地反映管片衬砌的实际变形情况。因此,本文通过 interface 单元来模拟不同衬砌环间的相对错动和张开,接触面法向刚度与切向刚度的计算方法如式(6-2-2)所示。

$$k_n = k_s = 10\max\left[\frac{\left(K + \frac{4}{3}G\right)}{\Delta z_{\min}}\right] \quad (6\text{-}2\text{-}2)$$

式中,k_n 和 k_s 分别为接触面单元的法向刚度与切向刚度;K 为材料的体积模量;G 为材料的剪切模量,$\Delta z_{\min}$ 为网格的最小尺寸。计算可得 k_n 和 k_s 分别为 108.61 GPa,内摩擦角为 24°,管片间接触面的黏聚力设置为 0。

注浆压力分布规律参考图 6-2-2。此外,注浆材料在凝结硬化过程中,弹性模量、内摩擦角等物理力学参数也会随之发生变化。当管片脱出盾尾时,同步注浆体的弹性模量较低,是导致管片上浮的主要因素,当浆液材料凝结硬化后,其对管片的上浮力作用消失,并对管片竖向变形进行约束,因此,同步注浆材料的物理力学参数不宜设为定值。在每环管片脱出盾尾后,可将注浆材料的初始弹性模量设为 0.1 MPa,之后随盾构掘进动态调整注浆材料的弹性模量等参数,令其线性增长,并在盾尾后方第 4 环管片位置达到定值,此时注浆压力也随之消散。越江段盾构隧道的具体开挖计算步骤如下:

(1)将盾构开挖前方地层设置为空单元,并施加盾壳结构。在盾构隧道掘进过程中,需要考虑地层应力释放效应,地层的应力释放系数为 15%。在隧道掌子面位置施加大小为纵向不平衡力 95% 的反力,并固定掌子面孔隙水压力,以模拟盾构机土仓压力及刀盘顶推力,平衡开挖面位置的水土压力。

(2)在掘进完毕后激活盾尾管片,建立其与前一环管片之间的接触面,并激活盾尾后方的同步注浆层单元，在管片表面施加注浆压力及浆液浮力。室内试验结果显示，注浆材料的初凝和终凝时间分别为 5 h 和 12 h，因此，注浆压力及浆液浮力在拼装第四环管片后消散。

（3）随着开挖模拟向前推进，逐渐提高注浆材料的弹性模量，根据浆液终凝时间，注浆材料的弹性模量在脱出盾尾第四环管片位置达到设计值。在模拟过程中，假设注浆材料的弹性模量呈线性增长趋势。

（4）重复（2）、（3）步的计算过程直到开挖完成。

2. 计算参数

深圳 13 号线现场调研结果显示，管片上浮问题最严重的区域位于留白区间，因此，取该处地层断面进行管片上浮计算分析。该断面处地层情况：微风化花岗岩和微风化混合花岗岩，局部通过中风化花岗岩、中风化混合花岗岩断层。管片衬砌沿环向均匀布置 16 个螺栓孔，纵向螺栓的长度为 36 cm，厚度为 350 mm，内径为 6000 mm。施工过程中盾构与地层之间会形成宽度为 15 cm 的盾尾间隙，通过盾尾同步注浆进行填充，在注浆材料未凝结时，为管片上浮提供了空间。地层各物理力学参数如表 6-2-2 所示。

为了对隧道管片上浮特性进行研究，必须采用数值模拟的方法对隧道的开挖及支护行为进行简化研究，本章采用有限差分软件 FLAC3D5.0 对隧道上浮特性进行分析。基于边界效应，建模时横向以隧道中线为基准两侧各取 35 m，纵向长度为 30 m；在 CAD 中进行简单的网格划分，用 REG 命令生成面域，并输出为 .iges 格式，如图 6-2-3（a）所示；再将网格导入有限元软件 ANSYS 中进行精细的网格划分，通过 lsel 和 lsize 命令选择相应编号的线，划分为指定段数；通过 amesh 和 amap 命令划分所有的四边形及五边形网格。在网格划分时应注意令隧道外轮廓线上的分段数和外侧两条直线上的分段数之和相等，以保证网格划分的美观，最终建立完毕的 FLAC3D 模型如图 6-2-3（b）所示。

表 6-2-2 地层物理力学参数

类型	重度 /(kN·m³)	内摩擦角 /(°)	黏聚力 /kPa	泊松比	弹性模量 /MPa	渗透系数 /(m/s)	孔隙率
微风化花岗岩	20.0	35	30	0.30	40	8×10^{-4}	0.41
中风化花岗岩	20.1	18	60	0.27	350	2.31×10^{-7}	0.37
混合花岗岩	17.3	15	75	0.24	600	2×10^{-7}	0.35

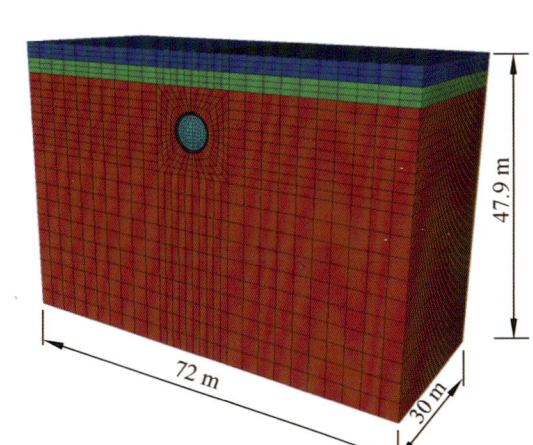

(a) CAD 绘制的线框图　　(b) FLAC³ᴰ 网格计算模型

图 6-2-3　盾构隧道区间数值计算模型

在计算过程中，地层、管片、注浆圈和盾构机体均由实体单元表示。根据工程设计资料，盾构机体的厚度为 0.2 m，纵向长度为 6 m。盾构隧道内部设备台车等全长约 70 m，自重约 320 t，将该荷载均匀施加在隧道管片上。为了反映盾壳与土体之间的相互作用，需要引入接触面（interface）单元，接触面单元由节点、节点特有面积两个部分组成，如图 6-2-4 所示。

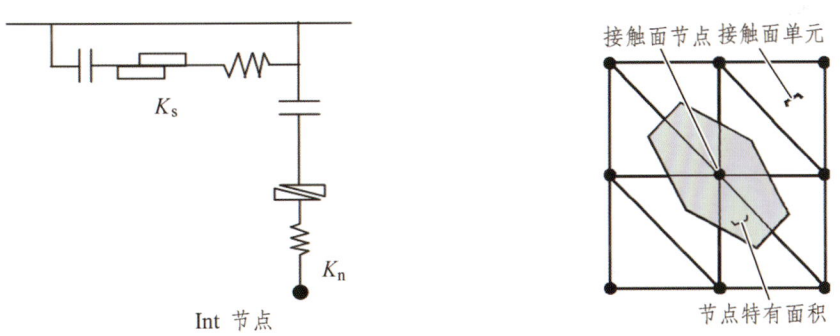

图 6-2-4　接触面（interface）单元示意图

由于管片错台多以环间错台为主，为了反映盾构隧道管片的纵向接触关系，本章利用 FLAC³ᴰ 软件中的接触面单元对管片环间的相互作用进行模拟，以获得管片的错台量和螺栓应力。环间螺栓可简化为梁单元，反映螺栓对管片错动的抑制作用。对于同一环管片而言，其环向接头的作用采用刚度折减法进行模拟，根据规范的建议，折减系数 η 的取值为 0.85。盾构隧道管片衬砌混凝土及注浆材料的取值如表 6-2-3 所示。

表 6-2-3 支护结构材料的物理力学参数

类型	重度 /(kN·m³)	内摩擦角/(°)	黏聚力/kPa	泊松比	弹性模量/MPa
混凝土	25.0	33	450	0.20	2.93×10^4
螺栓	21.0	—	—	—	2.00×10^5
注浆体	16.7	32	100	0.28	350.00
盾构机	78.0	—	—	0.25	2.50×10^5

根据留白区间地质情况，考虑模型边界对计算结果的影响，模型尺寸定为 72.0 m × 30.0 m × 47.9 m。模型的前后边界施加纵向水平约束，模型的左右边界施加横向水平约束，模型底面施加竖直方向的约束，模型上表面为自由边界，受地层表面水体的影响，根据其上覆水头高度确定其表面的孔隙水压力为 89.47 kPa。经式（6-2-1）计算浆液对单位长度衬砌造成的上浮力为 472.18 kN，当注浆材料凝固后上浮力随之消失。

6.2.3　盾构施工管片上浮力学特性分析

1. 注浆材料完全填充条件下管片上浮特性

当注浆材料完全填充时，隧道衬砌施工期竖向位移的纵向分布规律如图 6-2-5 所示。其中，上浮变形为隧道轴线的竖向位移量，其大小为拱顶与拱底位移的平均值；错台量为相邻两环管片轴线位移的差值。

由盾构开挖过程的竖向位移变化规律可知，由于盾构的自重较大，机体上部与下部的水、土压力差仅能使盾构产生轻微的上浮，其数值约为 0.2 mm。受盾构壳体约束，未脱出盾尾的管片的竖向变形量较小。管片脱出盾尾后受注浆压力竖向梯度和注浆材料尚未凝结等因素的影响，管片的上浮量迅速增加，竖向位移增长速率达到 0.27 cm/环。当同步注浆材料终凝、注浆压力消散后，受隧道上下部水土压力差的影响，管片继续缓慢上浮，并逐渐趋于稳定，此时竖向位移增长率降低至 0.012 cm/环，最大上浮量为 1.97 cm，位于第 20 环管片处。

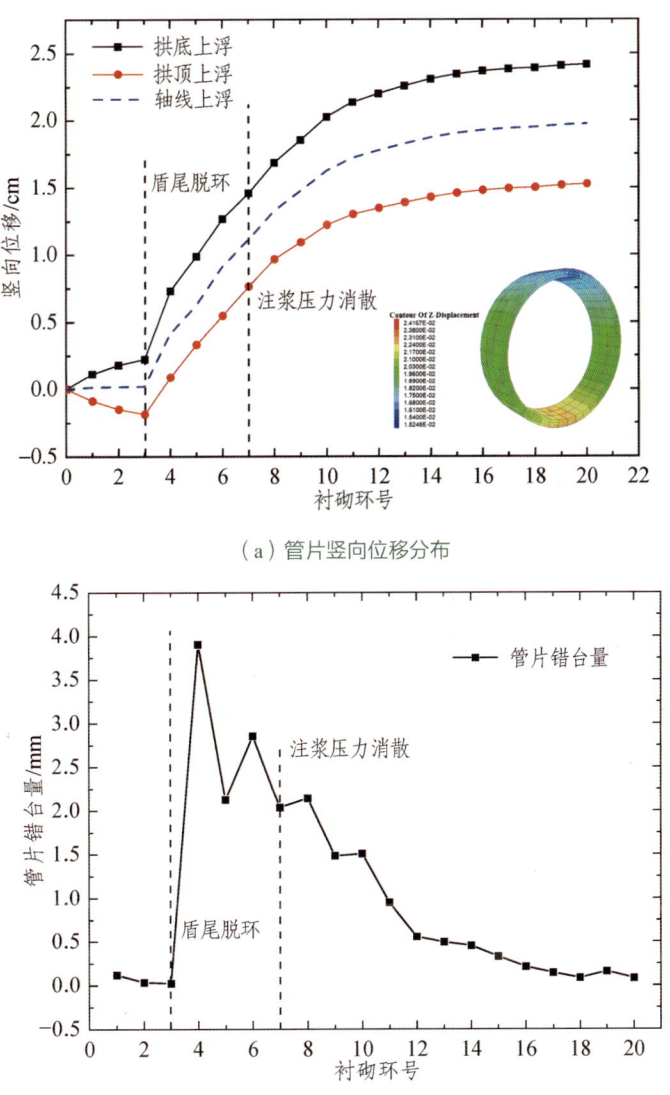

（a）管片竖向位移分布

（b）管片错台量

图 6-2-5　施工期衬砌位移纵向分布规律

管片错台是沿纵向出现的环间非均匀上浮。管片脱出盾尾后，受同步注浆压力的影响产生竖向位移，而盾尾内部管片受盾构壳体约束位移较小，因此错台量迅速增加，最大错台量为 3.63 mm，随着注浆压力的消散，管片所受荷载转变为沿纵向均匀分布的水土压力，故错台量逐渐降低。在地铁盾构隧道中，螺栓与螺栓孔之间的间距为 1.5 mm。因此，由管片上浮引起的管片错台将导致螺栓与管片混凝土之间发生挤压，使得螺栓承担的轴力和剪力升高，并造成混凝土材料局部应力集中，出现开裂和掉块等病害威胁结构安全。为了研究隧道管片在上浮过程中的力学特性，本章提取了注浆材料完全填充状态下盾尾管片的主应力云图，如图 6-2-6 所示。

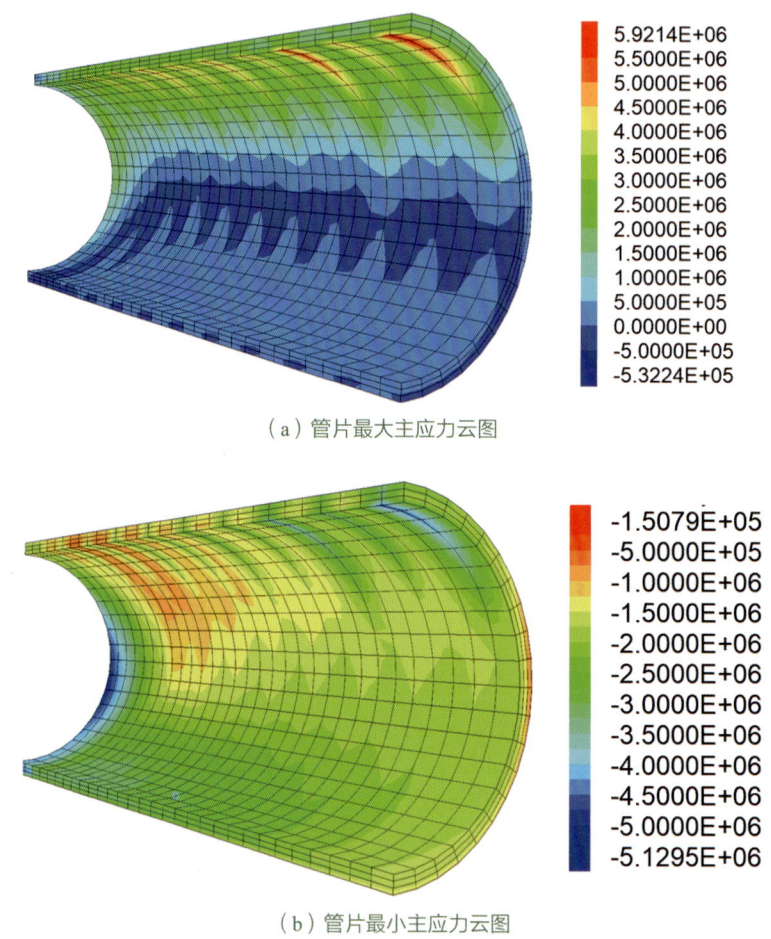

(a) 管片最大主应力云图

(b) 管片最小主应力云图

图 6-2-6　注浆材料完全填充时隧道衬砌主应力云图

由图 6-2-6 可知，当注浆材料完全填充时，隧道管片衬砌整体上处于受压状态，但相比于正常状态下的盾构隧道管片衬砌，拉应力在支护结构上也广泛分布。由图 6-2-6（a）可知，拉应力主要分布在隧道拱顶、拱肩和拱底部分区域，最大拉应力出现在拱顶管片内侧的位置，其大小为 5.921 MPa，小于混凝土的抗拉强度，因此混凝土不会出现开裂等病害。拱顶内侧受压的原因在于，隧道上浮时会受到上部岩土体的反力作用，对其竖向位移进行约束，使其不至于产生过大的变形。同时，由于隧道拱底注浆压力、空隙水压力和地层回弹产生的土压力较大，因此隧道拱底也分布有一定的拉应力。由图 6-2-6（b）可知，管片脱离盾尾后其内部最大压应力呈现出逐渐增加的趋势，最大压应力为 5.129 MPa，远低于混凝土的抗压承载力极限值。与正常状态下的盾构管片衬砌不同，产生上浮时，最大压应力也出现在隧道拱顶位置，因此此处为隧道支护结构的相对薄弱点，混凝土材料处于较为复杂的应力状态中。在隧道质量监测过程中，应重点关注隧道拱顶有无出现开裂掉块或错台病害。

2. 注浆材料不完全填充条件下管片上浮特性

当注浆材料未完全填充时，注浆压力集中在管片下部，从而产生更大的上浮荷载，此时管片上浮量与环间错台量随开挖步的演化趋势如图 6-2-7 所示。

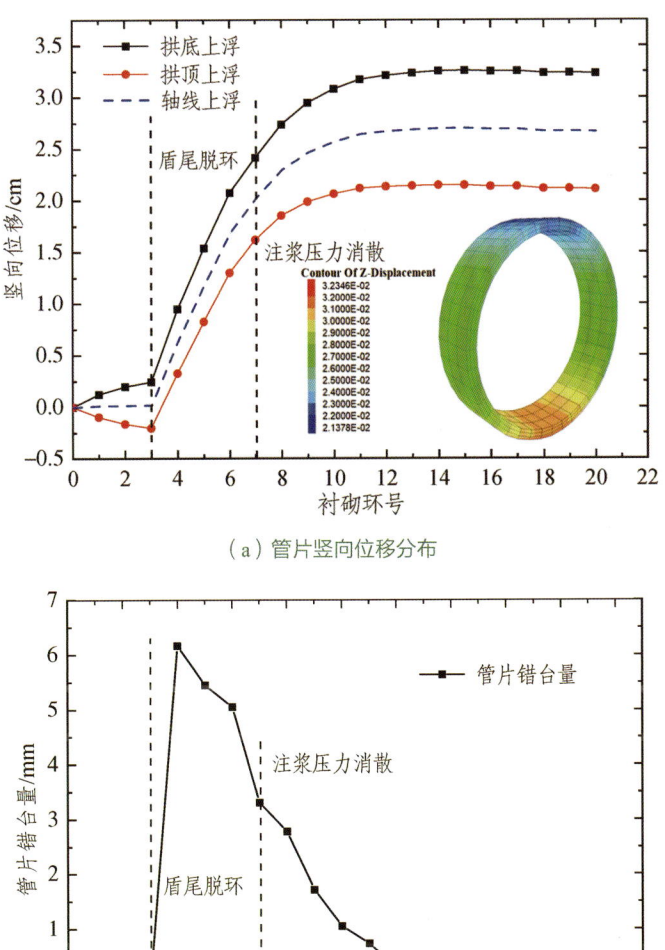

(a) 管片竖向位移分布

(b) 管片错台量

图 6-2-7　施工期衬砌位移纵向分布规律

受不均匀注浆压力的影响，浆液未完全填充时盾尾管片脱环后的上浮速率显著提升，其数值为 0.50 cm/环，增加了 72.4%。当注浆压力消散后，受水土压力差的影响，尽管管片的上浮速率逐渐降低，其竖向位移仍持续增长。最大上浮量约为 2.70 cm，出现在注浆压力消散后的第 6 环位置，与浆液未完全填充的工况相比最大上浮量增加了 37.1%。由此可见，同步注浆压力的分布特征是影响管片施工期竖向位移的重要因素。管片的最大错台量为 6.12 mm，增加了螺栓屈服与管片破损的风险。

与管片在浆液完全填充时的计算结果不同，管片在达到最大上浮量后，其竖向位移以 −0.084 mm/环的速率缓慢降低。这可能是由于管片在注浆过程中的上浮变形量较大，而上方岩体不受注浆材料及注浆压力约束产生沉降变形，管片后续上浮预留的空间较小，因此管片竖向位移趋于稳定并呈现缓慢下降的趋势。为了进一步了解盾构隧道管片衬砌在注浆浆液未完全填充的状态下管片的力学特性，并与注浆浆液完全填充时的计算结果进行对比，提取盾尾预制混凝土管片的主应力云图，如图 6-2-8 所示。

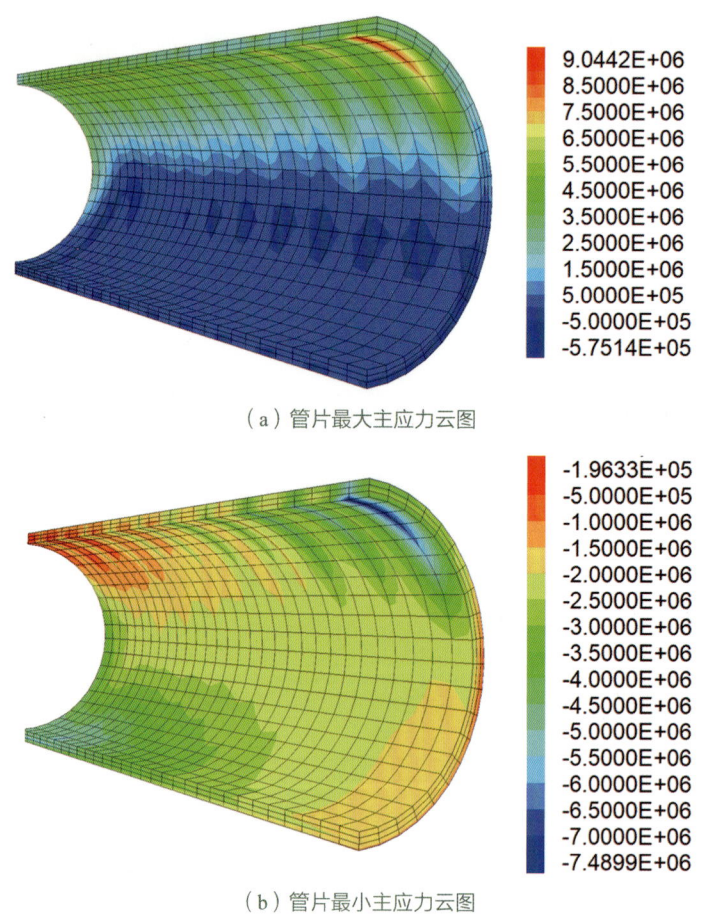

(a) 管片最大主应力云图

(b) 管片最小主应力云图

图 6-2-8 注浆材料非均匀填充时隧道衬砌主应力云图

由图 6-2-8 可知，与注浆材料完全填充时的工况相比，注浆材料不完全填充时，拉应力的分布范围更加广泛。如图 6-2-8（a）所示，最大主应力仍然分布在管片衬砌拱顶位置的内侧，其大小为 9.044 MPa，与注浆材料完全填充时的工况相比，增加了约 52.7%。该数值已经超过 C60 混凝土的抗拉强度极限值，考虑到管片内部钢筋的抗拉效果，在隧道局部区域可能出现混凝土开裂的现象，影响隧道的正常运营。出现该现象的主要原因在于，浆液集中在隧道底部使得管片衬砌拱底承担更大的上浮荷载，同时为了抵抗更大的竖向位移，隧道顶部地层需要提供更大的反力。除了隧道内部拉应力之外，隧道内部的压应力也有所提升，如图 6-2-8（b）所示，与注浆材料完全填充的工况相同，管片脱离盾尾后其内部最大压应力也呈现出随着隧道里程逐渐增加的情况。对于盾构隧道管片衬砌而言，压应力的最小值出现在刚脱环的拱顶位置，其大小为 1.963 MPa，压应力的最大值也位于拱顶位置，其大小为 7.489 MPa。相比于注浆材料完全填充的工况，其数值增加了 46.0%，显然在注浆材料不均匀分布的情况下，盾构隧道管片衬砌应力分布的范围更大，钢筋混凝土材料的受力特征更加复杂。因此，当施工过程中出现由于注浆材料非均匀填充导致的管片上浮问题时，应加强对盾构隧道管片衬砌安全性能的监测与评估，并适当提高量测频率。

6.3 盾构管片上浮控制措施分析

6.3.1 盾构施工管片上浮控制措施

根据本章 6.2 节研究可知，盾构机在掘进过程中受到不平衡压力产生上浮将导致管片错台、裂缝、破损甚至轴线偏拉等一系列问题。因此，在工程实践中要做到避开隧道上浮所带来的问题，就必须采取有效措施来控制管片上浮。目前，国内一般从以下 6 个方面出发来控制管片上浮。

1. 同步注浆浆液性能控制

在地下水位较高的地层中掘进时，管片脱离盾尾后，管片与周围土体之间形成环形空间，可能会迅速被水、泥浆及浆液等液体充满，管片浸泡在液体中，使管片存在上浮的趋势。为了阻止管片上浮，必须使脱离盾尾后的管片失去上浮趋势及动力。在盾构掘进的这 2～3 环时间内，应及时向盾构掘进后形成的盾尾间隙注入早强度瞬凝浆液，以稳定管片。

解决管片上浮问题的重中之重是确保间隙及时填充并具有稳定管片的浆液，由于工程上常用的同步注浆浆液有单浆液和双浆液，由浆液特点可知，在富水硬岩地层中应采用速凝型单液浆。这种浆液应具有抗水分散性好、凝结时间快（1 h 以内）、后期强度高、稳定性好等特点，对解决富水硬岩地层的盾构掘进上浮问题有很强的适用性。

2. 注浆压力的控制

在数值模拟计算过程中，模拟真实注浆压力的分布情况，即下大上小的"鸭蛋"形分布，注浆压力存在压力差，且方向向上，导致管片发生上浮，因此可以通过控制不同位置的注浆压力大小，从而阻止管片上浮。当管片上浮量较大时，可以适当减小注浆压力或通过上部注浆孔注浆，增大上部注浆压力，下部不注浆，使注浆压力的合力方向向下，从而抵抗一部分上浮力，起到阻止管片上浮的作用。在减小注浆压力的同时还要注意监测地表的位移，因为过度降低注浆压力，将导致地面发生大面积沉降，影响周边建筑物的安全。

3. 注浆量的控制

管片上浮模拟计算中，当浆液全部填充时衬砌的最大上浮量为 1.97 cm，最大错台量为 3.63 mm；当浆液部分填充时衬砌的最大上浮量为 2.70 cm，最大错台量为 6.12 mm，分别增加了 37.05% 和 68.60%。因此，注浆是否饱满决定了盾构管片的位移情况。当浆液注入量较小时，只能阻止管片的部分移动情况；但注入量较大时，可能"劈裂"周围的岩土层，造成上方土体隆起。因此，盾构区间的注浆率（注浆量/理论开挖间隙）应控制在 130%～250%。

4. 地层加固控制

当隧道线路不可避免地经过强度低、压缩性较高及其他不良性质的土层时，为了防止管片发生大范围的上浮或沉降，以及由于管片上浮或沉降引起地表隆起或沉降，从而给周边建筑物带来安全隐患，需要对盾构区域进行土体改良，以提高其抗剪强度，主要采用固结灌浆和高压旋喷桩等方法，进行盾构区域土体加固，确保隧道工程安全施工。

5. 上覆土的控制及管片堆载

隧道覆土厚度对管片的上浮起着重要的作用，在隧道抗浮控制中应充分利用。特别是隧道埋深浅或横穿河底隧道，管片更容易发生上浮，必要的时候需要进行土壤的改良或对隧道上方堆载土体以增加管片上部的重量，上覆土的厚度最小应控制在管片外直径的 1.0～1.5 倍。在进行同步注浆时，应依据上覆土特性及其厚度以及注浆压力，验算浆液的扩散半径，防止浆液在过大注浆压力下，通过土体颗粒间的缝隙流失或造成地表的隆起。在进行隧道设计时，要尽量避开稳定性差的土体以及复杂的地层，防止在盾构施工中频繁地调整盾构掘进参数，造成盾构机发生蛇形运动，导致管片破损或上浮。

除了在隧道上方堆载土体以外，在施工过程中也可在隧道内进行管片堆载用于平衡竖向注浆压力及孔隙水压力差产生的上浮力，单位长度上注浆压力产生的上浮荷载如式（6-3-1）所示。

$$F_{浮1} = 2\int_0^\pi -\cos\theta \cdot [P_1 + kR(1-\cos\theta)]d\theta \qquad (6\text{-}3\text{-}1)$$

式中，θ 为管片外部节点与竖直方向的夹角；P_1 为管片上部注浆压力；R 为管片外径；k 为注浆压力在竖向的梯度。

在实际工程中，管片自重荷载通过电瓶车和临时轨道作用在混凝土衬砌上，受现场环境限制，每辆电瓶车最多运送 1 环管片，考虑电瓶车自身重量，堆载产生的荷载约为 83.23 kN/m，管片堆载方式如图 6-3-1 所示。

图 6-3-1　管片堆载控制示意图

6. 管片连接螺栓的安装控制

盾构机向前掘进是依靠千斤顶的反力移动的，千斤顶伸长一环盾构机前进一环，此时需要进行管片安装以维持隧道的完整，安装管片环块时，要避免管片之间发生频繁错台，特别是顶部管片的安装，当管片拼装完成后，应尽快安装连接螺栓，防止管片移动，并及时将螺栓拧紧，确保管片环连接牢固。同时，用检测仪器对管片拼装的质量进行检测，并及时进行管片的调整。在进行下一环掘进时，千斤顶推进系统需要缓慢地对管片环面施加压力，在盾构施工中，由于盾构机的轻微震动，连接管片的螺栓可能会发生松动，发现后要及时进行螺栓紧固。

6.3.2　盾构施工管片上浮控制措施效果分析

为了研究抗浮型速凝浆液和管片堆载对管片上浮控制的有效性，采用有限元仿真分析实施这两种措施时对管片上浮量、隧道内力、螺栓轴力的影响规律。

其中，速凝型浆液是凝结时间低于 1 h 的单液浆，因此，在计算中不考虑浆液对管片的浮力，其弹性模量相对普通浆液有所降低，其数值约为 120 MPa。此外，管片堆载在数值模拟过程中可简化为作用在管片内部的两组对称分布的线性荷载。

1. 上浮控制措施对隧道上浮量的影响

采取速凝型浆液和管片堆载等抗浮措施后隧道衬砌的竖向位移及管片错台量如图 6-3-2 所示。

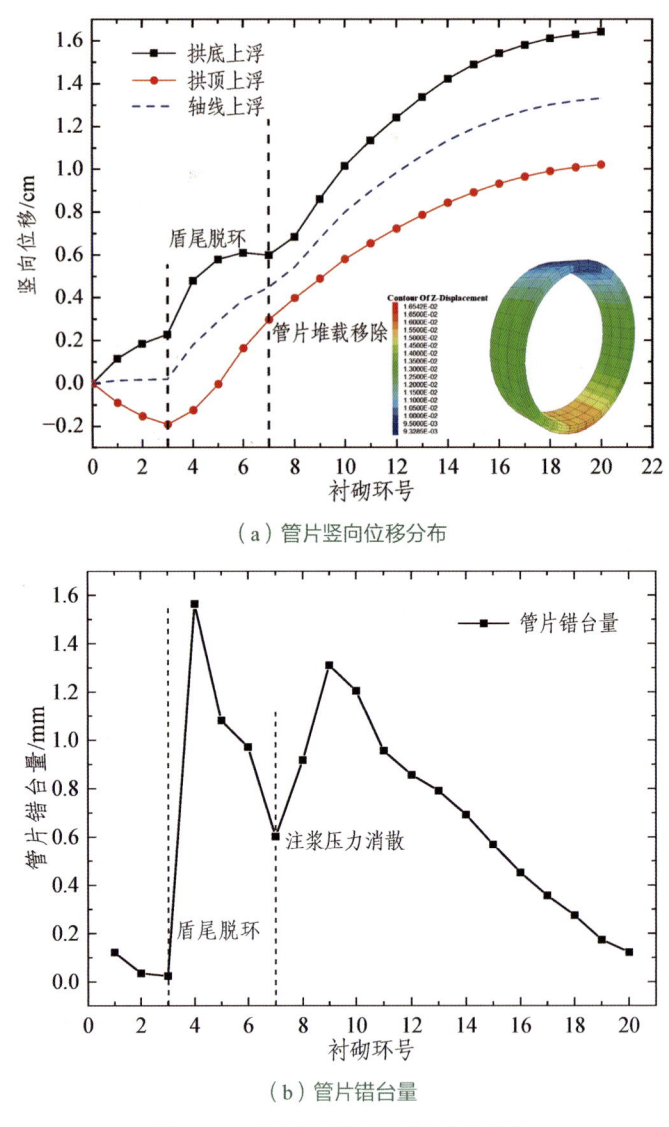

(a) 管片竖向位移分布

(b) 管片错台量

图 6-3-2　施工期衬砌位移纵向分布规律

当采用抗浮措施时，隧道衬砌的竖向位移显著降低，最大上浮量仅为 1.31 cm，与浆液未完全填充和完全填充的工况相比分别降低了 51.48% 和 33.50%。受管片堆载的影响，盾尾脱环后隧道的上浮变形受到了限制，随着注浆压力的逐渐消散，管片竖向位移增长率进一步降低，盾尾脱环段的位移增长率约为 0.11 cm/环。当管片堆载移除后，受地下水浮力等因素的影响，管片竖向位移增长率有所提升，随后不断下降直至竖向位移趋于平衡。

由图 6-3-2（b）可知，采取抗浮措施后，管片纵向错台曲线具有 2 个极大值点，这是由于移除管片堆载后上浮量增加所导致的。管片之间的最大错台量位于盾尾脱环位置，其数值为 1.56 mm，与前两种工况相比分别降低了 74.51% 和 57.02%，仅略大于螺栓与管片之间的预留间隙，有效地提升了螺栓与管片混凝土的安全性能。由计算结果可知，将管片堆载施加在注浆压力未消散段，可以有效减小管片在上浮速率最快时期产生的变形，而后续上浮变形仅由地下水浮力和土压力差引起，受地层反力作用该变形较小。此外，速凝型浆液能够消除注浆材料引起的静态上浮力，对管片的上浮起到了约束作用。当采取抗浮措施后盾构管片衬砌的主应力云图如图 6-3-3 所示。

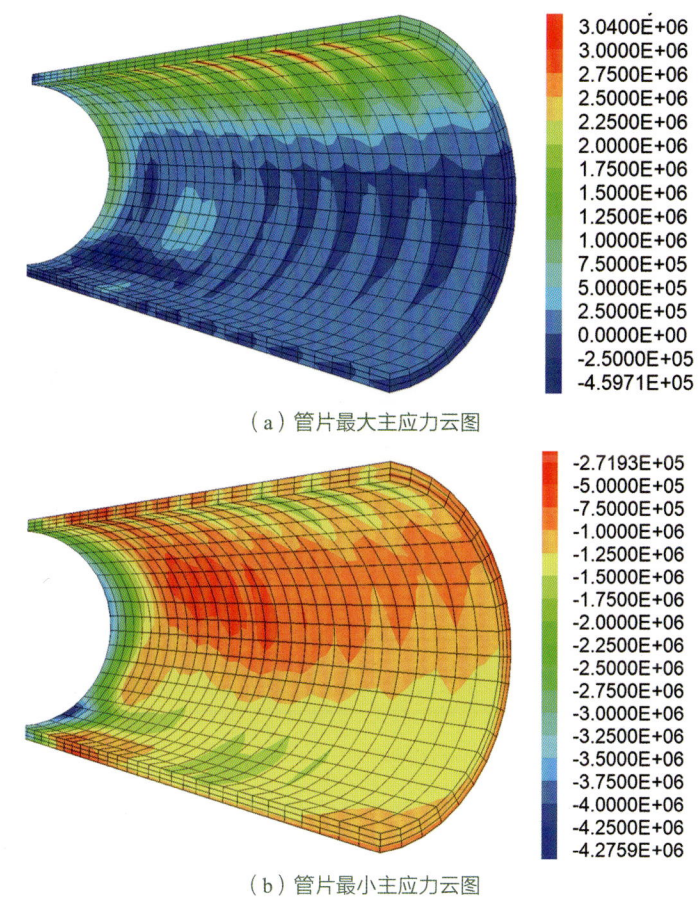

(a) 管片最大主应力云图

(b) 管片最小主应力云图

图 6-3-3　注浆材料非均匀填充时隧道衬砌主应力云图

由图 6-3-3 可知，当采用速凝型浆液和管片堆载作为隧道支护结构抗浮措施时，隧道支护结构的拉压应力均显著降低，由图 6-3-3（a）可知管片的最大拉应力出现在隧道衬砌拱顶内侧，其大小为 3.04 MPa，与注浆材料完全填充的工况相比降低了 48.66%，与注浆材料非均匀填充的工况相比降低了66.39%。造成这一现象的原因在于,注浆材料在短时间内迅速凝结硬化,管片上浮的位移较小,受到盾构隧道上方地层反力也较小。此外,由于盾构内部存在管片堆载,该荷载能够平衡管片底部的注浆压力、空隙水压力和地层回弹产生的土压力,使得盾构底部所受的上浮荷载降低,因此盾构总体承受的拉应力迅速降低。由图6-3-3(b)可知,采用抗浮措施之后,隧道周边的压应力分布更加均匀。由于采用了管片堆载的方式,管片最大压应力出现在管片脱出盾尾的位置,随着里程的增加而逐渐减小。衬砌最大压应力为4.27 MPa,与注浆材料完全填充时的工况相比降低了17.88%,与注浆材料不完全填充时的工况相比降低了42.98%。综上所述,采用速凝型浆液和管片堆载措施能有效控制盾构隧道管片衬砌的上浮现象,并能显著改善支护结构的受力特征,有利于隧道运营期的安全。

2. 抗浮措施对隧道内力的影响

为了进一步分析盾构隧道管片衬砌的力学特性,需要对管片内部的轴力弯矩等内力进行分析,然而由于管片衬砌是由实体单元建立的而非采用结构单元建立的,在FLAC3D中不能直接通过命令流的方式提取管片结构内部内力大小,必须通过提取应力进行计算使得应力结果转化为管片衬砌的轴力和弯矩数值,管片衬砌的混凝土截面的应力分布如图6-3-4所示。

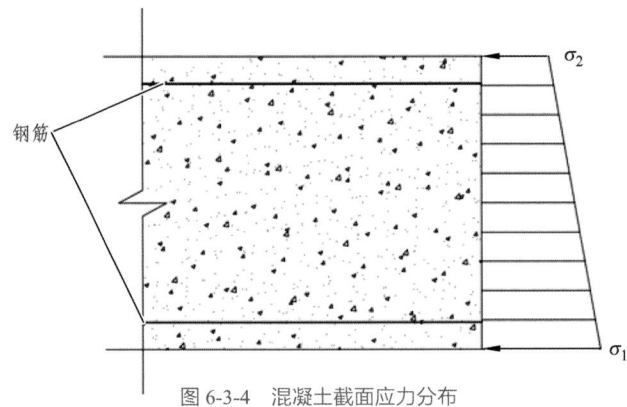

图6-3-4 混凝土截面应力分布

假设盾构隧道管片衬砌混凝土的截面应变和应力遵从线性分布,断面轴力为断面平均应变与混凝土弹性模量的乘积,具体计算如式(6-3-2)所示。

$$N = \frac{1}{2} \cdot (\varepsilon_1 + \varepsilon_2) E_c A \quad (6-3-2)$$

式中,N为二次衬砌混凝土截面的轴力;ε_1和ε_2分别为二次衬砌内侧和外侧的应变数值;E_c为盾构隧道管片衬砌采用的C60混凝土的弹性模量;A为单位纵向长度混凝土截面的面积。

$$M = \frac{(\varepsilon_1 - \varepsilon_2) E_c I}{t_0} \quad (6-3-3)$$

式中，M 为二次衬砌混凝土截面的弯矩；I 为单位纵向长度混凝土截面的惯性矩；t_0 为隧道二次衬砌的厚度。

二次衬砌弯矩的计算是建立在平截面假设之上的，在本章中混凝土截面内侧受拉为正。与二次衬砌轴力的计算方法类似，弯矩的计算公式如式（6-3-3）所示。

受注浆压力、孔隙水压力等荷载的影响，隧道衬砌在上浮过程中竖向位移大于水平位移，衬砌整体呈横椭圆形。本章提取衬砌内部应力，计算模型中间断面管片的内力。这里规定，对于轴力，断面受压为负；对于弯矩，断面内侧受拉为正。三组计算工况的内力环向分布规律如图 6-3-5 所示。

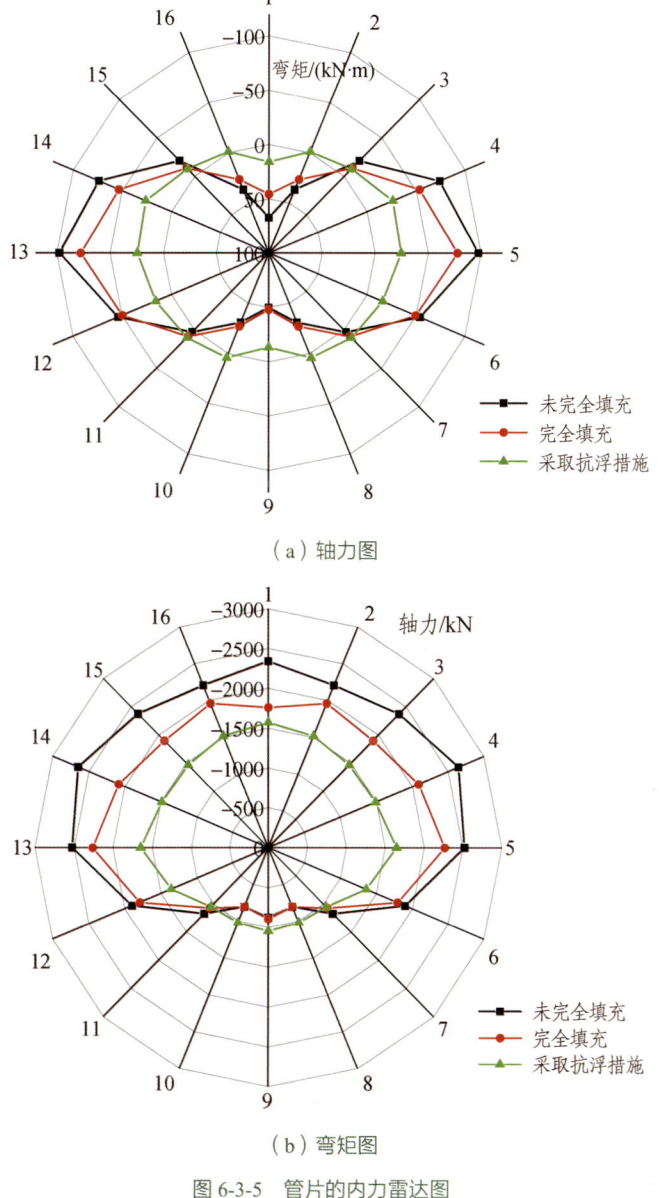

图 6-3-5　管片的内力雷达图

三种工况下的衬砌轴力和弯矩的分布规律大致相同。隧道拱顶和拱腰位置的轴力较大，受注浆压力和水压力的影响，拱底位置轴力减小弯矩增加，管片不同位置的轴力分布不均匀。三种工况下管片的最大的轴力分别为 2647.12 kN、2263.23 kN、1645.44 kN，且均位于拱腰位置。当采取抗浮措施时，管片的最大轴力与前两组工况相比，分别降低了 37.84% 和 27.30%。

受底部上浮力和隧道顶部围岩及注浆材料约束作用的影响，隧道拱顶和拱底位置出现正弯矩，负弯矩主要位于拱腰位置。三种工况的最大负弯矩分别为 -97.47 kN·m、-77.71 kN·m、-26.22 kN·m，最大正弯矩分别为 67.27 kN·m、48.06 kN·m、5.96 kN·m。由此可见，衬砌弯矩在数值上显著降低，且最大正、负弯矩的差值由 164.74 kN·m 下降为 32.18 kN·m。因此，当采用管片堆载和速凝型浆液作为抗浮措施时，隧道衬砌内力降低，且沿环向的分布更加均匀，有效减小了衬砌发生局部破坏的风险。

3. 抗浮措施对螺栓轴力的影响

各环管片螺栓轴力的最大值沿纵向的分布情况如图 6-3-6 所示，其中螺栓受拉时的轴力为正值。

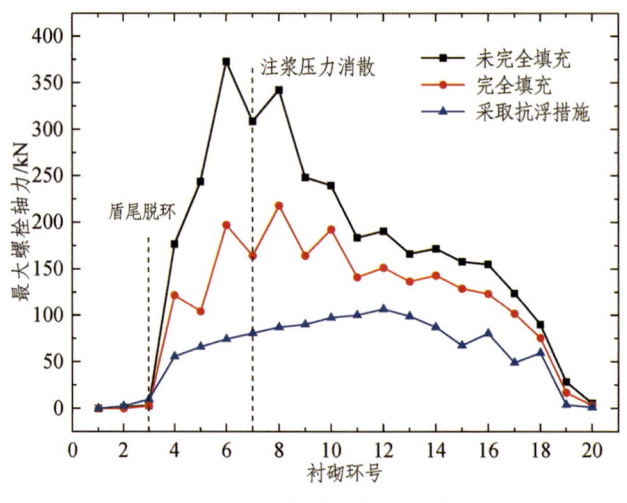

图 6-3-6　螺栓最大拉力分布

由图 6-3-6 可知，螺栓最大轴力与管片错台量沿纵向的变化规律类似，纵向螺栓轴力的最大值出现在错台量较大的位置。管片脱离盾尾后螺栓轴力迅速增加。当不采取抗浮措施时，螺栓轴力在注浆压力消散前后达到最大值；当采取抗浮措施时，由于管片堆载移除后，管片错台量二次增长，螺栓最大轴力随之继续增加，随后逐渐下降，螺栓轴力的最大值出现在第 12 环位置。三组工况中螺栓的最大轴力依次为 372.86 kN、217.87 kN 和 106.61 kN。未采取抗浮措施的工况的最大轴力约为采取抗浮措施后的螺栓最大轴力的 3.50 和 2.04 倍。

6.4 盾构同步注浆浆液性能控制指标及新型注浆材料研发

管片上浮是和同步注浆相伴随的问题，浆液的性能对管片结构的力学性能有一定的影响。根据速凝型浆液对管片上浮影响的数值模拟结果表明，浆液凝结时间对管片上浮量影响较大。因此，改良同步注浆浆液以获得性能优良的速凝型浆液是目前亟须解决的问题。

6.4.1 盾构同步注浆浆液研发目标

目前，盾尾同步注浆浆液的种类很多，根据浆液的组成成分，可分为单液浆和双液浆。双液浆包含A液和B液两种浆液，其中A液是含有水泥的砂浆，B液是速凝剂（一般为水玻璃），根据A液和B液的配比不同可以控制混合后浆液的硬化时间，但一般情况下，双液浆的凝结时间是远小于单液浆的凝结时间。单液浆不管是惰性浆液还是活性浆液，其凝结时间一般在几个小时以上。同时，浆液凝结时间越长，浆液越容易发生向开挖面泄漏和土体内流失的情况，容易被地下水和开挖面后窜的泥浆稀释，也就越不容易约束管片、控制地层位移。但是凝胶时间太短会造成还没有完全充填盾尾空隙，浆液就失去了流动性，导致填充效果不好。另外，过短的凝结时间还容易造成注浆管的堵管现象，对施工控制要求较高。

根据目前国内盾构隧道的施工经验，调研了采用单液浆或双液浆进行同步注浆施工的11条隧道，它们的地层条件及管片最大上浮量如表6-4-1所示。

表6-4-1 不同同步注浆浆液类型的盾构隧道上浮情况

项目名称	隧道直径/m	同步注浆浆液类型	最大上浮量/mm	数据来源
上海长江隧道	15.43	单液浆	33.4	曹文宏，2011
西安地铁3号线	6.28	单液浆	101	袁建华，2015
广州地铁7号线	6.28	单液浆	118	杨延栋，2015
南京地铁3号线	6.4	单液浆	>80	董赛帅，2016
佛山地铁3号线	6.28	单液浆	145	王小军，2018
佛山地铁2号线	6.28	单液浆	90	王敏，2018
南宁地铁3号线	6.28	单液浆	50	李鹏，2021

续表

项目名称	隧道直径/m	同步注浆浆液类型	最大上浮量/mm	数据来源
合肥市轨道交通 5 号线	6.28	单液浆	53	李彦兴，2021
上海大连路隧道	11.22	双液浆	36.3	曹文宏，2011
呼市地铁 1 号线	6.43	双液浆	<40	魏广造，2018
温州瓯江北口市域铁路隧道	14.93	双液浆	26	张亮，2021

由表 6-4-1 可知，目前盾构隧道同步注浆浆液以单液浆为主，某些大型隧道开始尝试使用双液浆，但由于双液浆自身存在的问题，应用较少。为进一步对比分析单液浆和双液浆的特点，表 6-4-2 根据近年来盾构隧道同步注浆相关施工经验列举了单双液浆各自的优缺点。

表 6-4-2 目前用于盾尾注浆的材料优缺点

浆液类型		优点	缺点
单液浆	活性浆	设备简单；凝固后能增强隧道的防水性，对地面沉降控制和管片约束有利；堵管时较易清理	凝结时间长，注浆效果发挥较慢；浆液易流失，对盾尾密封性能要求高
	惰性浆	不易堵管，注浆效率高；不用水泥，成本较低	凝结时间长，防水效果差；对控制地面沉降和约束管片不利；强度较低
双液浆		凝结快，利于尽早发挥注浆的功效；浆液不易流失	设备较复杂，成本高；后期稳定性不高；堵管时不易清理；水玻璃易伤害人员或污染环境；对施工管理要求高

双液浆具有凝结时间可调、强度可控等优点，在富水地层中可以起到防水以及管片抗浮的作用，但其耐久性能差、成本高，同时对注浆设备要求极高。在深圳地区地层中，多以富水岩层为主，盾构机在这种地层中掘进时，若采用双液浆进行同步注浆，壁后注浆圈可能出现空洞，此时，注浆材料由完全填充状态转变为未完全填充状态，对隧道的长期安全运营有极大的影响。由 6.2.3 节对盾构施工管片上浮力学特性分析可知，注浆圈的形态对管片结构的位移、受力存在很大的影响，当注浆材料处于非均匀填充时，壁后空洞将加大管片错台量，同时提高衬砌拱顶的应力，增加螺栓屈服和管片破损的风险。

目前，双液浆后期耐久性的问题还没有解决方法，因此在深圳地区地层中采用单液浆进行同步注浆。单液浆主要采用水泥等无机材料，其水化产物作为强度来源，膨润土等添加剂作为浆液稳定组分。在采用单液浆进行同步注浆时，盾构隧道施工工程中普遍存在的问题为：凝胶时间可调性不好；浆体的稳定性低，易离析泌水，倾析率大；充填性不好，充填性、流动性、固结强度三者之间不相匹配。此外，在深圳富水硬岩地层中进行注浆时，由于水泥基单液浆聚合能力较差，在动水的冲刷下，其中的胶凝材料在水中扩散导致浆液凝结时间延长、后期强度降低，整体来说就是固结率降低（<90%），浆液抗水分散性能差（pH>9，28 d水陆强度比<80%）。

综上所述，盾构机在深圳地区富水岩层这种地质条件下掘进时，拟采用单液浆进行同步注浆，研发的浆液性能应具有抗水分散性能好、胶凝时间短、稳定性高等特点。

6.4.2 盾构同步注浆性能指标分析

为系统研究浆液各项性能在同步注浆过程中起到的作用，下面对隧道稳定性、施工过程影响最大的性能指标进行详细分析。

1. 管片抗浮性能

在富含水地层中，浆液极可能被汇积于管片四周的水稀释，造成浆液离析、沉淀甚至不凝固，由于浆液分层，集料流入管片底部，产生抬高管片作用，从而加剧管片的上浮，进一步恶化管片稳定的环境。倘若注浆材料的表观密度较小，即使能够充分填充地层，尤其是隧道拱顶外部分，注浆材料自重不够大，不能减轻管片上浮的趋势。

管片上浮是由于隧道管片有上浮的空间，即没有对上浮空间及时进行填充固结而造成，因此壁后注浆可有效防止管片上浮。在注浆材料性能的选择上，除了要保证浆液的充填性、初凝时间与早期强度，还要在限定范围内防止浆液的流失（浆液具有一定的稠度与黏度）和保持较高的表观密度才能使隧道管片与围岩共同作用形成一体化的构筑物。

2. 抗水分散性

在富水地层中进行同步注浆时，浆液会受到地下水的冲刷，被水冲稀，导致结构破坏、浆液流失，还会出现以下情况：

（1）集料与水泥浆严重分离。

（2）部分水泥颗粒被水流稀释甚至带走，致使浆材不具有胶结能力。

（3）浆材注入后均匀性十分差，局部形成水囊，水胶比大幅增加。

（4）细骨料与胶凝材料分离，并在自身重力作用下，逐渐形成自上而下的分层状态，浆液最终胶凝形态为细骨料表面附着一层强度很低的胶凝材料碎渣。

（5）强度严重下降（降幅超过70%）。

（6）存在空洞多，严重缺浆等现象，耐久性很差。

（7）附近水域和生物将遭到严重污染和侵害；如果在流动水中进行注浆，则问题更加严重。

上述普通水泥基浆液在水中的胶凝过程，经过室内简易试验验证，如图6-4-1所示。

（a）注入浆液　　　（b）静置　　　（c）胶凝　　　（d）产物形态

图6-4-1　浆液在水中的形态变化过程

从普通水泥浆液在水中的形态变化阶段特征可以看到，浆液在水中性能削弱严重的主要原因在于地下水很大程度造成了胶凝材料的流失，同时地下水瓦解了浆液拌和物的聚合状态，造成胶凝材料无法对细骨料形成稳定的胶结体，最终造成普通注浆材料的性能丧失。因此，在对同步注浆材料的设计时必须改善其保水性能和抗水分散性能，这也是确保管片稳定的重要因素。

3. 泵送性

由于水下抗分散剂的主要组成为高分子絮凝剂，絮凝剂虽然能改善注浆材料的黏稠性，但浆液在掺加絮凝剂后需水量成倍增长，导致水下抗分散剂使用后，尽管注浆材料的抗水冲刷性得以改善，但浇注后抗压强度严重降低，耐久性也受到影响。同步注浆材料还存在保塑性差、浆液流动度三小时内损失大等缺点，影响泵送施工。因此，在设计时必须在注浆材料中添加能对注浆材料起减水、保塑作用的组分，使注浆材料同时具有较高的强度（28 d强度 > 3 MPa，固结率 > 95%）、适宜的流动性（流动度 > 18 cm）。

4. 耐久性

注浆材料在长期使用过程中，由于地层暗流的冲刷侵蚀作用出现溶蚀和强度倒缩，造成衬砌注浆材料的结构破坏，从而达不到预期的填充、防水、加固等作用，则要求注浆材料具有一定的抗溶蚀性能（Ca^{2+}溶出浓度 ≤ 60 mg/L）；同步注浆为隧道衬砌提供第一道防水线，抗渗等级要大于 S4 才能起到第一道防水线的作用；在围岩间隙的受限条件下注浆材料产生自应力，可以使水泥石更为致密，使结构更稳固。因此，注浆材料耐久性的提高有助于保护管片衬砌的长期稳定性，提高隧道的使用寿命。

6.4.3 盾构同步注浆性能控制指标及试验方法

性能优良的同步注浆浆液，不仅需要可控的凝结时间，同时还必须满足优良的工作性能（包括好的浆液流动性、稳定性、填充性等），以及较高的后期强度等，试验设备及设施如图 6-4-2 所示。

图 6-4-2　试验设备及设施

1. 泌水率

浆液的泌水率反映的是浆液中水与胶凝材料之间分离特性，宏观上反映为浆液的保水性能，泌水率越大，越容易出现砂粒下沉、砂与浆体分离等情况，进而引发堵管问题，因此泌水率是同步注浆浆液稳定性的重要指标。本试验中泌水率试验参照《铁路后张法预应力混凝土梁管道压浆技术条件》（TB/T 3192—2008）进行，测定方法如下：

将拌和均匀的水泥浆液缓慢注入 1000 mL 的量筒内，当浆液液面位于 900 mL ± 10 mL 时停止注入，并用塑料薄膜覆盖量筒口，以免浆液中的水分蒸发；然后将装有浆液的量筒置于水平、无振动的桌面上静置，并记录开始静置的时间；待静置 30 min 后，每隔 5 min

观测一次离析水高度 h_1，以及浆液浆体膨胀面高度 h_2，直至 h_2 高度不再变化，然后按照式（6-4-1）计算泌水率。

$$泌水率 = \frac{h_1 - h_2}{h_1} \times 100\% \qquad (6\text{-}4\text{-}1)$$

泌水率取三个试样测值的平均值，泌水率的测试如图 6-4-3 所示。

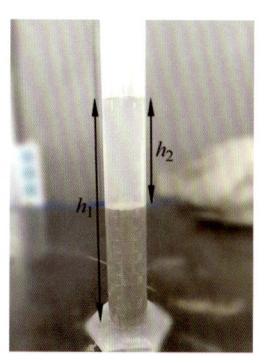

图 6-4-3　泌水率的测定

2. 流动度

同步注浆浆液良好的流动性使得浆液可在不发生离析或泌水的前提下，在合理的注浆压力下均匀地完成注浆施工，有利于注浆作业的顺利进行，有效减小堵管、管道压力过大等注浆问题的发生，同时确保盾尾间隙能够及时、均匀、密实地被浆液填充，因此同步注浆的流动度指标是表征注浆浆液可施工性能的关键指标，注浆浆液流动度装置及测试如图 6-4-4 所示。本试验中对于砂浆的流动性能的评价采用流动度指标进行量化，即采用跳桌法进行测定。测试方法参照《水泥胶砂流动度测定方法》（GB/T 2419—2005）进行，具体方法如下：

（1）用湿布擦拭跳桌台面、试模内壁、捣棒等，并将截圆锥模放置于跳桌台面中央。

（2）将拌和均匀的砂浆试样分两层装入模内，第一层装至截圆锥模高的三分之一，用小刀在垂直两个方向划实十余次，再用捣棒自边缘到中心均匀捣 15 次，接着装第二层胶砂水泥，装到高于截圆锥模约 2 cm，同样用小刀划实十余次，再用捣棒自边缘到中心均匀捣 10 次（装水泥胶砂捣实时用手将截圆锥模扶持住不动）。

（3）捣压完毕取下模套，用刮平刀将高出截圆锥模的胶砂刮平，刮平后将截圆锥模垂直向上轻轻提起，打开电源开关，启动电机，开始转动，电机继续以每秒一次的速度转动，共达 25 次，自动停止。

（4）跳动完毕，用分度值 0.02 mm 的卡尺测量水泥胶砂底部扩散的直径与相对垂直的两直径的平均值为该水泥在该水量时的胶砂流动度，以 mm 表示。

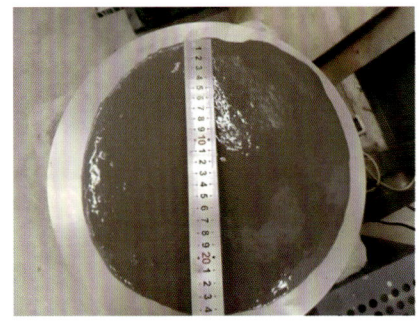

图 6-4-4　注浆浆液流动度装置及测试

3. 初凝时间

同步注浆材料凝结时间不宜过长，若凝结时间过长则在注浆后难以起到足够的填充及支撑作用，易因壁后注浆浆体支撑力不足而发生地表沉降。但同步注浆材料凝结不宜太短，以保证在盾构过程中注浆填充的密实性。试验中砂浆初凝时间的测定采用砂浆初凝时间测试仪进行，试验流程参照《建筑砂浆基本性能试验方法》（JGJ/T 70—2009）中的方法进行。具体流程如下：

（1）将仪器置于平整的台面上，调整四个底角螺丝，使其处于水平位置，然后开机。

（2）将搅拌均匀的砂浆装入试模内，离上口平面约 10 mm 抹平，将试模放在压力器的方盘上，按置零键压力器显示为零，然后用手将压杆垂直向下施加压力，在 10 s 时间内将试针贯入砂浆 25 mm，这时压力器上所显示为第一次测定值，放开压杆，试针在弹簧力作用下复位。

（3）按每半小时重复一次，当阻力值达到 0.3 MPa 改为 15 min 测定一次，直到阻力值达到 0.7 MPa 为止。

砂浆贯入阻力计算公式如下：

$$f_\mathrm{P} = \frac{N_\mathrm{P}}{A_\mathrm{P}} \qquad (6\text{-}4\text{-}2)$$

式中，f_P 为贯入阻力值（MPa）；N_P 为贯入深度为 25 mm 时的静压力（N）；A_P 为贯入试针截面积（30 mm²），贯入阻力值精确至 0.01 MPa。

4. 抗压强度

浆液入模后，即刻放入恒温恒时养护箱进行空气养护，养护箱温度保持在 20 ℃、湿度大于 90%。标准养护 24 h 并脱模，分别测试 3 d、7 d、28 d 不同入模条件下试块的抗压强度。不同龄期的浆液试块抗压强度的测试参照《建筑浆液基本性能试验方法》（JGJ/T 70—2009）进行，试件养护与抗压强度测试装置如图 6-4-5 所示。

图 6-4-5　试件养护与抗压强度测试

5. 流变性能

测量水泥砂浆流变性能所使用的仪器为上海精天 LVDV-2 型旋转黏度计。测量过程中，仪器屏幕可直接显示黏度、转速、温度、百分计扭矩、转子编号及所选转子在当前转速下可测的最大黏度值，同时还可显示剪切速率和剪切应力，该型黏度计主要技术指标如表 6-4-3 所示。

表 6-4-3　旋转黏度计主要技术指标

量程范围/（mPa·s）	旋转速度/（转/min）	测量误差	重复性
6～60 000	0.1～200 无级变速	±1%（FS）牛顿流体	±0.5%（相对误差）

旋转黏度计的基本结构与工作原理如图 6-4-6 所示，步进电机带动 A 指针、游丝（弹性元件）、B 指针、转轴和转子恒速旋转，液体未受剪切时不产生黏性力矩，A 指针 B 指针上下重合。如果转子放入液体中，则液体受到剪切产生黏性力矩并作用在转子上，使游丝扭转而产生扭矩，此扭矩与黏性力矩平衡时，仪器通过光电单元测量计算出 A、B 两指针间的角度即游丝的偏转角，并将测量数据提供给微电脑处理器进行处理，随即在液晶显示屏上直接显示被测液体的黏度值，单位为 mPa·s。

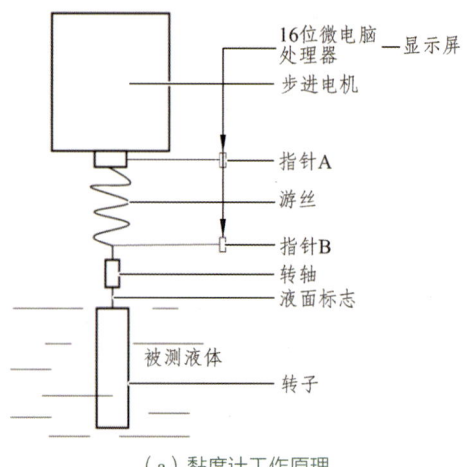

（a）黏度计工作原理　　　　（b）黏度计实物

图 6-4-6　旋转黏度计

6. 抗水分散性能试验

了解浆液在水中的抗分散性能最直观的方法是观察法，观察法能够较直观地定性判断浆液的抗水分散性能。具体做法是：放置一容积为 300 mL 的烧杯，杯内装水至高度 300 mL 左右。拌制一定量抗水分散性浆液，从水面自由落下倾倒入烧杯中，使之全部进入水下，静置 5 min，观察浆液在水中分散情况。根据试验结果，将抗水分散性分为四个等级：优、良、中、差。具体判定标准如下：

（1）优：浆液倾倒入水中，浆液稳定不分散，水未出现浑浊迹象，如图 6-4-7 所示。

（2）良：浆液倾倒入水中，浆液较为稳定，少量胶凝颗粒分散，水中出现少许浑浊迹象，如图 6-4-8 所示。

（3）中：浆液倾倒入水中，较多的胶凝颗粒分散，水中出现较为明显的浑浊迹象，如图 6-4-9 所示。

（4）差：浆液倾倒入水中，大量胶凝颗粒分散，同时水中出现明显的浑浊现象，如图 6-4-10 所示。

图 6-4-7 抗水分散等级为优的浆液

图 6-4-8 抗水分散等级为良的浆液

图 6-4-9 抗水分散等级为中的浆液

图 6-4-10 抗水分散等级为差的浆液

6.4.4 盾构同步注浆浆液速凝剂与絮凝剂的选择

为使同步注浆浆液具有抗浮性能且在富水地层中能够较好地胶凝形成结石体，浆液外加剂的选用非常重要。

1. 速凝剂

20 世纪 30 年代，瑞士 SIKA 公司最早研制出西古尼特（Sigunite）粉状速凝剂。随后，日本海德库斯速凝剂、德国伊索格莱特速凝剂、苏联奥矮斯速凝剂也相继开发成功。这些速凝剂大多为无机盐类，主要由石灰、工业铝酸钠、碱金属碳酸盐和硅酸盐等原料经煅烧粉磨而成，属于碱性粉状速凝剂。这些速凝剂研究的初衷是满足喷射混凝土速凝早强的要求，很少关注喷射混凝土的后期强度。根据实际调查，使用这些速凝剂的喷射混凝土其 28 d 抗压强度多数只有 15~20 MPa，28 d 抗压强度比仅为 60%~80%，公认的原因是速凝剂引入的碱导致喷射混凝土后期强度有损失。

我国速凝剂研究起步较晚，20 世纪 70 年代引入喷射混凝土技术后，国内才开始研究速凝剂。1966 年，由中科院力学所用铝氧熟料、生石灰和纯碱研制成功的红星 I 型速凝剂开辟了我国速凝剂研究的先河。随后，国内相继研发出 711 型、阳泉 I 型、782 型、J85 型等粉状碱性速凝剂。这些速凝剂也是以碱金属碳酸盐、碱金属铝酸盐为主，碱含量很高，掺量通常为水泥质量的 4%~5%。虽然掺这类速凝剂的混凝土后期强度损失高达 30%，但因其速凝效果好、早强作用明显、掺量和生产成本低，国内大部分喷射混凝土至今仍沿用这类速凝剂。针对碱性速凝剂腐蚀性强、掺速凝剂混凝土后期强度损失大的问题，国外于 19 世纪 70 年代末开始致力于粉状无碱速凝剂的研究。美国曾用 $CaCl_2$ 与 $Al_2(SO_4)_3$ 复合制成无碱粉状速凝剂，使混凝土后期强度损失减低至 15% 以下，但因 Cl^- 的引入会腐蚀钢筋，该速凝剂没有得到推广。欧洲用细度比水泥细度小 100 倍的硅灰做速凝剂，混凝土后期强度可提高 2~3 倍，但硅灰掺量高达 8%~13%，成本非常高。日本 Kogyo 公司于 1981 年研发出粉状铝酸钙速凝剂，很好地解决了混凝土强度损失大的问题。随后，该公司又开发出了硫铝酸钙系列粉状无碱速凝剂，并成功应用于高强喷射混凝土，但该速凝剂掺量高达 10%~20%。20 世纪 90 年代以后，国外普遍采用湿法喷射技术，速凝剂研发的方向也已转向液体速凝剂，很少有新型无碱粉状速凝剂的报道。

我国于 20 世纪 90 年代前后开始着手研究无碱速凝剂，比较著名的有 1989 年冶金部建筑研究院成功研制的 8604 型速凝剂、1990 年长沙矿山研究院研制出的 AC 型速凝剂、1995 年煤炭总院开发的 MJ-2000 型速凝剂。这类速凝剂用的原材料有铝矾土、石灰、石膏等。掺这些速凝剂的混凝土 28 d 强度比提高到了 90% 左右，但这些速凝剂掺量和生产成本均较高，不利于推广使用。

除此之外，还有多种外加剂能够改善水泥及材料的胶凝时间，也能够提高抗压强度，如表 6-4-4 所示。

表 6-4-4　不同外加剂对水泥基材料作用特性

使用目的	外加剂品种		
	高性能减水剂	高效减水剂	早强剂/早强减水剂
缩短凝结时间		√	√
提高早期强度	√	√	√
提高长期强度	√	√	√

早强剂按照化学成分可以分为无机类、有机类和复合型早强剂三大类。其中，无机盐类早强剂尽管应用历史长、使用广泛，但使用中会引入 Cl^- 或 SO_4^{2-}，提高 K^+、Na^+ 含量，引起盐析现象及碱-骨料反应等风险。而有机类早强剂中最常用的主要是三乙醇胺、甲酸钙等。但三乙醇胺在实际使用中适宜掺量必须精确掌控，否则会引起胶凝材料严重缓凝，同时也会影响后期强度。

相比之下，甲酸钙本身不含氯离子和碱，它的加入可以改变水泥基材料系统中硅酸三钙的浓度以加速其水化，同时也可提高钙离子的浓度加快硅酸钙的结晶，有利于水泥石结构的形成，从而提高水泥基材料的早期强度，除此之外还能起到一定的减水作用，因此常被用做水泥砂浆的快速凝固剂、早强剂。而在砌筑砂浆和抹灰砂浆中，甲酸钙也常常与纤维素醚配合使用，同时由于其无毒、成本较低的优点，也比较适合作为富水地层盾构同步注浆浆液的辅助外加剂。

2. 絮凝剂的选择

广义上来讲，凡是用来将水溶液中的溶质、胶体或者悬浮物颗粒产生絮状物沉淀的物质都叫做絮凝剂。絮凝剂可以分为无机絮凝剂和有机絮凝剂，再根据它们分子量的高低、官能团的性质以及官能团离解后所带电荷的性质，将其进一步分为高分子、低分子、阳离子型、阴离子型和非离子型絮凝剂等。

在水下不分散混凝土中，可以用作抗分散剂主剂的絮凝剂，其主要作用是增加混凝土拌和物的黏度，从而达到提高它的抗分散性的目的。因此，在广义絮凝剂中可以选择的范围缩小了很多。有人曾经对可以用于混凝土中起到增黏作用的材料进行了分析，根据其在混凝土中的物理作用，分为以下五类：

（1）水溶性的天然或合成有机聚合物，可以增大拌和物的黏性。例如，纤维素醚、淀粉胶、聚氧化乙烯、聚丙烯酰胺、羧乙烯基聚合物、聚乙烯醇及菜胶等。

（2）水溶性的有机絮凝剂，可以吸附在水泥颗粒的表面，提高水泥颗粒间的粒子吸引力，使黏度增大。例如，带有羧基的苯乙烯共聚物、合成的高分子电解质和天然橡胶等。

（3）各种聚合物的乳液，这一类乳液在提高粒子间的吸引能的同时，还可提供水泥浆体中的超细粒子。例如，石蜡乳液、丙烯酸乳液等。

（4）具有高比表面积的无机材料，可以增加浆体的保水性能。例如，膨润土、硅灰、破碎的石棉和其他纤维状材料。

（5）能在浆液中提供具有填充作用的细颗粒的无机材料。例如，熟石灰、硅藻土、原状或煅烧过的胶凝材料和各种石粉。

在混凝土拌和物中掺加这些增黏材料后，拌和物的黏性增大，拌和物显示出较大的触变性和抗分散能力。在以上几种类别中，（1）～（3）类材料的用量一般占拌和物用水量的1%～1.5%，而且一般与高效减水剂复配共同使用。增黏机理与有机物高分子链有关，增稠的效果受到外加剂的用量以及主剂的分子量等的影响，实际运用中常与其他材料一起配合。（4）、（5）类材料通常是作为微粉填充料使用，它们可以影响拌和物的孔隙结构，随其含量的增加，拌和物的黏度也会增加，但是由于缺少高分子链，当有水流冲洗时，絮凝效果比不上前三类。

国内主要用作絮凝剂的水溶性高分子材料分别为聚丙烯酰胺和纤维素乙醚。这两种高分子聚合物可以通过改变合成条件，产生不同分子量或者不同黏度的产品。这些产品掺入到拌和物中，分子量（或黏度）的不同、掺量的不同都可以使拌和物的黏度改变。同时，这两种水溶性高分子在市面上均有售，原材料较易得。这两类高分子材料在掺量少的情况下，絮凝效果也很好。

本章试验主要选择纤维素类水溶性聚合物羟乙基纤维素和羟乙基甲基纤维素作为抗水分散主剂，并进行速凝剂和絮凝剂的适配性试验。

6.4.5 同步注浆浆液优化研究

1. 试验方案

目前，深圳地区地层中含水量较高，除了解决浆液速凝的问题，还要解决浆液抗水分散的问题。高渗透富水地层具有地下水丰富、土质松散、自稳能力差的特点，在地下水的稀释冲刷作用下，普通的同步注浆浆液抗冲蚀性能不足，会过早失去防水及承载作用，继而引起地表沉降过大甚至塌陷、中断交通等风险。具体而言，丰富的地下水会引起以下问题：① 水泥浆与集料的分离，严重削弱注浆圈强度；② 浆液注入盾尾间隙后水胶比差异大，局部形成水囊；③ 存在空洞，严重缺浆等现象，耐久性差；④ 附近水体及生物将遭到浆液扩散污染。因此，在解决浆液抗水分散问题的基础上才能解决浆液速凝问题。

鉴于此，从以下三方面进行试验研究：

（1）絮凝剂对同步注浆浆液抗水分散性影响分析。

（2）速凝剂对同步注浆浆液性能影响分析。

（3）絮凝剂和速凝剂适应性问题分析。

2. 试验材料

本试验及后续试验中所使用基本材料如下：

（1）水泥：本试验采用四川兰丰水泥有限公司生产的标号为 P.O 42.5 的普通硅酸盐水泥，其力学性能如表 6-4-5 所示。

表 6-4-5 水泥性能指标

标号	凝结时间 /h		抗折强度 /MPa		抗压强度 /MPa	
	初凝时间	终凝时间	3 d	28 d	3 d	28 d
P.O 42.5	2.5	4.0	5.2	8.1	22.0	45.0

（2）粉煤灰：产地四川省成都市，Ⅱ级灰。

（3）砂：当地普通河砂，细度模数 2.2 ~ 2.8，粒径小于 5 mm，堆积密度 1500 kg/m^3。

（4）水：采用成都普通生活用水，pH 测试值为 7.9。

（5）速凝剂：采用宏福建筑添加剂生产厂生产的液体速凝剂，细度小于 12.6%。

（6）絮凝剂：羟乙基甲基纤维素（HEMC），由甲基纤维素（MC）中引入环氧乙烷取代基制得，属于非离子型纤维素醚，呈白色或类白色粉末，无臭无味、能溶于冷水和部分有机溶剂，且在水溶液中比较稳定。其水溶液具有表面活性功能，可作为胶体保护剂、乳化剂和分散剂，具有增稠、悬浮成膜、保水等特性，广泛用于砌筑砂浆、自流平地面材料等领域。本试验选用的羟乙基甲基纤维素为 10 万黏度，纯度大于 98%。羟乙基纤维素（HEC），呈现白色或淡黄色，为无味、无毒的纤维状或者粉末状固体、溶于水，属非离子型可溶纤维素醚类，具有增稠、悬浮、黏合、乳化、保持水分等性能，根据黏度不同可分为 3 万黏度、10 万黏度等类型，本试验选用的羟乙基纤维素为 10 万黏度，纯度大于 98%。

3. 试验基础配比

在富水地层环境中，同步注浆浆液抗浮要求通常为胶凝时间短，但同时还必须具备抗水分散性能好、泌水率小、流动性能好、后期强度高等性能要求。

在目前工程实际中，用于盾构同步注浆浆液配比参数繁多，在诸多浆液配比影响因素中，结合本试验实际，以水胶比、灰粉比、胶砂比三个关键影响因子作为研究对象，进行浆液基本特性分析研究。通过大量相关工程实际调研以及文献统计，得到相关盾构隧道同步注浆材料配合比参考数据，如表6-4-6所示。

表6-4-6 相关盾构隧道同步注浆浆液配合比统计

项目名称	水	水泥	粉煤灰	砂	膨润土
武汉市轨道交通8号线一期	401	43	222	1233	68
常德沅江隧道	320	110	280	935	50
南昌市轨道交通3号线	420	125	320	750	125
成都地铁8号线一期工程	500	200	450	800	150
广州市轨道交通某标段盾构区间工程	540	120	380	660	80
武汉市轨道交通3号线	350	120	460	760	50
狮子洋隧道	344	150	430	750	50
成都地铁2号线东广场站—东洪路站	306~540	116~200	420~180	686~873	30~100
武汉地铁4号线六标段	275~465	90~260	180~140	800~1400	0~45
广州市轨道交通4号线	250	100	180	600	80
广州地铁2号线越三盾构区间	463~466	40~160	461~341	779	54~56
莞惠城际轨道交通	400	90	450	670	100
深圳地铁10号线华岗区间	380	130	300	630	50
南京宁高城际轨道交通禄口新城南站—铜山站区间	500	120	360	700	120
沈阳地铁1号线洪湖北街站—重工街站	580	210	315	1180	84
天津地铁6号线西站站—河北大街站区间	460~470	80~200	381~241	710~934	50~60

通过充分调研国内多条地铁线路现场施工用同步注浆材料配合比，以此为基础对浆液基本特性进行预实验，通过预实验观察到羟乙基甲基纤维素的掺入将会导致砂浆初凝时间及后期强度产生较大损失，若基础配合比中灰粉比、胶砂比较小，可能导致活性材料过少而引起抗水分散砂浆初凝时间长甚至不凝，将进一步影响后期强度。因此，本试验以水胶比0.8、灰粉比0.8、胶砂比0.7为基础配比，如表6-4-7所示。

表 6-4-7 试验基础配比

水胶比	灰粉比	胶砂比
0.8	0.8	0.7

4. 絮凝剂对同步注浆浆液性能影响分析

当普通水泥砂浆注入水中时，浆液中的水泥基团迅速扩散、沙砾沉底，浆液基本不胶凝，如图 6-4-11 所示。

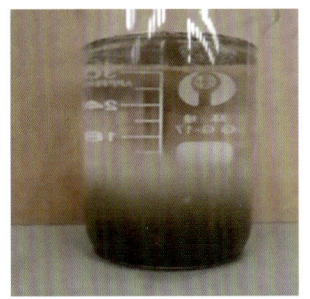

图 6-4-11 速凝水泥砂浆水中扩散形态

因此，为解决同步注浆浆液在水中胶凝问题，考虑在浆液中加入絮凝剂提高混凝土拌和物的黏度，从而提高它的抗水分散性。

在表 6-4-7 试验基础配比的基础上添加羟乙基甲基纤维素和羟乙基纤维素，絮凝剂掺量对浆液泌水率影响结果如图 6-4-12 所示。

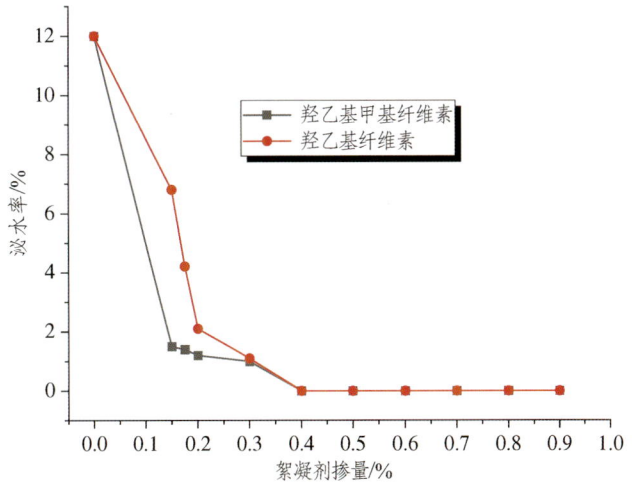

图 6-4-12 水泥砂浆泌水率随絮凝剂掺量变化曲线

由图 6-4-12 可知，随着羟乙基甲基纤维素掺量逐渐增加，同步注浆浆液泌水率呈现逐渐减小的趋势并最终无法直观测量，此时可认为泌水率为零。羟乙基甲基纤维和羟乙基纤维使浆液泌水率减小趋势差别很小，且掺量大于等于 0.4% 时，浆液泌水率都为零。

浆液流动度随絮凝剂掺量变化曲线如图 6-4-13 所示。由于流动度测试仪最大量程为 30 cm，故图中流动度值超过量程时仍用 30 cm 代替，以便更清楚地表现流动度变化规律。

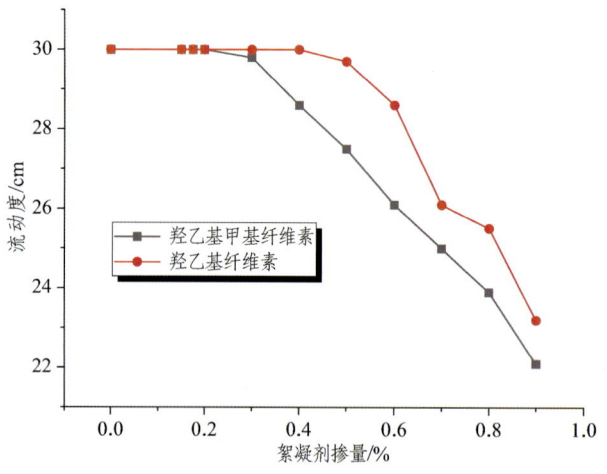

图 6-4-13　水泥砂浆流动度随絮凝剂掺量变化曲线

由图 6-4-13 可知，流动度与絮凝剂掺量表现出负相关关系，即随着絮凝剂掺量的增加砂浆流动度呈现逐渐减小的趋势，且水胶比越小时流动度减小趋势越明显。在未掺加絮凝剂时砂浆流动度均大于 30 cm，当分别掺加 0.9% 的羟乙基甲基纤维素和羟乙基纤维素后，砂浆流动度分别减小至 22.1 cm、23.2 cm。同时，羟乙基纤维相较羟乙基甲基纤维素对砂浆流动度影响较小，以砂浆流动度小于 30 cm 时絮凝掺量为例，此时，羟乙基纤维掺量大于 0.4%，而羟乙基甲基纤维素掺量大于 0.2%。

浆液初凝时间随絮凝剂掺量变化曲线如图 6-4-14 所示。

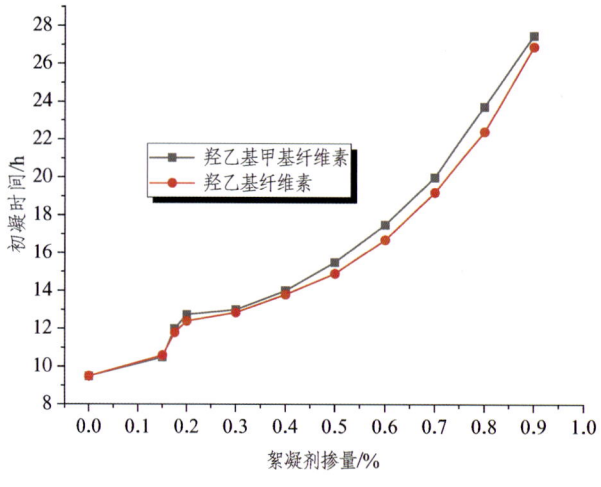

图 6-4-14　水泥砂浆初凝时间随絮凝剂掺量变化曲线

由图 6-4-14 可知，水泥砂浆初凝时间随絮凝剂掺量增加而逐渐延长，当羟乙基甲基纤维素和羟乙基纤维素掺量为 0.9% 时，砂浆初凝时间都大于 26 h。同时，两种絮凝剂掺量对水泥砂浆初凝时间影响规律基本一致，且羟乙基纤维素对砂浆初凝时间影响要小于羟乙基甲基纤维素，但两者差别不超过 6%。

絮凝剂掺量对水泥砂浆抗水分散性影响如图 6-4-15 所示。

（a）絮凝剂掺量 0.075%

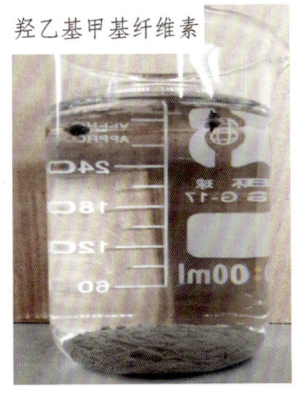

（b）絮凝剂掺量 0.175%

（c）絮凝剂掺量 0.4%

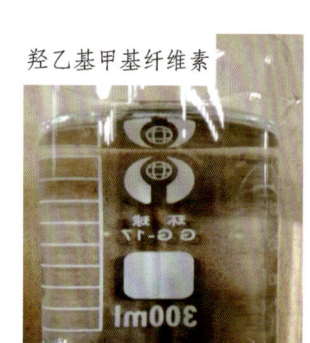 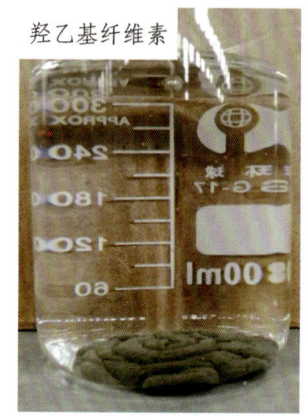

（d）絮凝剂掺量 0.6%

图 6-4-15　水泥砂浆抗水分散性随絮凝剂掺量变化图

由图 6-4-15 可知，随着絮凝剂掺量增加，水泥砂浆抗水分散性能增强，水溶液浑浊度降低。两种絮凝剂掺量对砂浆抗水分散性能影响规律一致，当絮凝剂掺量低于 0.4% 时，羟乙基甲基纤维素砂浆的抗水分散性略强于羟乙基纤维素，且絮凝剂掺量为 0.175% 时，羟乙基甲基纤维素砂浆加入到水溶液中时，水泥基团基本不扩散。

5. 速凝剂对同步注浆浆液性能影响分析

由上述试验可知，絮凝剂虽然能显著改善浆液的抗水分散性，但其凝结时间也相对延长，这对管片抗浮是不利的。因此，需要在保留浆液抗水分散性能的基础上减小其凝结时间，以获得一种抗水分散性能优良的速凝型浆液。

（1）速凝剂对絮凝剂水泥砂浆性能影响分析

采用速凝剂时，其增量由 0% 逐渐增加至 10%，其中 0% ~ 1.5% 区间增量为 0.3%，由 1.5% 增加至 2.0% 时增量为 0.5%，此后保持 2.0% 的增量直至 10%。甲酸钙和液体速凝剂对同步注浆浆液胶凝时间影响试验结果如图 6-4-16 所示。

由图 6-4-16 可知，浆液的胶凝速度随甲酸钙的掺量明显加快，在甲酸钙加入前浆液的初凝时间为 9.5 h，但当掺入 0.3% 的甲酸钙后初凝时间迅速缩短至 8.75 h，随着甲酸钙掺量的继续增加，浆液初凝时间持续缩短，至掺量为 10% 时，初凝时间已缩短至 0.54 h，同时可以看到甲酸钙掺量为 0% ~ 2% 时初凝时间变化量较大，而当掺量持续增加后初凝时间变化值大幅减小。与之相比，掺入液体速凝剂浆液初凝时间下降速度变快，当掺量大于 2% 时，初凝时间低于 3 h。

甲酸钙和液体速凝剂对同步注浆浆液流动性影响试验结果如图 6-4-17 所示。

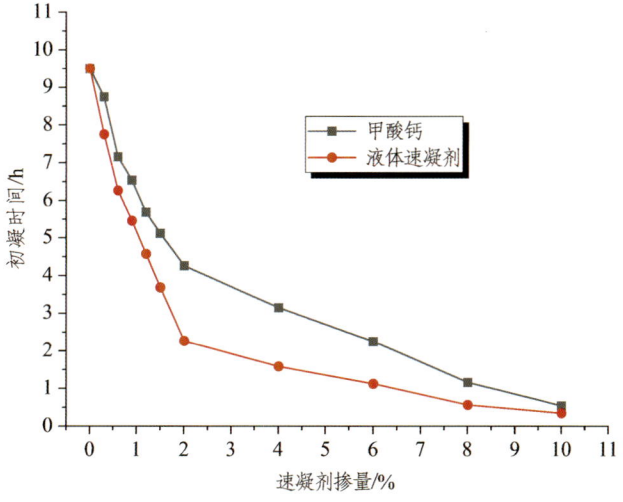

图 6-4-16　浆液初凝时间随速凝剂掺量变化曲线

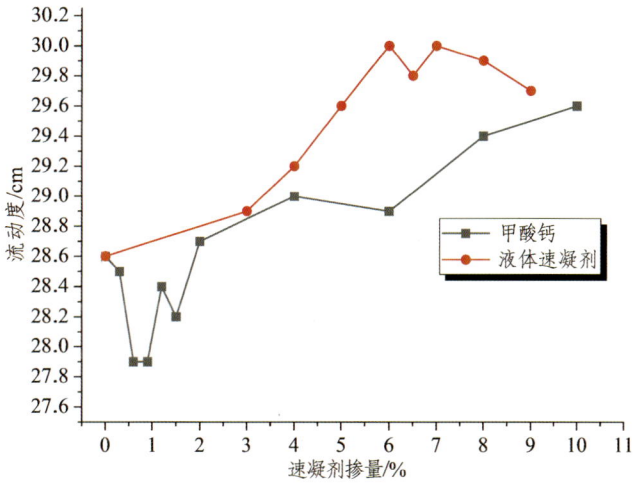

图 6-4-17　浆液流动度随速凝剂掺量变化曲线

随着甲酸钙的掺量逐渐增大，同步注浆浆液流动度基本差异不大，与不掺促凝剂时相比，在加入不同掺量的甲酸钙后，浆液流动度在 28.6 cm 附近小幅波动，且在甲酸钙较大掺量条件下，流动度有小幅提升。与之相比，随着液体速凝剂掺量逐渐增大，同步注浆浆液流动度略微增大，当掺量大于 6% 时，流动度在 29.8 cm 上下波动。

（2）速凝剂对絮凝剂水泥砂浆性能影响分析

经上述试验结果分析表明，絮凝剂能够增强砂浆在水下的抗分散性进而使砂浆能够在水下凝结，但会使砂浆的凝结时间延长；同时，速凝剂能够缩短砂浆凝结时间进而提高砂浆早期强度。因此复掺絮凝剂和速凝剂使砂浆具有抗水分散性和速凝的特性时，要考虑这两种外加剂的适应性。因此，研究考虑速凝剂甲酸钙、硫酸铝与絮凝剂羟乙基甲基纤维素、羟乙基纤维素两两组合的情况下对砂浆性能的影响，并得出最优同步注浆浆液配比范围。

絮凝剂与速凝剂两两组合中：甲酸钙和羟乙基纤维素、液体速凝剂和羟乙基甲基纤维素适应性较差，它们之间的反应产物会使水泥砂浆凝结时间延长、甚至不凝结。在多组试验对比后，考虑对甲酸钙和羟乙基甲基纤维素浆液配比进行优化。

根据羟乙基甲基纤维素掺量对砂浆性能影响试验结果，选取水胶比 0.8、灰粉比 0.8、胶砂比 0.7、羟乙基甲基纤维素掺量 0.4% 作为基础配合比，图 6-4-18 为抗水分散同步注浆流动度、初凝时间随甲酸钙掺量的变化曲线。

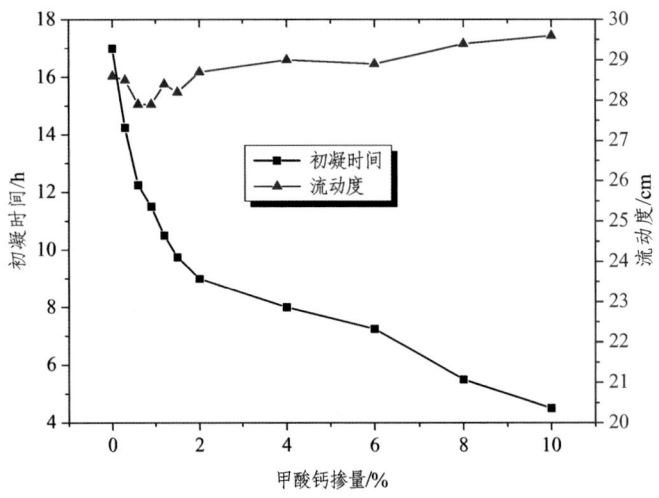

图 6-4-18　浆液流动度及初凝时间随甲酸钙掺量变化曲线

由图 6-4-18 可以看到，随着甲酸钙的掺量逐渐增大，同步注浆浆液流动度基本差异不大。与不掺促凝剂时相比，在加入不同掺量的促凝剂后，浆液流动度在 28.6 cm 附近小幅波动，且在甲酸钙较大掺量条件下，流动度有小幅提升。相比之下，浆液的胶凝速度随甲酸钙的掺量明显加快。由图中黑色曲线所示，在促凝剂加入前浆液的初凝时间为 17 h，但当掺入 0.3% 的甲酸钙后初凝时间迅速缩短至 14.25 h，随着甲酸钙掺量的继续增加，浆液初凝时间持续缩短，至掺量为 10% 时，初凝时间已缩短至 4.5 h。同时，可以看到甲酸钙掺量为 0%～2% 时初凝时间变化量较大，而当掺量持续增加后初凝时间变化值大幅减小。

进一步对甲酸钙不同掺量条件下絮凝型水泥浆液进行研究，图 6-4-19 为不同甲酸钙掺量时浆液流变模型拟合曲线。

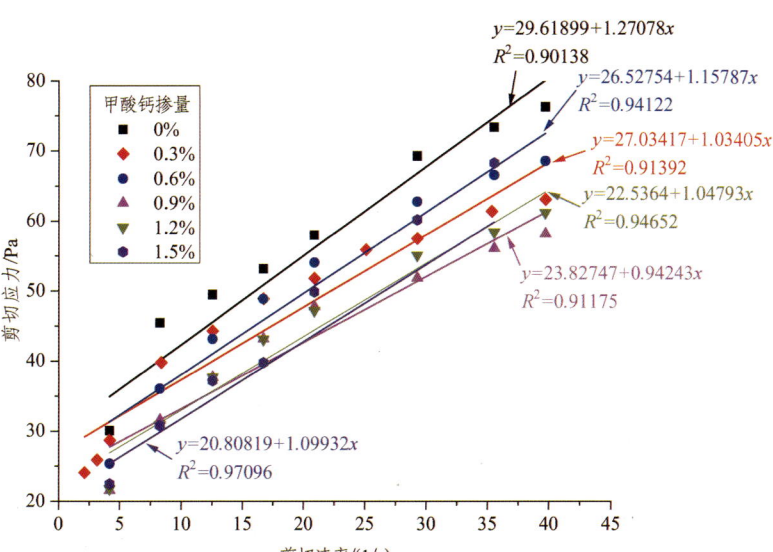

（a）拟合曲线

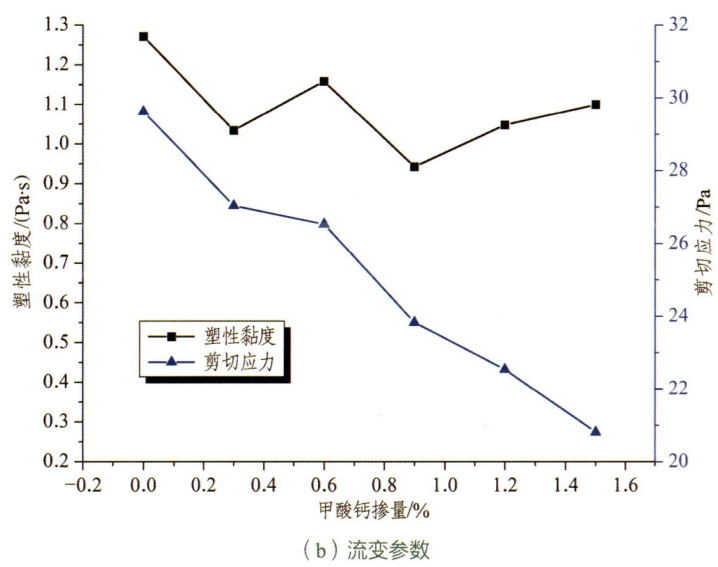

（b）流变参数

图 6-4-19　净浆流变参数随甲酸钙掺量变化曲线

由图 6-4-19 可以看到，甲酸钙的掺入会对净浆的流变参数产生一定程度的影响。随着甲酸钙的掺入量持续增加，浆液的塑性黏度及剪切应力存在小幅的减小趋势，这将会对浆液的抗水分散性能产生一定的削弱作用，但在甲酸钙掺量较小时这一影响并不明显。下面进一步分析甲酸钙掺量对抗压强度的影响。图 6-4-20 为不同龄期、不同入模方式砂浆抗压强度随甲酸钙掺量变化曲线。

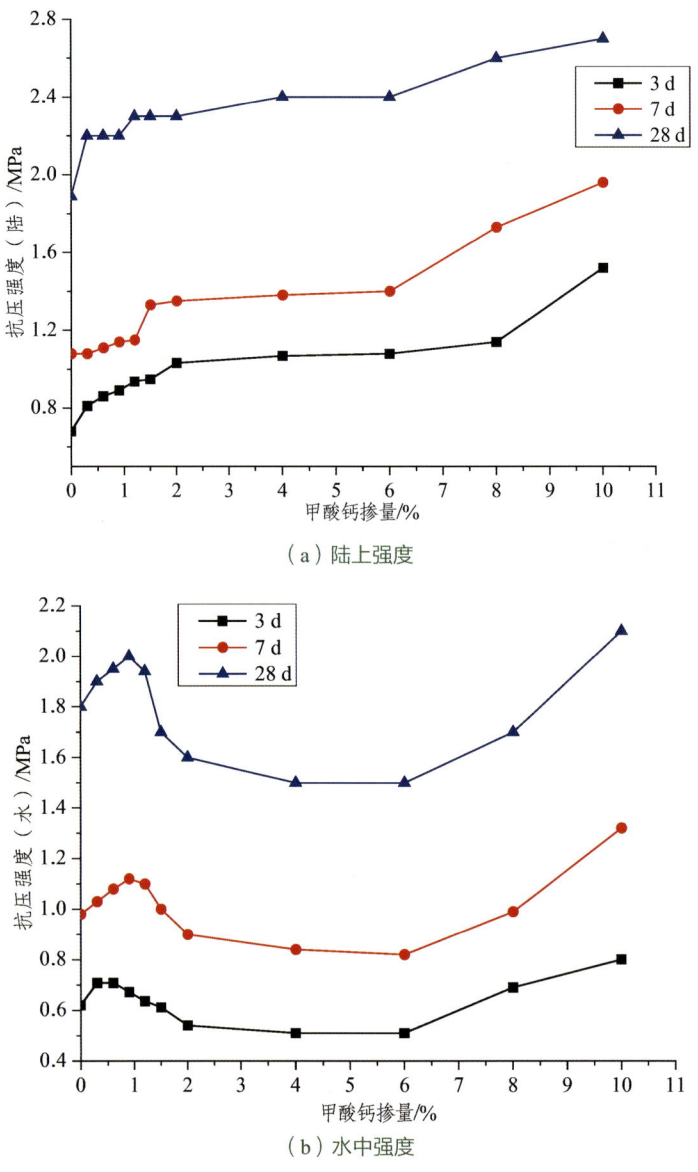

图 6-4-20 不同龄期抗压强度随甲酸钙掺量变化曲线

由图 6-4-20（a）可知，甲酸钙的掺量变化对不同龄期抗压强度增长明显，特别在 2% 掺量之前，3 d 抗压强度增长明显，而随着掺量的继续增加抗压强度增长不明显。而由图 6-4-20（b）可知，在甲酸钙掺量较小时，其对水中强度增长贡献明显。如甲酸钙掺量为 0.6% 时，3 d 龄期水中抗压强度为 0.71 MPa，而未掺促凝剂时抗压强度为 0.62 MPa。但随着甲酸钙的继续增加，促凝剂对水泥砂浆的抗分散性能衰减作用逐渐明显，促使水中强度呈现减小趋势。当促凝剂掺量超过 6% 后，水中抗压强度随掺量再次出现增长的趋势，尽管呈现出先增大后减小再增大的趋势，但抗压强度在数值上相差不大。

通过上述一系列试验可以发现，尽管甲酸钙的掺量增大会引起浆液的屈服剪切应力及塑性黏度相应的减小，从而对浆液抗水分散性能削弱产生一定的影响。但与此同时，甲酸钙在保证浆液原有高流动性及低泌水率的前提下，大大提升了浆液的水化反应速度及抗压强度，因此甲酸钙与羟乙基甲基纤维素复掺相容性较好。

基于上述试验，提出适用于富水硬岩地层的抗浮型同步注浆浆液配比如表 6-4-8 所示。

表 6-4-8 抗浮型同步注浆浆液配比

灰粉比	胶砂比	水胶比	羟乙基甲基纤维素 /%	甲酸钙 /%	初凝时间 /h
0.8	0.7	0.8	0.4	4.0	8.0
			0.5	9.0	6.8
			0.6	14.0	4.5
			0.7	18.0	3.5

6.5 本章小结

本章依托深圳地铁 13 号线留白区间，根据双模盾构现场施工管片上浮情况，采用资料调研和理论分析的方法，定性分析了管片上浮现象，并借助有限差分软件 FLAC^{3D}，建立双模盾构管片上浮三维模型，研究在浆液未凝结之前盾尾间隙未完全填充和完全填充情况下对管片结构力学特性的影响规律，同时分析管片堆载和速凝型浆液对管片上浮的控制效果。在此基础上，分析浆液控制管片上浮的性能指标，并研发新型同步注浆浆液。主要结论如下：

（1）在富水硬岩地层中，双模盾构施工管片上浮现象严重，主要是受工程地质、水文地质、衬砌背后注浆质量、盾构姿态等方面的影响，其中浆液的质量是控制管片上浮的关键因素。

（2）当浆液全部填充时，衬砌的最大上浮量为 1.97 cm，隧道管片衬砌整体上处于受压状态，拉应力主要分布在隧道拱顶、拱肩和拱底部分区域，最大拉应力出现在拱顶管片内侧的位置，其大小为 5.921 MPa；当浆液部分填充时，衬砌的最大上浮量为 2.70 cm，最大主应力仍然分布在管片衬砌拱顶位置的内侧，其大小为 9.044 MPa，与注浆材料完全填充时的工况相比增加了约 52.7%。因此，当施工过程中出现由于注浆材料非均匀填充导致的管片上浮问题时，应加强对盾构隧道管片衬砌安全性能的监测与评估，并适当提高量测频率。

（3）采用速凝型浆液和管片堆载措施能有效地控制管片上浮变形，该工况下管片的最大上浮量和最大错台量分别为 1.31 cm 和 1.56 mm，最大上浮量与不采取上浮措施相比分别降低了 51.48% 和 33.50%。此时，隧道支护结构的拉压应力均显著降低，管片的最大拉应力出现在隧道衬砌拱顶内侧，其数值为 3.04 MPa。采用抗浮措施之后，隧道周边的压应力分布更加均匀，且有效控制了盾构隧道管片衬砌的上浮现象，并能显著改善支护结构的受力特征，有利于隧道运营期的长期安全。

（4）针对同步注浆浆液性能方面的研究，随着纤维素醚掺量的增加，浆液的抗水分散性显著提升，当羟乙基甲基纤维素掺量为 0.4% 或羟乙基纤维素掺量为 0.6% 时，浆液加入水中已完全不分散；但随着纤维素醚掺量的增加，浆液的凝结时间显著延长，当纤维素醚掺量为 0.9% 时，其初凝时间已超过 24 h。因此，在此基础上进行浆液速凝试验，结果表明，速凝剂甲酸钙和羟乙基甲基纤维素适应性最好，甲酸钙在保证该浆液抗水分散性的基础上减小了其胶凝时间，提升了浆液的水化反应速度及抗压强度。

本章参考文献

［1］肖明清，封坤，张忆，等. 盾构隧道同步注浆浆液浮力引起的管片错台量分析［J］. 隧道建设（中英文），2021，41（12）：2048-2057.

［2］黄旭民，黄林冲，梁禹. 施工期同步注浆影响下盾构隧道管片纵向上浮特征分析与应用［J］. 岩土工程学报，2021，43（9）：1700-1707.

［3］郝志强，马林，陈林，等. 岩溶区盾构隧道管片的上浮影响因素及控制措施［J］. 建筑施工，2020，42（12）：2324-2327.

［4］刘鑫. 富水泥岩地层盾构施工管片上浮控制技术研究［J］. 四川水泥，2020（8）：114-115.

［5］赵青，张艺霞，赵军，等. 速凝抗水分散型水泥基注浆材料的制备及性能研究［J］. 功能材料，2020，51（6）：6114-6119+6157.

［6］阮雷. 高渗透富水地层盾构同步注浆抗水分散机理研究［D］. 成都：西南交通大学，2019.

［7］胡辉，张恒，刘晓迪，等. 泥岩地层盾构隧道施工管片上浮影响因素分析［J］. 公路，2018，63（12）：312-318.

［8］张雨帆. 盾构隧道施工期同步注浆引起隧道上浮及管片错台研究［D］. 成都：西南交通大学，2018.

［9］SHUCAI LI, RENTAI LIU, QINGSOMG ZHANG, et al. Protection against water or mud inrush in tunnels by grouting: A review［J］. Journal of Rock Mechanics and

Geotechnical Engineering，2016，8（5）：753-766.

[10] 张君，赵林，周佳媚，等. 盾构隧道管片上浮的机制研究［J］. 铁道标准设计，2016，60（10）：88-93.

[11] 董赛帅，杨平，姜春阳，等. 盾构隧道管片上浮机理与控制分析［J］. 地下空间与工程报，2016，12（1）：49-54.

[12] 袁东锋，邵晨霞. 水泥浆速凝早强剂掺量研究［J］. 建井技术，2015，36（4）：43-45.

[13] 袁敬强，陈卫忠，谭贤君，等. 速凝浆液抗分散性质与凝胶性能试验研究［J］. 岩石力学与工程学报，2015，34（5）：960-967.

[14] 刘源. 盾构掘进载荷特性及管片施工期上浮规律研究［D］. 杭州：浙江大学，2013.

[15] 田焜. 高性能盾构隧道同步注浆材料的研究与应用［D］. 武汉：武汉理工大学，2007.

第 7 章

盾构泥饼形成机理与防治措施

随着盾构法应用领域的不断拓宽和延伸，盾构掘进面临的地层也越发复杂。在这种背景下，双模盾构以其较强的地层适应性得到了越来越广泛的应用。双模盾构机在复杂地层中掘进时容易出现刀盘结饼、渣土滞排、刀具偏磨等问题。其中，刀盘结泥饼是个世界性的难题，直接关系到盾构掘进的安全性、经济性和工期的合理性，至今仍未有一种合适的方法能够彻底解决刀盘结泥饼的问题。

深圳地铁13号线盾构工程主要下穿强风化混合花岗岩地层，在盾构穿越上述地层时出现盾构掘进参数异常，结泥饼现象严重，期间开仓清理泥饼两次，严重影响施工进度。

本章针对双模盾构刀盘结泥饼问题进行了一系列的室内试验，包括土壤-金属界面法向拉拔试验、土壤-金属界面直剪试验和泥饼崩解试验。通过上述试验对双模盾构刀盘结泥饼机理进行了研究，并根据研究结论提出了双模盾构刀盘结泥饼的预防和处置措施。通过研究结果指导现场施工，起到了较好的效果，对其他类似工程具有一定的借鉴意义。

7.1 盾构泥饼形成机理

7.1.1 盾构刀盘泥饼机理研究现状

结泥饼是盾构切削渣土在刀盘和土舱内重新聚集形成固结或半固结的块状体的过程[8]。当面板式土压平衡盾构机在黏性地层掘进时，若刀盘设计及施工处治措施不当，刀盘上的刀具会逐渐被固结渣土糊住，导致切削地层时刀具贯入度降低，进而引起刀盘开口堵塞，降低掘进效率。刀盘上大体积的泥饼还会使得掘进参数波动异常，对施工和设备安全造成极大威胁。实际施工时，若刀盘堵塞没有得到及时处置，刀盘切削动能因摩擦生热而大部分转化为热能，在刀盘和开挖面上产生高温，刀盘上形成的泥饼会发生受热脱水固结等物理化学作用，进一步硬化，很难被去除。尽管目前已有不少国内外学者对泥饼形成机理、泥饼防治措施进行了大量研究，但仍未形成能够彻底有效解决盾构结泥饼发生的技术方法。

针对盾构刀盘结泥饼这一问题，国内外学者分别从不同的角度出发，针对如黏土与刀盘金属接触面的黏附机理、黏附剪切破坏形式、地层黏土特性、盾构施工设备阻塞的风险预测等，通过理论分析、室内试验、工程案例分析等方法进行研究，研究成果如下：

Tsubakihara（1993）[9]研究了界面粗糙程度对黏附剪切破坏形式的影响，Thewes（2003）[10]通过圆柱拉拔试验给出了预测盾构施工设备发生阻塞的风险预测图表。竺维彬（2003）[11]结合广州地铁隧道施工实际，指出黏土矿物（如高岭石族、伊利石族等)是形成泥饼的物质基础,当地层中黏土矿物含量超过25%时,结泥饼现象易发生。Thewes(2005)[12]将盾构施工设备的阻塞机制分为四种(见图7-1-1):①直接黏附;②桥接;③土颗粒相互黏聚;④土颗粒在水中不分解。

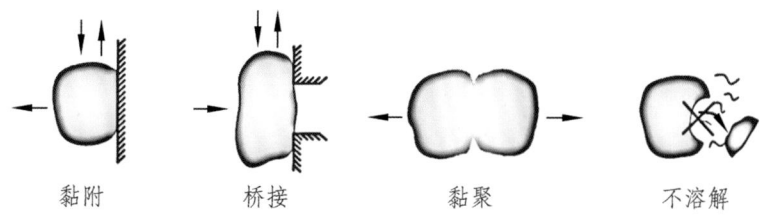

图7-1-1 黏土黏附盾构刀盘的四种作用机制(Thewes,2005)

陈乔松(2011)[13]等认为盾构机在可塑、硬塑状的地层中掘进时易形成泥饼,主要是由于地层黏土矿物颗粒丰富和盾构刀盘和刀具设计缺陷。董祥宽(2012)[14]依托重庆轨道交通6号线某区间隧道施工段,分析刀盘结泥饼原因,发现当土仓压力过高时,未及时通过螺旋机排除的渣土被挤压密实,最终附着在刀盘上形成泥饼。王明胜(2015)[15]结合南昌市轨道交通1号线某区间隧道工程,分析指出刀盘结泥饼主要是由于刀盘中心开口率过小以及泥水环流系统进浆管泥浆冲刷压力不足导致的。赵国栋(2017)[16]等结合武汉轨道交通8号线越江隧道施工中遇到的刀盘结泥饼现象,认为在富含大小不等的胶结黏土块的地层中,由于刀盘中心区域渣土流动性差,黏土块非常容易堆积并糊在刀盘中心,随着摩擦生热导致刀盘中心体反复升温(见图7-1-2)泥块板结形成泥饼。

邓如勇(2017)[17]对国内外学者关于盾构刀盘结泥饼问题的研究方法及成果进行了介绍总结,并通过对刀盘在掘进过程中的受力分析,建立了"梁桥模型"(见图7-1-3)和"黏性土滑坡模型"(见图7-1-4)来解释刀盘结泥饼及刀盘开口堵塞的机理。

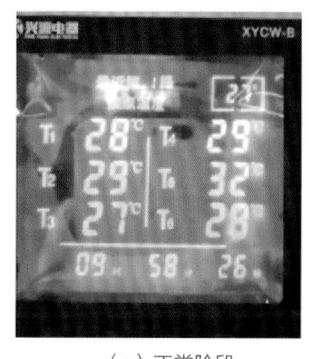 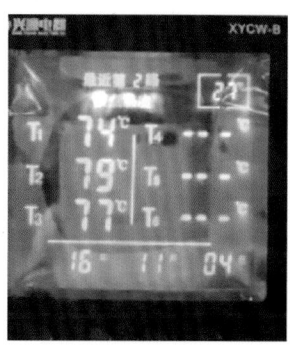

(a)正常阶段　　　　(b)非正常阶段图

图7-1-2 推进过程中刀盘中心块温度(赵国栋,2017)

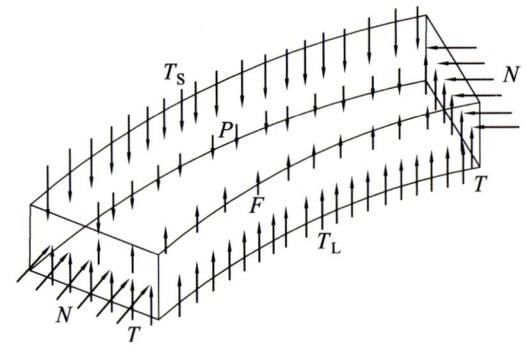

图 7-1-3 刀盘结泥饼梁桥分析模型（邓如勇，2017）

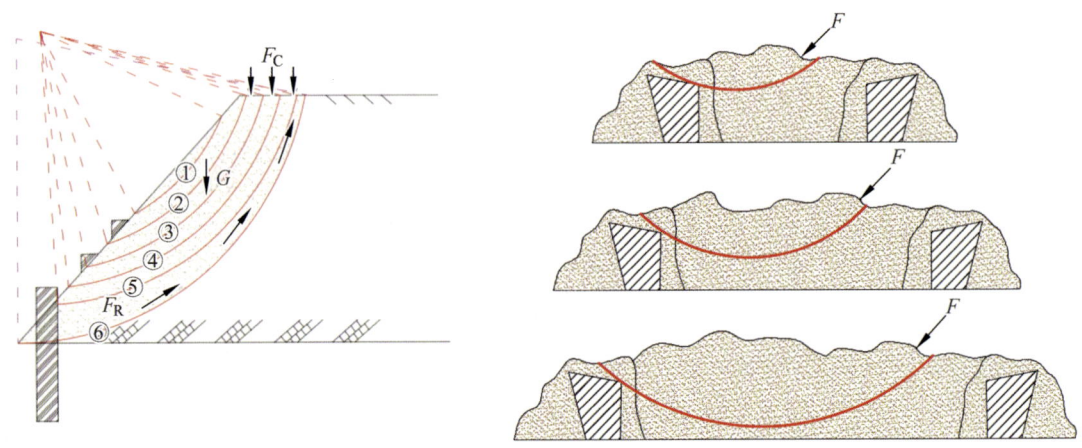

F_C—黏性土滑坡时滑体所受的外部超载；G—滑体自重；F_R—滑动面的抗滑阻力；
①~⑥—抗滑支挡结构在不同位置时的滑动面。

图 7-1-4　刀盘面板结泥饼受力状态与边坡稳定之间的关系（邓如勇，2017）

7.1.2　法向黏附力拉拔试验

通常所谓的土壤黏附，是指确定的界面黏附系统在确定的运动方式下或在确定的力学环境中产生的。不论界面黏附系统是静态的还是动态的，土壤黏附都是具体的、多变的，也是有规律的[18]。本试验通过改良团队自主设计的拉拔试验装置，设计法向黏附力试验方案，探究不同稠度指数、黏土颗粒含量、界面分离速度、界面条件等因素对法向黏附力大小及土壤-金属界面黏附情况的影响规律，系统总结出一套高可重复性的法向黏附力测试方法。

1. 法向黏附力定义

当土壤与非土壤固体材料紧密接触时，接触面会黏合在一起，黏合处与接触面垂直方向的抗拉强度或单位接触面法向投影面积的拉脱力，即称为土壤对非土壤材料的法向黏附力（见图 7-1-5），并用 F 表示为：

$$F = \frac{P}{A} \quad (7\text{-}1\text{-}1)$$

式中，P 为作用于土壤与非土壤固体材料接触面的垂直方向，使黏合面分开的拉脱力；A 为土壤与非土壤固体材料的接触面积，实际上是接触面在法向的投影面积。

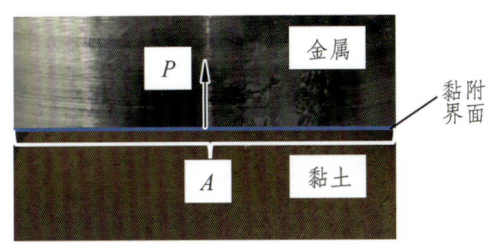

图 7-1-5　法向黏附力示意图

2. 界面黏附机理理论

黏土与金属表面产生强烈的界面黏附作用导致两者难以分离是泥饼形成乃至盾构堵塞的直接原因，许多学者都致力于黏附机理研究。其中，Fountaine[19]等提出的水膜理论引用最多。该理论认为：在相对干燥和粗糙的土壤中，土壤通过小水环黏附在界面上，水的表面张力控制着黏附力的大小；在相对潮湿的土壤中，水膜支配着黏附现象，单位面积的黏附强度等于水的张力。

在水环或水膜接触中，水膜毛细管力对黏附力起决定性作用，近似将拉普拉斯压力定为黏附力，如图 7-1-6 所示。

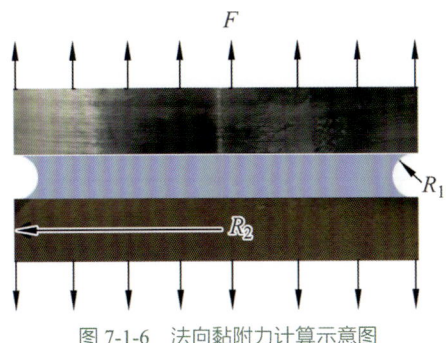

图 7-1-6　法向黏附力计算示意图

黏附力 F 表示为：

$$F = \pi \gamma R_2^2 \left(\frac{1}{R_1} - \frac{1}{R_2} \right) \quad (7\text{-}1\text{-}2)$$

式中，γ 为表面张力；R_1 为弯月面外侧半径；R_2 为水膜半径。

由式（7-1-2）可以看出，表面张力 γ 越大，黏附力越大，弯月面外侧半径 R_1 越小，黏附力越大，水膜半径 R_2 越大，黏附力越大。

当土壤的含水率增大时，水分张力下降，但界面接触状态由"水环接触"向"水膜接触"发展，进而黏附力 F 增大。当含水率继续增大，水分张力大幅下降，同时水膜面积已不再变化，水膜会变厚，黏附力会大幅下降。水膜的发展取决于土壤的两种物理力学性质，土壤水分张力和土壤渗透性，前者是控制该过程的发动机，即土壤内部基质吸引表面水分的能力，而后者则是该过程的变速器，即影响接触界面 - 土壤内部水分转移快慢的能力。

3. 试验土样选定

依托深圳地铁 13 号线留仙洞站—白芒站区间隧道盾构施工，隧道主体主要穿行于微风化花岗岩和微风化混合花岗岩，局部通过砾质黏性土、全风化花岗岩、强风化混合花岗岩等。其中，在区间右线穿越强风化混合花岗岩地层时（280~350 环），盾构参数异常，结泥饼严重，堵塞风险高，期间开仓清理泥饼、更换刀具两次，现场结泥饼情况如图 7-1-7 所示。

图 7-1-7　盾构结泥饼现场图

为了明确现场"泥饼"（见图 7-1-8）和强风化混合花岗岩的矿物成分组成，探究泥饼形成机理，对现场泥饼和强风化花岗岩取样并分别进行了 X 射线衍射（XRD）测试（见图 7-1-9），其矿物成分及比例见表 7-1-1、表 7-1-2。

图 7-1-8　现场"泥饼"实物

图 7-1-9　XRD 测试仪

表 7-1-1　现场"泥饼"矿物成分比例

土样类型	全岩矿物质量分数 /%						
	石英	钾长石	斜长石	针铁矿	高岭石	绿泥石	其他
泥饼	33.5	5.4	19.4	1.5	34.0	4.2	2

表 7-1-2　强风化混合花岗岩矿物成分比例

土样类型	全岩矿物质量分数 /%				
	高岭石	绿泥石	石英	伊蒙混层	其他
强风化混合花岗岩	85.4	5.2	2.5	4.2	2.7

依托上述 XRD 测试结果，同时为增强高岭土的环境响应程度[20]，试验主要用到的土样包括高岭土、蒙脱土、高蒙混合土（80% 高岭土 +20% 蒙脱土）、含砂高蒙混合土（50% 高蒙混合土 +50% 细砂）以及取自深圳地铁留仙洞站—白芒站区间的强风化混合花岗岩，含砂高蒙混合土用砂颗粒直径为 0.1 ~ 0.25 mm（见图 7-1-10），由高频振动筛分机（见图 7-1-11）制得。土壤黏粒是表面具有高度理化活性的粒级，它们是土壤活性的基础，当然也是土壤黏附的活性基础，这种活性的强弱与土壤黏粒含量有很大关系。有学者指出，当地层中的黏土矿物含量超过 25% 时，刀盘将发生结泥饼现象，为进一步探究土壤黏粒含量对黏附力的影响，增设不同黏粒含量的含砂高蒙混合土（75% 高蒙混合土 +25% 细砂、25% 高蒙混合土 +75% 细砂）的试验土样。

区间强风化混合花岗岩应根据试验项目取足够数量的土样，置于通风处凉干或烘箱烘干至可碾散为止。将风干或烘干的土样放在橡皮板上用木碾碾散，用筛分机筛去碾散的风干土样中大于 0.1 mm 的颗粒，满足《土工试验方法标准》（GB/T 50123—2019）中的试验要求（界限含水率试验小于 0.5 mm、直接剪切试验小于 2 mm、渗透试验小于 2 mm），取筛下足够试验用的土样，充分拌匀，装入保湿缸或塑料袋内备用。

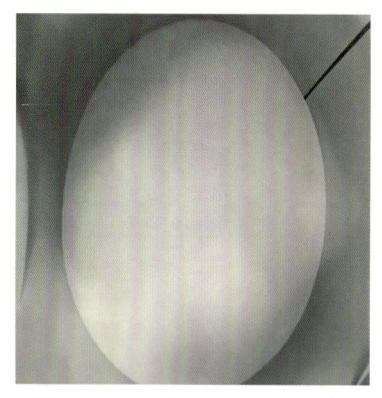

图 7-1-10　细砂（0.1～0.25 mm）

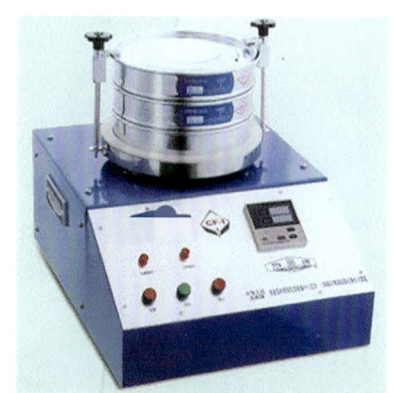

图 7-1-11　高频振动筛分机

4. 试验设备

为了研究土壤与金属表面的黏附力大小以及黏附力的影响因素，团队自主研发了界面黏附拉拔试验装置，主要包括电机、平台、支架、固定部件、压力传感器、传感器放大器、压锤、土盒、底座等部件，如图 7-1-12 所示。试验的主要原理是通过压力传感器测量金属从土壤表面拉起时产生的黏附力，同时对黏附的状态进行观察。

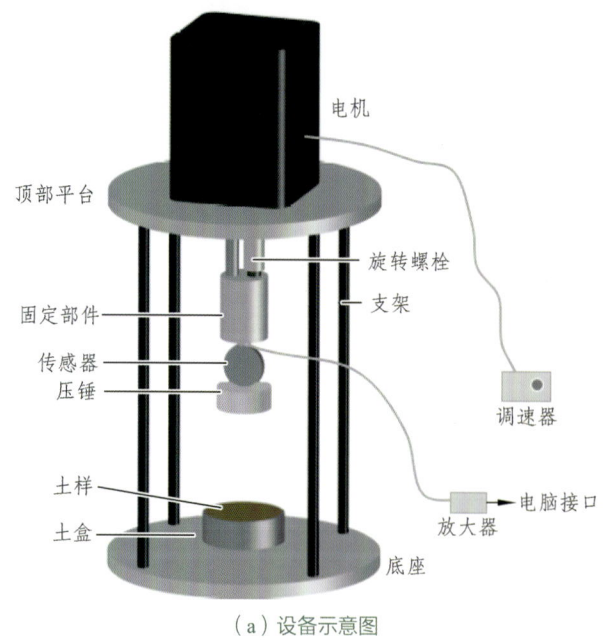

（a）设备示意图

（b）设备实物图

图 7-1-12　界面黏附拉拔试验装置

旋转电机下方与旋转螺栓连接，通过旋转驱动固定部件以一定速度向下运动，压力传感器连接在压锤上方，并外接到放大器，可以连接到电脑记录压力变化。土盒由下方螺栓固定在平台上，土盒内装有试验土样。土盒的内径为 6 cm，高度为 2 cm，压锤的直径为 3 cm，钢压锤与土壤接触面的表面粗糙度为 10 μm。压力传感器最大量程为 5 kg，精度为 3‰，配套的数据处理软件数据记录频率为 30 Hz。上方电机转速最大为 50 r/min，在标定后可以确定压锤沿垂直方向运动的速度。

5. 试验步骤

（1）将粉状原料与工业蒸馏水按照设定的比例拌和，拌和均匀后用密封盒将土样密封 12 h 以上再用于试验。

（2）从密封袋内取出制备好的预定含水率土样，以滑盖 A 为底，首先装入与土样湿度接近的圆纸片，避免土样黏附于滑盖内表面，出现试验表面不平整的问题。

（3）将土样分三次填入土盒中，每次填入后压实土样，尽量减少滞留空气，刮刀刮平表面多余土样后滑入滑盖 B，密封土样 5 min，保证土样中水分分布均匀。

（4）以滑盖 B 为底，将试验土盒整体固定在平台上，滑出滑盖 A，缓慢揭开表面圆纸片，开展拉拔试验。

（5）将悬有金属压锤的细线系在上部压力传感器上，同时将压力传感器连接线插入电脑，使用传感器数据处理软件观测压力数据，压力归零。

（6）利用传感器数据处理软件记录数据，打开旋转电机开关，使金属压锤向下移动，直至细线松弛，将 1.53 kg 标准砝码置于金属压锤上，此刻接触面压力等于标准砝码的重力（15 N）和金属压锤的重力（1 N）之和，总计 16 N，即 22.6 kPa，在该压力下保持 1 min。

（7）不扰动试验装置的前提下，卸去砝码，将电机设定到特定的转速并打开电机，使金属压锤以设定的速度向上移动，直至压锤及黏附土体完全脱离土盒中的土样表面，传感器输出的压力数据不再变化，关闭旋转电机，停止记录压力数据。

（8）重复步骤（1）~（7），取得 3 次测试数据。

界面拉拔试验也可以归纳为 6 个步骤，如图 7-1-13 所示。

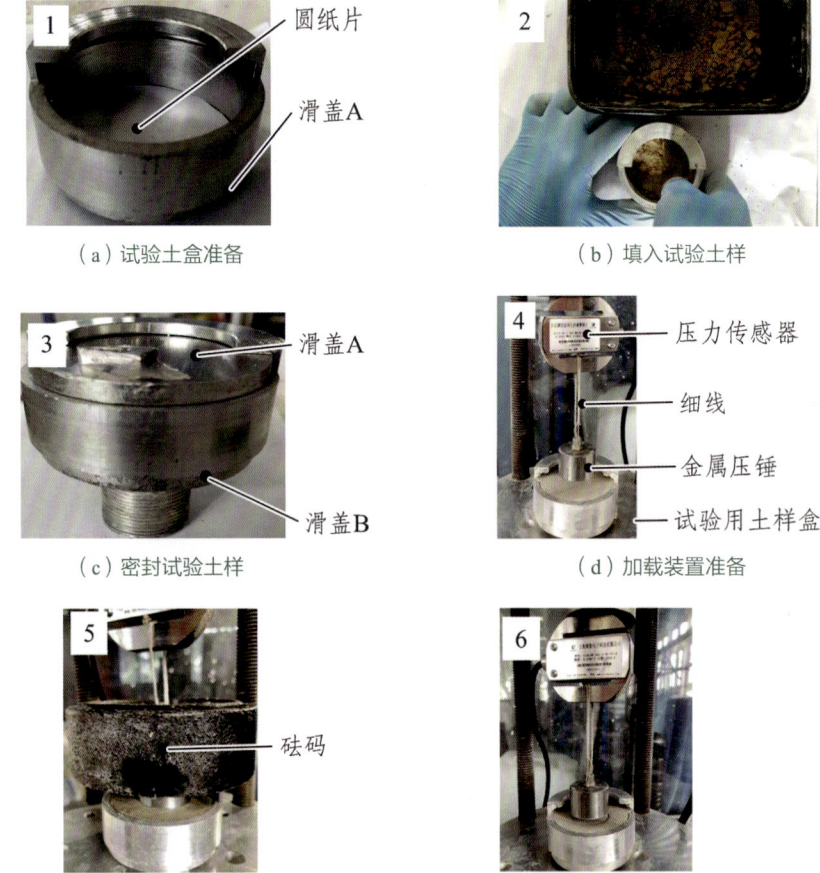

图 7-1-13　界面拉拔试验操作步骤

6. 试验结果

试验所采集的数据为压力传感器输出的压力大小。以稠度系数为 0.9 的高岭土土样在试验压力下加压 1 min 后以 5 mm/min 的拉拔速度进行拉拔得到的数据为例说明试验结果数据，数据如图 7-1-14 所示。

Ⅰ 阶段：金属压锤逐渐下落，此阶段压锤还未与土样表面接触，接触压力为 0，直至 A 点，金属压锤与土样表面开始产生接触。

Ⅱ 阶段：金属压锤与试验土样间的接触压力持续增大，当悬有金属压锤的细线松弛时，金属压锤完全落在试验土样上，此时，B 点对应的压力传感器显示值即为金属压锤的重力（1 N）。

Ⅲ 阶段：在金属压锤上方堆载标准砝码，此刻接触面压力等于标准砝码的重力（15 N）和金属压锤的重力（1 N）之和，总计 16 N，在该压力下保持 1 min。

Ⅳ阶段：在 C 点时卸去砝码，并打开旋转电机开关，压锤开始以设定的速度向上运动，接触压力也开始减小；在 D 点时接触压力变为 0，然后接触压力变为负值，即有黏附力产生；在 E 点时黏附力达到最大值，也是土样要从金属表面脱离所需要的最小拉力值，将该值与接触面积（即金属压锤表面积）的应力换算值作为该工况下的黏附力值，压锤继续向上运动；在 F 点时压锤完全与土样表面脱离。

Ⅴ阶段：该阶段金属压锤与试验土样完全脱离。

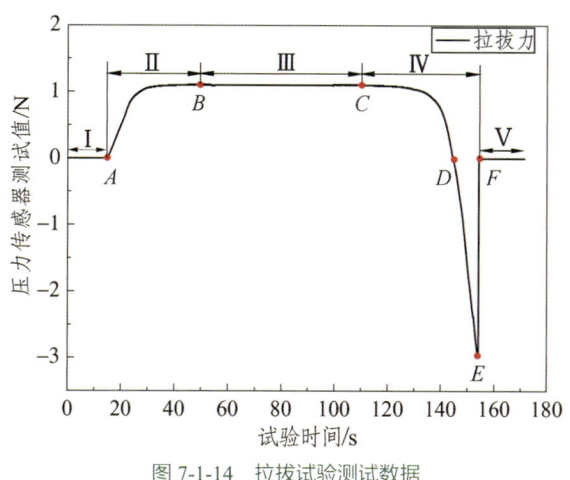

图 7-1-14 拉拔试验测试数据

以高岭土为例，拉拔试验完成后压锤界面如图 7-1-15 所示。

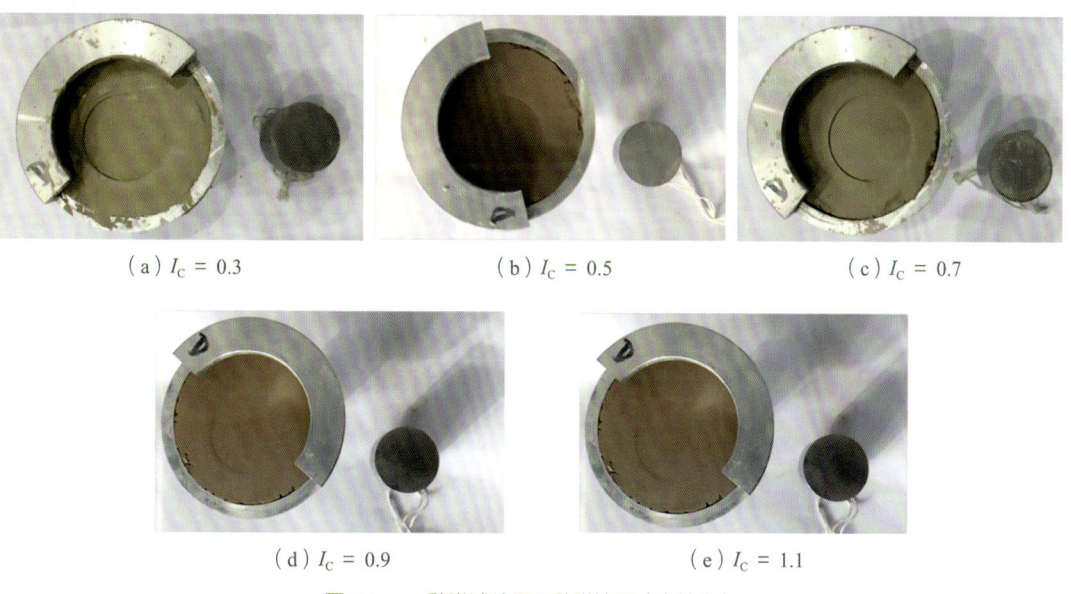

(a) $I_C = 0.3$ (b) $I_C = 0.5$ (c) $I_C = 0.7$

(d) $I_C = 0.9$ (e) $I_C = 1.1$

图 7-1-15 黏附试验界面黏附情况（高岭土）

7. 结 论

本节主要研究了土样稠度指数、黏土颗粒含量、界面是否润湿、界面拉拔速度这4个因素对法向黏附力的影响。主要试验结论如下：

（1）水膜理论表明：在相对干燥和粗糙的土壤中，土壤通过小水环黏附在界面上，水的表面张力控制着黏附力的大小；在相对潮湿的土壤中，水膜支配着黏附现象，单位面积的黏附强度等于水的张力。当土壤的含水率增大时，水分张力下降，但界面接触状态由"水环接触"向"水膜接触"发展，进而黏附力 F 增大。当含水率继续增大，水分张力大幅下降，同时水膜面积已不再变化，水膜会变厚，黏附力会大幅下降。

（2）试验土样的液限、塑限随着黏土颗粒含量的增大而提升，渗透性则随着黏土颗粒含量的增大而降低。

（3）试验土样法向黏附力与稠度指数的关系曲线均为"钟形曲线"，呈现出两边低、中间高的趋势；到达峰值点前，随稠度指数的减小（即含水率的增大），法向黏附力持续增大，此阶段的界面接触状态由"点接触"到"水环接触"再到"水膜接触"发展，在峰值点处刚好形成完整水膜，法向黏附力最大；之后法向黏附力随着稠度指数的进一步减小而降低，这是界面水膜厚度逐渐增大导致的。

（4）随着试验土壤黏粒含量的增加，其峰值法向黏附力也相应增加；同时，峰值点对应的稠度指数也有所不同，低黏粒含量的试验土样的法向黏附力的峰值点均在稠度指数0.7附近，高黏粒含量的试验土样的法向黏附力的峰值点均在稠度指数0.5附近，这说明随着稠度指数的减小（含水率的增加），黏粒含量越少的土样越快达到峰值法向黏附力，界面完整水膜成膜的速度也更快。

（5）土壤-金属界面水膜发展阶段决定了法向黏附力的发展趋势，润湿土壤表面可加速界面水膜发展，对法向黏附力大小影响很大。

（6）接触界面水膜发展阶段不同，试验土样随拉拔速度的改变呈现出截然不同变化趋势。若界面水膜基本或完全形成，拉拔速度较慢时，土壤中的水分可以流动到界面对水膜形成补给，水膜厚度增大，而拉拔速度较快时，由于无法获得土壤中水分的补给，土壤颗粒与金属界面间的水膜厚度基本不变，水膜面积也基本不变，因此黏附力会较大；若界面水膜尚未形成，拉拔速度较慢时，土壤中的水分可以流动到界面加速水膜形成，水环接触面积增大，法向黏附力增大，而拉拔速度较快时，由于无法获得土壤中水分的补给，土壤颗粒与金属界面间的界面接触状态未发生改变。

（7）水膜的发展取决于土壤的两种物理力学性质，土壤水分张力和土壤渗透性，前者是控制该过程的发动机，即土壤内部基质吸引表面水分的能力，而后者则是该过程的变速器，即影响接触界面-土壤内部水分转移快慢的能力。

7.1.3 切向黏附力直剪试验

现场盾构施工过程中，刀盘相对于土体的运动以切向运动为主，仅仅从法向黏附力试验结果来表征试验土样的黏附特性，可靠性及说服力低。因此，本章明确切向黏附力定义，改良传统直剪试验装置，以测出土壤-金属界面切向黏附力值，探究不同稠度指数、黏土颗粒含量、金属材料类别对切向黏附力的影响规律，系统总结出一套高可重复性的切向黏附力测试方法。

1. 切向黏附力定义

土壤沿非土壤固体表面滑动，或非土壤固体材料在土壤上滑动，受到土壤阻力为：

$$\tau = C_a + N\tan\varphi \tag{7-1-3}$$

式中，C_a 是由土壤黏附造成的阻力，即切向黏附力（见图 7-1-16）；N 是单位面积法向正压力；是土壤对非土壤固体材料的摩擦角，不同固体材料对土壤的摩擦角是不一样的。

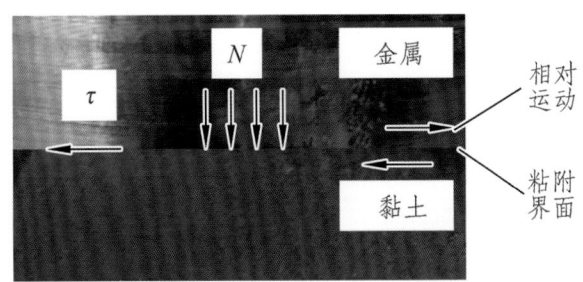

图 7-1-16 切向黏附力示意图

C_a 的实测和计算方法如下：

根据上述公式，以 N（单位面积法向正压力）为横坐标，（土壤阻力）为纵坐标，绘制土壤阻力与单位面积法向正压力的关系曲线图，该直线在轴上的截距即为 C_a，直线的斜率 K 即为 $\tan\varphi$，故 $\varphi = \arctan K$，亦可求出不同固体材料对土壤的摩擦角。

2. 改良直剪试验设备

现场盾构施工过程中，刀盘相对于土体的运动以切向运动为主。已有学者发现，如果界面剪应力大于黏土剪切强度（即黏聚力加上摩擦成分），但是小于黏土与金属的黏附剪切强度（即黏附力加上黏附摩擦成分），堵塞就会发生。在剪切试验方面，Kooistra[21]等曾提出黏土与金属界面发生的剪切作用大致可以分为两类，如图7-1-17所示。Tsubakihara[22]等指出黏附剪切随界面粗糙度变化呈现出三种破坏形式：高粗糙度下，剪切发生在土体内部；低粗糙度下，黏土在金属表面整体滑移；当粗糙度介于两者之间时，土样内部发生部分滑移、部分剪切破坏。本试验设备控制金属界面在低粗糙度条件下，界面粗糙度为10 μm，黏土在金属表面整体滑移，剪切面位置如图7-1-17（a）所示。

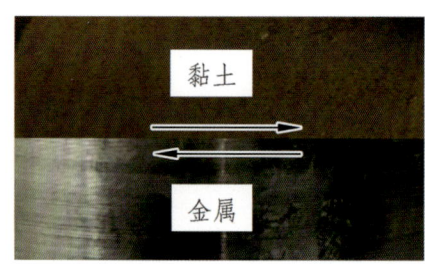 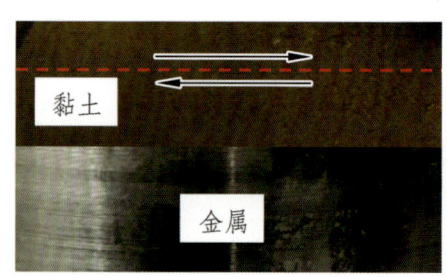

（a）黏附剪切强度　　　　　　　　（b）黏土剪切强度

图7-1-17　剪切面位置

传统的直剪试验装置用于测定土与土之间的抗剪强度，为了研究土壤与金属表面的切向黏附力大小以及黏附力的影响因素，对传统直剪装置进行了一定程度的改进，将剪切面下部试验土样替换为试验金属块，如图7-1-18所示，以测得土样与金属表面的切向黏附强度。

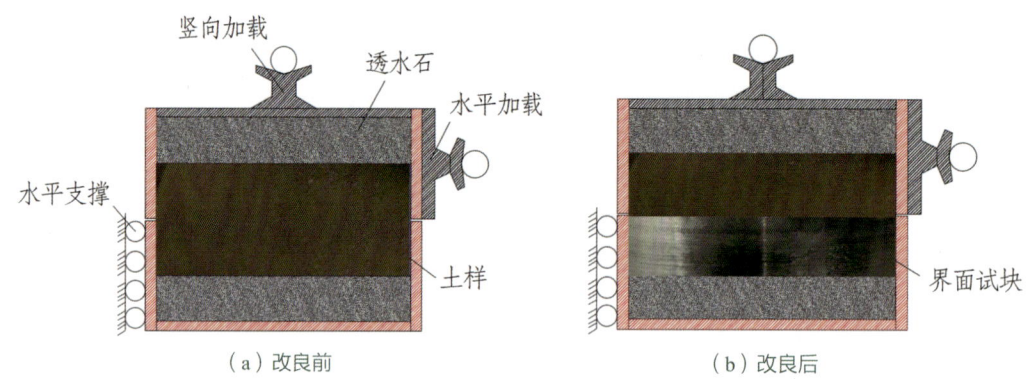

（a）改良前　　　　　　　　　　　（b）改良后

图7-1-18　改良直剪装置示意图

3. 改良直剪试验方案

（1）土样制备

对于单一矿物成分黏土，如高岭土和蒙脱土，直接使用粉状原料与工业蒸馏水按照设定的比例拌和来制备土样，拌和均匀后用密封盒将土样密封 12 h 以上再用于试验。

对于多矿物成分混合土样，如高蒙混合土（80% 高 +20% 蒙）、含砂高蒙混合土（75% 混 +25% 砂）、含砂高蒙混合土（50% 混 +50% 砂）、含砂高蒙混合土（25% 混 +75% 砂），首先将高岭土、蒙脱土、石英砂三种基础土样按设定比例混合，混合均匀后再与工业蒸馏水按试验比例拌和均匀，最后用密封盒将土样密封 12 h 以上再用于试验。

对于强风化混合花岗岩土样，在试验前先将现场取回土样用烘箱完全烘干，然后将土样粉碎，并用筛子筛去大于 0.25 mm 的颗粒，将所获得的粉状土样与蒸馏水按照比例拌和，同样密封 12 h 以上后即获得用于试验的土样。

（2）试验步骤

在土样制备完成后即可正式开始试验，试验的具体步骤如下：

① 对准剪切容器上下盒，插入固定销，在下盒内放金属块，将带有试样的环刀刃口向上，对准剪切盒口，在试样上放滤纸和透水板，将试样小心地推入剪切盒内。

② 移动传动装置，使上盒前端钢珠刚好与测力计接触，依次放上传压板、加压框架，安装垂直位移和水平位移量测装置，并调至零位或测记初读数。

③ 根据工程实际和土的软硬程度施加各级垂直压力，对松软试样垂直压力应分级施加，以防土样挤出，施加垂直压力后，每 1 h 测读垂直变形一次，直至试样固结变形稳定，变形稳定标准为每小时不大于 0.005 mm。

④ 拔去固定销，以 0.8 mm/min 的剪切速度进行剪切，试样每产生剪切位移 0.2 ~ 0.4 mm 测记测力计和位移读数，直至测力计读数出现峰值，应继续剪切至剪切位移为 4 mm 时停机，记下破坏值。

⑤ 剪切结束，吸去盒内积水，退去剪切力和垂直压力，移动加压框架，取出试样，观测接触界面黏附情况。

⑥ 以测力计读数为纵坐标，剪切位移为横坐标，绘制测力计读数与剪切位移关系曲线，取曲线上剪应力的峰值为土壤阻力 τ。

改良直剪试验操作步骤可归纳为 4 步，如图 7-1-19 所示。

土壤阻力计算公式如下：

$$\tau = \frac{C \cdot R}{A_0} \times 10 \qquad (7\text{-}1\text{-}4)$$

式中，τ 为土壤阻力（kPa）；C 为量力环校正系数（kPa/0.01 mm）；R 为量力环测微表读数（0.01 mm）。

根据上述公式所示，以 N（单位面积法向正压力）为横坐标，（土壤阻力）为纵坐标，绘制土壤阻力与单位面积法向正压力的关系曲线图，该直线在 τ 轴上的截距即为切向黏附力 C_a，直线的斜率 K 即为 $\tan\varphi$，故 $\varphi = \arctan K$，亦可求出不同固体材料对土壤的摩擦角。

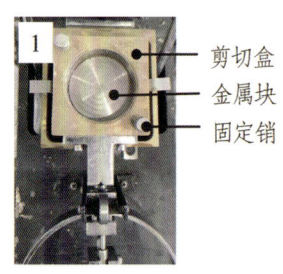
（a）固定剪切盒并放置金属块

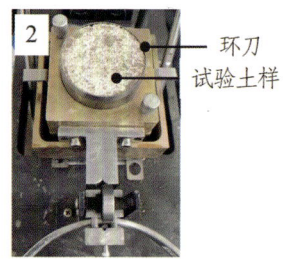
（b）填入试验土样

（c）试验分级加载

（d）剪切土样

图 7-1-19　改良直剪试验操作步骤

4. 结　论

本节主要明确了切向黏附力的定义，改良了传统直剪试验装置，以测出土壤-金属界面切向黏附力值，探究了不同稠度指数、黏土颗粒含量、金属材料类别对切向黏附力的影响规律，主要结论如下：

（1）黏附剪切随界面粗糙度变化呈现出三种破坏形式：高粗糙度下，剪切发生在土体内部；低粗糙度下，黏土在金属表面整体滑移；当粗糙度介于两者之间时，土样内部发生部分滑移、部分剪切破坏。

（2）试验土样切向黏附力和摩擦角在稠度指数 0.5 附近稳定在极小值，这是由于此时水膜已完全形成，抗剪能力差。高岭土、蒙脱土、高蒙混合土、强风化混合花岗岩的切向黏附力随着稠度指数的降低，即含水率的增大，变化趋势与摩擦角基本一致，呈 L 形曲线变化，先迅速减小后稳定，最大值点在稠度指数 1.1 附近，含砂高蒙混合土则呈钟形曲线变化，峰值点在稠度指数 0.9 附近。

（3）随着试验土壤黏粒含量的增加，石英砂含量的减少，峰值切向黏附力逐渐增大。

含砂高蒙混合土的切向黏附力随稠度指数的变化呈钟形曲线变化，最大值点在稠度指数 0.9 附近，这是由于该类土在稠度指数 1.1 附近时，尽管其土壤阻力很大，但摩擦角也很大，即摩擦成分占比很高，因此切向黏附力反而很低，当稠度指数减小至 0.9 附近时，摩擦角随之减小，即摩擦成分占比减小，与稠度指数 1.1 时的土壤阻力相比，稠度指数 0.9 的土壤阻力虽低但切向黏附成分占比较高，切向黏附力较大。

（4）金属材料类别对切向黏附力的影响有限。

7.2 盾构泥饼形成特性

参照《土工试验方法标准》（GB/T 50123—2019）[22]，通过室内试验，对泥饼的密度、含水量、界限含水量、颗粒级配、矿物成分、微观结构等特性指标进行测定。

7.2.1 泥饼密度、干密度及含水率测试

泥饼的密度可以反映其经高压作用形成后的密实程度，也是影响泥饼处理难易程度的重要指标。泥饼的含水率则是影响泥饼与刀盘金属界面之间黏附作用大小的重要因素。而含水率和密度作为土体直接物理性质指标，可用来换算土体间接物理性质指标，如饱和度、干密度、孔隙率等。

根据《土工试验方法标准》（GB/T 50123—2019）及泥饼的性状，本节采用环刀法测定泥饼密度，将原状泥饼从保鲜袋（膜）中取出，整平泥饼两端，将环刀刃口向下放在泥饼试样上，配合使用切土刀，将环刀垂直平稳地压入泥饼中，削去两端余土，使用电子秤称出环刀与泥饼的质量后，从中减去环刀的质量，即可算出环刀内泥饼的质量，将其除以环刀的容积，即为泥饼的密度。为了保证试验准确，在环刀内壁涂上薄薄一层凡士林以减少摩擦力对泥饼的扰动，压入环刀时及时使用削土刀削去环刀周围的土，本次试验进行两次平行测定，两次平行测定的差值须不大于 0.03 g/cm，取其算术平均数。

采用烘干法对泥饼含水率进行测定，将土样放入称量盒，置零称重得到湿重 m_1，然后放入烘箱，温度调至 100 ℃，烘干 24 h 后取出，待冷却后称重得到干重 m_2，经计算得到含水率为：

$$\omega = \frac{m_1 - m_2}{m_2} \times 100 \quad (7\text{-}2\text{-}1)$$

式中，ω 为泥饼试样的含水率（%）。

本次烘干法测定泥饼含水率进行两次平行测定,两次平行测定的差值须不大于1%,取其算术平均数。

由于泥饼离开土仓后所暴露的环境不同,泥饼的含水率将发生变化,尽管如前文所述,泥饼试样是使用保鲜袋(膜)将其密封后带回实验室的,但带回来的泥饼含水率是否发生较大变化无法保证,因此在施工现场将泥饼带回地面,使用酒精燃烧法测定泥饼含水率,取泥饼约10 g放入质量为m_0的称重盒,称取质量m_1后,用滴管向土样注入高浓度酒精至出现自由液面并与泥饼试样均匀混合,点燃酒精,烧至火焰熄灭,待试样冷却后重复进行第二、第三次燃烧后,盖好称量盒称出质量m_2,可计算出泥饼含水率为:

$$\omega = \frac{m_1 - m_2}{m_2 - m_0} \times 100 \qquad (7\text{-}2\text{-}2)$$

式中,ω为泥饼试样的含水率(%)。

本次酒精燃烧法测定泥饼含水率进行两次平行测定,两次平行测定的差值须不大于1%,取其算术平均数。

经试样结果可知,实验室烘干法与现场酒精燃烧法所测定泥饼试样含水率差别甚微,取其平均数得到泥饼的含水率指标,经换算获得干密度,泥饼的基本物理指标见表7-2-1。

表7-2-1 泥饼的基本物理指标

试样	密度ρ/(g/cm^3)	干密度ρ_d/(g/cm^3)	含水率ω/%	饱和含水率/%
泥饼	1.782	1.604	11.07	19.83

7.2.2 泥饼试样颗粒粒径级配试验

由于无法准确判断刀盘上形成的泥饼是在哪一环形成的,所以通过测试地层原状土的颗粒粒径级配来判断泥饼成因不够严谨。因此,针对泥饼本身,测定其颗粒粒径级配对研究泥饼成因有着重要意义。

本节使用"筛分法+激光粒度检测法"对泥饼试样的颗粒粒径级配进行测定,具体步骤如下:

(1)取泥饼试样300 g,使用烘箱烘干后放在橡皮板上,待冷却后用土碾将泥饼试样充分碾散,将碾散的泥饼放入盛有清水的烧杯中,使用电动搅拌器充分搅拌使之充分浸润、颗粒分离。

(2)将烧杯中的混合液过2 mm细筛,称出筛上的土烘干称重得到粒径大于2 mm的土的质量。

（3）用同样的方法分别称重得到粒径为 0.075 ~ 0.1 mm、0.1 ~ 0.25 mm、0.25 ~ 0.5 mm、0.5 ~ 1 mm、1 ~ 2 mm 的土的质量。

（4）将小于 0.075 mm 的泥饼试样部分采用激光粒度分析仪进一步测定粒径。

筛分仪及激光粒度分析仪如图 7-2-1 所示。

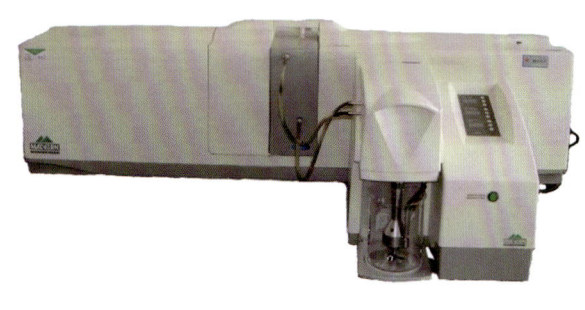

图 7-2-1　筛分仪器及激光粒度分析仪照片

将试验结果绘制成泥饼土样粒度级配曲线，如图 7-2-2 所示。

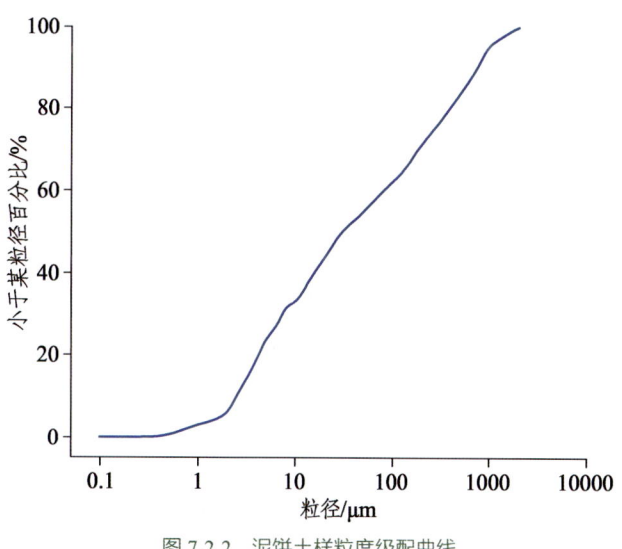

图 7-2-2　泥饼土样粒度级配曲线

由图 7-2-2 不难发现，泥饼主要由粉粒和黏粒组成，约占泥饼总含量的 59.43%，其中黏粒约占泥饼总质量的 24.1%。泥饼粒径分布较为广泛，有较好的连续性。

233

7.2.3 泥饼界限含水率试验

液限含水率和塑限含水率是黏性土非常重要的指标，它们分别表示土在含水率逐渐增大过程中由半固态到塑态和由塑态到液体的界限含水率[23]。目前，国内采用最多的是塑液限联合测定法，它将质量为 76 g、锥角为 30°的圆锥用光电控制的方法使其在自重下经过 5 s 沉入试杯中的土膏内的深度达到 17 mm 和 2 mm 时所对应的含水量分别定义为液限和塑限。对三个不同含水率的土膏进行测定即可用双对数作图得到沉入深度与含水率的关系图，一般为直线。通常来说，泥饼与刀盘界面之间的黏附力与土的含水率有关，当处于液限和塑限之间时黏附力较大，且随含水率的增加成抛物线变化[24]。因此，泥饼试样的液限含水率与塑限含水率的测定对刀盘结泥饼成因分析有着重要意义。

为获得泥饼试样的界限含水率，采用 LP-100D 土壤液塑限联合测定仪（见图 7-2-3）对泥饼试样进行室内液塑限试验。首先将泥饼碾散后过 0.5 mm 筛，然后调制成三种不同含水率的土膏，密封保湿一天后进行试验。

由试验结果得到了泥饼试样的塑限含水率、液限含水率，经过换算后得到泥饼试验的塑性指数、液性指数，具体见表 7-2-2。

表 7-2-2 泥饼的界限含水率指标

试样	塑限 /%	液限 /%
泥饼	15.2	26.4

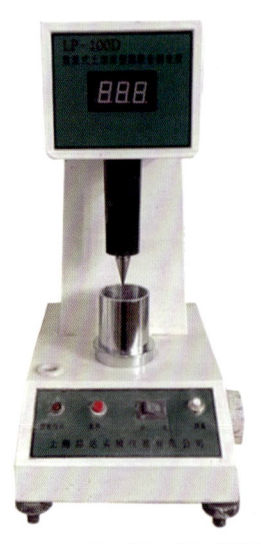

图 7-2-3 土壤液塑限联合测定仪

7.2.4 泥饼矿物成分测定

泥饼的形成很大程度上是受地层土中矿物成分的影响，然而盾构隧道工程往往很长，所跨越的地层不尽相同，刀盘结泥饼是一个持续累积的过程，很难准确判断刀盘上形成的泥饼是在什么地层土形成的，因此针对泥饼本身，通过测定泥饼试样的矿物成分，以便分析研究其形成的原因。

一般来说，土的矿物成分测定指的主要是对伊利石、高岭石、蒙脱石等黏土矿物，因为这些不同的黏性矿物有着不同的化学成分和晶格构造，它们决定了细粒土的物理化学成分，对土性影响最活跃，同时对这些黏性矿物的测定也最为复杂。工程上测定土的矿物成分常用方法有 X 射线粉晶分析法和差热分析法两种。X 射线粉晶分析法是以 X 射线射入黏性矿物晶格时会产生不同的衍射图谱和数据为基础，定性或半定性地判断土的矿物组成。由于黏土矿物的成分、晶格构造及物理化学性质不同，其出现热反应特征也不同，差热分析法就是通过加热黏土矿物，根据黏土矿物的热差曲线特性对土中的矿物作出鉴定。

由于试验条件限制，同时《参考土工试验方法标准》（GB/T 50123—2019）推荐的方法，本节选择对泥饼进行了 X 射线衍射（XRD）测试，测试结果如图 7-2-4 所示。

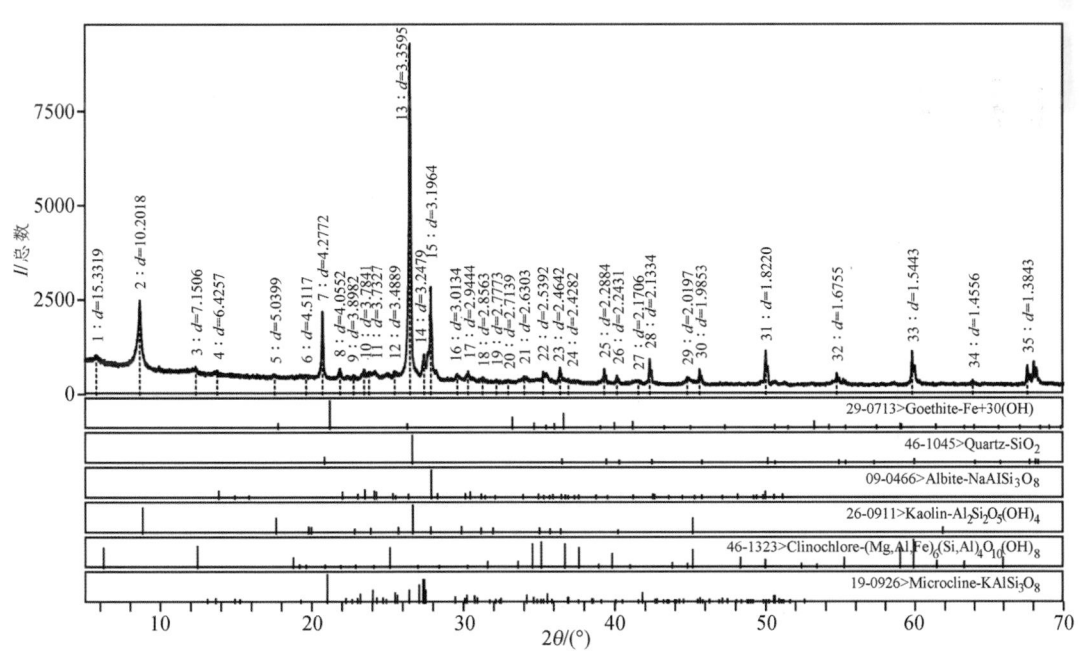

图 7-2-4　泥饼 X 射线衍射测试结果

泥饼的矿物成分中黏土矿物主要为高岭石，其含量与石英比例约为 1∶1，故试验自制泥饼时使用的高岭土与配好的标准砂比例为 1∶1。

7.2.5 泥饼微观结构特征

典型的土体的工程性质问题往往与其微观结构特征有很大关系，土的微观结构特性一般从骨架颗粒的特性与胶结物的特性两个方面来认识分析。骨架结构主要包括：骨架颗粒的形态，如碎屑矿物的粒状、粗粒外包黏粒或细粒胶结的集粒状、凝块状；骨架颗粒的接触关系，如点接触、面接触；骨架颗粒的排序方式，如粒状排列、架空排列、蜂窝排列。胶结物特性包括胶结物的种类，如黏性矿物、碳酸钙；胶结物的聚集形状，如薄膜状、镶嵌状、团聚状；胶结物的胶结类型，如接触式、基底式、接触-基底式。这些特性的变化将带来不同的基础物理力学性质。因此，本节通过扫描电镜试验对泥饼试样的微观结构进行观察，对泥饼结构微观结构特性作描述性的揭示，根据其矿物成分测定结果，进一步分析泥饼生成的内在机理。

扫描电子显微镜（Scaning Electron Microscope，SEM）法是利用聚焦的高能电子束对试样表面扫描，接收因扫描产生离散的电子信息并经放大生成试样表面形貌的图像。

为了研究泥饼的微观结构，本节使用专业的扫描电子显微系统（见图7-2-5）对泥饼试样进行微结构分析。由于土体是一种非导体材料，因而需要先在泥饼试样表面喷镀一层均匀的金膜，然后连同基座放入扫描电镜仪器中，调节位置，选取代表性的区域拍照，获得泥饼试样的扫描电镜图像。本节对泥饼试样分别进行了30倍、400倍、2000倍的放大观察，其扫描电镜图像如图7-2-6所示。

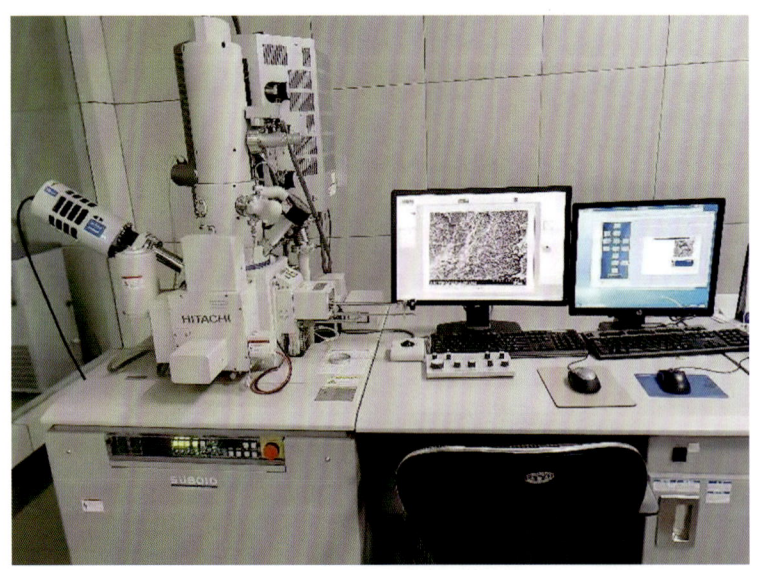

图7-2-5 扫描电镜设备照片

(a) SEM-30倍  (b) SEM-400倍

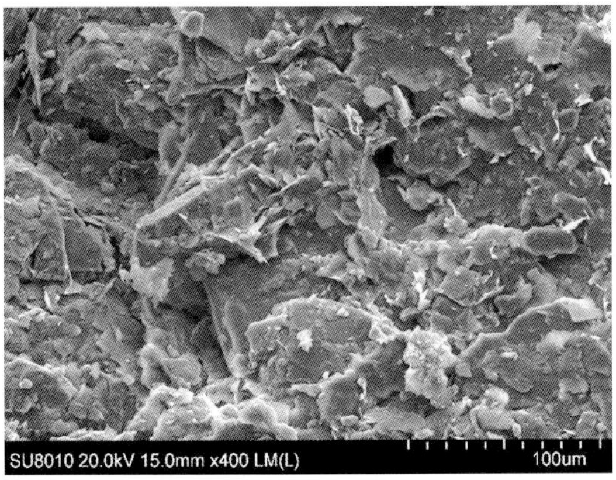

(c) SEM-400倍  (d) SEM-2 000倍

图 7-2-6　泥饼扫描电镜照片

从图 7-2-6 可以看出，泥饼内部颗粒呈现为片状，黏土矿物晶片较厚，片层边缘棱角锋利，整体结构多呈现为不规则叠片状，接触形式以面 - 面接触、面 - 边接触为主，粒团孔隙不发育，结构较为致密，这使得泥饼清理难度较大。

7.3　盾构泥饼防治措施

7.3.1　工程概况

盾构堵塞防治研究依托 13 号线留仙洞—白芒区间右线工程盾构 280～350 环，研究段地层分布纵断面见图 7-3-1，主要穿越强风化混合花岗岩（土状），呈褐灰、褐黄、灰白色，原岩结构大部分破坏，除石英、长石外其余矿物大部分风化为黏性土，残余较多岩碎屑，手捏易碎，岩芯呈土柱状、砂土状、碎屑状，遇水易软化崩解，施工刀具易结泥饼，使刀具失去切削作用，盾构推力虽大而刀盘不能贯入。土仓中心泥饼还使土仓调节容积变小，导致土仓压力波动不稳，严重时引起盾构堵塞，应合理配置添加剂进行渣土改良。

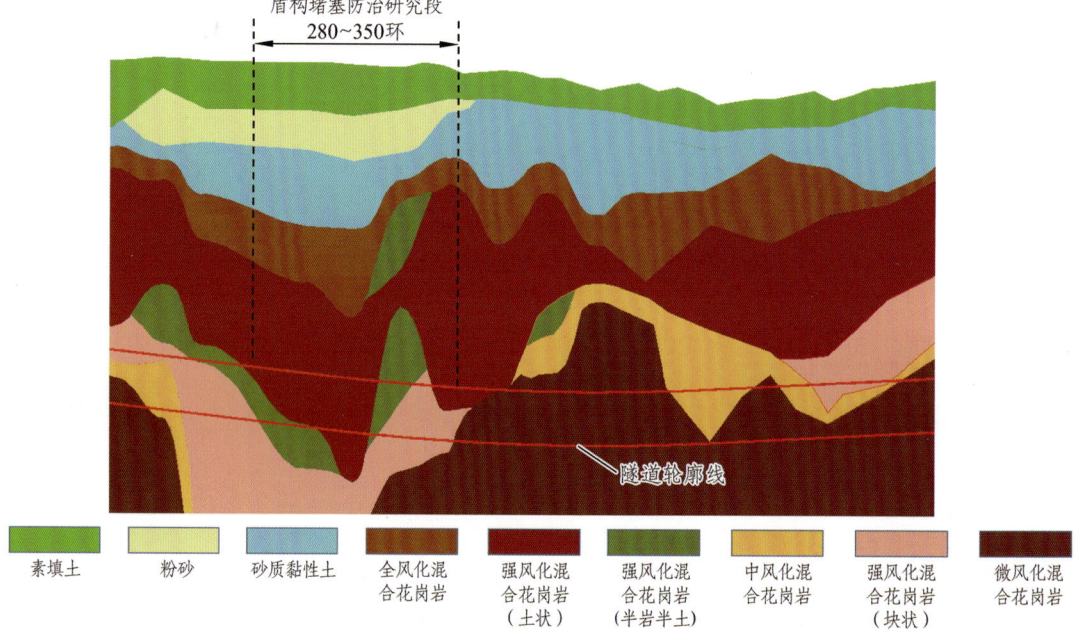

图 7-3-1　留仙洞站—白芒站盾构区间地层分布纵断面图

7.3.2　盾构泥饼预防措施

1. 盾构机针对性配置

基于区间地层易结泥饼的特性，为提升盾构机的地层适应性，降低盾构堵塞风险，本工程参考国内已有盾构工程实例及相关的盾构技术规范，按照适用性、可靠性、经济性相统一的原则进行盾构机针对性配置。

（1）刀具针对性设计

刀盘配有刮刀、边刮刀，刮刀的主要作用是将先行刀具切削下来的渣土及时收集到土仓内，降低刀盘面板磨损，边刮刀的主要作用是清理外围开挖渣土，防止刀盘外圆直接磨损。刀盘刮刀采用大合金设计，宽 200 mm，侧面堆焊耐磨合金条，刀座焊接保护块，及时收集渣土的同时又可有效防止切刀表面形成刀盘泥饼。

（2）渣土改良系统针对性设计

掘进过程中注意盾构出土的渣样分析，渣样温度及时检测，同时使用分散性泡沫剂掘进，减少结泥饼的概率，保证盾构掘进顺畅。泡沫混合方式设计为预混合，配置的泡沫发生器为孔隙式泡沫发生器，泡沫发生器有两个注入口，一个注入气体，另一个注入配制好的基液和发泡剂的混合液体。该泡沫发生器的主要特点是利用填充物间的空隙产生均匀细小的泡沫，在结构上强化了气液两相流体的高速紊态流动，液体分散成薄膜状以增大与气体的接触面积，发泡效果好。泡沫系统采用8路单管单泵设计，泡沫注入量大，渣土改良均匀，具体技术参数见表7-3-1。

表 7-3-1 泡沫注入系统技术参数

项目	技术参数	单位
泡沫原液泵功率	0.75	kW
泡沫注入量	5～300	L/h
混合液泵功率	8×1.5	kW
混合液泵流量	8×（5～25）	L/min
泡沫发生器数量	8	个
泡沫箱容积	1	m^3
混合液箱搅拌功率	2×0.75	kW
泡沫混合箱容积	2	m^3

（3）螺旋输送机针对性设计

在螺旋输送机筒体上设置有渣土改良口，预留了高分子聚合物和膨润土注入口，以缓解螺旋输送机的喷渣压力。

（4）人舱针对性设计

人舱根据盾体空间采用最大空间设计原则，最大限度提供舒适安全的作业环境。人舱压缩空气是通过安装在拖车上的空气压缩机提供的，供应管路上还配有相应的活性炭过滤器和安全阀。本工程双模式盾构主要是在TBM模式下掘进，不配置人舱，在原有人舱位置布置换刀平台，方便人员进出土仓进行刀具维修、检查和换刀作业。

2. 改良剂配置

（1）改良剂选择

泥饼实质是盾构切削渣土在刀盘和土舱内重新聚集形成的固结或半固结块状体。因此，渣土的物理力学性质是影响泥饼形成乃至盾构堵塞的关键因素，渣土改良也就成为盾构堵塞防治的关键技术，并已被大量的工程实践所证实。本节以取自深圳地铁留仙洞站—白芒站盾构区间且处于Ⅵ级盾构堵塞风险的稠度指数 0.9 的强风化混合花岗岩（法向黏附力 3.94 kPa，切向黏附力 36.28 kPa）为试验土样，探究不同改良方式，如含水率优化、注入分散剂、注入泡沫剂对降低其盾构堵塞风险的影响。

三种改良方法的改良效果如图 7-3-2 至图 7-3-4 所示。

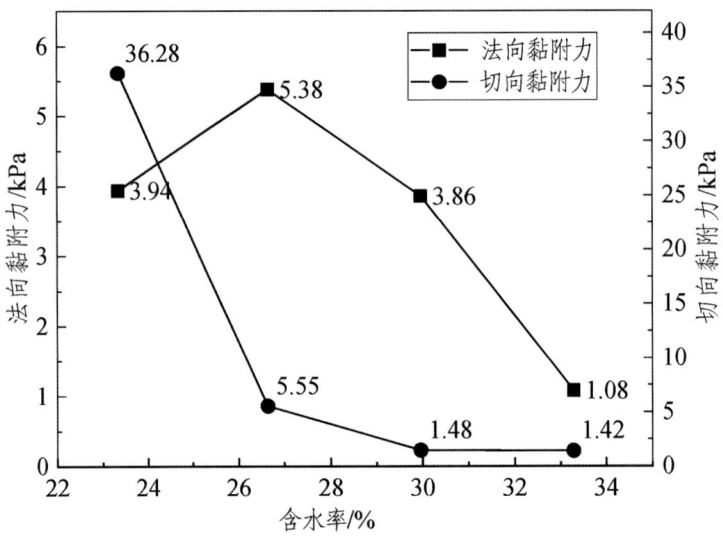

图 7-3-2　含水率优化对法向、切向黏附力的影响

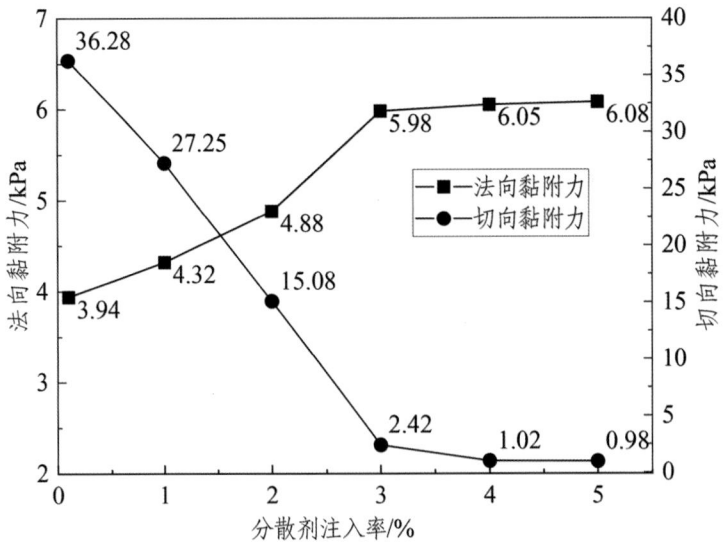

图 7-3-3　注入分散剂对法向、切向黏附力的影响

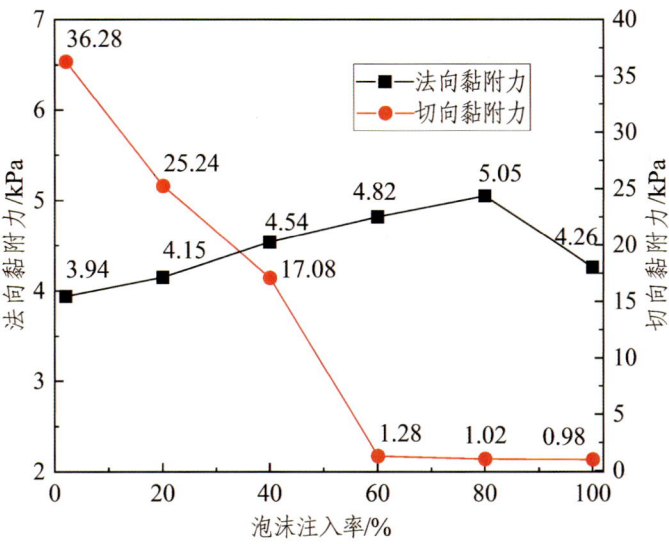

图 7-3-4　注入泡沫对法向、切向黏附力的影响

仅从切向黏附力角度来看，当三种改良方法的注入率达到一定程度时，切向黏附力均能趋于一较小值，此时渣土具备一定的流动性和较小的内摩擦角，能够降低渣土在刀盘上形成团聚体的概率。

虽然三种方法都能取得较好的改良作用，但也都存在一定的问题。含水率优化虽然成本低廉，对环境影响小。但实际施工中，当土仓内渣土含水率过高时，掌子面的支护压力很难保证，螺旋输送机的喷涌风险也会大大增加。另外，受限于黏土地层低渗透性的特点，注入的水很难与渣土充分混合形成均匀的渣土介质。分散剂改良方法的不足在于分散剂发挥作用所需的时间较长，所需的能量较大，当土体含水率较低且渗透性较小时，分散剂难以快速与土体充分混合，结合水释放缓慢，具有一定的局限性。泡沫剂改良方法的不足在于气泡的寿命较短，泡沫注入地层一段时间后，泡沫会破裂，土体流塑性会迅速降低。

从喷涌风险、渣土改良成本和环境保护角度考虑，实际施工中应选择合理的切向黏附力，不可一味追求减小切向黏附力。

对比上述渣土改良方案并结合现场施工经验，泡沫剂改良方法具有响应速度快和各地层适应性强的特点，更适用于深圳地铁留仙洞站—白芒站盾构区间强风化混合花岗岩地层的渣土改良，并且泡沫寿命较短的缺陷可以通过适当降低发泡气液比的方法来克服，所以最终的渣土改良方案为：泡沫剂浓度为3%，泡沫气液比为10，注入率为60%。

（2）改良效果分析

深圳地铁13号线在280～350环下穿强风化混合花岗岩地层，施工中刀盘结泥饼严重，主要表现为盾构机推力、扭矩增大，刀盘转速、掘进速度减小，严重影响了盾构施工速度。在317环和334环时进行了开仓清理泥饼，并采用了上述泡沫剂改良方案。根据现场实测盾构机掘进参数，把开仓清理泥饼作为时间节点，将整个盾构机掘进过程划分为三个阶段：第一阶段（280～317环），未开仓，未进行渣土改良；第二阶段（317～334环），开仓清理泥饼并进行渣土改良；第三阶段（334～350环），开仓清理泥饼并进行渣土改良。将每一阶段的推力、扭矩、刀盘转速、掘进速度取平均值，汇总整理如表7-3-2所示。

表 7-3-2　泡沫剂改良前后盾构掘进参数

掘进参数	环号		
	280～317环	317～334环	334～350环
推力平均值/kN	29950	25140	20340
扭矩平均值/(kN·m)	2714	2362	2083
刀盘转速平均值/(r/min)	1.29	1.4	1.63
掘进速度/(mm/min)	24.62	27.26	31.00

由表7-3-2可知，采取泡沫剂改良后盾构机的掘进参数有了较大的改善。第一次开仓后盾构机平均推力为25140 kN，与改良前相比降低了4810 kN，下降幅度为16%；第二次开仓后盾构机推力平均值为20340 kN，与改良前相比降低了9610 kN，下降幅度为32%。第一次开仓后盾构机平均扭矩为2362 kN·m，与改良前相比降低了352 kN·m，下降幅度为13%；第二次开仓后盾构机扭矩平均值为2083 kN·m，与改良前相比降低了631 kN，下降幅度为23%。第一次开仓后盾构机平均刀盘转速为1.4 r/min，与改良前相比提高了0.11 r/min，增长幅度为9%；第二次开仓后盾构机刀盘转速平均值为1.63 r/min，与改良前相比提高了0.34 r/min，增长幅度为26%。第一次开仓后盾构机平均掘进速度为27.26 mm/min，与改良前相比提高了2.64 mm/min，增长幅度为10%；第二次开仓后盾构机刀盘转速平均值为31 mm/min，与改良前相比提高了6.38 mm/min，增长幅度为26%。

综上所述，盾构机穿越强风化混合花岗岩地层时，有极大的结泥饼风险，刀盘结泥饼在掘进参数上表现为盾构机推力、扭矩的上升以及刀盘转速和掘进速度的下降，开仓清理泥饼并采用泡沫剂改良方案后，盾构机掘进参数有显著改善，掘进效率大大提升。但在实际应用中也发现，在317环开仓清理泥饼并采用泡沫剂改良后，在334环又出现了刀盘结泥饼现象，只能再次进行开仓清理泥饼，这说明采取泡沫剂改良后并不能杜绝刀盘结泥饼的现象。这可能与地层含水率较低，泡沫容易破裂有关，因此在实际工程中采用泡沫剂改良方案应事先进行室内试验,以确定该地层适合泡沫改良的含水率,并在泡沫改良的同时向地层中注水以确保泡沫改良效果。本工程中采用的渣土改良方法可以为类似工程提供借鉴和参考。

7.3.3 泥饼崩解特性分析

目前,在实际工程中,盾构机刀盘发生结泥饼现象时,为了避免开仓处理带来的安全隐患及工期的延长,常常通过盾构机上原有泡沫管路向盾构机的刀盘和土仓中注入泡沫剂溶液、分散剂溶液、草酸等溶液处理刀盘上的泥饼。经过数小时的浸泡,刀盘上的泥饼不断崩解,随着刀盘的低速转动,刀盘上的泥饼逐渐脱离,刀盘结泥饼问题得到有效处理。本章通过改进的崩解仪对原状泥饼进行崩解试验,对不同浸泡溶液的溶剂种类、不同溶液浓度、不同泥饼尺寸、不同泥饼初始含水率、不同烘干温度以及不同干湿循环次数等试验条件下泥饼的崩解性进行研究,进一步分析化学分散溶液及其他因素对泥饼崩解效能的影响规律。

1. 岩土崩解机理

土的崩解也称土的湿化,土体在溶液中浸泡时,水分将进入土体孔隙,土体与水发生物理化学作用,破坏了土体原有结构,削弱了土颗粒之间的黏结作用,土的强度和稳定性降低,甚至发生破裂、剥落,成为松散堆积体[25,26]。Gamble、Yamaguchi 等认为岩土体崩解主要是土体中水的迁移造成的,并指出黏土矿物与水之间的物理化学作用、土颗粒之间的胶结作用等也是导致岩土体崩解的重要因素[27,28]。Phienwe 提出土的崩解主要在土体吸水时发生,他认为岩土体内部膨胀性矿物遇水膨胀是导致崩解的主要原因[29]。王幼麟、李青云等认为岩土崩解分为失水阶段和吸水阶段,富含黏土矿物的岩土,失水后产生不均匀收缩,进而产生微裂隙,岩土宏观结构遭到破坏,导致岩土微孔隙暴露;浸水后这些微裂隙将自发吸附水分子覆盖裂隙表面,产生楔裂压力,岩土结构连接进一步破坏,岩土呈现崩解现象;同时指出只有当岩土体失水到一定程度后,浸水才会发生崩解[30,31]。

2. 试验设计

目前,崩解试验往往都是用于研究自然土体的崩解性,对泥饼崩解性的研究知之甚少,但泥饼可视为较为密实的土体,故本试验中根据《土工试验方法标准》(GB/T 50123—2019),改进了传统的崩解仪并设计了泥饼崩解试验,以探究泥饼的崩解性及各种影响因素。为了研究使用化学添加剂溶液浸泡泥饼的处理方法的有效性及各影响因素对泥饼崩解效果的影响规律，本试验对泥饼进行了不同溶剂（硅酸钠、六偏磷酸钠、氨水、草酸粉，如图7-3-5所示）、不同溶液浓度、不同泥饼尺寸、不同初始含水率、不同烘干温度、不同干湿循环次数条件下的崩解试验，每组试验进行两组平行试验。具体设计如下：

（1）同一试样尺寸（5 cm×5 cm×5 cm）、同一初始含水率（11%）、不同溶液浓度（由于4种溶剂本身差异较大，故各自与水配置的浓度范围也不同）的原状泥饼室内崩解试验。

（2）同一溶液浓度（由4种溶剂和水分别配置的特定浓度溶液）、同一初始含水率（11%）、不同试样尺寸（3 cm×3 cm×3 cm、5 cm×5 cm×5 cm、7 cm×7 cm×7 cm）的原状泥饼室内崩解试验。

（3）同一溶液浓度（由4种溶剂和水分别配置的特定浓度溶液）、同一试样尺寸（5 cm×5 cm×5 cm）、不同初始含水率（0%、2%、5%、8%、11%、14%、18%）的原状泥饼室内崩解试验。

（4）同一溶液浓度（由4种溶剂和水分别配置的特定浓度溶液）、同一试样尺寸（5 cm×5 cm×5 cm）、同一初始含水率（11%）、不同烘干温度（20 ℃、50 ℃、70 ℃、105 ℃）的泥饼室内崩解试验。

（5）同一溶液浓度（由4种溶剂和水分别配置的特定浓度溶液）、同一试样尺寸（5 cm×5 cm×5 cm）、同一初始含水率（11%）、同一烘干温度（30 ℃）、不同烘干次数（1～7次）的泥饼室内崩解试验。

  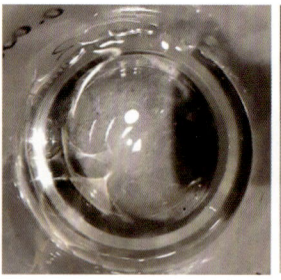 

（a）硅酸钠　　　　　（b）六偏磷酸钠　　　　　（c）氨水　　　　　（d）草酸粉

图7-3-5　各类化学添加剂原料

3. 试验设备

本研究在《土工试验方法标准》（GB/T 50123—2019）给出的崩解仪的基础上自行设计改进了试验设备和试验方法，通过电子拉力计测量浸水后泥饼试样的质量变化，进而得到泥饼试样的崩解量随时间的变化曲线。改进的崩解仪如图7-3-6、图7-3-7所示。

第7章 盾构泥饼形成机理与防治措施

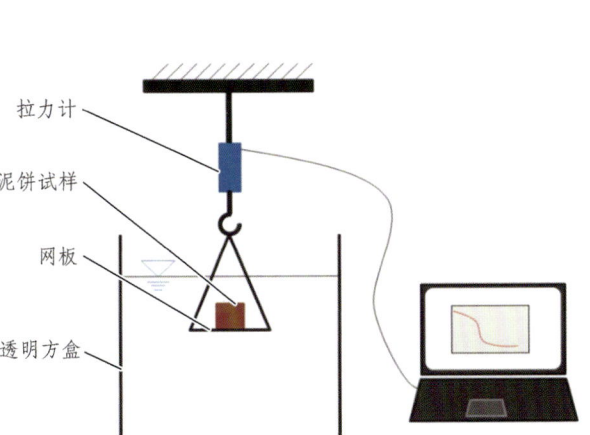

图 7-3-6 改进的崩解仪示意图

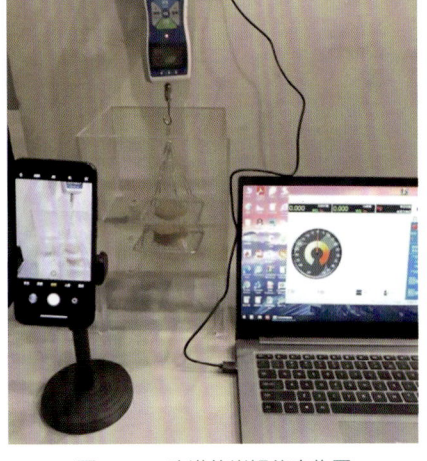

图 7-3-7 改进的崩解仪实物图

主要试验设备：亚克力方盒（尺寸为 20 cm×20 cm×20 cm），用于盛放溶液，为便于观察设计成方形，底部一角设有小孔配置阀门，便于试验完排水观察泥饼崩解后的性状；不锈钢网板（尺寸为 10 cm×10 cm，孔眼大小约为 1.1 cm×1.1 cm），用于放置泥饼；电子拉力计，最大量程为 300 N，精度为 0.01N，通过挂钩、链条与不锈钢网板连接，同时通过数据线与电脑连接同步记录拉力剂数值变化情况。上述试验设备如图 7-3-8 所示。

其他辅助设备：金属链条、支架、温度计等。

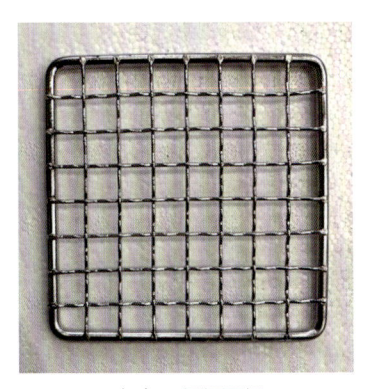

（a）不锈钢网板

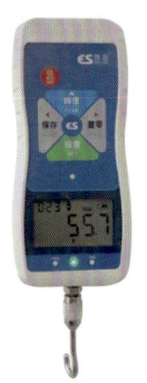

（b）电子拉力计

（c）透明方桶

图 7-3-8 试验设备

4. 崩解量化指标

目前对崩解现象量化分为定性和定量两种，对崩解试验定性描述大多集中在试样浸没在水中后，试样产生气泡的情况、试样崩解性状、溶液浑浊情况、试样崩解颗粒大小等；而定

245

量描述的主要指标是崩解量和崩解速度，同时部分学者也采用崩解稳定阶段平均速度作为定量描述的指标。

崩解量也称崩解率，指的是在崩解试验中某时刻已崩解的质量（体积）与土样试用前的总质量（总体积）的比值。崩解量可用以下公式表示：

$$A_t = \frac{R_0 - R_t}{R_0} \times 100 \qquad (7-3-1)$$

式中，A_t 为试样在时间 t 时的崩解量（%）；R_t 为时间 t 时土样的质量（或体积）；R_0 为试验开始时土样的质量（或体积）。

崩解速度是用以表示崩解试验中某一时间段土样崩解快慢的指标，其大小可以反映溶液对土体结构破坏作用的强弱。崩解速度的表达式可由崩解量推出，具体公式如下：

$$v_t = \frac{A_t^{i+1} - A_t^i}{t_{i+1} - t_i} \qquad (7-3-2)$$

式中，v_t 为试样在 $t_i \sim t_{i+1}$ 时间段的平均崩解速度；A_t^{i+1} 为试样在 t_{i+1} 时的崩解量；A_t^i 为试样在 t_i 时的崩解量。

崩解稳定阶段是指土样崩解曲线（崩解量和时间的关系曲线）中间线形近似直线的部分，此部分曲线的斜率即为崩解稳定阶段平均速度。

5. 结 论

本章对泥饼进行了不同溶液浓度、不同泥饼尺寸、不同泥饼初始含水率、不同烘干温度以及不同干湿循环次数条件下的室内崩解试验，主要得到如下结论：

（1）泥饼试样在纯水中最终崩解量为 0.74，崩解缓慢，残留泥饼含水率接近饱和含水率。硅酸钠溶液对泥饼的崩解起抑制作用，浓度越高，抑制作用越明显；六偏磷酸钠溶液、氨水溶液、草酸溶液对泥饼的崩解起促进作用，崩解启动迅速，随着浓度的提高，泥饼最终崩解量及平均崩解速度都不断提高，但浓度达到一定值后，提升效果不再明显，此时的浓度称为崩解饱和效果浓度。各饱和效果浓度溶液为 4% 六偏磷酸钠溶液、15% 氨水溶液以及 15% 草酸溶液。

（2）泥饼试样的尺寸对泥饼在纯水或硅酸钠溶液中的崩解性的影响较明显，随着泥饼尺寸增大，泥饼在纯水或硅酸钠溶液中的最终崩解量逐渐减小，崩解速度也随之降低；而泥饼在 4% 六偏磷酸钠溶液、15% 氨水溶液以及 15% 草酸溶液中的最终崩解量随尺寸增大有所下降但变化不大，而崩解速度随泥饼尺寸增大而降低。尺寸的增大使得泥饼内部土体含水率在外部土体崩解完成前接近饱和，导致水或溶液进入泥饼内部难度加大，进而抑制了泥饼的崩解。因此，应及时处理刀盘泥饼，或先通过机械手段将泥饼破碎成较小尺寸然后进行化学分散处理。

（3）初始含水率对泥饼的崩解的影响显著，这主要与其吸水速度有关，随着初始含水率的降低，泥饼试样浸水后吸水速度提高，泥饼纯水、4%六偏磷酸钠溶液、15%氨水溶液以及15%草酸溶液中的崩解速度也逐渐提高，在纯水中的最终崩解量也大幅上升，而当初始含水率小于5%时，泥饼试样即便在纯水作用下也可实现完全崩解。

（4）烘干及烘干温度对泥饼崩解性的影响主要在于泥饼失水过程中产生的不均匀收缩，进而产生微裂隙，破坏了泥饼内部结构，随着烘干温度的提高，特别是超过100 ℃时，失水速度加快，加大不均匀收缩强烈程度，内部结构破坏更加剧烈，因而崩解量与崩解速度随之提高，特别是崩解速度的提高显著。

（5）干湿循环是不断失水和吸水的过程，随着干湿循环次数的增加，泥饼内部裂隙逐渐向纵深扩展，泥饼内部结构破坏逐渐加重，崩解更加容易，崩解速度不断提升，这种逐渐提升的效果在3次干湿循环后不再明显。

7.4 本章小结

本章主要介绍了EPB-TBM双模盾构刀盘泥饼形成机理与防治措施，通过自研试验设备对渣土与金属界面法向、切向黏附力的影响因素进行了研究；参照《土工试验方法标准》（GB/T 50123—2019），通过室内试验，对泥饼的密度、含水量、界限含水量、颗粒级配、矿物成分、微观结构等特性指标进行了测定，并进行了泥饼崩解试验。最终根据上述试验研究结论提出了现场泥饼的防治措施，主要结论如下：

（1）法向黏附力与稠度指数的关系曲线均为钟形曲线，呈现出两边低、中间高的趋势；到达峰值点前，随着稠度指数的减小（即含水率的增大），法向黏附力持续增大，此阶段的界面接触状态由"点接触"到"水环接触"再到"水膜接触"发展，在峰值点处刚好形成完整水膜，法向黏附力最大；之后，法向黏附力随着稠度指数的进一步减小而降低，这是界面水膜厚度逐渐增大导致的。水膜的发展取决于土壤的两种物理力学性质，即土壤水分张力和土壤渗透性，前者是控制该过程的发动机，即土壤内部基质吸引表面水分的能力，而后者则是该过程的变速器，即影响接触界面-土壤内部水分转移快慢的能力。

（2）针对本章的试验土样，切向黏附力在稠度指数0.5附近稳定在极小值，这是由于此时水膜已完全形成，抗剪能力差。高岭土、蒙脱土、高蒙混合土、强风化混合花岗岩的切向黏附力随着稠度指数的降低，即含水率的增大，变化趋势与摩擦角基本一致，呈L形曲线变化，先迅速减小后稳定，最大值点在稠度指数 1.1 附近，含砂高蒙混合土则呈钟形曲线变化，峰值点在稠度指数 0.9 附近。并且，随着土壤黏粒含量的增加，峰值切向黏附力逐渐增大。

（3）三种改良方法都能使渣土的切向黏附力趋于一较小值，此时渣土具备一定的流动性和较小的内摩擦角，能够降低渣土在刀盘上形成团聚体的概率。对比三种改良方法发现，泡沫剂改良方法具有响应速度快和各地层适应性强的特点，更适用于深圳地铁留仙洞站—白芒站盾构区间强风化混合花岗岩地层的渣土改良，并且泡沫寿命较短的缺陷可以通过适当降低发泡气液比的方法来克服，所以最终的渣土改良方案为：泡沫剂浓度为 3%，泡沫气液比为 10，注入率为 60%。

（4）泥饼试样在纯水中崩解缓慢，残留泥饼含水率接近饱和含水率。硅酸钠溶液对泥饼的崩解起抑制作用；六偏磷酸钠溶液、氨水溶液、草酸溶液对泥饼的崩解起促进作用，各溶液存在崩解饱和效果浓度，即 4% 六偏磷酸钠溶液、15% 氨水溶液以及 15% 草酸溶液。

本章参考文献

［1］王贺. 复合地层 TBM 破岩过程滚刀磨损机理及掘进效率研究［D］. 重庆：重庆大学，2016.

［2］朱自鹏. 砂卵石地层高水压条件下土压平衡盾构防喷涌研究［D］. 北京：北京交通大学，2016.

［3］晏启祥，郑代靖，何川，等. 富水砂卵石地层地铁盾构施工若干问题及对策［J］. 地下空间与工程学报. 2015（3）：713-719.

［4］赵国栋，姚印彬. 刀盘中心体泥饼成因及其防治对策［J］. 铁道建筑技术. 2017（3）：69-72.

［5］周文波，吴惠明，赵峻. 泥岩地层常压刀盘盾构的掘进策略与分析［J］. 现代隧道技术，2019，56（4）：8-15.

［6］李波，包蓁. 武汉轨道交通 7 号线三阳路越江隧道施工关键技术［J］. 隧道建设（中英文），2019，39（5）：820-831.

［7］王明胜，路军富，罗奥雷. 粉质黏土地层隧道盾构施工渣土改良剂试验［J］. 铁道工程学报，2020，37（5）：74-79.

［8］竺维彬，鞠世健，张弥，等. 广州地铁二号线旧盾构穿越珠江的工程难题及对策［J］. 土木工程学报，2004（1）：56-60.

［9］ Y T，H K，T N. Friction between cohesive soils and steel［J］. Soils & Foundations，1993，2（33）：145-156.

［10］ THEWES M. Adhäsion von Tonböden beim Tunnelvortrieb mit Flüssigkeitsschilden［J］. Geotechnik. 2003，26（4）：253-261.

［11］ 竺维彬，鞠世健. 盾构施工泥饼（次生岩块）的成因及对策［J］. 地下工程与隧道，2003（2）：25-29+48.

［12］ THEWES M，ERDEM Y. Clogging of TBM drives in clay：identification and mitigation of risks［J］. Underground Space Use，2005（2）：737-742.

［13］ 陈乔松，刘德智，杨军宁，等. 泥水平衡盾构机刀盘泥饼形成机理及防治技术［J］. 长沙铁道学院学报（社会科学版），2011，12（2）：214-215.

［14］ 董祥宽. 重庆复合式 TBM 刀盘防结泥饼技术［J］. 隧道建设，2012，32（S2）：101-104.

［15］ 王明胜. 南昌地铁泥水盾构穿越赣江浅覆盖透水层施工关键技术研究［J］. 隧道建设，2015，35（11）：1222-1228.

［16］ 赵国栋，姚印彬. 刀盘中心体泥饼成因及其防治对策［J］. 铁道建筑技术，2017（3）：69-72.

［17］ 邓如勇. 盾构刀盘结泥饼的机理及处置措施研究［D］. 成都：西南交通大学，2018.

［18］ 任露泉. 土壤黏附力学［M］. 北京：机械工业出版社，2011.

［19］ FOUNTAINE E. Investigations into the mechanism of soil adhesion［J］. Journal of soil science，1954，5（2）：251-263.

［20］ 徐杰. 高岭-蒙脱混合黏土渗透各向异性研究［D］. 杭州：浙江大学，2019.

［21］ KOOISTRA A，VERHOEF P N W，BROERE W，et al. Appraisal of stickiness of natural clays from laboratory tests［C］//Proceedings of the National Symposium of Engineering Geology and Infrastructure. Delft，1998：101-113.

［22］ 水利部水利水电规划设计总院，南京水利科学研究院. 土工试验方法标准：GB/T 50123—2019［S］. 北京：中国计划出版社，2019.

［23］ 陶力铭. 盾构刀盘-土壤界面黏附机理试验研究［D］. 成都：西南交通大学，2020.

［24］ 刘战峰. 杂色黏土崩解机理研究［D］. 西安：西北大学，2020.

［25］ LI X A，WANG L，YAN Y L，et al. Experimental study on the disintegration of loess in the Loess Plateau of China［J］. Bulletin of Engineering Geology and the Environment，2019，78（7）：4907-4918.

[26] 李喜安,黄润秋,彭建兵. 黄土崩解性试验研究[J]. 岩石力学与工程学报, 2009, 28 (S1): 3207-3213.

[27] Gamble J C. Durability-Plasticity Classification of Shales and Other Argillaceous Rock. [D] Urbana-Champaign: University of Lllinois, 1971.

[28] YAMAGUCHI H, YOSHIDA K, KUROSHIMA I, et al. Slaking and Shear Properties of Mudstone [J]. Rock Mechanics and Power Plants, 1988: 133-144.

[29] PHIENWEJA N. Ground Response and Support Performance in a Sheared Shale [D]. Chicago: University of Lllionis, 1987.

[30] 王幼麟,蒋顺清. 葛洲坝工程某些粉砂岩软化和崩解的微观特性[J]. 岩石力学与工程学报, 1990 (1): 48-57.

[31] 李青云,王幼麟. 某些岩土湿化特性的试验研究[C]. // 中国地质学会工程地质专业委员会. 第四届全国工程地质大会论文选集(二). 北京: 工程地质学报, 1992: 9.

第 8 章

双模盾构卡机机理及防治

深圳地区地层岩性坚硬，石英含量高耐磨性较好，刀具贯入岩体并维持盾构正常掘进所需的顶推力相较其他地区的地铁隧道而言数值较高。受断层破碎带、刀具磨损和扩挖间隙缩小等因素的影响，可能出现卡机问题。对于传统硬岩掘进机（TBM）而言，在岩层中可以通过撑靴和推进油缸对围岩施加反力进行推进，其额定总推力可达100 MN[1]。而EPB/TBM双模盾构的顶推力仅由盾尾千斤顶和管片提供，其数值相对较低。以深圳地铁使用的双模盾构为例，其额定顶推力约为50.6 MN。因此，在深圳地铁硬岩地层区间掘进时，EPB/TBM双模盾构相较于TBM更容易出现卡机问题。截至目前，深圳地铁四期工程双模盾构施工区间共发生了8起卡机事件，从事故发生到恢复掘进通常需要20～25天，严重影响了正常施工工期，增加了工程成本。考虑到深圳地区双模盾构卡机的多发性，应对其产生机理和处理措施进行研究。

本章在既有研究的基础上，结合深圳地铁四期工程双模盾构区间工程概况和盾构掘进参数，利用有限差分软件FLAC^{3D}5.0对盾构受力特性进行研究，分析了双模盾构的卡机机理，并提出盾构卡机的预防处理措施。本章的内容主要包括卡机段地质概况和盾构掘进参数分析，盾构-地层作用数值模拟及卡机机理分析，卡机病害预防和治理方法。本章的技术路线如图8-1-1所示。

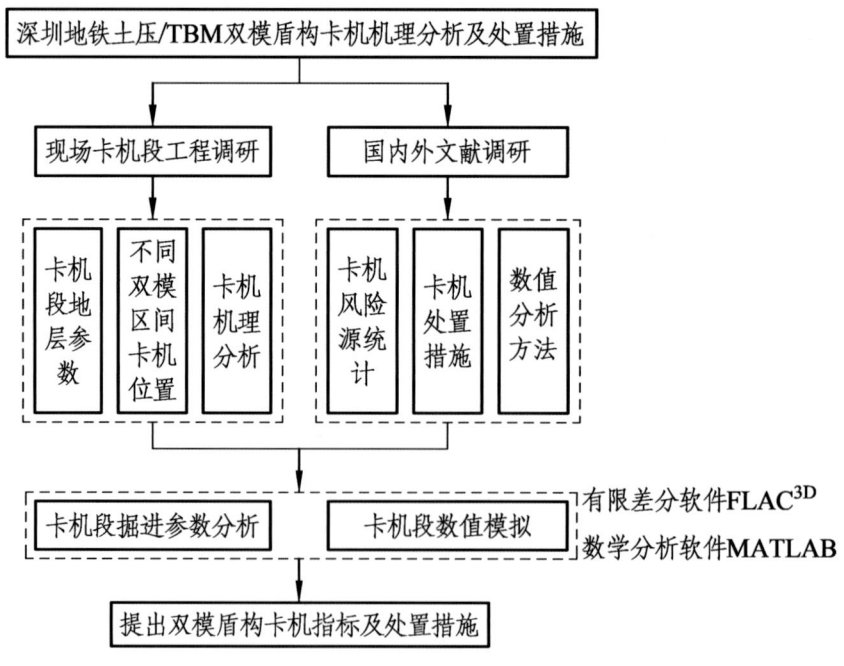

图8-1-1　EPB-TBM双模盾构卡机机理及处置措施技术路线

8.1 深圳地铁 EPB/TBM 双模盾构卡机段工程概况

盾构选型及其参数（如开挖半径、盾构推力和刀盘扭矩等）是影响隧道掘进过程是否发生卡机的重要因素。深圳地铁采用的双模盾构为中铁装备生产的 EPB/TBM 双模盾构，其主要技术参数如表 8-1-1 所示。

表 8-1-1 典型 EPB-TBM 双模盾构的主要技术参数

序号	项目	技术参数表	单位
1	最大推进速度	80	mm/min
2	最大推力	5060	t
3	最大设计压力	5	bar
4	刀盘最大转速	5.59	r/min
5	额定扭矩	6080	kN·m
6	刀盘直径	ϕ6980	mm

由表 8-1-1 可知，深圳地铁采用的典型双模盾构的开挖直径为 6980 mm，其中前盾直径为 6950 mm，中盾直径为 6940 mm，后盾直径为 6930 mm。盾构主机的总长度为 9570 mm，总质量约 650 t，盾壳厚度为 50 mm。在盾构正常掘进时，前盾、中盾和后盾位置的扩挖间隙分别为 30 mm、40 mm 和 50 mm。盾构盾尾处布置有 32 台推进油缸，采用 6+10+8+8（上+下+左+右）的布置形式，液压推进装置产生的最大顶推力为 50.6 MN。在卡机等特殊情况下，盾构刀盘产生的额定扭矩为 6.08 MN·m，脱困扭矩为 7.10 MN·m。

EPB/TBM 双模盾构同时继承了土压平衡盾构机以及单护盾 TBM 的设计理念与功能，根据隧道穿越的地层岩性的区别，两种模式可以在洞内互相转换。双模盾构在局部软弱地层采用土压平衡模式掘进，通过土仓压力平衡掌子面位置的水土压力，保证施工的安全。在全断面硬岩地层中则可以采用 TBM 模式掘进，避免了土仓内部渣土对刀具的二次磨损，延长了刀具的使用寿命，使得盾构的掘进速率有所提升。然而，由于在岩质地层中刀具磨损较大，盾构顶推力较小，且模式转换耗时较长，软硬地层频繁交替出现，部分双模区间未正确采取对应的掘进模式，并且部分工段存在施工管理问题，未及时开仓检查刀具情况并更换磨损刀具，这导致盾构保径刀（边滚刀）磨损严重，扩挖间隙减小。因此，深圳地铁双模盾构施工段发生了多起卡机事故，严重影响了工程正常施工进程。在卡机发生时，盾壳外部扩挖间隙减小，隧道周边围岩发生位移，岩体与盾壳密贴，对盾构产生摩擦阻力，盾壳被整体握裹在地层中。随着握裹力的增加，盾构所受的摩阻力也随之增加，掘进随之停止。施工现场典型的卡机形式如图 8-1-2 所示。

图 8-1-2 现场卡机盾壳 - 围岩接触示意图

截至目前，深圳地铁双模盾构施工区段共发生了 8 次较为严重的卡机事故，分别出现在 12 号线怀福区间左线 1085 环、右线 1052 环；13 号线白应区间右线 542 环，留白区间左线 786 环；14 号线布风区间右线 623 环，清布区间左线 702 环；8 号线大小梅沙区间左线 247 环和 352 环位置处。不同区间卡机停机总时长达 90 天以上，严重影响了项目的施工工期。表 8-1-2 为不同卡机断面的里程、埋深、掘进模式和地层岩性。

表 8-1-2　卡机段断面信息统计

编号	里程	埋深 /m	模式	地层
12 号线怀福区间	ZDK31+609.3	27.88	EPB	中风化细粒花岗岩
	YDK31+559.8	30.65	EPB	
13 号线白应区间	YCK15+420.3	18.30	EPB	中强风化黑云母花岗岩
14 号线布风区间	YDK11+190.5	24.53	EPB	中微风化角岩
14 号线清布区间	ZDK8+950.1	36.35	EPB	微风化角岩
8 号线大小梅沙区间	ZDK58+220.5	95.51	TBM	微风化花岗岩
	ZDK58+378.0	41.23	TBM	微风化花岗岩
13 号线留白区间	ZDK11+150	45.72	EPB	微风化黑云母花岗岩

由表 8-1-2 可知深圳地铁双模施工段的卡机主要发生在以花岗岩和角岩为代表的较为坚硬的岩质地层中。其中，12 号线、13 号线白应区间的卡机位于上软下硬垂直分布的复合地层中，滚刀转动至地层界面时会发生冲击，更易产生磨损，并导致盾构姿态偏转，不利于盾构掘进。由于以全风化、强风化岩体为代表的软岩地层强度较低、耐磨性较差。盾构在软岩地层贯入岩体和维持正常掘进所需的顶推力较小，低于双模盾构的额定推力，目前暂未出现卡机病害。

发生卡机的隧道断面均位于中等埋深和深埋地层中，其中断面的最大埋深为 95.51 m，最小埋深为 18.30 m，平均埋深为 40.02 m，埋深小于 10 m 的浅埋地层未出现卡机现象。这可能是由于当覆土深度不足时，盾壳受到的法向土压力较小不能产生足够的摩阻力。此外，除深圳地铁 8 号线大小梅沙区间由于左线 247 环因刀具脱落至掌子面与刀盘之间，致使掘进受阻，以及 352 环边滚刀磨损过大，导致扩挖间隙不足，引发的卡机外，其余卡机病害均出现在土压平衡掘进硬岩地层的过程中。具体的双模盾构卡机段工程地质概况和刀具磨损、掘进参数变化趋势等特征如下文所述。

8.1.1 深圳地铁 13 号线留仙洞—白芒区间

深圳市轨道交通 13 号线留仙洞站—白芒站区间位于深圳市南山区，区间线路出留仙洞站后，沿同发路前行，下穿深圳市职业技术学院运动场后转入沙河西路，沿沙河西路下穿西丽水库—铁岗水库引水隧道，并旁穿西丽水库饮用水水源保护区，最后进入白芒站。留白区间全长为 4610.85 m，其中线路右线起止里程分别为 YCK10+078.44 ~ YCK14+654.50，线路左线的起止里程分别为 ZCK10+078.44 ~ ZCK14+654.50。采用两条平行单洞单线的结构形式，线间最小间距为 12.0 m。在 YCK12+307.7 ~ YCK12+342.3 的里程处设置有中间风井，将区间分为两个部分。

隧址区域地层主要包括素填土、淤泥质黏土、可塑粉质黏土、粉砂、可塑砂砾质黏性土、黑云母花岗岩、混合花岗岩和糜棱岩等。根据地勘报告的相关信息，留风区间左线和右线全长约 4440.59 m，白风区间左右线全长为 4700.61 m。其中留风区间地层主要以混合花岗岩和黑云母花岗岩为主，占比最高的地层为微风化黑云母花岗岩，其比例为 43.5%，其次为微风化混合花岗岩，其占比为 32.9%；白风区间主要以黑云母花岗岩为主，占比最高的地层为微风化黑云母花岗岩，其比例可达 75.5%。图 8-1-3 为留白区间盾构穿越的地层岩性统计图。由统计结果可知深圳地铁 13 号线留白区间全段，大多情况下在硬岩地层中掘进，刀具磨损量和正常掘进所需顶推力较大。

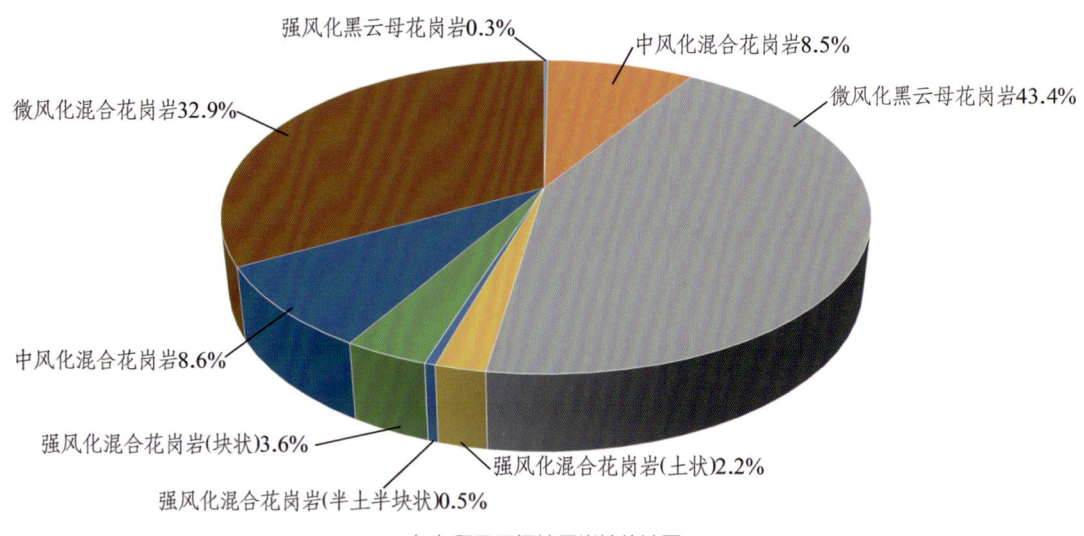

（a）留风区间地层岩性统计图

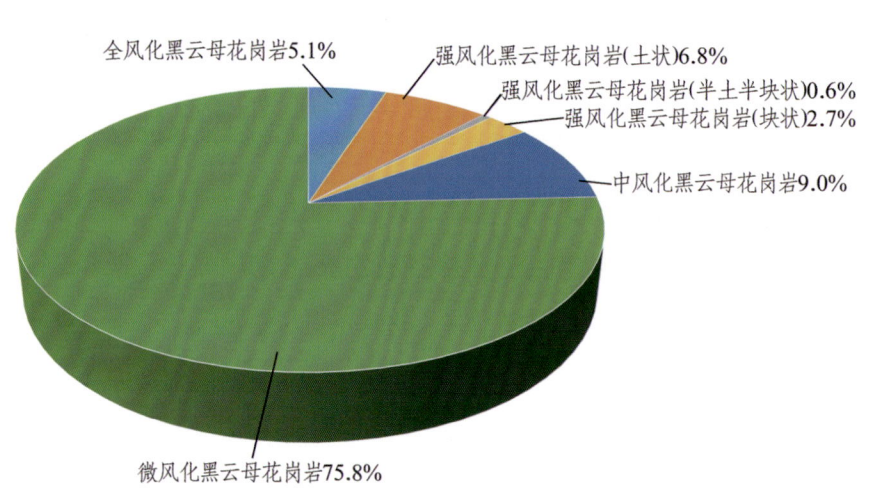

（b）白风区间地层岩性统计图

图 8-1-3 深圳地铁 13 号线留白区间地层占比统计图

留风区间双模盾构在左线 786 环处发生了卡机病害，卡机段纵断面地质剖面图如图 8-1-4 所示。由图可知，卡机病害发生的里程为 ZK11+150，该位置的埋深约为 45.72 m。根据地勘资料和现场开仓检查结果可知，卡机段发生在全断面微风化黑云母花岗岩地层中，围岩耐磨性和抗压性能好，部分位置岩石的最大单轴抗压强度可达 100 MPa 以上。

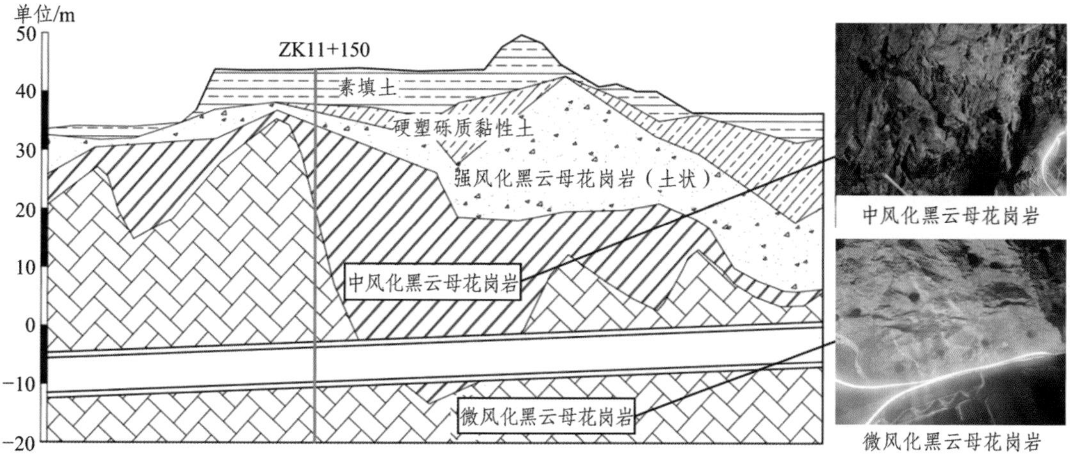

图 8-1-4　深圳地铁 13 号线留白区间卡机段纵断面图

8.1.2　深圳地铁 13 号线白芒—应人石区间

白芒站—应人石站区间位于深圳市宝安区白芒站至应人石站之间，本区间线路从白芒站引出后，沿松白路一直向西北方向敷设，在宝石路与松白路路口下穿跨线桥，之后向北拐入规划宝石路二期，最终到达应人石站。区间右线起止里程为 YCK15+353.609～YCK17+584.154，长度约为 2230.545 m；左线起止里程为 ZCK15+349.166～ZCK17+592.970，长度约 2252.620 m。左右线之间采用两条平行单洞单线的结构形式，线间距为 11.8～25.0 m。隧道埋深为 9.4～48.0 m。

白应区间盾构穿越一条 F5 断层破碎带，该断层属于应人石断裂组，与地铁线路小角度相交。其长度为 2 km，宽度为 0.5～1 m，表现为挤压破碎带，构造岩体为蚀变花岗岩，具有压碎构造，部分花岗岩蚀变为绿泥岩。节理发育并有石英脉填充。该断层整体对工程影响有限。区域地质资料显示，白应区间主要地层包括素填土、粉质黏土、砾质黏性土和黑云母花岗岩。根据隧道围岩的工程地质特征、开挖后的稳定状态和弹性纵波波速对地铁隧道围岩进行分级，其中Ⅵ级围岩自稳性差、Ⅴ级围岩自稳性一般、Ⅳ级围岩自稳性较好、Ⅲ级围岩自稳性好，围岩分级统计结果如图 8-1-5 所示。

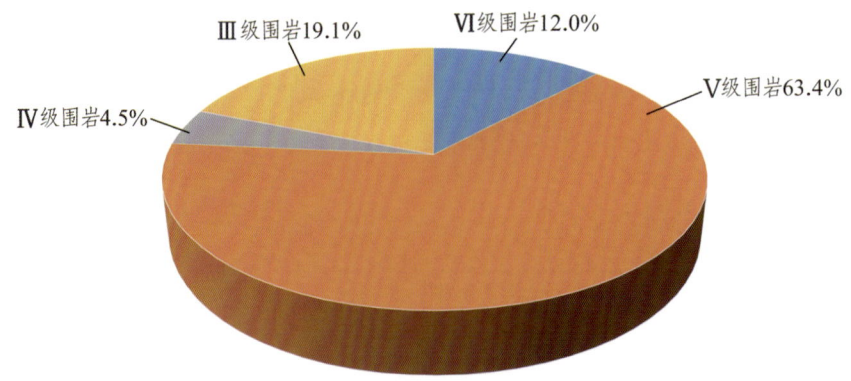

图 8-1-5 白应区间围岩等级统计图

由图 8-1-5 可知，区间内占比最高的岩体为 V 级围岩，III 级围岩的比例次之，其占比为 19.1%。III 级围岩和 IV 级围岩的总占比为 23.6%，这表明岩性较为坚硬的岩体在区间内的比例较高。该区间盾构在掘进至右线 543 环处发生了卡机病害，卡机段纵断面图如图 8-1-6 所示。由图可知，卡机病害发生的里程为 YCK15+420.32，此处埋深约为 18.3 m。根据地勘资料，卡机段盾构穿越的地层为上软下硬的复合地层，下部为中风化黑云母花岗岩，上部为强风化黑云母花岗岩（块状）。而根据实际开仓显示的结果，该段为中微风化黑云母花岗岩，为典型的全断面硬岩地层。

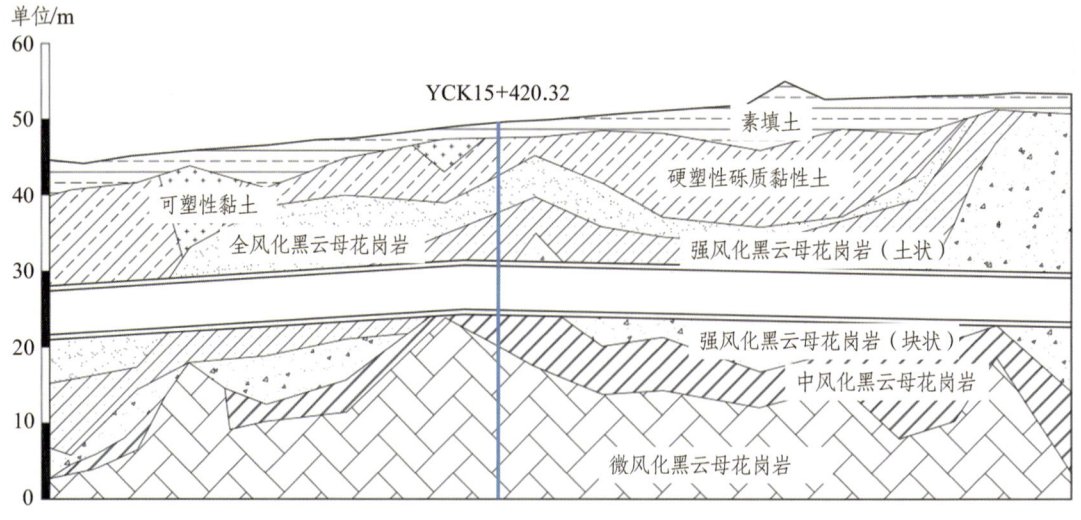

图 8-1-6 深圳地铁 13 号线白应区间卡机段纵断面图

在发生卡机后，施工单位迅速组织开仓作业对刀具进行了更换，并通过扩挖断面的方式使双模盾构在最短的时间内恢复了正常掘进，图 8-1-7 为开仓后显示的刀具磨损情况示意图。由图 8-1-6 可知，在 543 环卡机段，双模式盾构穿越的地层岩性坚硬且结构完整，裂隙和节理较少。微风化黑云母花岗岩具有较好的稳定性和耐磨性,对盾构滚刀的破岩能力提出了较高的要求。图中盾构刀盘上的刀具均出现了一定程度的磨损,边滚刀出现了严重的偏磨现象,刀盘上的滚刀和刮刀也出现了整体磨损。

(a)滚刀偏磨和磨损

(b)刮刀磨损破坏

图 8-1-7　刀具磨损示意图

在发生卡机病害之后,施工单位对卡机断面及更早期的开仓换刀资料进行了统计。主要分析了在卡机断面附近的中微风化黑云母花岗岩地层中滚刀的磨损情况。其中,2月22日532环常压开仓换刀,2月28日542环常压开仓换刀和3月5日543环开仓换刀后刀具磨损的统计结果如表 8-1-3 所示。

表 8-1-3　白应区间卡机段刀具磨损统计

刀具类型	刀箱号	532 环开仓	542 环开仓	543 环开仓
边缘滚刀	S37	刀圈崩裂	5 mm	1 mm
	S38	拉紧块掉落	15 mm	正常
	S39	刀圈崩裂	5 mm	2 mm
	S40	10 mm	偏磨	正常

续表

刀具类型	刀箱号	532 环开仓	542 环开仓	543 环开仓
	S41	10 mm	8 mm	5 mm
	S42	10 mm	偏磨	正常
	S43	10 mm	15 mm	正常
	S44	10 mm	18 mm	正常
	S45	拉紧块掉落	15 mm	正常
	S46	刀具掉落	10 mm	偏磨
	S47-A	10 mm	偏磨	正常
	S47-B	2 mm	25 mm	正常

根据相关行业规范，对于盾构刀具而言，中心刀的最大磨损量为 25 mm，双刃正滚刀的最大磨损量为 20 mm，单刃边刀的最大磨损量为 10 mm。在遭遇特殊地层时边滚刀的最大磨损量应修正为 8 mm，正面滚刀的磨损量为 15 mm、中心刀的磨损量为 20 mm。为了节约材料，更换下的边缘滚刀可用在正面滚刀的位置。根据表 8-1-3 所述的内容可知，在开挖 532 环时，边滚刀的最大磨损量为 10 mm，此时盾构与地层之间的扩挖间隙缩小为 10 mm，卡机病害并未发生。开挖 542 环时，边滚刀的最大磨损量达到了 25 mm，此外全部边滚刀都出现了磨损和偏磨的问题，地层与盾壳几乎处于紧密贴合的状态，扩挖间隙逐渐消失，随后盾构发生了卡机病害。更换刀具后，双模盾构顺利完成了 543 环的掘进工作。由此可见，当边滚刀磨损量超过规范所规定的限额时，盾构与围岩之间扩挖间隙减小，发生卡机的概率大幅提升，特别是对于位于硬岩地层中的盾构，出现卡机的风险更高，在硬岩地层的施工中，应高度重视边滚刀的磨损情况。

8.1.3 深圳地铁 14 号线布石—中间风井区间

深圳地铁 14 号线布吉站—中间风井区间下穿东西干道，原始地貌为台地，场地揭露的地层主要为第四系人工堆积层（Q4ml）、第四系残积层（Qel），地勘资料显示地下水埋深为 3 m。工段全长约为 3235 m，场地右线的起止桩号为 DK10+248.516 ~ DK13+483.556，左线的起止桩号为 ZD10+249.729 ~ ZD13+483.560。区段内隧道的最小埋深为 10.8 m，最大埋深为 95.6 m。隧道采用拼装式管片衬砌，管片内径为 6.0 m，外径为 6.7 m，纵向螺栓共16个，幅宽为1.5 m。盾构穿越地层由上至下依次为填土层、粉质黏土、强风化破裂岩及中-微风化角岩。各地层起伏明显，下部硬岩时常侵入上部软岩，使双模盾构穿越大量的上软下硬复合地层断面。该区间卡机发生在右线第623环，里程DK11+190.5处，埋深约为24.5 m，图8-1-8为深圳地铁14号线布石区间卡机断面的平面图和纵断面图。

（a）深圳地铁14号线布石区间平面图

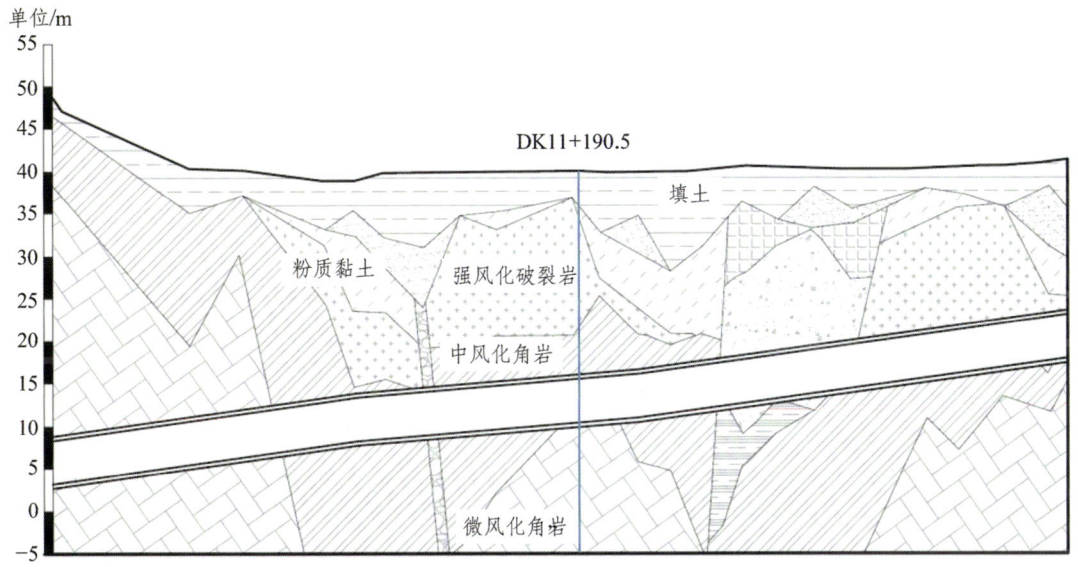

（b）深圳地铁14号线布石区间卡机段纵断面图

图8-1-8　深圳地铁14号线布风区间卡机段平面图和地质剖面图

图8-1-9为在卡机位置进行扩挖操作时掌子面揭露的岩体图，可以看出隧道下穿地层岩性较为坚硬，大体上呈现出完整的状态，主要由中风化角岩和微风化角岩两部分组成，其中中风化角岩呈现出淡青灰色，微风化角岩的颜色较深。在进行工作面及径向扩挖时，需要通过机械设备进行钻孔，并通过膨胀剂使得地层开裂，由此可知在双模盾构推进时所需的顶推力较大。

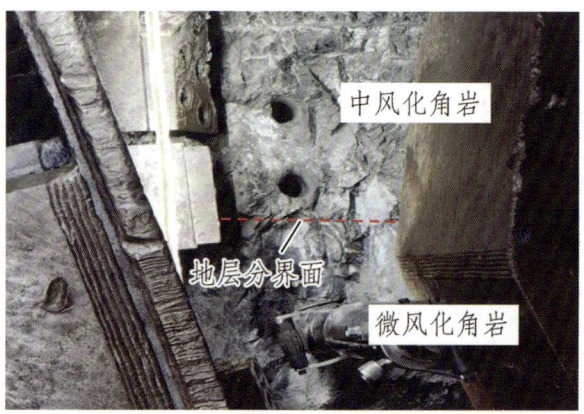

图 8-1-9 卡机位置掌子面揭露的岩体

在盾构设备生产厂商的支持下,本章获取了该区间在卡机段(621~623环)位置的掘进参数。参考上文所述内容,对获取的大量掘进参数进行了筛选和滤波处理,主要对受卡机影响较为严重的3种掘进参数——盾构总顶推力、盾构刀盘扭矩和盾构掘进速率随时间的变化规律进行了分析,掘进参数随时间的演化曲线如图8-1-10所示。

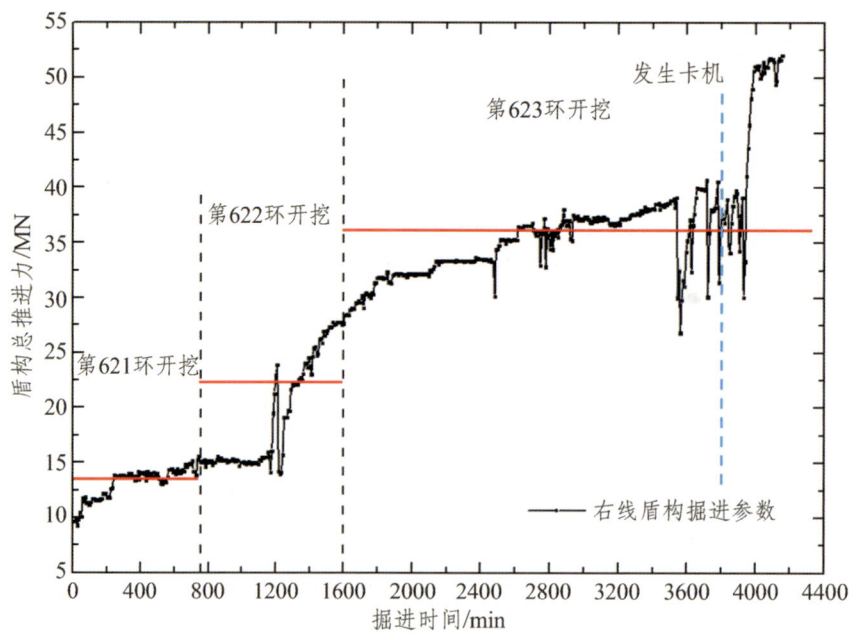

(a)总顶推力随时间演化曲线

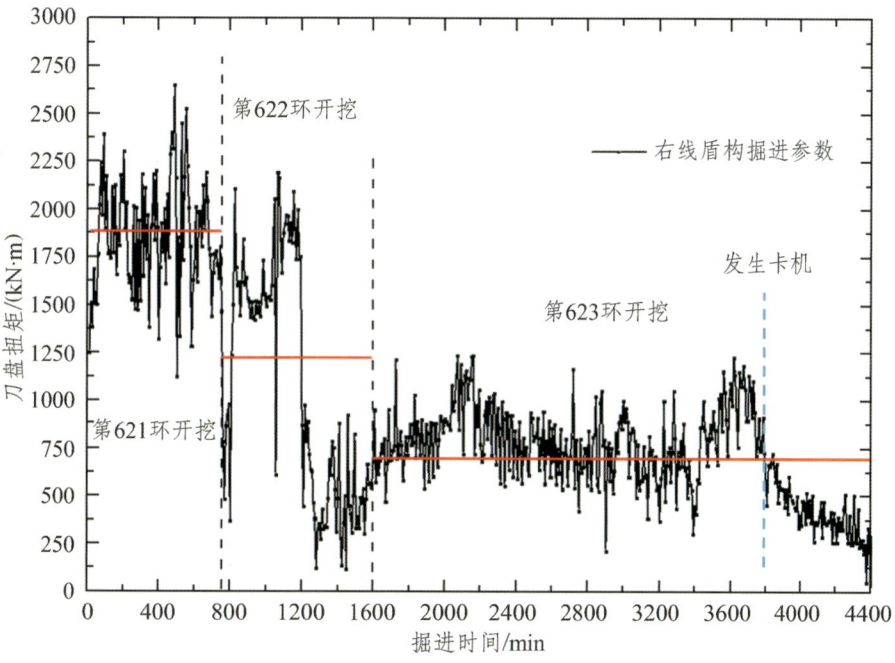

(b)刀盘扭矩随时间演化曲线

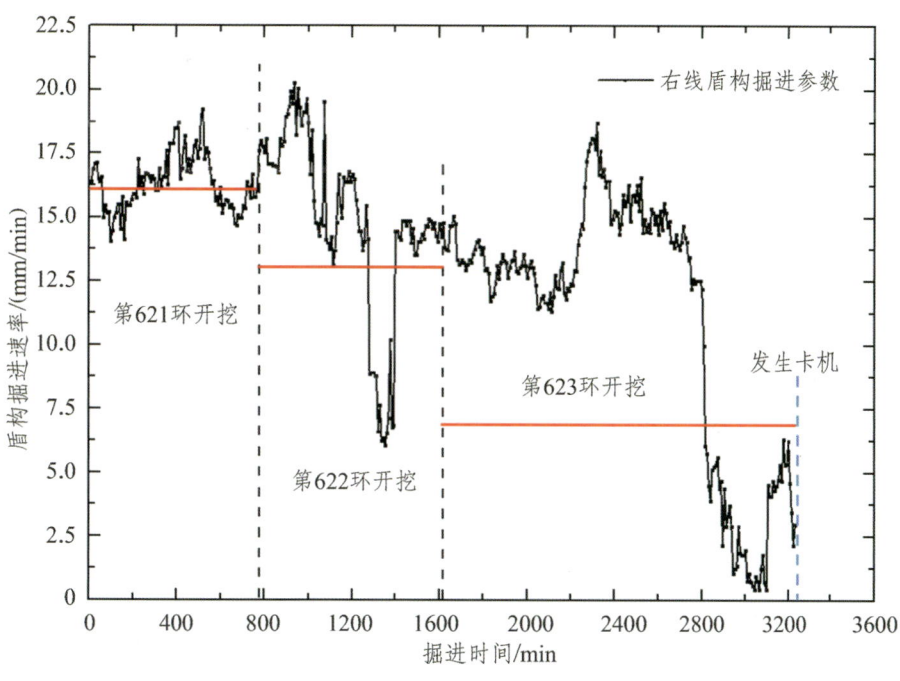

(c)掘进速率随时间演化曲线

图 8-1-10 深圳地铁 14 号线盾构卡机段掘进参数随时间演化曲线

由图 8-1-10 可知，在区间右线双模盾构发生卡机前，盾构总推进力逐渐增加，刀盘扭矩逐渐减小。在开挖 621 环时，盾构机总推进力的平均值为 12.78 MN，刀盘扭矩的平均值为 1879 kN·m。在卡机发生的前一环，总推进力和刀盘扭矩均出现突变。其中，总推进力增加至 24.52 MN，刀盘扭矩降低至 1248.33 kN·m，变化幅度分别为 91.86% 和 33.56%。出现这一现象的原因在于，由于扩挖间隙逐渐减小，围岩与盾构逐渐密贴，为了克服由围岩对盾壳的压力产生的摩擦阻力，维持盾构的掘进，需不断提升盾构总顶推力。随着盾构推进速率逐渐降低直到最终停止，掌子面位置的土体的排出量超过开挖量，刀具贯入量减小，刀盘逐渐与岩体脱离接触，导致刀盘扭矩不断降低最终趋于零。

与盾构顶推力和刀盘扭矩随时间的变化趋势不同，在卡机发生前几环，盾构掘进速率随时间的变化并不显著。整体上盾构掘进速率呈现下降的趋势，在 621 环盾构掘进速率的平均值为 16.25 mm/min，在第 622 环位置的掘进速率的平均值约为 13.10 mm/min，在第 623 环盾构机掘进速率的平均值为 6.25 mm/min。最终掘进速率在卡机前不久才迅速降低并趋近于 0。相较于 621 环的平均掘进速率，622 环位置的平均掘进速率仅降低了 19.38%。623 环相较于 622 环的平均掘进速率降低了 52.29%。

综上所述，当 EPB/TBM 盾构发生卡机病害之前，盾构的掘进参数将发生异常变化，具体反映为盾构总顶推力逐渐提升，同时刀盘扭矩逐渐降低。盾构掘进速率整体保持平稳，在卡机发生前剧烈降低直至为零。在 EPB/TBM 双模盾构隧道施工中应关注盾构推进力和刀盘扭矩的变化趋势，当掘进参数异常变化时，需及时开仓核查并对刀具进行更换，防止出现卡机病害。

8.1.4 深圳地铁 8 号线大小梅沙区间

大梅沙站—小梅沙站区间是深圳地铁 8 号线二期第 4 段区间工程，左线起止点里程为 ZDK57+850.011 ~ ZDK59+703.933，全长约为 1854.167 m。右线起止点里程为 YDK57+851.007 ~ YDK59+703.933，全长约为 1846.242 m。隧道左右线间距约为 13.0 m，区间内部隧道结构的最小埋深和最大埋深分别为 14.5 m 和 106.6 m。该区间共计发生了两次卡机均位于隧道左线，其断面的里程分别为 ZDK58+220.5 和 ZDK58+378.0，大小梅沙区间卡机段的纵断面如图 8-1-11 所示。

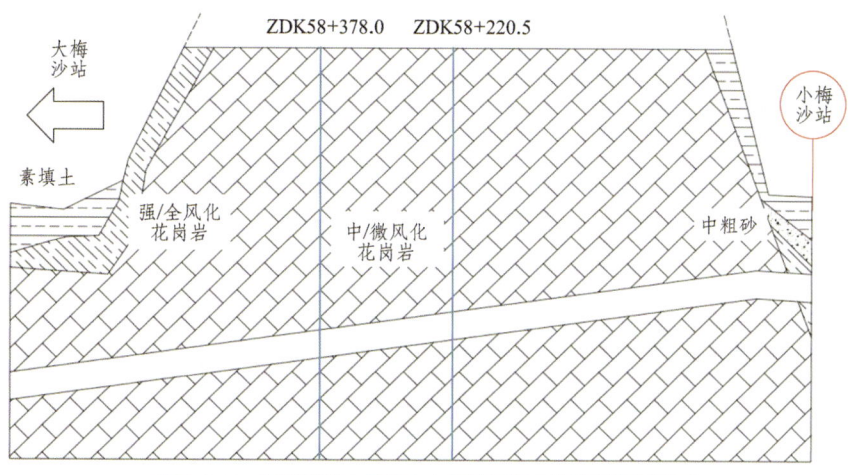

图 8-1-11　深圳地铁 8 号线大小梅沙区间卡机段地质剖面图

图 8-1-12 为大小梅沙区间现场刀具磨损示意图，根据滚刀的磨损形态、磨损尺寸大小可将滚刀分为均匀磨损、非均匀磨损（偏磨）和刀圈崩裂三种形式。其中部分区段滚刀支座受掌子面挤压、冲击作用产生了变形和损坏。

（a）滚刀均匀磨损　　　　　　　（b）滚刀偏磨

（c）刀圈崩坏　　　　　　　（d）刀座损坏

图 8-1-12　现场刀具磨损示意图

为了分析发生卡机时，边滚刀的磨损情况，本章统计了深圳地铁 8 号线大小梅沙区间左线刀具磨损情况，其结果如图 8-1-13 所示。

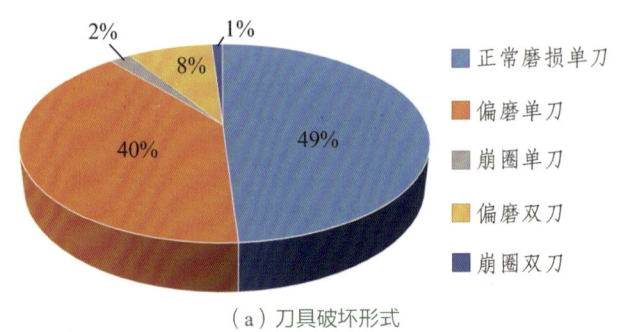

（a）刀具破坏形式

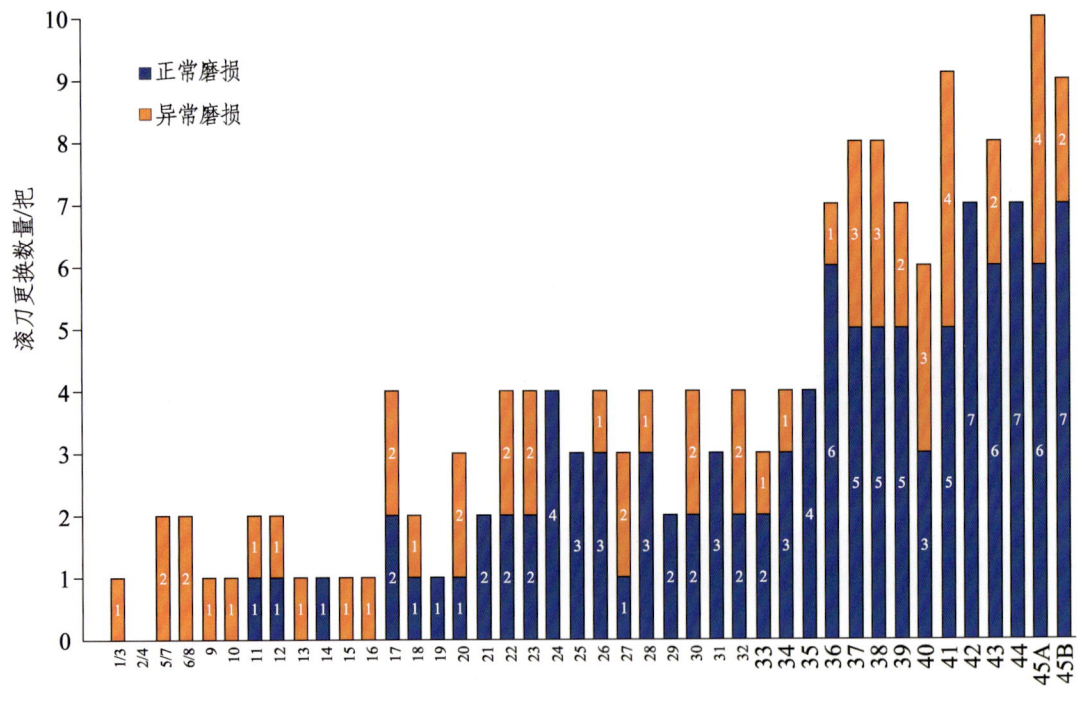

（b）不同位置的刀具磨损情况

图 8-1-13　刀具磨损形式统计

根据图 8-1-13 可知，当采用土压平衡模式在硬岩地层掘进的过程中，大量刀具出现了异常磨损的现象。图 8-1-13（a）表明，正常磨损的刀具仅占全部刀具的 49%，偏磨、刀圈崩坏等异常磨损的刀具占总量的 51%。其中异常磨损的刀具主要为单刃滚刀，当采用双刃滚刀时，异常磨损的比例显著降低，偏磨和崩圈分别仅占 8% 和 1%。

图 8-1-13（b）显示了不同位置上正常磨损刀具和异常磨损刀具所占的比例和数量，结果表明，滚刀磨损量与刀具安装半径有关。滚刀磨损量随着刀具线速度和切割路径长度的增加而增加。由于边滚刀安装在刀盘边缘位置，其磨耗量显著高于中心滚刀。由于边滚刀控制盾构的开挖直径和扩挖间隙，对盾构卡机概率具有重要的影响。

表 8-1-4 梅沙区间不同掘进模式下刀具磨损量统计

模式	岩层	环数	掘进磨损指标/（把/m）	换刀量
EPB	微风化花岗岩	216	0.29	95
TBM	微风化花岗岩	192	0.2	57

为了进一步研究双模盾构掘进模式对刀具磨损的影响，表 8-1-4 统计了梅沙区间左线不同掘进模式下刀具的磨耗情况。由表 8-1-4 数据可知，由于 TBM 掘进模式减少了土仓内渣土对刀具的二次磨损，刀具磨耗量相较土压模式偏低，且异常磨损刀具占比较少。TBM 模式下刀具消耗指标为 0.20 把/m，土压平衡模式下刀具消耗指标平均为 0.29 把/m。

8.2 深圳地铁 EPB/TBM 双模盾构卡机机理分析

目前，国内外对于盾构卡机机理的研究已取得了一定的进展。表贴式应变传感器等监测手段被用于测量卡机位置盾构壳体与围岩之间的接触压力，揭示了卡机与壳体-围岩相互作用之间的关系。此外，有限差分及离散元等数值模拟方法作为现场监测的有效补充，被广泛应用于计算复杂工程环境下盾构所受的摩阻力和脱困所需的顶推力。隧道工程卡机问题的文献调研结果表明，导致盾构卡机的原因主要包括岩体崩塌引起的卡机，挤压性变形引起的卡机，围岩蠕变变形引起的卡机等。此外，盾构机长度、线路曲线半径等因素也会对盾壳与围岩之间的相互作用产生一定的影响，进而引起盾构卡机现象。

根据国内外 121 例 TBM 卡机案例的统计结果，在同时考虑盾构机和围岩变形特征的条件下，可以将盾构/TBM 发生卡机的模式划分为 6 种，如图 8-2-1 所示。围岩的变形可划分为连续性变形（如挤压性变形）和非连续性变形（如岩块垮塌崩落等）。当盾构在挤压性变形地层中掘进时，围岩呈现出显著的时效变形特性，盾构可能在蠕变效应下发生卡机。此外，地下水和泥浆涌入可能导致盾构被掩埋。由图 8-2-1 可知，岩体崩落和围岩挤压性变形是导致 TBM 发生卡机的主要因素。

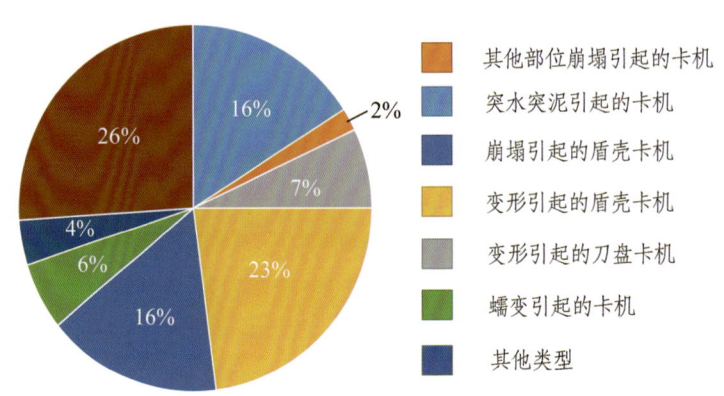

图 8-2-1　卡机模式统计

尽管引起盾构卡机的因素众多，但本质上卡机是由于盾壳与岩体之间的摩擦阻力大于盾构千斤顶总推力而产生的现象。随着作用在盾壳上围岩法向压力的提升，盾构与岩体之间的滑动摩阻力也随之提升。与位于大埋深高地应力的山岭隧道工程不同，城市轨道交通工程埋深较浅，围岩发生挤压性大变形的风险较低，其承受的围岩压力主要和盾壳外部的扩挖间隙尺寸有关。边滚刀的磨损会引起盾构开挖直径减小，进而导致扩挖量不足，这是造成城市轨道交通隧道发生卡机的重要因素。程建龙等的研究结果表明，盾构在掘进过程中受到的阻力主要包括由围岩压力产生的摩擦阻力及刀盘贯入岩体需要的顶推力。当围岩纵向变形量超过预留扩挖间隙后，岩体将与盾壳直接接触，使盾壳承担来自围岩的总法向应力为 σ_n。此时，盾壳所受的摩阻力 F_r 为：

$$F_r = \mu \sigma_n \quad (8\text{-}2\text{-}1)$$

式中，μ 为围岩与盾壳之间的静摩擦系数，因此盾构是否会发生卡机的判断依据如式（8-2-2）所示。

$$\begin{cases} F_r + F_b > F_I & 卡机 \\ F_r + F_b \leq F_I & 不卡机 \end{cases} \quad (8\text{-}2\text{-}2)$$

当盾壳所受围岩摩阻力 F_r 和盾构正常掘进所需的顶推力 F_b 大于盾构能达到的额定推力 F_I 时则会发生卡机，扩挖间隙越小，作用在盾壳上的法向压力越大，盾构面临的卡机风险越高。在盾壳所受摩阻力大小相同时，正常掘进所需的顶推力越大，盾构卡机风险越高。

对于岩质地层而言，由于地层岩性坚硬，盾构掘进所需顶推力较大，刀具磨耗量大，扩挖间隙较小。当埋深较大时，岩体在自重应力的作用下会产生变形挤压盾壳，进一步提升了盾构掘进的摩阻力，最终导致卡机。

8.2.1 扩挖间隙减小引起的卡机

根据前文现场调研的数据可知,深圳地铁 EPB/TBM 双模盾构发生卡机的断面主要位于全断面硬岩地层中,埋深范围主要分布在 20～50 m,为中等埋深和大埋深断面。考虑双模盾构的实际施工过程和地层信息,建立相应的计算模型,将隧道埋深分别设置为由中等埋深至深埋,包括 20 m、35 m、50 m 和 65 m 4 种工况。根据上文对盾构机扩挖间隙的统计和卡机时边滚刀磨损量的统计结果,令盾构和围岩之间的扩挖间隙分别为 0 mm、10 mm、20 mm、30 mm、40 mm 共计 5 种工况。因此,综合考虑埋深和扩挖间隙的变化总共可以获得 20 组计算工况,进而通过计算总结出扩挖间隙与埋深和卡机风险之间的关联关系。

获得 FLAC^{3D} 数值计算模型的方法主要包括:通过 CAD 建立平面图形,模型建立的过程中,应尽量消除模型的边界效应对计算结果的影响。基于该原则,建模时横向以隧道中线为基准两侧各取 35 m,纵向长度为 30 m。在 CAD 中进行简单的网格划分,用 REG 命令生成面域,并输出为 .iges 格式,如图 8-2-2(a)所示;再将网格导入有限元软件 ANSYS 中进行精细的网格划分,通过 lsel 和 lsize 命令选择相应编号的线,划分为指定段数;通过 amesh 和 amap 命令划分所有的四边形及五边形网格。在网格划分时应注意令隧道外轮廓线上的分段数和外侧两条直线上的分段数之和相等,以保证网格划分的美观,最终 FLAC^{3D} 模型如图 8-2-2(b)所示。

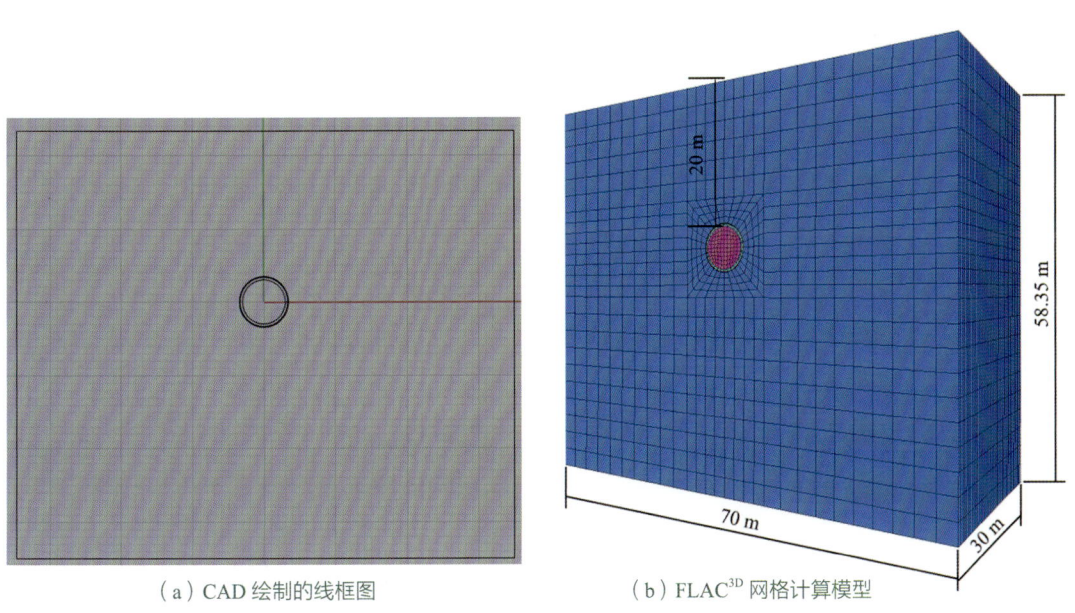

(a) CAD 绘制的线框图 (b) FLAC^{3D} 网格计算模型

图 8-2-2 盾构隧道掘进模拟及卡机分析三维模型

在 FLAC³ᴰ 5.0 的数值模拟过程中，双模盾构在土压平衡模式下的连续掘进，主要分为施加边界条件、初始地应力场平衡、盾构的掘进和地层支护四个阶段，具体在软件中实现的流程如下：

（1）施加边界条件，对模型底部的竖向位移进行约束，使得模型不会发生纵向位移，同时约束模型四周的法向位移，保证模型地层边界与隧道之间的净距大于 5 倍洞径，以避免边界效应对计算结果的影响。利用 solve elastic 命令进行初始地应力平衡，并删除初始地应力平衡后地层中产生的塑性区。

（2）在隧道开挖过程中，将掌子面前方需要开挖的土体设置为 null 单元，将其物理力学参数设置为很低。施加衬砌 liner 单元模拟盾壳，由于模拟盾构连续掘进过程较为困难，本章假设盾构的掘进进尺为 1.5 m（一环管片的宽度）。为了模拟土仓压力和盾构刀盘对掌子面施加的顶推力，在隧道开挖面位置施加沿掘进方向不平衡力的反力，其大小约为纵向不平衡力的 80%。与此同时，应将盾壳与围岩间的扩挖间隙的物理力学参数设置为较小值，以模拟实际工程中的空隙的特征。

（3）在前方土体开挖完毕后，应进行管片的拼装和支护工作，在 FLAC³ᴰ 5.0 中激活盾构机后方管片单元及同步注浆单元，在围岩表面施加大小为 0.2 MPa 的法向应力以模拟注浆压力。设注浆材料的弹性模量和注浆压力在隧道纵向上线性分布，在拼装第四环管片后注浆裁量完全凝结，注浆压力消散。

（4）重复以上步骤直到隧道开挖至模型预定位置，提取接触面法向弹簧的压力数值，对盾构盾壳所受的围岩压力进行分析，其整体计算流程如图 8-2-3 所示。

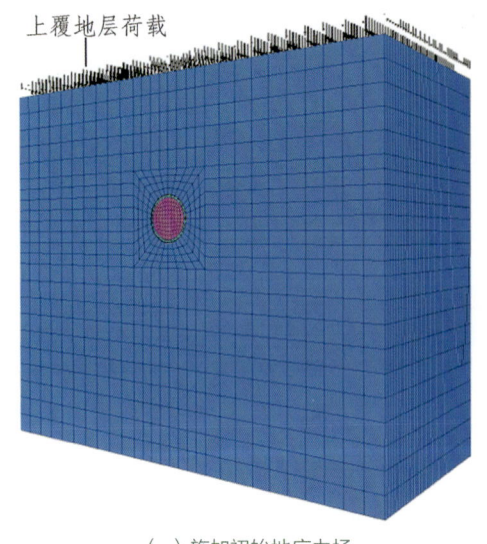

（a）施加初始地应力场

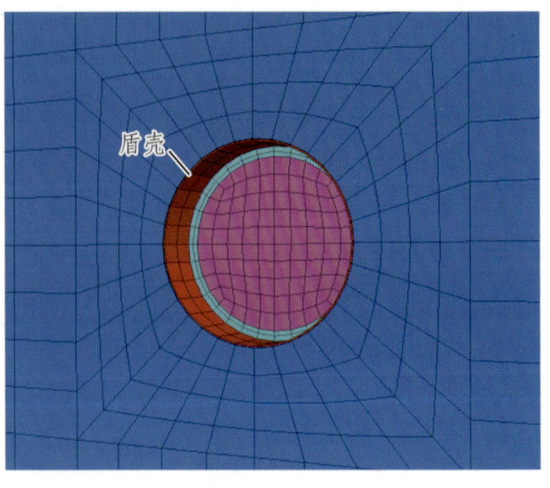

（b）盾构掘进过程模拟

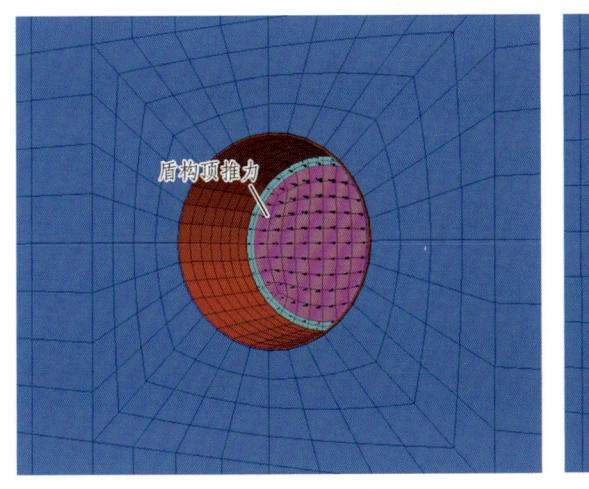
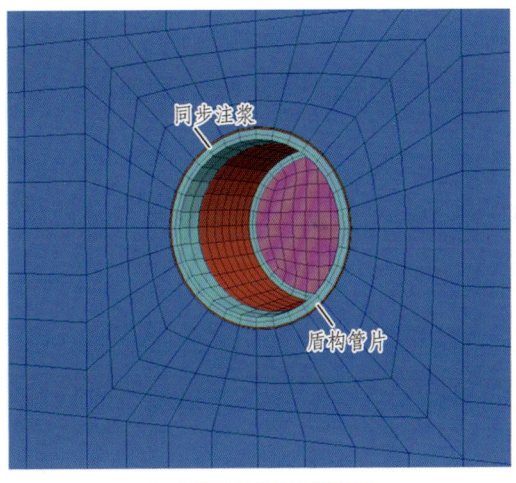

（c）施加反向不平衡力　　　　　　　　（d）同步注浆与衬砌拼装

图 8-2-3　EPB/TBM 双模盾构开挖模拟示意图

为了反映盾壳与土体之间的相互作用，需要引入接触面（interface）单元，接触面单元由节点、节点特有面积两个部分组成，如图 8-2-4 所示。其为一系列三角形结构单元组成，每个单元共有 3 个节点。通常情况下，接触面单元依附于实体单元表面，一个四边形区域会被分割成两个三角形单元，之后在每个节点之间自动创建 interface 单元。当另一个网格面与接触面 interface 单元发生接触时，单元会在节点位置检测接触情况，并会以法向刚度、剪切刚度和滑动特性判断两个实体之间的耦合关系。

在每一个计算时间步中，接触面节点的侵入目标面绝对位移量和相对目标面的剪切速度都会被进行计算。随后根据接触面采用的本构模型得出 interface 单元的法向应力和剪切应力。在 FLAC^{3D}5.0 中，该本构模型为线性库仑剪切强度准则，其规定了作用在接触面节点位置的剪切力、法向刚度、剪切刚度、拉伸和剪切黏结强度，以及在达到剪切强度极限后导致目标法向应力增加的膨胀角。图 8-2-5 为施加在盾构机盾壳表面的接触面 interface 单元。

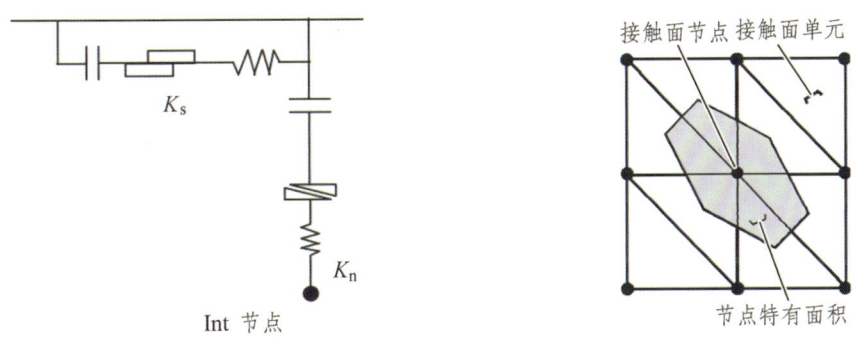

图 8-2-4　接触面 interface 单元示意图及原理

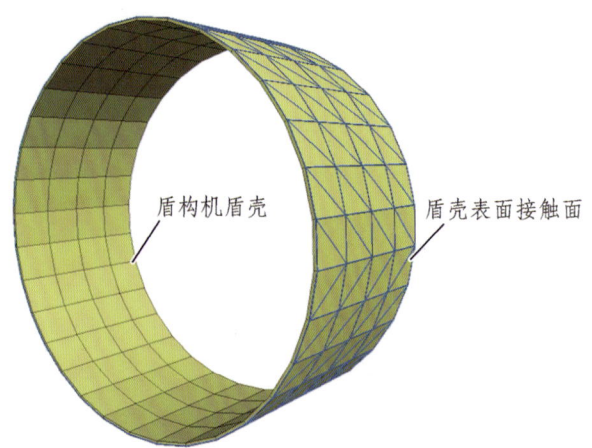

图 8-2-5　盾壳表面的接触面 interface 单元

接触面在计算步（$t+\Delta t$）时刻的弹性法向应力和剪切应力可以通过式（8-2-3）和式（8-2-4）进行计算。

$$F_n^{(t+\Delta t)} = K_n \mu_n A + \sigma_n A \tag{8-2-3}$$

$$F_{si}^{(t+\Delta t)} = F_{si}^{(t)} + K_s \Delta u_{si}^{[t+(1/2)\Delta t]} A + \sigma_{si} A \tag{8-2-4}$$

式中，K_n 为接触面单元的法向刚度；μ_n 为节点侵入目标面的绝对位移；A 为接触面节点的特有面积；σ_n 为接触面应力初始化造成的附加法向应力；Δu_{si} 为剪切位移相对增量；K_s 为剪切刚度；σ_{si} 为接触面应力初始化造成附加剪应力。Itasca 在其 2012 年出版的软件手册中提出，interface 单元的法向和切向弹簧刚度的取值如式（8-2-5）所示。

$$k_n = k_s = 10 \max \left[\frac{(K + 4/3G)}{\Delta z_{\min}} \right] \tag{8-2-5}$$

式中，K_n 和 K_s 分别为接触面单元的法向刚度与切向刚度；K 为材料的体积模量；G 为材料的剪切模量；$\Delta z_{\min}$ 为网格的最小尺寸；max 代表与衬砌单元相邻实体的最大值。根据地勘报告所述的微风化黑云母花岗岩的室内试验推荐取值，结合文献调研的结果，深圳地铁双模段围岩的物理力学参数如表 8-2-1 所示。

表 8-2-1　围岩的物理力学参数

类型	重度/（kN/m³）	弹性模量/GPa	泊松比	黏聚力/kPa	内摩擦角/（°）
花岗岩	26.4	0.74	0.30	570	30

根据式（8-2-5）可知，微风化黑云母花岗岩和 EPB/TBM 双模式盾构壳体之间接触面的参数 K_n 和 K_s 的推荐取值为 13.27 GPa。盾构机、钢筋混凝土管片、管片壁后同步注浆材料和螺栓的物理力学参数如表 8-2-2 所示。为了简化数值模拟的过程，管片环间接头和纵向接头采用刚度折减法进行模拟，围岩、盾壳、管片、注浆圈等采用实体单元进行模拟。其中，围岩和同步注浆圈满足摩尔–库仑本构关系，管片和盾壳满足弹性本构关系。

表 8-2-2 盾构机、管片及注浆材料的物理力学参数

类型	重度 /（kN/m³）	内摩擦角 /（°）	黏聚力 /kPa	泊松比	弹性模量 /MPa
混凝土管片	25.0	33	450	0.20	2.93×10^4
螺栓	21.0	—	—	—	2.00×10^5
注浆体	16.7	32	100	0.28	350
盾构机	78.0	—	—	0.25	2.50×10^5

LDP（longitudinal displacement profile）曲线是围岩的纵轴向剖面位移曲线，其示意图（见图 8-2-6）能反映地层受开挖面前方岩体的支撑作用，在开挖面影响区 S 的范围内，围岩表面任意一点处的位移都受到了相邻单元的约束作用（例如点 B 受点 A 与 C 的约束），当采用不同的本构关系时，对应的约束条件也有所差异。显然，当围岩的变形量超过扩挖间隙的大小时，地层将与盾壳发生接触，并在盾壳的约束下产生进一步的变形，从而对盾壳产生压力。

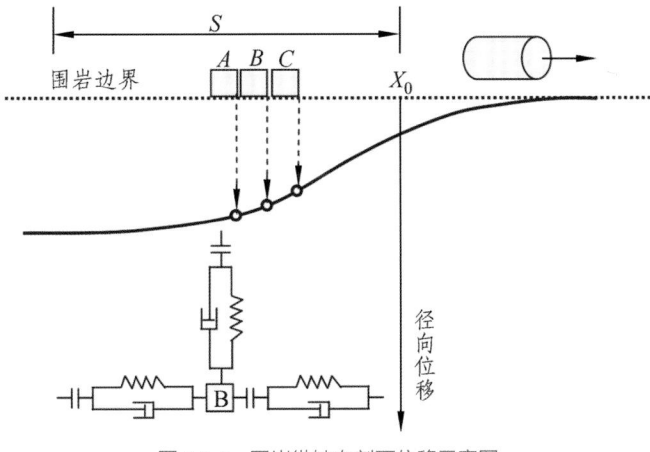

图 8-2-6 围岩纵轴向剖面位移示意图

本章在隧道拱顶、拱肩、拱脚和拱底 4 个关键点位置，从掌子面至管片支护区域内布置监测点，记录其法向变形数值，并绘制曲线图。图 8-2-7 至图 8-2-10 为计算得出的在不同埋

深下未考虑围岩与盾构机间相互作用和管片衬砌支护条件下的围岩 LDP 曲线图。

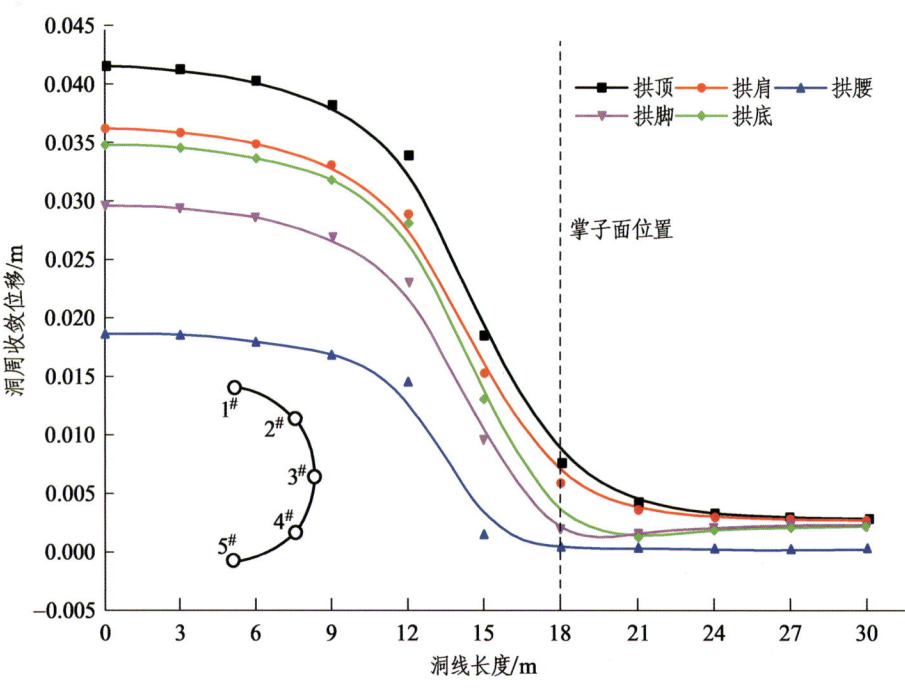

图 8-2-7　埋深 20 m 围岩的 LDP 曲线

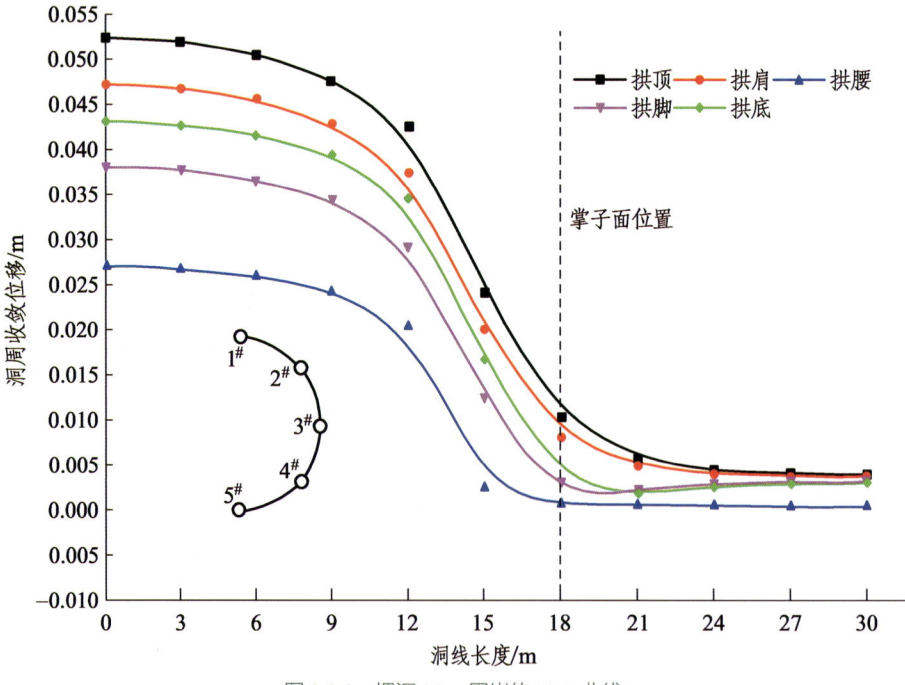

图 8-2-8　埋深 35 m 围岩的 LDP 曲线

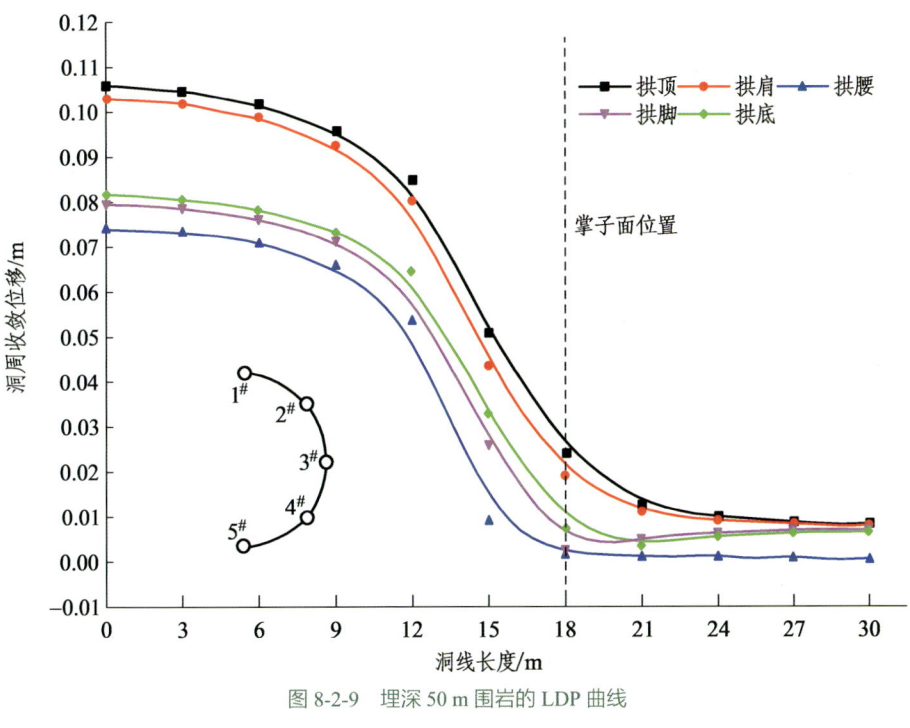

图 8-2-9 埋深 50 m 围岩的 LDP 曲线

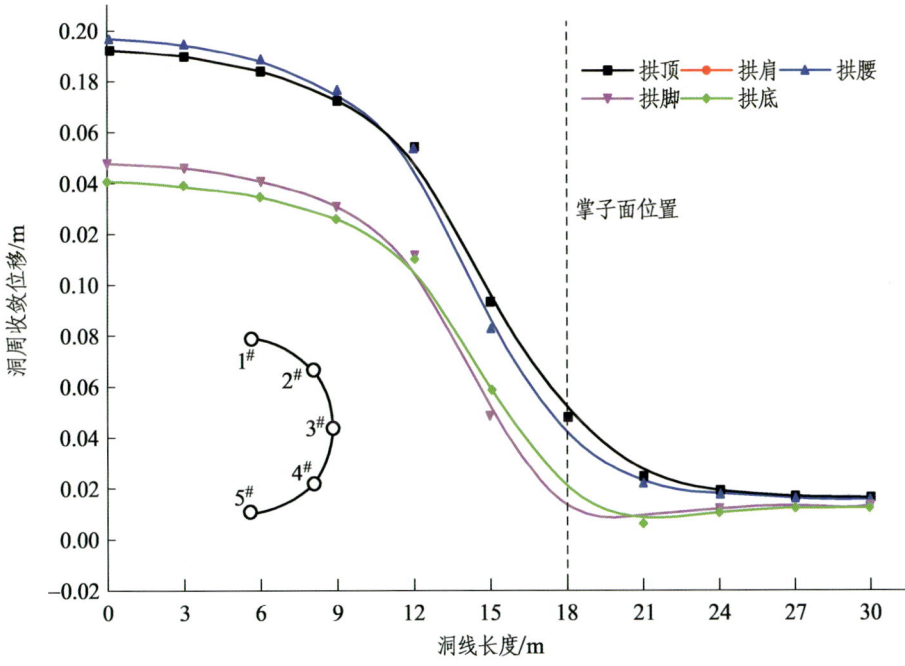

图 8-2-10 埋深 65 m 围岩的 LDP 曲线

由图 8-2-7 至图 8-2-10 可知，在不进行支护的情况下，盾构开挖之后，隧道周边岩体整体上呈现向内部收敛的趋势。在隧道掌子面开挖之前，受地层约束的影响，岩体的变形较为有限。掌子面开挖后，隧道洞周各监测点的收敛变形均迅速增加，隧道纵向变形 LDP 曲线呈现 S 形。

随着隧道埋深的增加，拱顶、拱肩、拱腰、拱脚和拱底位置的变形量均呈现增长的趋势。其中拱顶沉降量最高，随着埋深的增加，拱顶沉降的数值分别为 4.15 cm、5.24 cm、10.59 cm 和 19.23 cm，可见其增长速率也随埋深的增加而增加。由于拱顶变形数值较大，而拱底的变形量较小，因此盾壳在拱顶位置所受的围岩压力较高。考虑隧道在场地内没有受到构造应力的影响，拱腰变形量较小。然而随着埋深的增加，由泊松效应引起的水平侧压力逐渐提升，横向变形也不断增长，其数值分别为 1.87 cm、2.71 cm、7.41 cm、19.67 cm。由此可见，随着埋深的增加围岩的自稳能力不断降低。

在数值计算中由地层法向压力产生的摩阻力的计算公式为：

$$F_r = \mu \sum_{i=1}^{n} \sigma_{ni} A_i \qquad (8\text{-}2\text{-}6)$$

式中，μ 为围岩与盾壳之间的静摩擦系数；σ_{ni} 为第 i 个 liner 单元所受的平均法向压应力，A_i 为第 i 个 liner 单元的面积。Ramoni 等的文献表明摩擦系数为 0.25 ~ 0.45，根据现场实际情况选取摩擦系数为 0.27。本章通过 FLAC 中的 sl_rstr 函数提取结构单元各节点位置的法向应力，并根据式（8-2-6）计算盾壳所受的总围岩摩阻力。图 8-2-11 为不同埋深下，扩挖间隙分别为 20 mm 和 0 mm 时接触面法向应力云图。

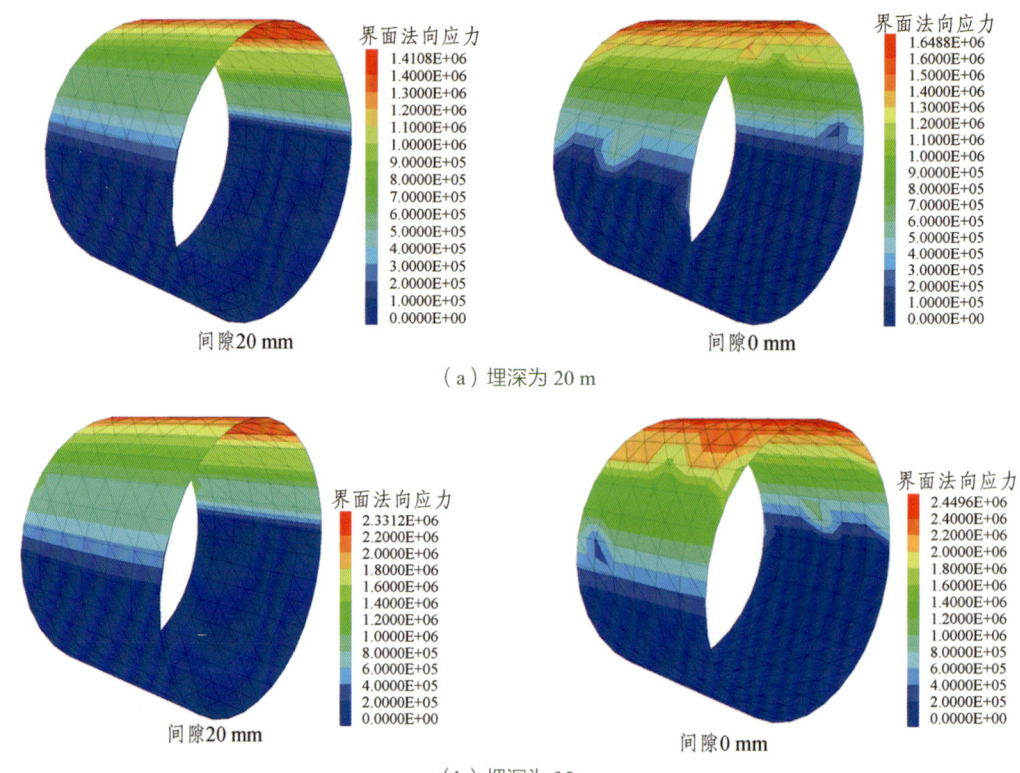

（a）埋深为 20 m

（b）埋深为 35 m

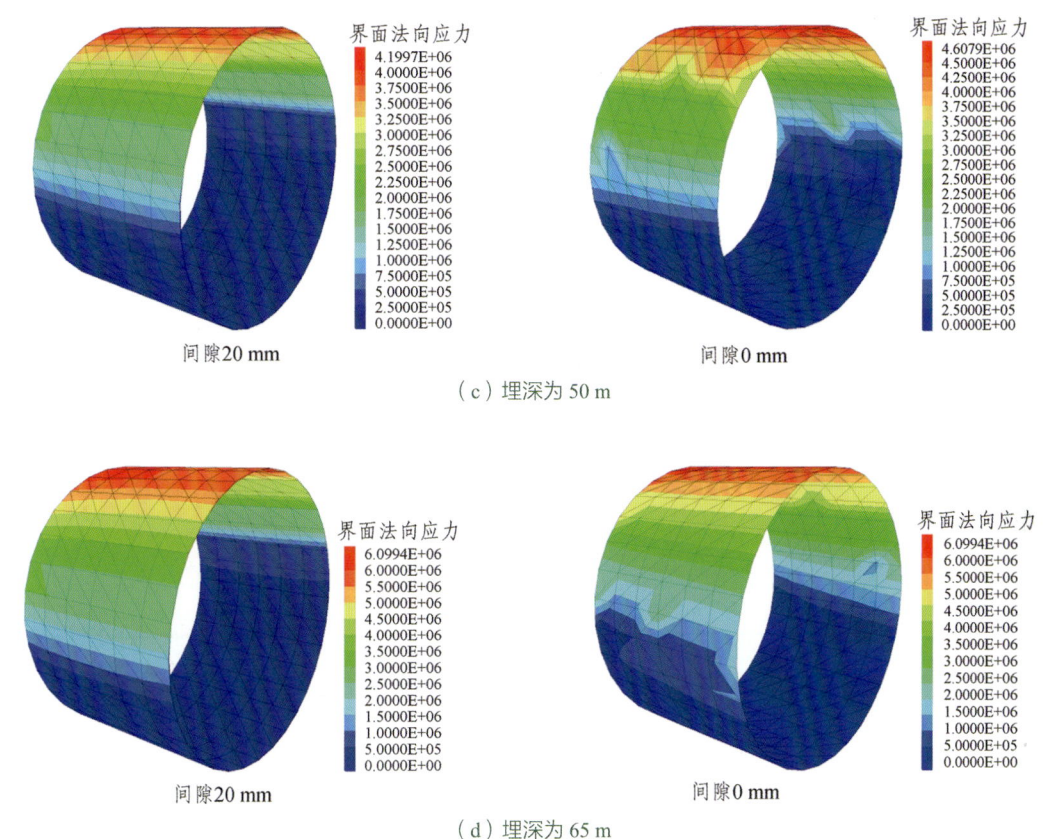

(c) 埋深为 50 m

(d) 埋深为 65 m

图 8-2-11 不同埋深下不同扩挖间隙的围岩压力云图

由图 8-2-11 可知，由于隧道拱顶处的沉降量最大，拱底位置的竖向变形较低，因此盾构盾壳顶部受到的围岩压力较高，随着位置逐渐偏向于拱底其数值进一步降低。当围岩变形量小于盾壳与围岩之间的扩挖间隙时，管片不受围岩压力的作用。随着盾构隧道埋深的增加和扩挖间隙的减小，盾壳受所受围岩压力及围岩压力的分布范围也随之增加。图 8-2-12（a）和（b）分别反映了盾构所受的来自围岩的总摩擦阻力与隧道埋深与盾壳与围岩之间的扩挖间隙之间的关系曲线。图 8-2-12（c）为在前文计算结果的基础上通过数学分析软件 MATLAB 拟合出的盾构摩阻力与扩挖尺寸及埋深的关联关系，根据该关联关系以间隙尺寸和埋深为自变量，盾壳所受的摩阻力为因变量绘制了空间三维曲面。

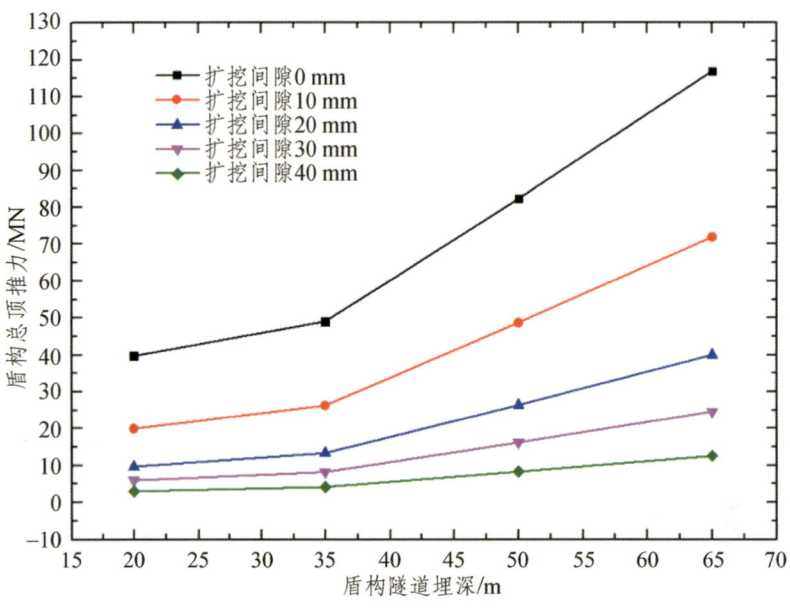

(a)盾构所受摩阻力随埋深的变化情况

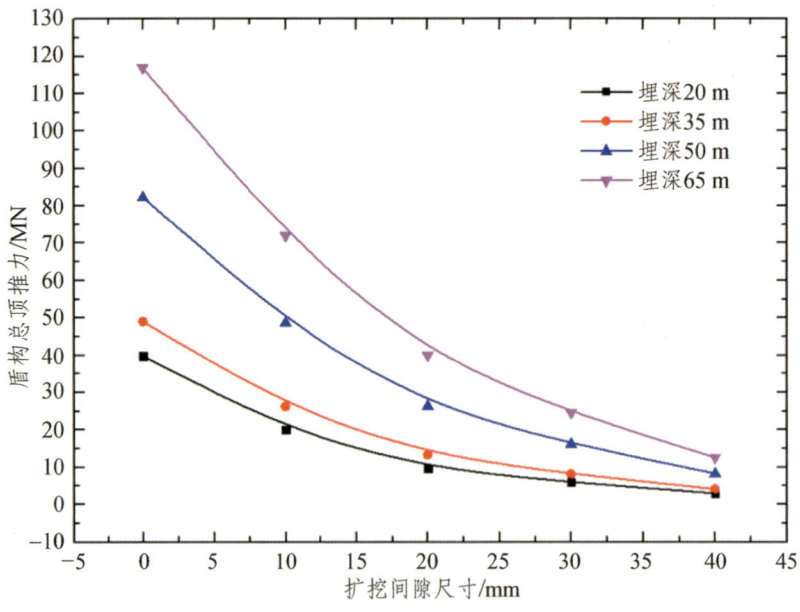

(b)盾构所受摩阻力随间隙的变化情况

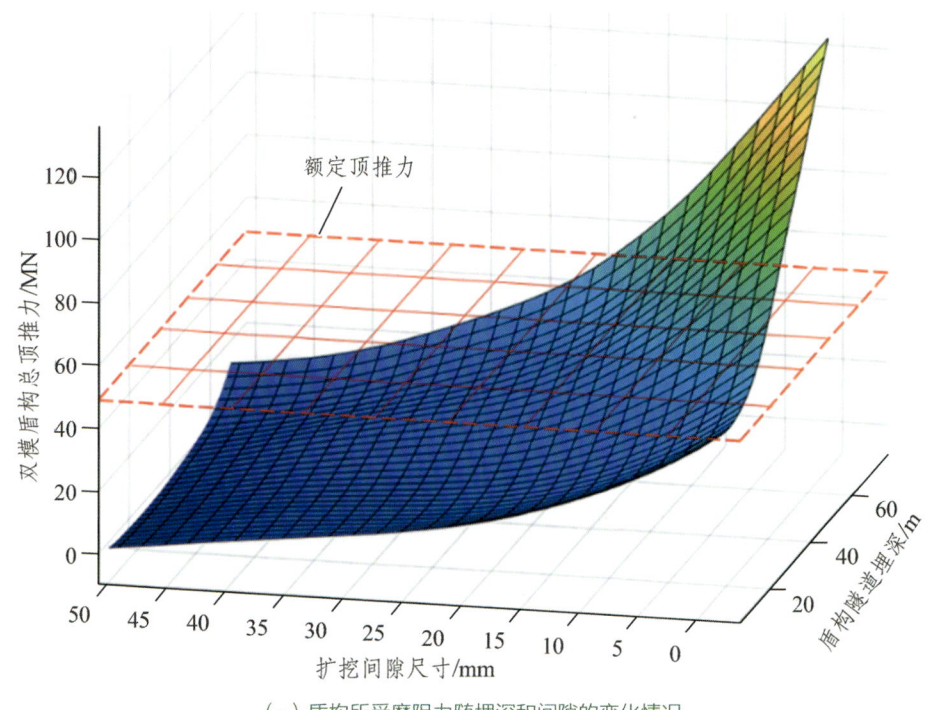

(c) 盾构所受摩阻力随埋深和间隙的变化情况

图 8-2-12　盾构所受围岩总摩阻力与埋深和扩挖间隙的关系

由图 8-2-12 可知，在盾构扩挖间隙保持不变的条件下，盾构壳体所受围岩摩阻力随隧道埋深基本上呈线性增加的趋势。在盾构埋深保持不变的情况下，随着扩挖间隙的减小，盾构所受的摩擦阻力增加，且增长速率随扩挖间隙的减小而增加。盾构埋深越大，由扩挖间隙尺寸引起的盾构摩阻力的差距也越大。扩挖间隙越小，由隧道埋深差异导致的摩阻力差异也越大。

计算结果显示，当隧道埋深为 50 m，扩挖间隙尺寸为 0 mm 时，盾构所受的总摩阻力为 82.31 MN；当埋深为 65 m、扩挖间隙为 0 mm 时，摩阻力为 116.92 MN；当埋深为 65 m、扩挖间隙为 10 mm 时，摩阻力为 71.94 MN，均超过了盾构的额定顶推力。在实际工程中，盾构的顶推力会发生损耗，往往并不能达到额定推力的情况，因此当扩挖间隙为 0 mm 时，即使埋深 20 m 的浅埋工况也有发生卡机的风险，其摩阻力的大小为 39.73 MN。在图 8-2-12(c) 中，红色平面代表的是 EPB/TBM 双模盾构的额定顶推力，凡是高于红色平面的三维曲面上的点都可能发生卡机病害。大多数卡机发生在扩挖间隙小于 10 mm 的条件下，只要埋深大于 55 mm、扩挖间隙小于 15 mm 时就会发生卡机问题。在实际工程中应提升开仓频率，对磨损刀具及时进行更换。

在双模盾构掘进的过程中，导致扩挖间隙减小的主要因素是刀盘上边滚刀在摩阻力作用下的磨损，滚刀的受力特征如图 8-2-13 所示。由图可知，滚刀受到盾构顶推力，在开挖面提供的扭矩 $T_{转动}$ 的作用下产生滚压运动。该转动扭矩的大小与盾构顶推力有关。显然，当 $T_{转动} > T_{阻}$ 时，滚刀才能产生正常的转动，其中 $T_{转动}$ 为使得滚刀转动的力矩，$T_{阻}$ 为阻止滚刀转动的力矩。在 TBM 掘进模式下，由于不需要通过土仓压力平衡掌子面的土压力，土仓和刀箱内部渣土较少，对滚刀正常转动产生的阻力较小，滚刀一般不会产生偏磨。

当采用土压模式掘进时，阻止滚刀转动的力矩 $T_{阻}$ 主要由 3 个部分组成，如式（8-2-7）所示。

$$T_{阻} = T_{土仓} + T_{刀箱} + T_{启动} \qquad (8\text{-}2\text{-}7)$$

式中，$T_{土仓}$ 为土仓内的渣土对滚刀转动的阻力；$T_{刀箱}$ 为刀箱内部渣土对滚刀转动的阻力；$T_{启动}$ 为滚刀正常转动需要克服的扭矩。当转动力矩不能克服阻力矩，即 $T_{转动} < T_{阻}$ 时，滚刀不能正常转动，与岩体的接触摩擦形式由滚动摩擦转化为滑动摩擦，滚刀一侧与岩体发生持续摩擦迅速磨耗，刀具发生偏磨现象。此时，盾壳外侧扩挖间隙迅速减小，掘进效率降低，直至滚刀报废，盾构发生卡机。由前文可知，深圳地铁双模盾构施工区间的卡机，主要发生在土压模式掘进段，且刀具磨损量较大，与理论分析的结果一致。

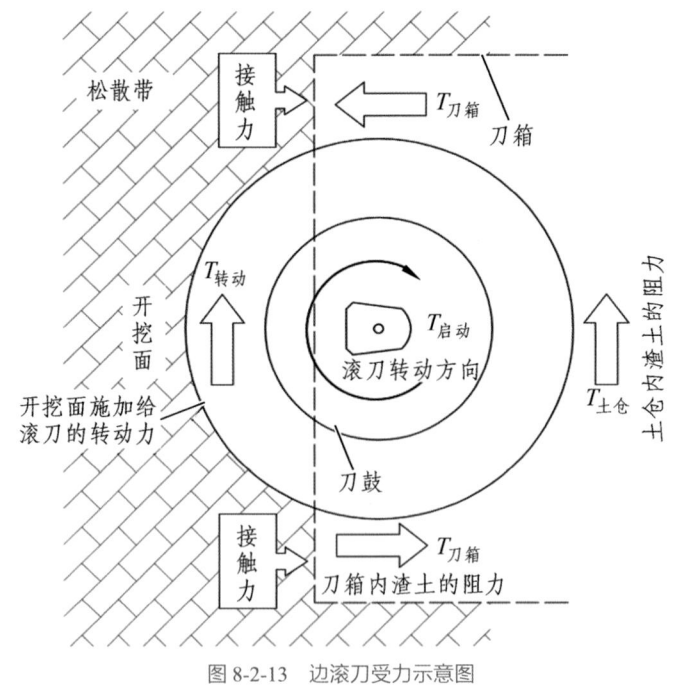

图 8-2-13 边滚刀受力示意图

特别地，当隧道穿越软弱、破碎或节理岩体时，掌子面处的岩石在滚刀挤压作用下形成结构松散区域。由于该区域岩体力学特性降低，其能产生的作用于滚刀的转动力矩 $T_{转动}$ 数值进一步降低。并且松散带渣土直接与刀鼓接触，接触应力会导致刀鼓变形磨损挤压刀具，

引起启动力矩 $T_{启动}$ 的数值增加，这导致滚刀的正常转动更加困难。部分发生卡机的施工区段，边滚刀的启动扭矩设定值较高，少数区段启动扭矩可达 60 N·m，滚刀在开挖过程中不能正常转动，引起了严重的磨损现象，使扩挖间隙迅速减小，围岩与盾壳密贴，最终导致区段出现卡机问题。

上述数值计算及理论分析结果表明：

（1）围岩与盾壳之间的相互作用是引起盾构卡机的主要原因。当隧道周边岩体的收敛值大于盾构扩挖间隙时，盾构开始承受围岩压力，并转化为摩阻力。盾构所受的摩阻力与隧道埋深和扩挖间隙的尺寸有关，大多数卡机病害发生在扩挖间隙小于 10 mm 的条件下。当扩挖间隙小于 20 mm 时，盾构所受的摩阻力的增长速率迅速提升。

（2）边滚刀偏磨是导致扩挖间隙减小进而引发卡机的决定性因素。当启动扭矩等阻力矩大于转动力矩时，会导致滚刀卡顿，最终使其磨损速率增加引起偏磨。此外，当土仓内有大量渣土时，将对滚刀产生额外的阻力 $T_{土仓}$，进一步增加刀具磨损的概率。

8.2.2　注浆材料回流引起的卡机

在盾构掘进过程中，特别是盾构在进行下坡掘进和停机时，盾尾同步注浆浆液可能会向盾构机方向回流。当盾尾钢刷由于磨损导致密封性不良或盾尾油脂注入量不足时，同步注浆浆液会对盾壳和围岩之间的扩挖间隙进行填充，注浆浆液会与间隙之间的松散土石混合，当其凝结硬化后会形成具有一定空隙的，类似于混凝土的材料。这种现象将进一步缩小盾壳与围岩之间的扩挖间隙宽度，导致卡机的风险进一步提升。为了对这一问题进行分析，本章假设扩挖间隙的总体积为 V_0，注浆材料回流进扩挖间隙体积为 $V_{浆}$，定义扩挖间隙填充率 β，则有：

$$\beta = (V_{浆}/V_0) \times 100\% \tag{8-2-8}$$

为了描述注浆材料回流对卡机的影响，本章提出等效弹性模量的概念，当扩挖间隙填充率越高时，混凝土注浆圈的等效弹性模量越高。朱才辉等学者的既有研究表明，盾尾间隙中的材料是土、水泥浆及土与水泥浆的混合体，假设将未被填充的间隙视为施加于水泥混凝土浆液内部的"引气剂"，根据混凝土外加剂中引气剂的相关研究结论，可以认为当水灰比保持不变时，含气量增加 1%，混凝土的强度下降 3%~5%。可以将该理论理解为浆液内部孔隙率或含气量的增加，按照此比例可以近似建立填充率增加比例与注浆圈弹性模量变化比例之间的关联关系。

假设混凝土初始弹性模量为 E_0，当混凝土内部空隙增加 1% 时，混凝土的弹性模量降低 4%，则可以认为当注浆填充率减小 1% 时，注浆圈的弹性模量变为 $0.96E_0$，按照此比例，则当注浆填充率减小 $n\%$，注浆圈的弹性模量为 $0.96^n \times E_0$。本章分别计算了在注浆材料填充率分别为 25%、50%、75% 和 100% 的工况下，EPB/TBM 双模盾构盾壳所受的围岩压力及其所受的围岩摩擦阻力。在不同填充率的情况下，等效注浆圈内部材料的物理力学参数如表 8-2-3 所示。

表 8-2-3　等效注浆圈的物理力学参数

填充率	重度 /（kN/m³）	内摩擦角 /（°）	黏聚力 /kPa	泊松比	弹性模量 /MPa
25%	6.25	24	450	0.30	14.04
50%	12.50	27	450	0.30	38.96
75%	18.75	30	450	0.30	108.12
100%	25.00	33	450	0.30	300

由于在本算例中，盾构机的盾壳直接与实体单元发生接触，因此其与围岩的相互作用关系可以不通过接触面 interface 单元进行模拟，而可以直接采用衬砌 liner 单元进行模拟。Liner 单元本质上是壳型单元和接触面单元的结合体，一方面其可以在自身内部产生内部应力，另一方面可以模拟结构与实体之间的接触。衬砌单元 liner 的计算原理如图 8-2-14 所示，liner 单元能够同时模拟材料在荷载作用下自身的结构力学响应，以及结构单元与实体网格之间的相互作用。通过节点位置的切向弹簧可以模拟剪切结构单元与实体单元之间的相对滑动，通过法向单元可以模拟结构单元与实体单元的分离与接触。管片与地层之间空隙可以采用实体单元进行模拟，掘进时可将其力学和强度参数设置为小值。与接触面单元类似，Itasca 在 2012 年软件手册中提出，liner 单元法向和切向弹簧刚度的取值如式（8-2-9）所示。

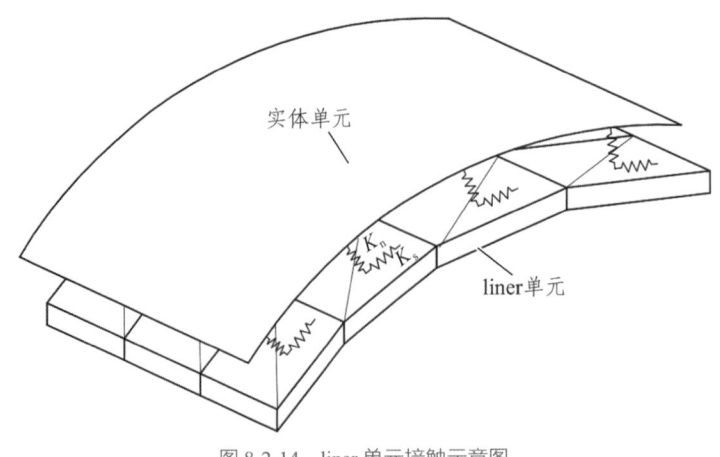

图 8-2-14　liner 单元接触示意图

$$K_n = K_s = 10\max\left[\frac{(K+4/3G)}{\Delta z_{\min}}\right] \quad (8\text{-}2\text{-}9)$$

式中，K_n 和 K_s 分别为接触面单元的法向刚度与切向刚度；K 为材料的体积模量；G 为材料的剪切模量；$\Delta z_{\min}$ 为网格的最小尺寸；max 代表与衬砌单元相邻实体的最大值。与上文相同，通过计算可得硬岩岩体的的刚度 K_n 和 K_s 分别为 13.27 GPa 和 13.27 GPa，由于管片与围岩之间不存在黏结作用，接触面不能承担拉应力，因此衬砌-围岩接触面的黏聚力与抗拉强度设置为 0。本章以扩挖间隙为 50 mm，埋深为 20 m 的工况为例，在上文中由于隧道周边岩体的变形量较小，几乎不与盾构机发生接触，所以在该工况下 EPB/TBM 双模盾构没有发生卡机的风险。本节假设其内部被同步注浆浆液填充，计算其在该工况下所受的法向应力，不同浆液填充率工况下，盾壳所受的围岩压应力的云图如图 8-2-15 所示。

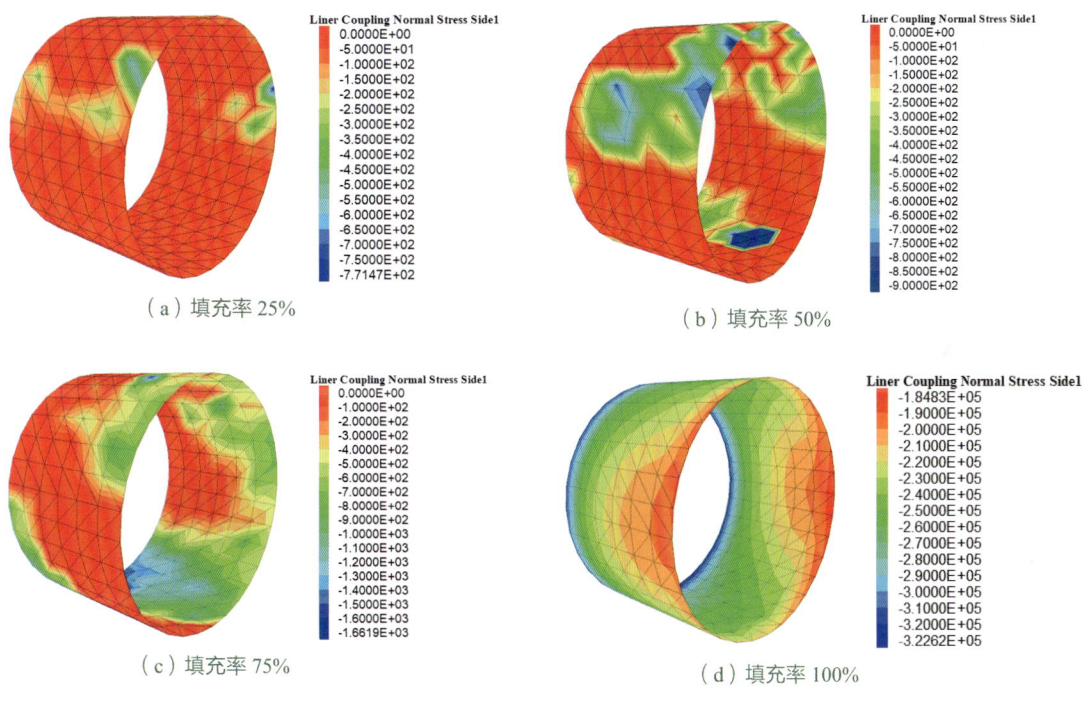

图 8-2-15　不同填充率下盾壳所受围岩压力云图

受盾构盾壳外部均匀分布的注浆材料的影响，双模盾构盾壳开始承受来自岩体的法向压力。当注浆材料填充时，分布在盾壳周边的围岩压力与前文正常掘进状态相比分布更加均匀。由图 8-2-15 可知，当注浆材料对扩挖间隙的填充率达到 100% 时，盾壳所受的压力整体上呈现出拱顶、拱底数值较高，拱腰数值较低的趋势。随着注浆材料填充率的降低，盾壳所受的法向压力也减小，当注浆材料填充率降低至 75% 时，隧道拱腰位置开始不承担法向应力；

当注浆材料填充率降低至50%时，仅拱底和拱肩承担法向应力；当注浆材料填充率降低至25%时，围岩法向应力仅在拱肩位置小范围区域内出现。为了进一步分析在扩挖间隙被注浆材料填充的条件下，盾壳外部所受围岩压力分布规律。本章依据注浆材料填充率100%的工况，绘制了如图8-2-16所示的雷达图。

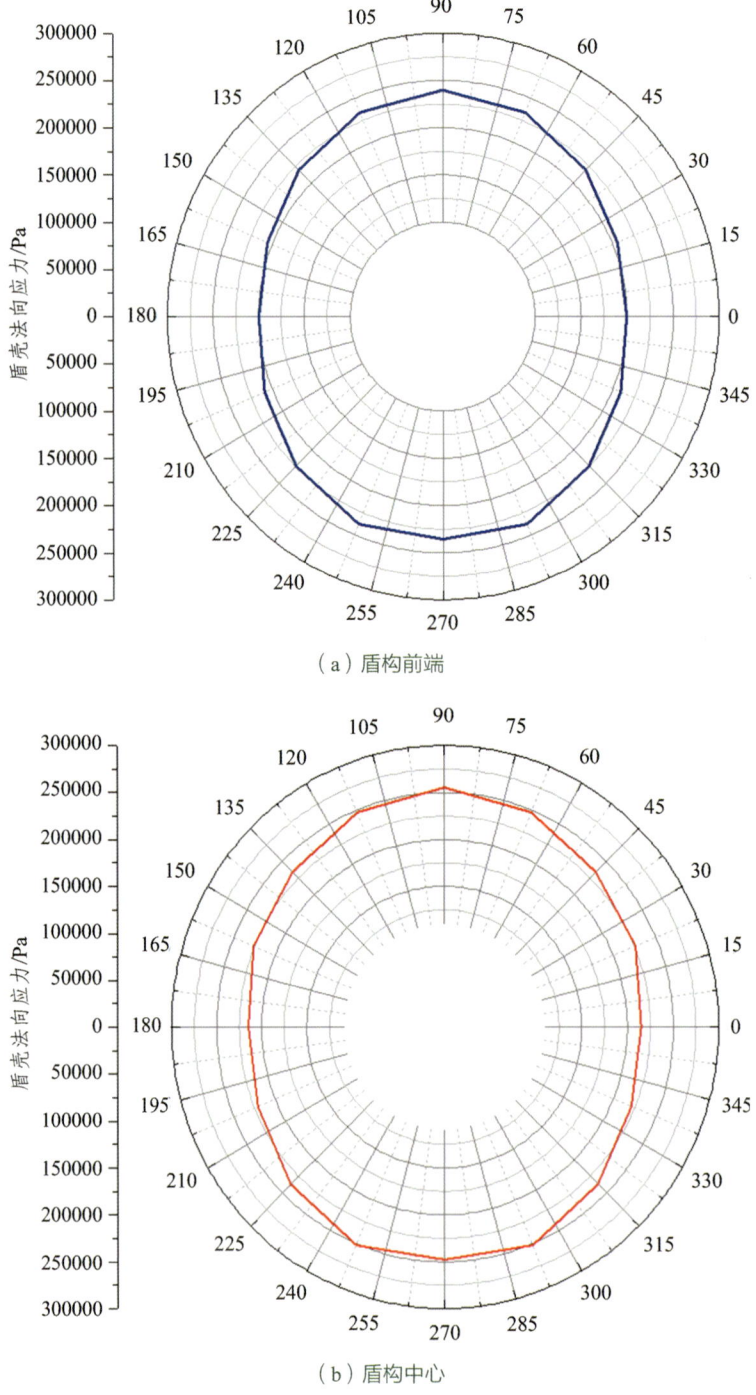

（a）盾构前端

（b）盾构中心

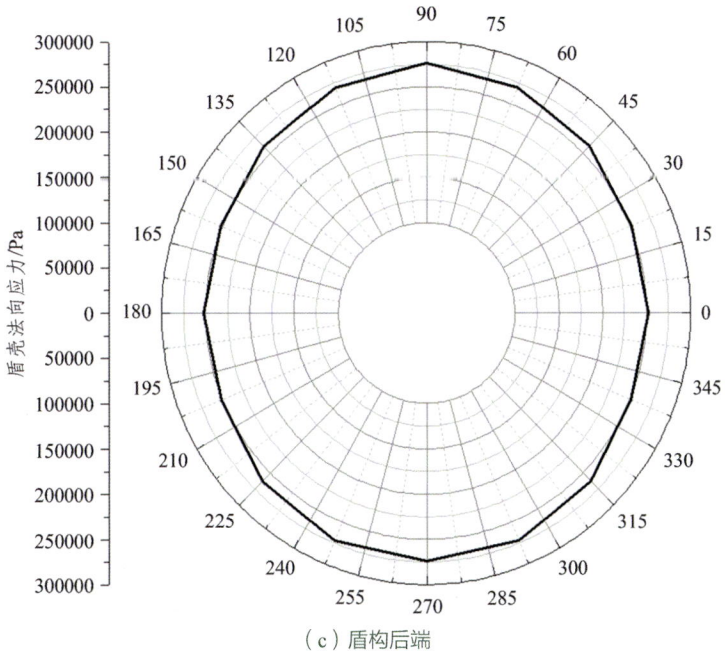

（c）盾构后端

图 8-2-16　盾壳中部所受围岩压力分布雷达图

由图 8-2-16 可知，盾构盾壳所受围岩法向压力从盾构前端向盾尾方向逐渐增加，这是由于盾构前端掌子面位置的岩体受到前方未开挖地层的约束变形量较小，而盾构后方岩体受到的约束较小变形量较大，因此盾构盾尾处承受的围岩压力较大，符合实际规律。受到填充注浆材料的影响，盾构机拱顶和拱底位置所受的围岩压力大小接近，围岩压力分布更为均匀，盾构前端、中部和后端的拱顶位置的围岩压力分别为 0.24 MPa、0.26 MPa 和 0.28 MPa。盾壳所受来自围岩的总摩阻力如图 8-2-17 所示。

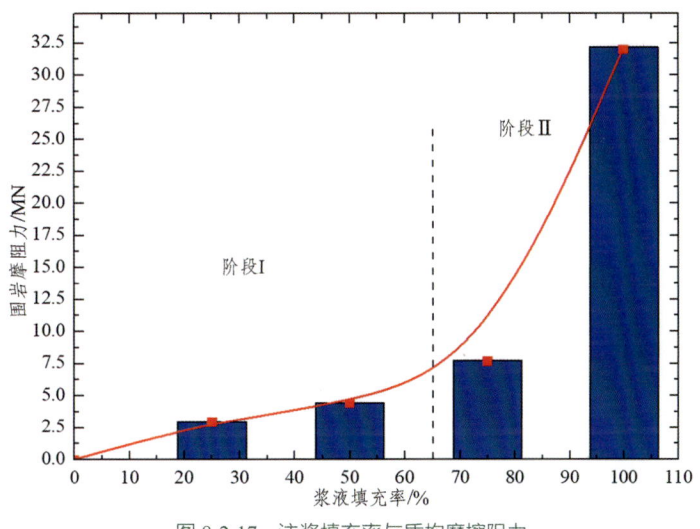

图 8-2-17　注浆填充率与盾构摩擦阻力

由图8-2-17可知,随着扩挖间隙内浆液填充率的提升,盾构所受的摩擦阻力也随之增加。当没有浆液流入扩挖间隙时,围岩的变形量未超过5 cm不能与盾壳发生接触,因此盾壳所受的摩阻力为0 MN。当注浆材料填充率提升至25%时,盾构所受摩阻力增长至2.96 MN,远小于盾构的额定顶推力。当注浆材料填充率增长至50%、75%和完全填充时,盾构所受的摩阻力分别提升至4.43 MN、7.716 MN和32.20 MN,增长率分别为49.66%、74.17%和317.31%。显然,当注浆填充率越高,盾构所受的摩擦阻力增长就越快。当浆液完全填满扩挖间隙时,盾构所受摩阻力和盾构正常掘进贯入岩体所需的顶推力已达到40.20 MN,其数值为深圳地铁EPB/TBM双模式盾构额定顶推力的79.45%,有一定的卡机风险。

为了避免卡机,应做好盾尾注浆材料的密封工作。由图8-2-17可知,盾构所受摩阻力随扩挖间隙注浆填充率变化曲线可分为两个阶段。第一阶段,注浆材料填充率小于65%左右时,盾构所受摩阻力基本随注浆材料填充率呈现出线性增长的趋势,增长率较为缓慢;第二阶段,当扩挖间隙填充率大于65%时,盾构所受摩阻力随注浆材料填充率的增长趋势呈现类指数型增长,摩阻力不断增加。因此在施工过程中应注意盾尾钢刷和密封油脂压力,尽量使注浆材料对盾尾间隙的填充小于60%。当存在注浆材料灌入的风险时,应提高油脂压力,采用速凝型注浆材料,并及时检查刀具磨损情况。

8.2.3 盾构姿态偏转引起的卡机

在上软下硬地层中,盾构与土体之间的相互作用更加复杂,当刀具从软岩切削至硬岩地层时,由于冲击易产生崩刃和偏磨现象,导致边滚刀产生的扩挖间隙逐渐减小,增加卡机风险与停机换刀的时间,引起盾构的掘进参数与姿态异常[6-8]。盾构姿态的偏转会对隧道施工产生显著的影响。张孟喜等[9]依托佛莞城际铁路长隆隧道,综合考虑将复合地层中对刀具产生影响的主要参数,并通过模糊综合评价方法对实际工程的风险等级进行了评价。邓鹏海于2019年[10]基于二维FDEM原理,建立了网格离散模型对盾构与围岩的不均匀空隙进行模拟,分析了在破碎岩体中围岩对TBM盾壳产生的压力。2008年,Mo和Chen[11]考虑了盾构机在不同姿态及倾角下,盾尾刷及千斤顶在管片上施加的非对称荷载对管片结构力学特性的影响,结果表明衬砌在盾构姿态偏转挤压作用下会产生非均匀错台和开裂。2020年,沈翔和袁大军等[12]将盾构周边岩土体模拟为等效土体弹簧,通过理论计算分别分析了盾构壳体在姿态上下和左右偏转后与土体的相互作用应力。

深圳地铁双模区间包含有大量的上软下硬复合地层,在上软下硬地层中,盾构与土体之间的相互作用更加复杂,当刀具从软岩切削至硬岩地层时,由于冲击易产生崩刃和偏磨现象,导致边滚刀产生的扩挖间隙逐渐减小,增加卡机风险与停机换刀的时间,引起盾构的掘进参数与姿态异常。当双模盾构刀盘边滚刀出现偏磨后,其在磨损位置对岩土体的掘削量减小。随着滚刀磨损量的增加,扩挖间隙随着盾构的掘进在纵向方向上逐渐减小,最终引起盾构姿态的偏转,如图 8-2-18 所示。扩挖间隙的非均匀分布,增加了盾壳所受的土压力,并改变了地层的纵向变形特征。为了便于模拟盾壳周边的不均匀扩挖间隙,本章假设边滚刀偏磨一侧的扩挖间隙呈线性减小的趋势,与其相对一侧的扩挖间隙保持不变,最终扩挖间隙轮廓线与盾壳轮廓线为一组偏心圆,两者圆心之间的距离即为边滚刀的偏磨量。

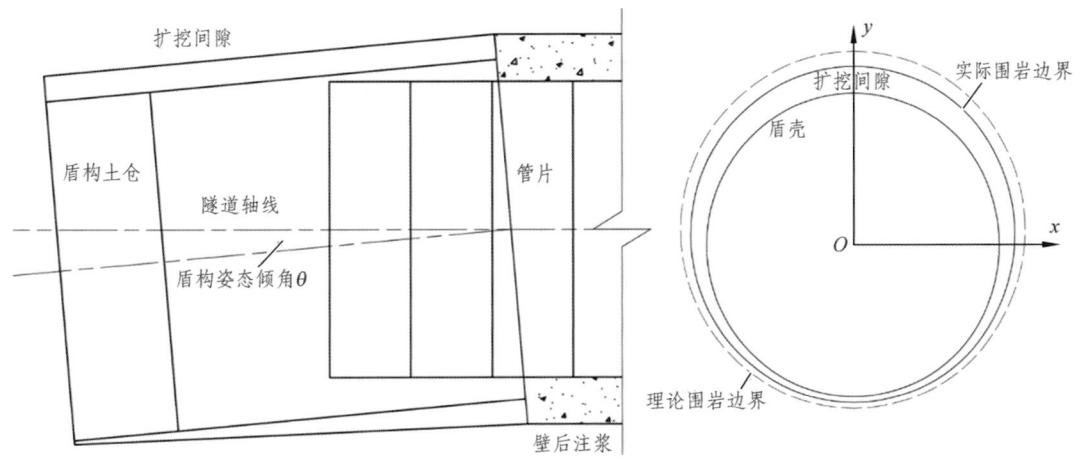

图 8-2-18 盾构刀具偏磨及姿态偏转示意图

为了进一步分析在上软下硬地层中掘进时,盾壳所受围岩压力的纵向及环向分布特征,并研究盾构姿态对卡机发生概率的影响。本章参考深圳地铁 14 号线所处的中 - 微风化角岩地质概况,通过有限差分软件 FLAC^{3D} 对双模盾构的开挖进行模拟,地层及管片的物理力学参数如表 8-2-4 所示。

表 8-2-4 围岩的物理力学参数

类型	重度 /(kN·m^3)	弹性模量 /GPa	泊松比	黏聚力 /kPa	内摩擦角 /(°)
中风化角岩	26.5	0.57	0.30	310	28
微风化角岩	27.0	2.80	0.25	2 000	40

为了开展三维精细化建模,以反映出在刀具发生偏磨和双模盾构掘进姿态发生偏转的条件下,盾构机盾壳与岩体之间的扩挖间隙在纵向开挖方向上的非均匀分布特征,并保证网格划分的精确度,从而准确模拟盾构姿态偏转状态时的掘进过程。本章通过三维建模软件

Rhino 和三维精细化网格划分软件 hypermesh 建立了三维数值模型，如图 8-2-19 所示。具体的建模步骤如下：

（1）在 Rhino 软件中通过三维线框，绘制出地层岩体、盾壳与围岩之间的扩挖间隙、管片和核心土等材料在纵向上的分布关系。通过放样命令利用三维线框生成相对应的实体单元，并通过布尔运算分割裁剪掉各实体之间的重合部分。

（2）将 Rhino 建立的三维实体模型导出为 .sat 的二进制格式，将该文件导入三维网格划分软件 hypermesh 中。在该软件中对三维模型进行拓扑运算，合并模型中的重合面，使得在重合面上划分的网格数量和形状相同。在 hypermesh 中，可以通过节点数量控制网格密度，对于不适合划分网格的面可以通过 quick edit 命令进行分割。

（3）不同的平面网格之间进行映射，最终生成三维实体网格，在 hypermesh 中应为不同的实体网格赋予材料参数和网格属性。将建立完成的网格导入 FLAC^{3D} 软件中，即可获得分组完毕的能够反映扩挖间隙纵向非均匀分布的三维精细化数值模型。

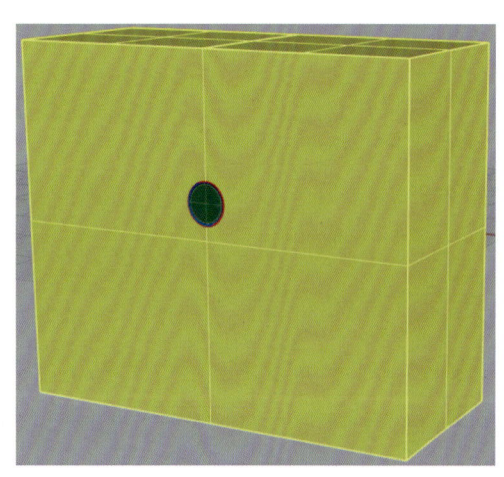
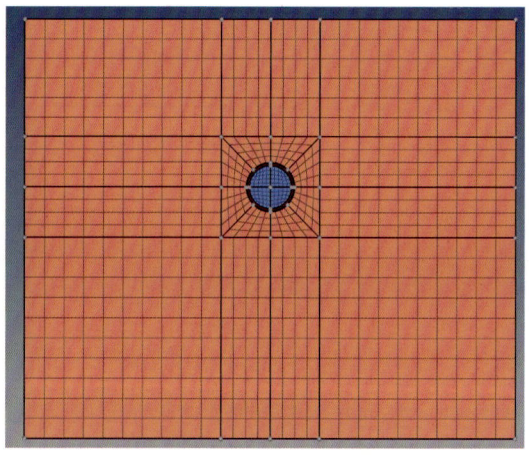

（a）Rhino 建立的实体模型　　　　　（b）Hypermesh 划分网格

图 8-2-19　三维精细化模型建模过程

参考深圳地铁 14 号线双模盾构卡机段的地质概况，本章利用 hypermesh 建立了考虑开挖间隙纵向变化的三维模型，并将其导入 FLAC^{3D} 中进行计算，数值模型如图 8-2-20 所示。为了防止边界效应对数值计算的影响，模型的尺寸设置为 70 m × 70 m × 30 m。计算模型中隧道周边岩体和壁后同步注浆体为弹塑性材料，服从莫尔-库仑准则。盾构管片为弹性体，纵向长度为 1.8 m，厚度为 0.35 m，采用实体单元模拟。盾构机体盾壳的厚度为 0.2 m，纵向长度为 6 m。为了反映盾壳与地层之间的相互作用，数值计算过程中盾壳由衬砌单元 liner 进行模拟，盾壳与围岩之间的初始扩挖间隙为 15 cm。

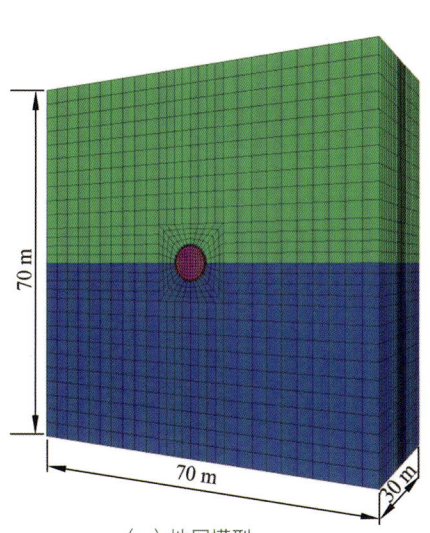
（a）地层模型

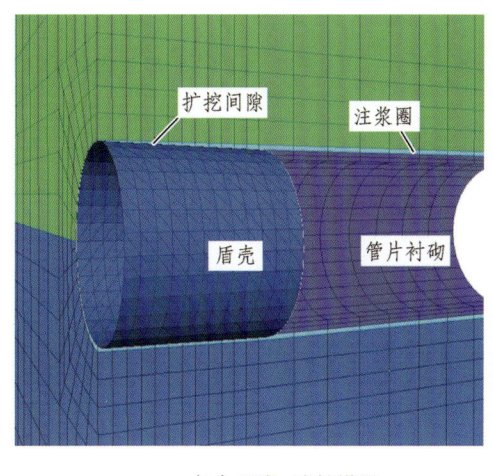
（b）盾壳-支护模型

图 8-2-20　隧道数值计算模型

经过有限差分软件 FLAC^{3D} 的迭代计算，在数值模型中已存储有相关应力与位移结果。图 8-2-21 为不同倾角下，盾壳 liner 单元所受围岩法向应力云图，其中盾构机的倾角以盾构轴线相对于开挖方向向上倾斜为正，盾构轴线相对于开挖方向向下倾斜为负。图 8-2-22 为盾壳所受围岩压力沿盾构纵向方向的分布规律。

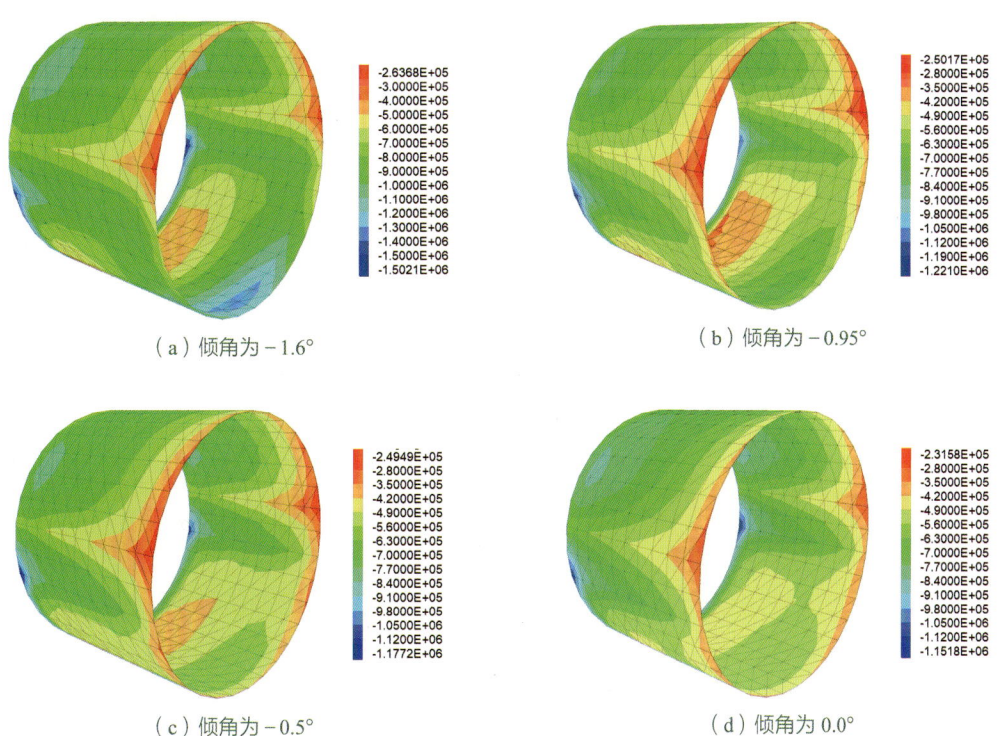

（a）倾角为 −1.6°　　　　　　　　　　（b）倾角为 −0.95°

（c）倾角为 −0.5°　　　　　　　　　　（d）倾角为 0.0°

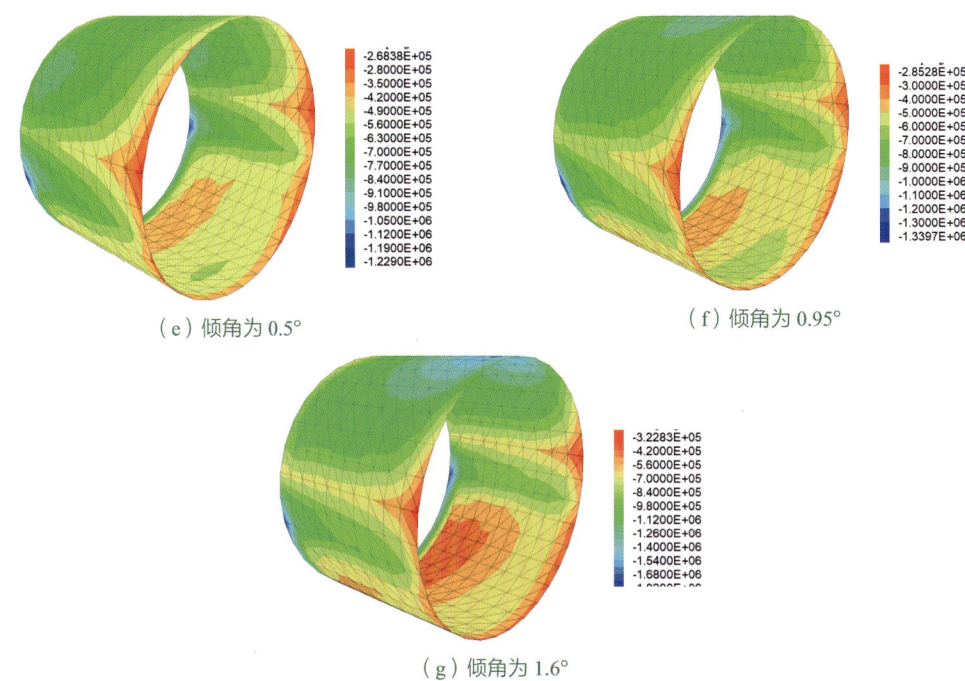

图 8-2-21 不同倾角下盾构所受的围岩压力云图

上述应力云图显示,盾构在上软下硬地层中水平掘进时,盾壳上部与软岩接触部分所受的法向压应力大于下部与硬岩接触部分所受的法向应力。当盾构姿态发生偏转时,偏转一侧的围岩应力有所增加。当盾构姿态偏转 1.6° 时,盾壳前端拱顶处的围岩应力显著增加,其大小为 1.88 MPa。当盾构姿态偏转 -1.6° 时,盾壳拱底前端法向压应力显著提升,其大小增长至 1.50 MPa。相较于水平掘进相应位置,压应力分别提升了 71.61% 和 57.50%。当偏转角度小于 1.6° 时,盾壳所受法向应力也有所增加,但数值介于两者之间。

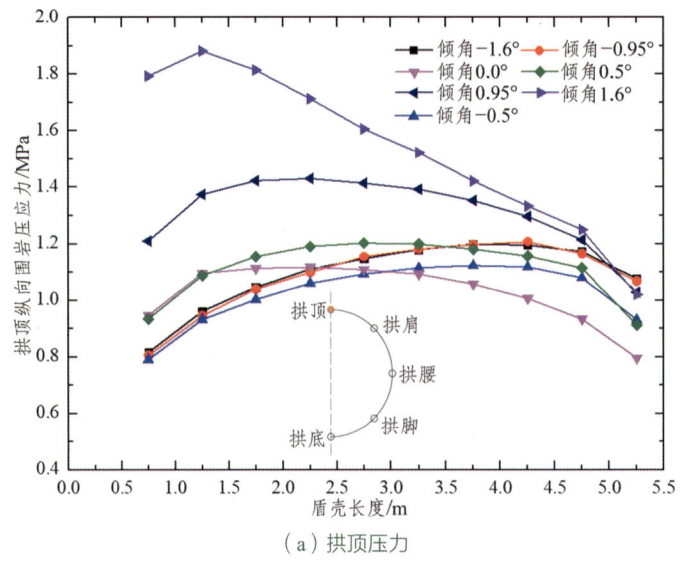

(a)拱顶压力

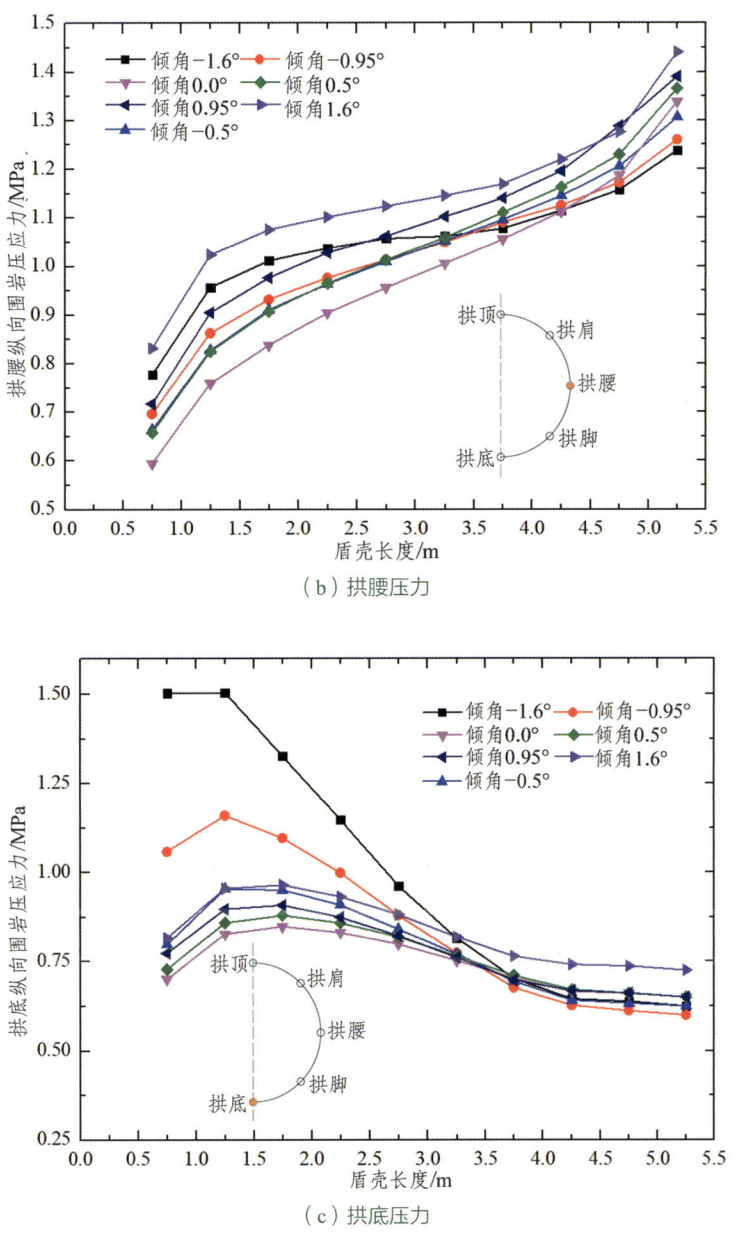

(b) 拱腰压力

(c) 拱底压力

图 8-2-22 盾构纵向压力分布规律

根据图 8-2-22 可知，随着距掌子面的距离逐渐增加，拱顶和拱底位置的压应力整体呈现出先增大后减小的趋势，而拱腰位置的围岩压应力则保持持续增长的趋势。

当盾构向上方偏转时，拱顶位置的压应力在纵向方向上均有所增长，在盾壳前端应力的增长尤为明显。盾构轴线的偏转量越大，盾壳前端压应力的增幅越显著。拱底位置所受的围岩应力虽有所提升，但相较于拱顶而言变化不显著。当盾构向下方偏转时，盾壳前端拱顶位置的压应力降低，盾壳后端拱顶压应力提升，偏转角度对拱顶应力数值的影响并不显著。盾壳前端拱底位置的压应力迅速提升，提升幅度与偏转角度成正相关关系。盾壳末端拱底压应力的变化较小。

根据现场实测结果，刀盘贯入岩体所需的推进力约为 9.7 MN，通过计算可以得出在不同偏磨量和不同倾角下，盾壳掘进过程中所受的由围岩产生的摩擦阻力，其结果如图 8-2-23 所示。

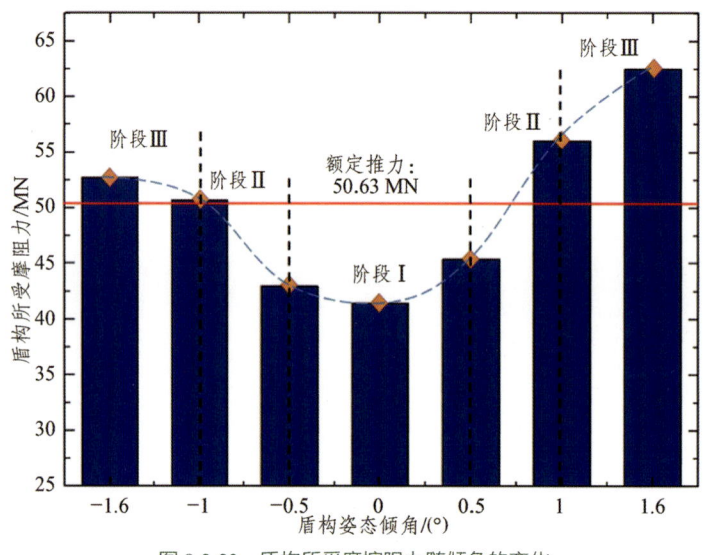

图 8-2-23　盾构所受摩擦阻力随倾角的变化

由图 8-2-23 可知，当考虑正常掘进所需的顶推力时，双模盾构水平掘进，盾壳所受的总摩擦阻力最小，其大小为 41.43 MN。盾构姿态发生偏转后，盾构所受的总摩阻力增加。当盾构轴线与水平方向的夹角为 -1.6° 时，总摩阻力增加至 52.72 MN；当盾构轴线与水平方向的夹角为 1.6° 时，总摩阻力增加至 62.53 MN，均超过了双模盾构的额定最大推力。与倾角为 0° 的工况相比，总摩阻力数值分别增加了 27.25% 和 50.93%。盾构掘进姿态和刀具偏磨对卡机的发生概率具有显著影响。当盾构姿态向下倾斜时，总摩阻力的增长速率低于盾构姿态向上倾斜的工况，当偏磨量与轴线倾角的数值相同时，盾构"抬头"掘进所受的总摩阻力大于"磕头"掘进时的总摩阻力。在两种不同倾向下，盾构所受的总摩阻力分别在 -0.95° 和 0.75° 时达到了双模盾构的额定推力。因此在盾构向上倾斜时，更容易引发卡机病害。总摩阻力随倾角的增长曲线主要可分为 3 个阶段：当盾构倾角小于 ±0.5° 时，盾构总摩阻力的增长速率较低；当盾构倾角为 ±0.5~±1.0° 时盾构所受的总摩阻力迅速增加；当盾构倾角大于 ±1.0° 时，总摩阻力的增长速率逐渐降低，最终将趋于稳定。

造成这一现象的可能原因在于，上部软岩岩性较差，在重力作用下产生了较大的变形。当盾构姿态向上偏转上部扩挖间隙减小后，岩体更易与盾壳发生接触，增大其所受的围岩压力，而下侧硬岩岩性较好，其变形主要为岩体的卸荷回弹，变形量较小。因此，当下部扩挖间隙减小时，围岩压力增长较小。

综上所述，为了尽可能地避免出现卡机现象，应对刀具偏磨量及盾构掘进姿态予以关注，尽可能地保证盾构轴线处于水平状态，及时通过盾尾千斤顶对盾构进行纠偏。在上软下硬等不良地层中，应适当增加开仓检查的频率对磨损刀具进行更换。当位于上软下硬地层中的盾构姿态难以控制时，应尽量避免盾构姿态向上偏转，以免出现较大的摩阻力。

8.2.4 围岩时效变形引起的卡机

为了研究盾构在停机过程中，其周边岩土体发生的与时间有关的变形，需要对隧道周边岩体蠕变效应进行研究。根据岩石样本的应变 - 时间曲线，通常可以将岩土体表现出的蠕变行为分为两类，如图 8-2-24 所示。一种为稳定蠕变，是指当岩石自身强度较高或受到的恒定荷载较小的时候，在岩体受荷初期其蠕变较为明显，蠕变速率较快，但随着时间的推移，蠕变变形的速率将减小，最终会趋于一个稳定值（即长期强度）；另一种是非稳定蠕变，是指当岩石自身强度较低，或受到的恒定荷载较大时，蠕变变形不是趋于一个稳定值，而是在经历加载初期的变形快速增长和中期相对稳定的变形之后，继续发展直至破坏，也称非衰减蠕变。

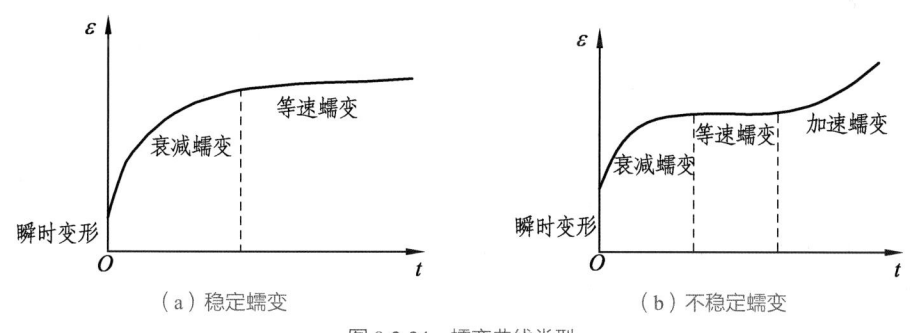

图 8-2-24 蠕变曲线类型

典型蠕变曲线的形状和各个阶段的持续时间的长短，还会受到岩性、荷载大小、温度、湿度等因素的影响。由于岩体蠕变是岩体微裂隙闭合或扩张、沿层理面滑动、岩体颗粒或晶格受扰动发生错动等多种现象耦合后的宏观体现，难以从实际的机理方面具体描述围岩的蠕变过程。因此，目前常用的手段是通过元件组合模型方法，将岩土体的弹性、塑性和黏性等抽象成具体的力学"元件"，以描述岩土体的应力应变关系。

元件组合模型理论常用的基本力学元件包括"弹簧""粘壶""滑块"等，这些力学元件分别反映了表岩石的某些力学性质。例如："弹簧"用于模拟岩石的弹性，其应力应变关系满足胡克定律；"粘壶"用于模拟岩石的黏滞性，其应力与应变关系与时间有关，因此能反映出岩体的时效特性；"滑块"用于模拟岩石的塑性特性，其本质是一种理想塑性材料。当滑块受到的应力 σ 小于其抗拉强度极限值 σ_s 时，尽管其内部应力不断增加，其应力保持不变，当应力 σ 大于抗拉强度极限值时，其应力不变应变持续增长。因此，可通过这些元件不同的串并联方式来反映岩石的黏弹塑性蠕变特性。这类模型具有直观、明确的物理概念和意义，通过理论推导并求解微分型本构方程，可以得到土体的蠕变方程，目前在岩土力学领域常见的蠕变本构模型如表 8-2-5 所示。

表 8-2-5　现有的蠕变元件组合模型

名称	元件组合形式	蠕变本构关系
Maxwell 模型		$\varepsilon = \dfrac{1}{\eta}\sigma_0 t + \dfrac{\sigma_0}{E}$
Kelvin 模型		$\varepsilon = \dfrac{\sigma_0}{E}\left(1 - e^{-\frac{E}{\eta}t}\right)$
广义开尔文体		$\varepsilon = \dfrac{\sigma_0}{E_1} + \dfrac{\sigma_0}{E_2}\left(1 - e^{-\frac{E_2}{\eta}t}\right)$
Burgers 模型		$\varepsilon = \dfrac{\sigma_0}{E_1} + \dfrac{\sigma_0}{\eta_1}t + \dfrac{\sigma_0}{E_2}\left(1 - e^{-\frac{E_2}{\eta_2}t}\right)$

从表 8-2-5 中可以看出，不同的元件组合模型可以反映出不同的蠕变 - 时间曲线。例如，Maxwell 模型可以反映出岩土体的瞬时变形和等速蠕变；Kelvin 模型可以反映出岩土体的衰减蠕变；广义 Kelvin 模型可以反映出岩土体的瞬时变形和衰减蠕变；Burgers 模型可以反映出岩土体的瞬时变形、衰减蠕变和等速蠕变；西原模型不仅可以模拟围岩的黏弹性变形，还可以反映出岩土体部分塑性变形的特性。

然而，上述本构模型仍有不足之处，如对于 Maxwell 模型和 Kelvin 模型而言，前者不能反映衰减蠕变的情况，而后者不能描述瞬时变形的情况。尽管西原模型能反映出岩体的塑性变形行为，但是其塑性特征来源于"滑块"元件，其本质是一种理想塑性元件，屈服准则和应力应变关系较为简单，不能全面地反映工程岩体的塑性力学行为，因此本章采用 FLAC³ᴰ 中自带的，能够更准确地反映岩土体黏弹塑性变形特性的 cvisc 本构模型。

cvisc 模型是由一个 Maxwell 模型、一个 Kelvin 模型和莫尔库仑体串联组成的蠕变本构模型，其结构如图 8-2-25 所示。

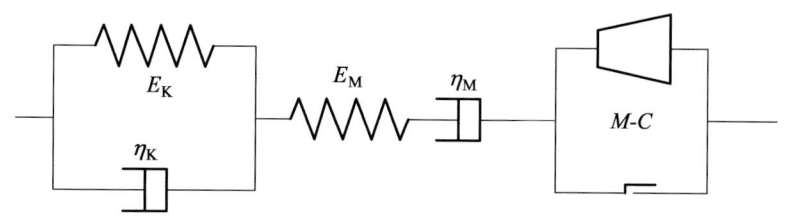

图 8-2-25 cvisc 蠕变本构模型示意图

莫尔-库仑强度理论是一种广泛应用于岩土体的屈服准则，其表达式如式（8-2-10）所示。

$$\tau = c + \sigma\tan\varphi \quad (8\text{-}2\text{-}10)$$

式中，σ 为岩土体内一点的正应力；τ 为改点的剪应力；c 为岩土体的黏聚力；φ 为岩土体的内摩擦角。

在实际计算过程中，莫尔-库仑定律通常用最大、最小主应力 σ_1 和 σ_3 来表示，下式中 f 代表屈服函数。

$$f = \frac{(\sigma_1 - \sigma_3)}{2} + \frac{(\sigma_1 + \sigma_3)}{2}\sin\varphi - c\cos\varphi \quad (8\text{-}2\text{-}11)$$

在有限差分软件的模拟计算过程中，先根据蠕变本构计算岩土体内部的应力和应变，再利用莫尔-库仑屈服准则对应力结果进行分析，判断岩土体是否进入了塑性状态。因此，cvisc 模型可以反映出工程岩土体较为复杂的黏弹塑性变形特性。在实际计算过程中，除了需要莫尔-库仑本构中的体积模量 bulk 和剪切模量 shear 等物理力学参数之外，还引入了 4 组和蠕变有关的参数，分别为 Kelvin 体的剪切模量 G_K，Kelvin 体的黏滞系数 η_K，Maxwell 体剪切模量 G_M 和 Maxwell 体的黏滞系数 η_M。这些与蠕变有关的参数决定了岩土体的长期力学和变形特性，进一步决定了隧道支护结构的长期力学行为，因此获得准确的蠕变参数对计算结果的准确性具有重要的意义。

盾构停机的计算流程与正常开挖时的流程相似，其主要区别在于：当不考虑围岩时效变形特征且盾构正常掘进时，围岩的本构模型主要为莫尔－库仑模型。当考虑盾构停机时围岩的蠕变特征时，应将围岩的本构模型调整为 cvisc 蠕变本构模型，在隧道正常掘进开挖时，选择"config creep off"关闭蠕变模块，在盾构停机时输入"config creep on"的命令打开蠕变变形模块，进行蠕变计算。与静力计算采用的虚拟时间步不同，在 FLAC^{3D}5.0 中，蠕变计算采用的时间为真实时间。

采用蠕变模型进行数值计算时，需要设置时间步长，时间步长过小可能导致模型收敛速度过慢，时间步长过长则会导致不平衡力的比率过大，使得蠕变求解没有数值上的意义。一般而言，最大蠕变计算步长如式（8-2-12）所示。

$$\Delta t_{\max}^{\mathrm{cr}} = \frac{\eta}{G} \qquad (8\text{-}2\text{-}12)$$

式中，η 为岩土体的黏性系数；G 为岩土体的剪切模量。因此，本章设置初始蠕变时间步为 1×10^{-5}，最大时间步为 0.1。为了保证在数值计算过程中，不平衡力的比率处于较低的水平，打开时间步动态调整命令"set creep dt auto on"，当不平衡力的比率小于 1×10^{-3} 时，时间步的大小逐渐增加直至最大时间步，当不平衡力的比率大于 1×10^{-3} 时，时间步停止增加。经过广泛的文献调研可知，岩体的蠕变参数如表 8-2-6 所示。

表 8-2-6　岩体的蠕变参数

参数名称	Kelvin 体剪切模量 G_{K}/Pa	Kelvin 体黏滞系数 η_{K}/(Pa·h)	Maxwell 体剪切模量 G_{M}/Pa	Maxwell 体黏滞系数 η_{M}/(Pa·h)
硬岩	4.81×10^{5}	3.81×10^{10}	6.75×10^{8}	5.24×10^{11}

为了验证该蠕变本构模型的准确性，本章将表 8-2-6 中的蠕变参数代入不进行支护的地层中进行数值模拟，观察地层位移随时间的演化规律。不同时间后地层的位移云图如图 8-2-26 所示。

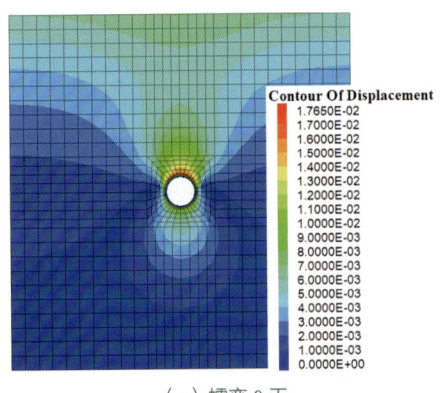
（a）蠕变 0 天

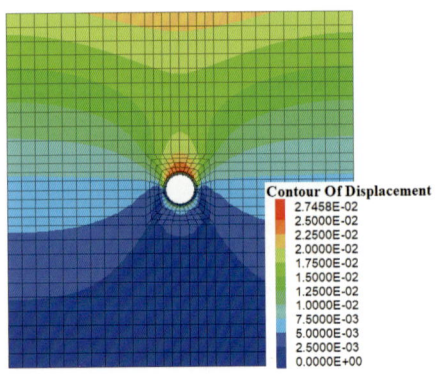
（b）蠕变 2 天

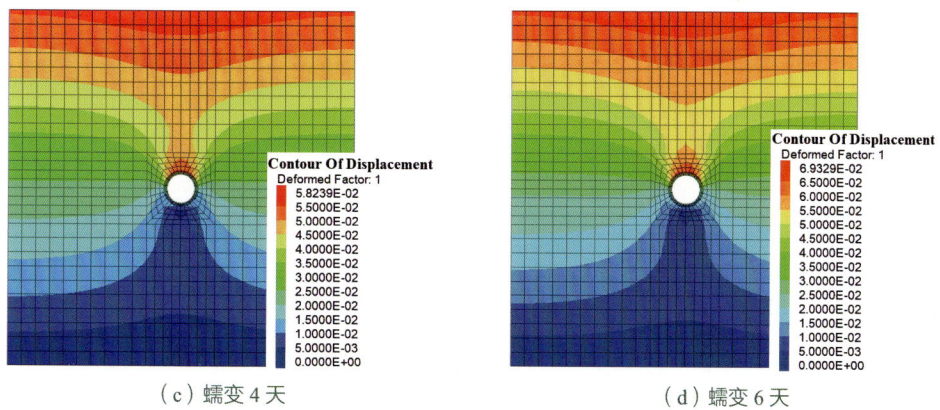

(c) 蠕变 4 天　　　　　　　　　　　　　(d) 蠕变 6 天

图 8-2-26　围岩位移随时间演化云图

由图 8-2-26 可知，随着时间的增长，地层的总位移逐渐增加。相较于隧道拱底的隆起变形，拱顶沉降变形在蠕变效应的影响下增长更为显著。当刚刚开始进行蠕变计算时，地层中的最大变形量为 1.76 cm，蠕变进行 2 天、4 天、6 天后地层的最大变形量分别为 2.74 cm、5.82 cm 和 6.93 cm，增长率分别为 55.68%、112.4% 和 19.07%。由此可见，蠕变效应对岩土体的变形行为具有重要的影响。图 8-2-27 和图 8-2-28 分别反映了考虑蠕变效应时盾壳法向应力与所受总摩阻力随时间的变化情况。

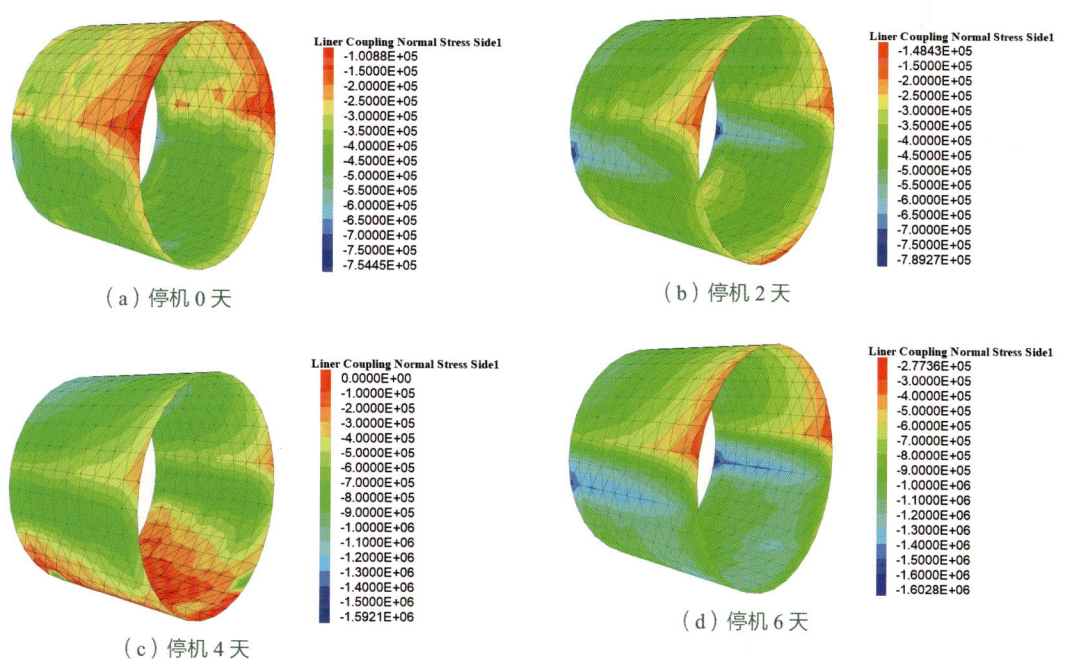

(a) 停机 0 天　　　　　　　　　　　　　(b) 停机 2 天

(c) 停机 4 天　　　　　　　　　　　　　(d) 停机 6 天

图 8-2-27　不同倾角停机 7 天盾壳周边围压随时间的演化趋势

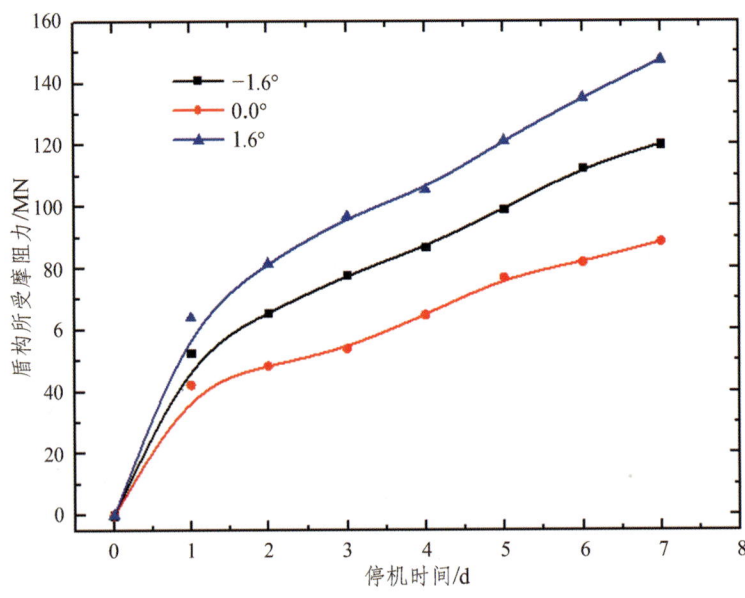

图 8-2-28　盾构所受总摩阻力随时间的演化趋势

由图 8-2-28 可知，盾壳所受围岩法向应力的数值大小和分布范围均随停机时间的变化而改变，当停机时间分别为 0 天、2 天、4 天和 6 天时，盾壳所承担的最大法向应力分别为 0.754 MPa、0.789 MPa、1.592 MPa 和 1.60 MPa。增长率分别为 4.6%、80.3% 和 0.5%，其增长速率呈现出先增大后减小的趋势。在停机过程中，由于作用在盾壳表面的法向围岩压力发生了改变，随着围岩在蠕变效应下产生的收敛位移的增加而增加，盾构机所受的摩擦阻力也随之增加。这就导致了在正常掘进中不易出现卡机病害的位置，在时间变化后也可能发生卡机。停机 7 天范围内，盾构机摩擦阻力的增长速率先增大后减小而后逐渐趋于稳定。与盾构水平掘进的状态相比，当盾构姿态发生偏转时，受蠕变效应影响盾构所受的摩阻力数值较高。当盾构停机 7 天后，倾角为 0°、−1.6° 和 1.6° 的三种工况，盾壳所受的摩阻力分别为 88.41 MN、120.08 MN 和 147.37 MN，均超过了深圳地铁 EPB/TBM 双模盾构的额定顶推力。当盾构向下偏转时，摩阻力的增长率小于向上偏转的情况，前者数值增长了 35.82%，后者的数值增长了 66.69%。

综上所述，围岩蠕变效应可导致盾构在停机换刀过程中发生卡机问题，当停机时长小于 3 天且盾构掘进姿态正常时，卡机的风险较小。然而当盾构掘进姿态改变，或停机时间过长时，盾构发生卡机的风险显著提升。因此在开仓检查或换刀前，应注意控制盾构姿态，适当对地层进行扩挖，规划好任务量，使停机时间尽量小于 3 天。尽量不要选择在埋深较大、不良地质段进行换刀。在日常掘进施工的过程中，可以对换刀工作进行规划，进行分批次的换刀作业，避免一次性更换过多刀具导致停机时间过长，或在刀具已发生严重磨损的情况下进行开仓换刀。

通过数值模拟方法，对大量不同的工况进行计算，结果表明造成深圳地铁 EPB/TBM 双模盾构发生卡机的因素主要包括以下方面：

（1）扩挖间隙不足是导致盾构卡机的直接原因，边滚刀偏磨是影响扩挖间隙尺寸的决定性因素。当刀具所受的阻力矩大于转动力矩时，将发生卡顿。滚刀所受的滚动摩擦转变为滑动摩擦，刀具一侧的磨损速率显著提升，最终发生偏磨现象。滚刀所受的阻力矩主要由渣土阻力、刀箱阻力和启动扭矩三部分组成。

（2）盾构卡机风险与埋深及地质条件有关，地层的竖向地应力随埋深的增加而增加。当埋深为 65 m 时，未支护情况下，拱顶沉降的最大值为 19.23 cm。此时岩体将对盾壳施加较大的接触应力。岩质地层的抗压强度较大，完整性高，刀具贯入硬岩地层时，相较于软岩和土层需要更大的顶推力。

（3）浆液前窜，盾构姿态偏转和停机时间等因素会引起扩挖间隙尺寸、盾壳与地层之间摩阻力的变化。在前述基础上，进一步提升盾构卡机的风险。

8.3　盾构卡机的预防及处置措施

当卡机已经发生时，应尽快采取措施使得盾构机脱困，以免影响后续掘进，延误施工进度。对于盾构的卡顿问题主要应从预防和处置两个方面进行处置。目前国内外的学者主要提出了控制停机时间、不良地质段加固和增加扩控间隙等方案。

本章以深圳地铁轨道交通 14 号线布吉—石芽岭区间 EPB-TBM 双模盾构施工段为例，可以将卡机脱困措施分为三类：其一为减少盾体所受摩擦阻力，其二为增大千斤顶总顶推力，其三为扩挖断面。其中，减少盾体所受摩阻力、增加顶推力的方法操作简单，耗时较低，然而起到的作用较为有限，对于受围岩法向压力较大的盾构机不一定能起到脱困的作用。若采用扩挖断面的措施，则应进行开仓、地质勘探、机械或爆破开挖等工序，作业周期长、经济损失较大且具有一定的安全风险。因此，应尽量采用上文所述的卡机预防措施，特别是在容易发生卡机的地层中，应尽可能地避免卡机病害的发生。具体的处置流程如图 8-3-1 所示。

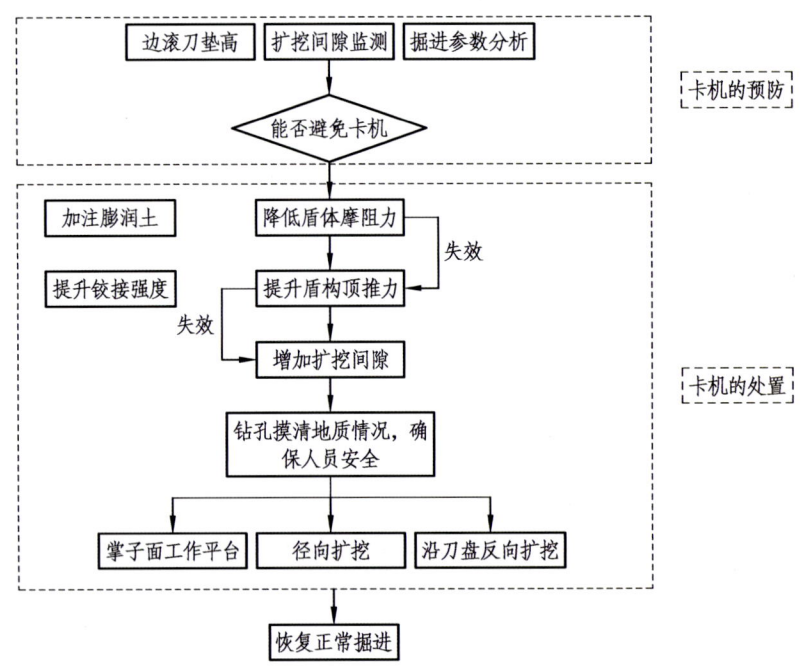

图 8-3-1　卡机的处置及扩挖工序流程

当深圳地铁 14 号线掘进到 622 环时，总顶推力增加至 37.55 MN，推进速度降低至 2 mm/min，此时施工单位通过膨润土管在盾壳与围岩之间注入膨润土浆液，以减少盾壳与围岩之间的滑动摩擦力。然而最终结果表明，采用膨润土浆液润滑的效果不佳，施工单位采用了增加顶推力的方法，如图 8-3-2 所示。

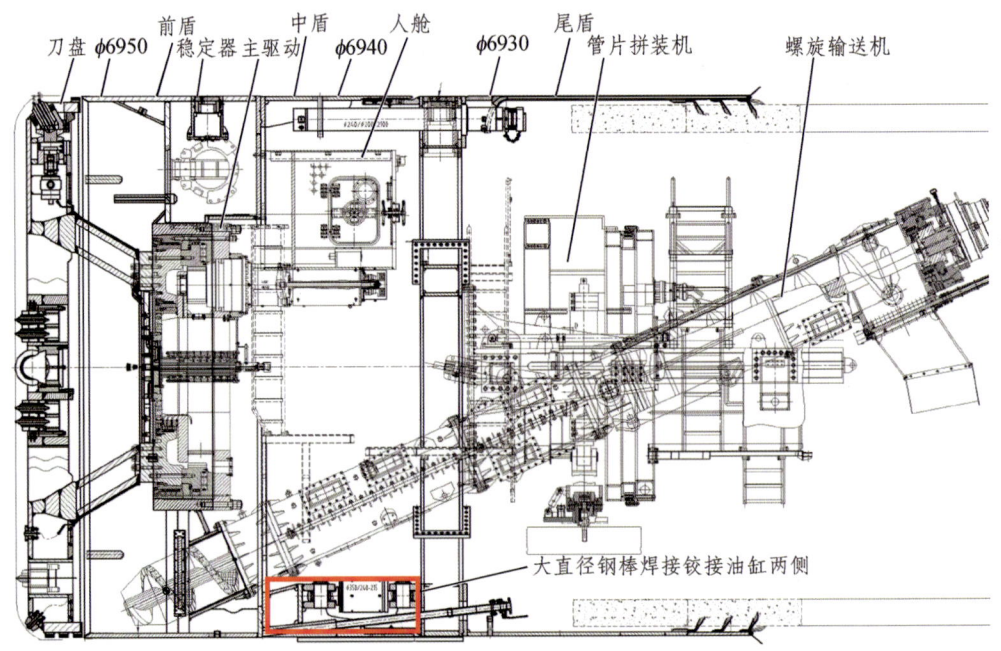

图 8-3-2　提升顶推力采取的措施

当该双模盾构掘进至 623 环时，总顶推力增加至 40.05 MN，为了防止中盾和后盾之间的铰接位置在推力的作用下发生破坏，暂时停止了掘进工作。为了充分发挥盾构机的性能，将顶推力提升至最大顶推力 50.6 MN，施工单位经研究采用大直径钢棒将铰接油缸位置完全焊死，确保在顶推力提升后铰接油缸不会被压溃。然而，现场使用的直径约为 80 mm 的圆钢在盾构机顶推力增加至额定推力后发生弯曲屈服破坏。后续将钢棒直径增加至 100 mm 和 120 mm 的圆钢，均发现效果不佳，如图 8-3-3 所示。

图 8-3-3　圆钢发生弯曲屈服破坏

最终，在上述措施均不能达到理想效果的情况下，施工单位决定采用人工扩挖的方式进行脱困。在地表进行钻孔取样操作，在刀盘前方 2 m 的位置，由地面向下钻孔，岩芯样本显示地面以下 16 m 位置进入硬岩地层，主要为中-微风化角岩。在确定地层结构安全，适合进行开仓作业后，在仓内通过取芯机取芯、风钻钻孔后塞入膨胀剂，或用劈裂机破碎岩体，在刀盘左上方 1/4 刀盘面积处，向刀盘前方开挖 1.5 m 深的工作面，如图 8-3-4 所示。

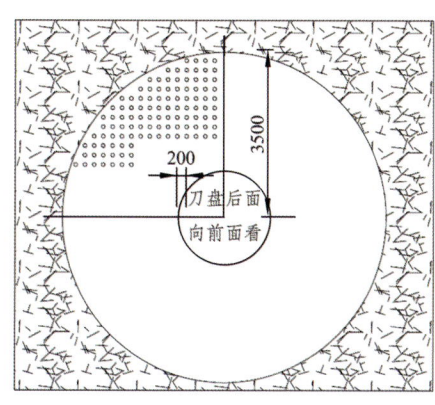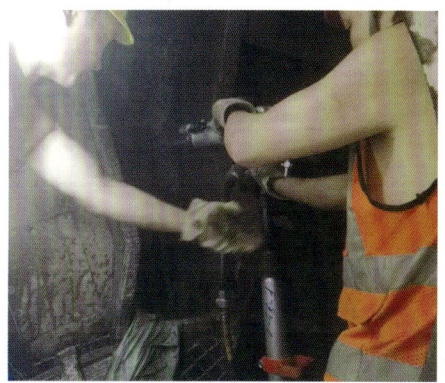

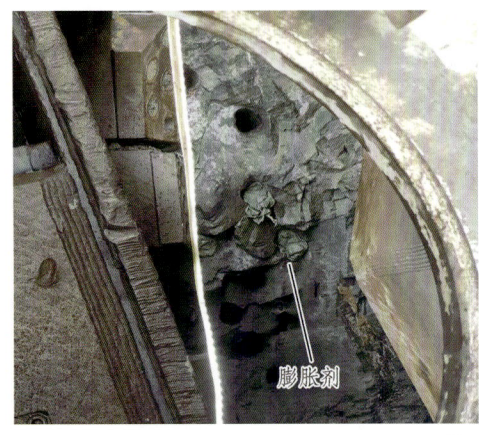

图 8-3-4　工作平面开挖示意图

当工作平台开挖完毕后,需要沿工作平台进行径向扩挖,扩挖大小为 40 cm,以获得供工作人员对盾壳进行反向开挖操作的工作面。该步骤仍然通过取芯机钻孔取芯、风钻钻孔后塞入膨胀剂,或通过风钻钻孔再通过劈裂机破碎岩体的方式完成。当径向扩挖完成后,用同样的方法沿刀盘周边反向扩挖,以松动盾壳周边的岩体。工作平台径向开挖和沿刀盘反向扩挖的示意图如图 8-3-5 所示。

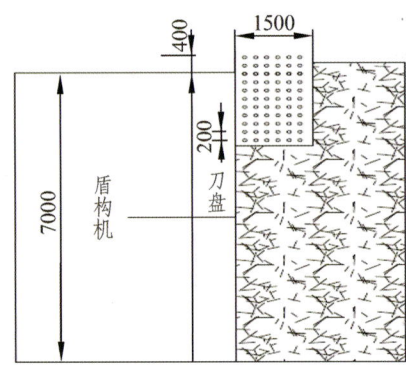

(a) 工作平台径向开挖

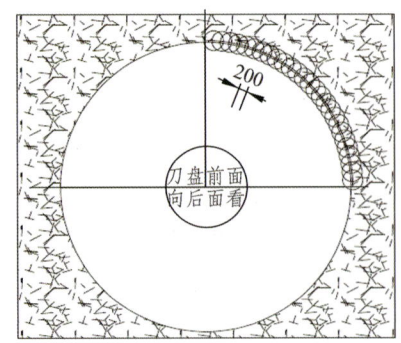

(b) 沿刀盘反向扩挖

图 8-3-5　工作平台径向开挖及反向扩挖示意图

双模盾构卡机的处置工作共进行了约 20 天，当扩挖操作完成后盾构于 624 环恢复了正常掘进。此时，掘进顶推力降低至 16.61 MN，刀盘扭矩为 1856 kN·m，掘进速率提升至 19 mm/min。由此可见，双模盾构的卡机及其处置方法较为复杂，且耗时巨大，严重影响工程的正常施工。因此在全断面硬岩地层中掘进时，应增加量刀频率，合理设定磨损量控制指标，避免刀具磨损超限导致开挖直径不足。在盾构脱困后应对扩挖产生的空腔进行注浆处理，填充开挖空隙以保证工程安全。同时可采取如垫高边滚刀、增加扩挖间隙等方式，对卡机进行预防。增加垫块后边缘区域刀具轨迹如图 8-3-6 所示，此时盾构的扩挖直径增加了 20 mm。

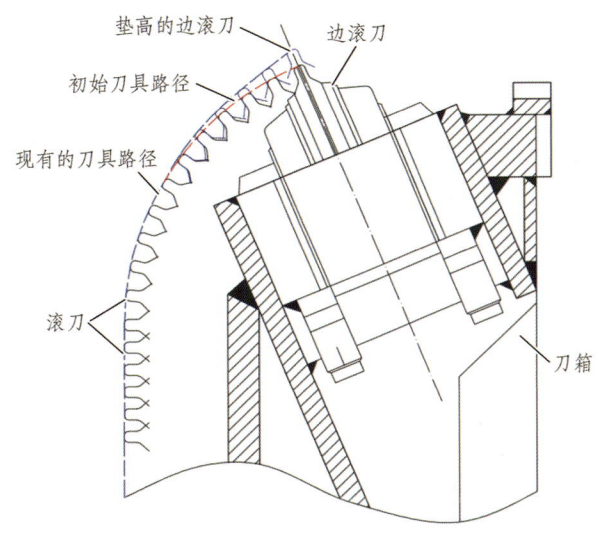

图 8-3-6　通过垫高边滚刀增加刀盘的扩挖直径

为了避免双模盾构掘进过程中，滚刀尤其是边滚刀等发生偏磨，确保卡机预防措施的效果，盾构在复合地层中施工时应采取以下措施：

（1）可使用双刃滚刀和带齿滚刀，增大刀圈与掌子面岩体接触时的摩擦系数，使滚刀获得更大的转动力矩。

（2）在保证滚刀轴承密封的条件下，适当降低滚刀的启动扭矩，防止滚刀转动困难。工程实践的结果表明，将边滚刀和正面滚刀的启动扭矩分别调整为 32 N·m 和 26 N·m，可以有效防止滚刀卡死导致的偏磨等异常磨损。

（3）对滚刀的刀鼓采用焊接耐磨层等措施进行加固，避免因刀鼓变形破坏引起阻力矩增加。

（4）在地质条件允许的情况下，可采用 TBM 模式进行掘进，减小滚刀受刀箱和土仓内部渣土阻力对刀具转动的影响。

8.4 本章小结

本章以深圳轨道交通四期工程，采用EPB/TBM双模盾构工法修建区间的卡机段为依托，开展现场调研，结合地勘资料及通过中铁装备获取的盾构机在卡机段的掘进参数对卡机易发段的特征进行了分析，并通过FLAC^{3D}建立了三维数值计算模型，对不同扩挖间隙、不同浆液填充率、盾构机偏磨、姿态偏转和停机时间对卡机发生概率的影响进行了模拟。综合分析现场调研和数值模拟的结果，对深圳地铁土压/TBM双模盾构的卡机预防和治理措施提出了建议。本章主要得到以下结论：

（1）深圳地铁EPB/TBM双模盾构的卡机病害主要发生在以中-微风化黑云母花岗岩和角岩为代表的硬岩地层中，土层和软岩段很少发生卡机问题。卡机断面主要位于约20～50 m的中等埋深和大埋深段，埋深小于10 m的浅埋地层发生卡机的概率较低。

（2）当盾构机穿越硬岩地层时，在正常掘进过程中刀具贯入岩体所需的顶推力显著大于软土和软岩地层，深圳地铁部分区间围岩的单轴抗压强度可达100 MPa以上，掘进所需顶推力较大，这是导致发生卡机病害的重要原因。此外，与撑靴式TBM相比，深圳地铁EPB/TBM双模盾构的顶推力相对较小，最大顶推力为50.6 MN，在掘进过程中容错率较低。当隧道埋深较深，或扩挖间隙减小时，容易发生卡机问题。

（3）在卡机前盾构滚刀常发生严重的磨损，最大磨损量可达20 mm以上，盾构盾壳与围岩密贴，扩挖间隙完全消失。若严格依据相关规范使边滚刀的磨损量在10 mm之内则能有效地避免发生卡机的问题。在卡机前盾构掘进参数会发生异常变化，盾构总顶推力逐渐上升，同时刀盘扭矩逐渐降低。盾构掘进速率整体上保持平稳，在卡机发生环迅速降低直至为零。在EPB/TBM双模盾构隧道施工中应关注盾构推进力和刀盘扭矩的变化趋势。

（4）在盾构下坡掘进或发生停机时，注浆材料会倒灌进盾构与围岩之间的扩挖间隙。这会导致扩挖间隙减小，围岩与盾构密贴且提升围岩与盾构之间的滑动摩擦系数，最终引起盾壳所受的摩阻力增加。随着注浆材料填充率的提升，盾构所受的阻力不断增加，且注浆材料填充率越高，摩阻力的增长速率就越快。当注浆材料填充率小于60%时，摩阻力随填充率呈近似线性增长的趋势，当填充率大于60%时，摩阻力随填充率呈近似指数增长的趋势。

（5）当停机时长小于3天且盾构掘进姿态正常时，卡机的风险较小。因此在开仓检查或换刀之前，应注意控制双模盾构的掘进姿态，尽可能地使盾构保持水平姿态，并可以适当对地层进行扩挖，规划好开仓换刀的任务量，使停机时间尽量小于3天。尽量不要选择在埋深较大、不良地质发育段进行换刀。在日常施工过程中，可以对换刀工作进行规划，分批次进行换刀作业，避免一次性更换过多刀具导致停机时间过长，或在刀具已发生严重磨损的情况下进行开仓换刀。

（6）当发生卡机病害后应及时对盾构进行脱困处理，应首先通过注入膨润土的方式降低盾构与围岩之间的滑动摩擦力，再通过焊接圆钢加固铰接位置的强度提升盾构机的顶推力，最后通过仓外扩挖的方式使盾构恢复正常掘进。然而，由于盾构脱困耗时长、成本较高，进行仓外作业面临围岩崩塌的风险，应尽可能地通过开仓换刀保证扩挖间隙、防止注浆材料倒流、保持掘进姿态稳定、避免在不良地质段停机开仓、减少停机的时间等措施预防盾构卡机的发生，以保证施工进度，确保人员的生命安全。

本章参考文献

［1］温森，杨圣奇，董正方，等. 深埋隧道TBM卡机机理及控制措施研究［J］. 岩土工程学报，2015，37（7）：1271-1277.

［2］XU Z H，WANG W Y，LIN P，et al. Hard-rock TBM jamming subject to adverse geological conditions：Influencing factor，hazard mode and a case study of Gaoligongshan Tunnel［J］. Tunnelling and Underground Space Technology，2020（11）：103683.

［3］刘泉声，刘鹤，张鹏林，等. TBM卡机实时监测预警方法及其应用［J］. 岩石力学与工程学报，2019，38（S2）：3354-3361.

［4］R HASANPOUR，SCHMITT J，OZCELIK Y，et al. Examining the effect of adverse geological conditions on jamming of a single shielded TBM in Uluabat tunnel using numerical modeling［J］. Journal of Rock Mechanics and Geotechnical Engineering，2017（9）：1112-1122.

［5］高星璞. 深部挤压地层双护盾TBM卡机控制的数值模拟研究［D］. 开封：河南大学，2018.

［6］张新平. 石灰岩地区盾构掘进姿态变化与刀具磨损关系分析［J］. 江西建材，2017（22）：150.

［7］黄莺，李玉盟，谢晓泳，等. 复合地层中盾构刀具磨损超前控制研究［J］. 地下空间与工程学报，2021，17（1）：222-228.

［8］袁大军，吴俊，沈翔，等. 超高水压越江海长大盾构隧道工程安全［J］. 中国公路学报，2020，33（12）：26-45.

［9］张孟喜，杨芝璐，张靖，等. 复合地层盾构滚刀磨损风险等级模糊评判［J］. 安全与环境学报，2021，21（1）：78-85.

［10］邓鹏海. 深部软弱地层 TBM 掘进挤压变形卡机及防控过程 FDEM 数值模拟研究［D］. 武汉：武汉大学，2019.

［11］MO H H, CHEN J S. Study on inner force and dislocation of segments caused by shield machine attitude［J］. Tunnelling and Underground Space Technology，2008（23）：281-291.

［12］沈翔，袁大军. 盾构俯仰角变化对盾构-土相互作用影响研究［J］. 岩土力学，2020，41（4）：1366-1376.

［13］温森，杨圣奇，董正方，等. 深埋隧道 TBM 卡机机理及控制措施研究［J］. 岩土工程学报，2015，37（7）：1271-1277.

［14］李辉，刘银涛. 土压平衡盾构脱困技术及经验教训［J］. 隧道建设，2012，32（2）：239-244.

［15］程建龙，杨圣奇，杜立坤，等. 复合地层中双护盾 TBM 与围岩相互作用机制三维数值模拟研究［J］. 岩石力学与工程学报，2016，35（3）：511-523.

［16］侯少康，刘耀儒. 双护盾 TBM 掘进数值仿真及护盾卡机控制因素影响分析［J］. 清华大学学报（自然科学版），2021，61（8）：809-817.

第 9 章
复合地层盾构结构施工力学特性

9.1 复合地层盾构隧道主体结构受力特征现场测试

9.1.1 研究背景及工程地质概况

1. 研究背景

深圳市城市轨道交通 13 号线由南至北穿过深圳市南山区、宝安区，连接深圳湾口岸、后海中心、南山科技园、留仙洞总部基地、石岩片区等地，处于城市中部发展轴与西部发展轴之间，是后海中心城区与西部高新组团联系的快线。13 号线南起深圳湾口岸，主要沿中心路—科苑大道—同发路—沙河西路—宝石路—田心大道走行，终于上屋北站。线路全长 22.434 km，全部为地下线，设车站 16 座，其中换乘车站 11 座；平均站间距 1475 m，留仙洞以南平均站间距为 918 m，以北平均站间距为 2588 m；最大站间距 4617.441 m（留仙洞站—白芒站），最小站间距 375.108 m（科苑站—深大东站）；线路起、终点均预留延伸条件。

本研究针对留仙洞站—白芒站复合地层区间，隧道穿越地层地质条件纵向差异大的特点，开展盾构隧道外侧水土荷载、结构内力现场测试研究，揭示隧道穿越不同地层环境结构上的荷载大小与分布规律。

2. 隧道穿越地质条件概况

（1）地层特征

留仙洞站—白芒站区间场地内发育的岩土层主要为：第四系全新统人工填土层 Q_{4ml}（素填土、填块石、填碎石、填砂、杂填土），海积 Q_{4m} 淤泥及淤泥质砾砂层，冲洪积 Q_{4al+pl} 淤泥质土、粉质黏土及砾砂等地层；基岩上伏残积层（Q_{el}）；下伏基岩为燕山期的花岗岩及震旦系（Z）的混合花岗岩。

留仙洞站—白芒站区间隧道主要穿行于微风化花岗岩和微风化混合花岗岩，局部通过中风化花岗岩、中风化混合花岗岩、断层，区间在靠近留仙洞大里程端 YCK10+378.262 ~ YCK10+592.472（约 214.21 m），以及白芒站小里程端 YCK14+236.324 ~ YCK14+654.50（约 452.967 m）区段局部穿行于砾质黏性土、全风化花岗岩、土状强风化混合花岗岩和土状强风化花岗岩。

洞身经过地层均为岩层，断层周边的岩体破碎，节理裂隙极发育，具有很好的连通性，是地下水的富水带，当隧道施工时，易发生涌水、突水现象。

（2）水文地质

区间地表水主要为西丽水库水体。台地或台地间冲沟区（深大站至终点）第四系孔隙水主要赋存于冲洪积砾砂及沿线砾（砂）质黏性土层中，砂层具微承压性。地下水初见水位埋深 1.75～15.80 m，稳定水位埋深 2.30～16.20 m，局部基岩埋深较浅，以基岩裂隙水为主。

（3）环境水及土的腐蚀性评价

地下水的水化学评价：在Ⅰ类环境中，地下水对混凝土具有微腐蚀性，在 A 类条件下，起点至 YCK11+400 地下水对混凝土侵蚀等级为中等腐蚀，YCK11+400 至 YCK13+800 地下水对混凝土侵蚀等级为弱腐蚀，YCK13+800 至终点地下水对混凝土侵蚀等级为中等腐蚀；地下水对钢筋混凝土中的钢筋具有微腐蚀性。

土的腐蚀性评价：在Ⅰ类环境中，地下水位以上的土对混凝土结构具弱腐蚀性（硫酸根离子），在 A 类、B 类条件下，地下水对混凝土结构具有微腐蚀性；地下水对混凝土结构中的钢筋具有微腐蚀性，对钢结构具有微腐蚀性。

9.1.2 现场测试方案

1. 测试断面选取

为了揭示实际作用在隧道上荷载大小与分布规律，在不同地层中选取 2 个断面进行现场试验研究，测试试验主要包括作用在管片衬砌上的水土压力分布规律和内力分布规律。测试断面情况和测试内容见表 9-1-1，监测断面分布见图 9-1-1。

表 9-1-1 测试断面情况

测试断面	环号	地层特性	管片结构所受水、土压力	管片结构混凝土纵、横向内力	施工模式
1	195	断层破碎带	布置传感器	布置传感器	EPB
2	335	上软下硬复合地层	布置传感器	布置传感器	EPB

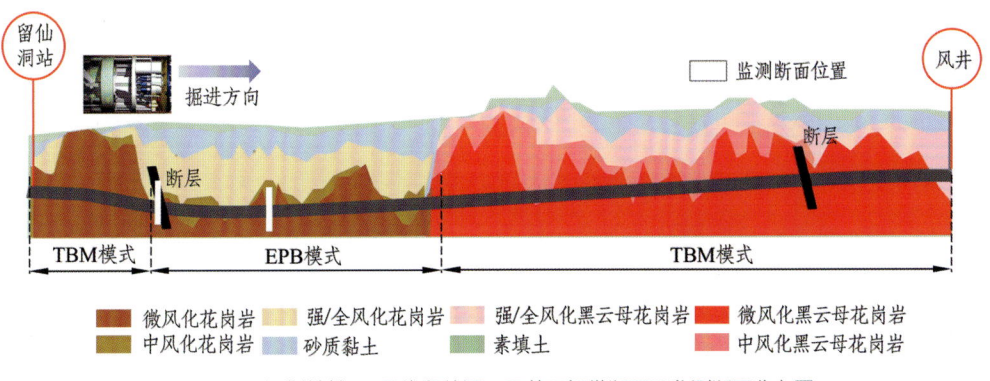

图 9-1-1 深圳地铁 13 号线留仙洞—风井区间纵断面及监测断面分布图

(1) 测试断面 1

测试断面 1 位于土压盾构施工、断层破碎带加固区，隧道埋深 35.8 m，水头高度 31.9 m。隧道穿越微风化混合花岗岩、强风化混合花岗岩（块状）两种不同岩性的基岩，同时需跨越浅埋破碎带，属于典型的不良地质段复合地层，该断面地层剖面图如图 9-1-2 所示。地表从上往下的地层分别是：<1-1> 素填土，<5-1-2> 淤泥质黏土，<8-2-2> 硬塑砂质黏性土，<35-1> 全风化混合花岗岩，<35-2-1> 强风化混合花岗岩，<35-2-3> 强风化混合花岗岩，<35-3> 中等风化混合花岗岩，<35-4> 微风化混合花岗岩。

(2) 测试断面 2

测试断面 2 为上软下硬复合地层，隧道埋深 39.8 m，水头高度 33.7 m，隧道穿越中等风化混合花岗岩、强风化混合花岗岩（块状）两种不同岩性的基岩，属于典型的上软下硬型复合地层，地质剖面图如图 9-1-3 所示。地表从上往下的地层分别是：<1-1> 素填土，<8-1-2> 硬塑砾质黏性土，<35-1> 全风化混合花岗岩，<35-2-1> 强风化混合花岗岩，<35-3> 中等风化混合花岗岩，<35-4> 微风化混合花岗岩。

2. 测试仪器简介与原理

现场测量项目包括水土荷载测试、盾构隧道管片混凝土应变测试、地层孔隙水压力测试等项目。下面介绍现场试验所用的传感器及其测试原理。

(1) 混凝土应变计

混凝土应变计，用于测量盾构衬砌内部的混凝土应变，多埋设于混凝土层中。埋设时根据需要将测量方向绑于钢筋上，然后进行浇筑即可。图 9-1-4 为量程 40 MPa 的 XJH-2 型埋入式混凝土应变计。

(2) 孔隙水压力计

根据工程测量水头高度的差异，采用不同量程的孔隙水压力计埋于管片衬砌内部，实现对管片衬砌所受水压力大小和隧道周边地层孔隙水压力的变化与规律的测量。图 9-1-5 为量程 1.0 MPa 的 XJS-6 型钢弦式孔隙水压力传感器。

(3) 土压力传感器

隧道所受围岩或土压力常采用钢弦式土压力传感器进行测试。通常，土压力传感器采用量程为 1.0 MPa 的 XYJ-5 型钢弦式双膜土压力盒，如图 9-1-6 所示。

(4) 数据采集仪器

混凝土应变计、孔隙水压力计和钢弦式土压力传感器采用编号为 ZX-16T 的振弦频率仪进行测量，如图 9-1-7 所示。

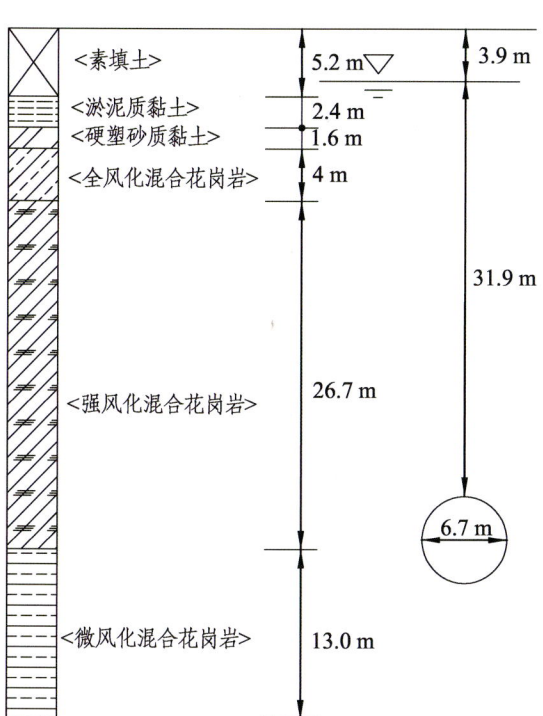

图 9-1-2 测试断面 1 地质剖面图

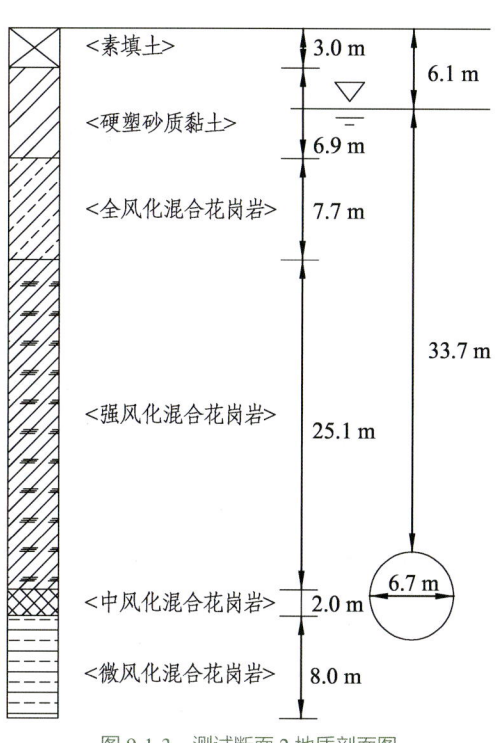

图 9-1-3 测试断面 2 地质剖面图

图 9-1-4 钢弦式混凝土应变计

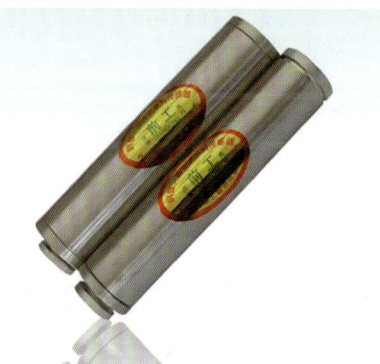

图 9-1-5 钢弦式孔隙水压力计

图 9-1-6 钢弦式土压力传感器

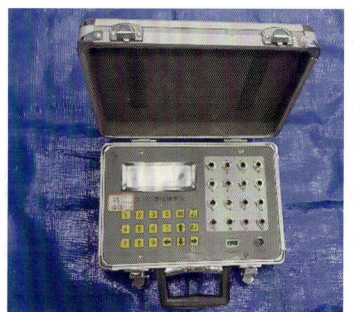

图 9-1-7 ZX-16T 振弦频率仪

(5)测量元件工作原理

针对深圳地铁 13 号线盾构隧道,结构现场试验均采用钢弦式传感器,传感器所受的外部张力与传感器内部的频率呈线性关系,其计算公式为:

$$P_i = k \times (f_i^2 - f_0^2) \qquad (9\text{-}1\text{-}1)$$

式中,k 为传感器的标定系数,由厂家提供,每个传感器的标定系数都不同;f_0 为初始频率,其值为当管片完成混凝土浇筑时测量的初始值;f_i 为第 i 次测量频率,表示 i 时刻的频率;P_i 为 i 时刻测得的压力增量值。

管片所受水土压可通过式(9-1-1)计算得到,而管片所受内力则需要进一步地换算,而在进行内力换算时,通常需要做以下假设:

① 假设盾构管片为线弹性材料。
② 隧道纵向长度远大于管片外径,故应假设盾构管片处于平面应变受力状态。
③ 假设管片受力截面满足材料力学平截面假定。
④ 假设管片内钢筋与混凝土处于变形协调的关系,钢筋不发生滑移。

根据以上假设,由混凝土应变计可测得管片内弧面钢筋应变为 ε_a 和外弧面钢筋应变 ε_b。设由纯压(拉)和纯弯作用下产生的钢筋应变为 ε_N 和 ε_M,可推得 ε_N、ε_M、与 ε_a、ε_b 的关系如式(9-1-2)和式(9-1-3)所示。

$$\varepsilon_N = \frac{1}{2}(\varepsilon_a + \varepsilon_b) \qquad (9\text{-}1\text{-}2)$$

$$\varepsilon_M = \frac{1}{2}(\varepsilon_a - \varepsilon_b) \times \frac{h}{h_0} \qquad (9\text{-}1\text{-}3)$$

式中,h 为管片厚度;h_0 为内外弧钢筋形心间距离。

通过式(9-1-2)和式(9-1-3)计算出轴向应变 ε_N 和 ε_M 纯弯应变后,通过式(9-1-4)和式(9-1-5)进一步计算出管片所受的轴力和弯矩。

$$N = \varepsilon_N \cdot EA \qquad (9\text{-}1\text{-}4)$$

$$M = \frac{\varepsilon_M}{h/2} \cdot EI_z \qquad (9\text{-}1\text{-}5)$$

式中:E 为管片弹性模量;A 为管片横截面面积,$A = bh$,b 为管片幅宽;I_z 为横截面对 z 轴的惯性矩。

3. 元器件测点布置

管片衬砌分块形式如图9-1-8所示。混凝土应变计在各管片内外弧面对称布置，其中，由于封顶块与地层接触面积相对较小，不进行元器件布置；其余块布置4个环向应变计和2个纵向应变计。水压力传感器和土压力传感器则在每块管片的外侧各布置1个。传感器管片布置图如图9-1-9所示。

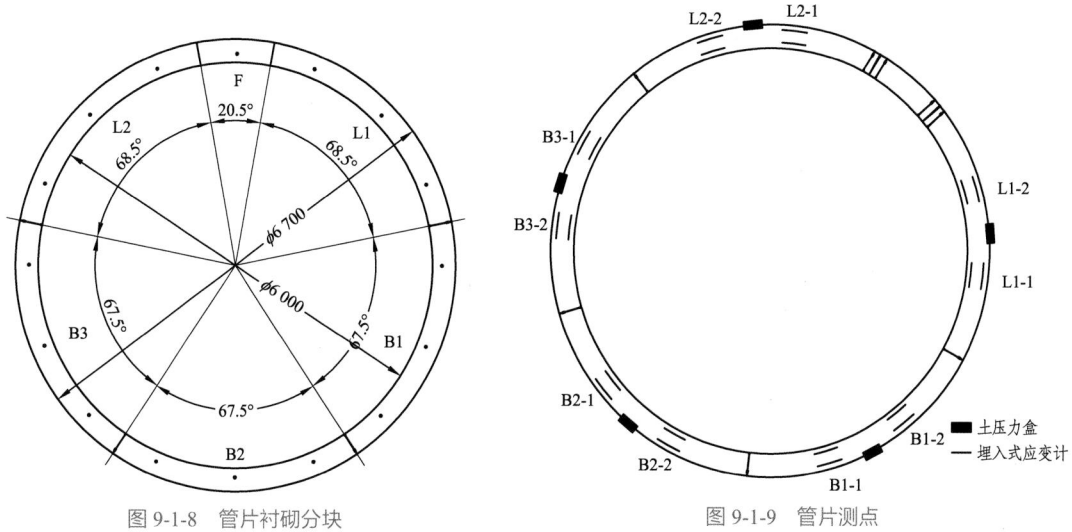

图9-1-8 管片衬砌分块　　　　　　　　图9-1-9 管片测点

埋传感器的项目和数量如表9-1-2所示。

表9-1-2 预埋传感器项目数量

项目	数量/环	备注
纵向混凝土应变计	10	封顶块0个，其余块2个
环向混凝土应变计	20	封顶块0个，其余块4个
孔隙水压力传感器	5	每块1个
土压力传感器	5	每环1个

4. 预埋件安装及数据采集

（1）制管厂安装预埋件

当盾构隧道管片完成浇筑时，即使发现预埋件出现问题，也无法进行维修和更换，因此为了尽可能地保证预埋件的正确性和有效性，每个安装环节都应非常谨慎。在安装传感器时，需要将传感器焊接或捆绑在钢筋笼上。对于孔隙水压力传感器，有两点需要特别注意，首先应该用纱布包裹孔隙水压力传感器的渗水孔以防止浇筑时混凝土砂浆对其堵塞；其次是其量测端应距离管片的外弧测量面 5 ～ 10 mm 并标记相应位置，当管片浇筑完成后，将混凝土凿开使测量端外露以测得准确数据。预埋件安装流程如下：

① 将预埋件捆绑或焊接于钢筋上进行固定。

② 将应变计附带的信号线用扎带绑扎在钢筋上。

③ 在管片内弧面安装出线孔，并将所有测量线沿钢筋集中至出线孔内，对出线孔口进行密封处理。

④ 管片浇筑并成型。

⑤ 管片进行蒸汽养护。

⑥ 管片放入水中进行养护。

上述安装过程如图 9-1-10 所示。

（a）混凝土应变计

（b）土压力盒

（c）孔隙水压计

（e）信号线绑扎

（f）信号线集中出线孔

（g）混凝土浇筑

（e）管片标注

（h）管片堆放

图 9-1-10　制管厂安装预埋件过程

（2）现场测量线的安装

科研管片经养护后运至堆场进行堆放，在测试断面进洞前应将管片表面混凝土凿开，将出线孔内的信号线通过直径为 6 mm 的航空公母接头与外延信号线连接起来，并在管片拼装后将外延信号线固定在管片上以方便数据的采集。每一条信号线应进行编号并测试其初始频率。在航空接头的尾部应用防水胶进行涂抹以防止接头渗水失效。

在测试科研管片进洞前的准备工作完成后，将测试延长线随同科研管片一同放入洞内。待科研管片完成拼装后，用膨胀螺栓在管片表面钻孔将延长信号线沿着管片环向固定，最后集中在一处方便后续测量。试验现场测量线安装步骤如下：

① 将管片内部信号线与外延信号线连接，测量初始频率并进行编号，对接头进行防水处理。

② 延长信号线与管片一同下洞，管片进行拼装。

③ 拼装完成后，将延长信号线与内部信号线进行连接。

④ 固定延长信号线。

上述安装步骤如图9-1-11所示。

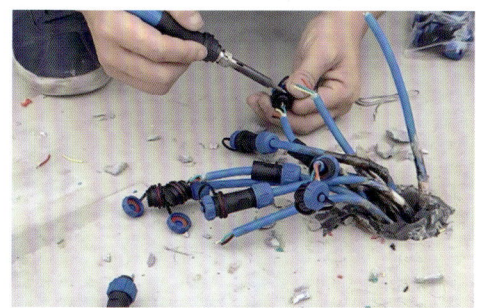
（a）安装航空接头

（b）接头进行防水处理

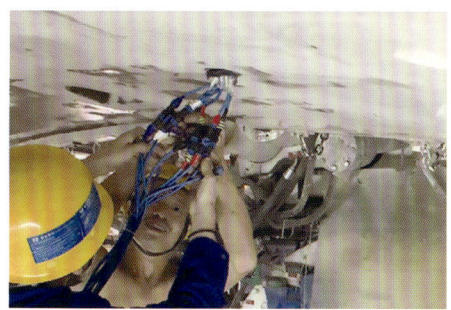
（c）连接外延信号线

（d）环向固定延长信号线

图9-1-11 现场测量线的安装

（3）数据采集过程

试验管片拼装完成后，读取管片环在未受到任何外力作用时相应仪器的读数，作为管片承载初值读数。随着盾构机向前掘进，读取测试目标环脱环1/2及试验环完全脱出盾尾时所受土、水压力作用量值及混凝土的应变值。随着掌子面距测试目标环距离的逐渐变大，降低读数频率，直至数据收敛。

9.1.3　现场测试结果分析

根据现场测试得到的隧道衬砌外侧土压力、水压力以及隧道衬砌内力随施工的量值及变化规律，分析千斤顶压力、注浆压力等施工因素对衬砌受力的影响。根据现场实测值绘制衬砌内力稳定后轴力和弯矩的雷达图，分析雷达图量值和变化规律，比较现场实测的受力情况。

1. 断面一测试结果分析（破碎带加固地层）

测试断面 1（破碎带加固地层）的土压力和水压力随时间变化曲线如图 9-1-12 和图 9-1-13 所示。

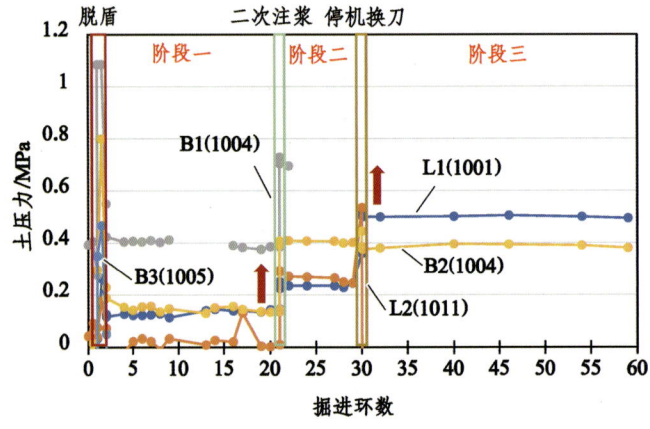

图 9-1-12　土压力变化

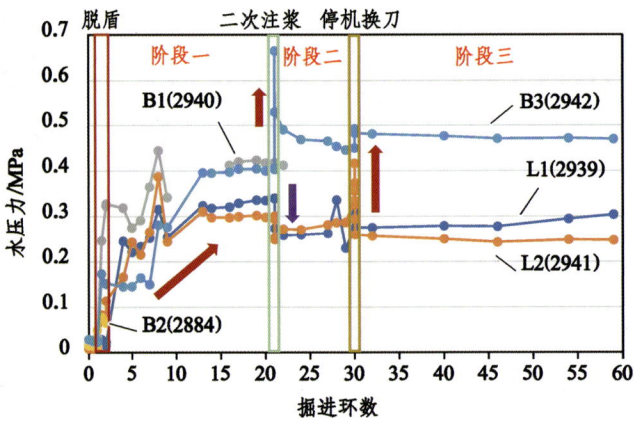

图 9-1-13　水压力变化

由图 9-1-12 和图 9-1-13 可知，土压力和水压力呈现三个阶段变化：脱盾、二次注浆、保压换刀。

阶段一：脱盾时，水压力迅速增加，且受同步注浆压力（0.2 MPa）影响，土压力迅速增加；脱盾后，土压力迅速降低，结构左外侧（L2 & B3）存在空腔；掘进 15 环后，水压初步稳定（隧道上方静水压力）。

阶段二：受二次注浆压力（0.4 MPa）影响，B3 外侧水压显著增加；由于浆液对管片周围地下水的排挤作用，L1、L2 周围水压降低；最后，管片与围岩间的空隙被填充，土压力增加。

阶段三：掌子面保压换刀，受掌子面前方压力影响，地下水沿管片外侧空隙向后窜流；水压力再次增加，当外侧水压达到峰值之后，迅速降低并稳定；同时，浆液随地下水向后流动，土压力再次增加。

测试断面 1 的管片轴力和弯矩随时间变化曲线如图 9-1-14 和图 9-1-15 所示。

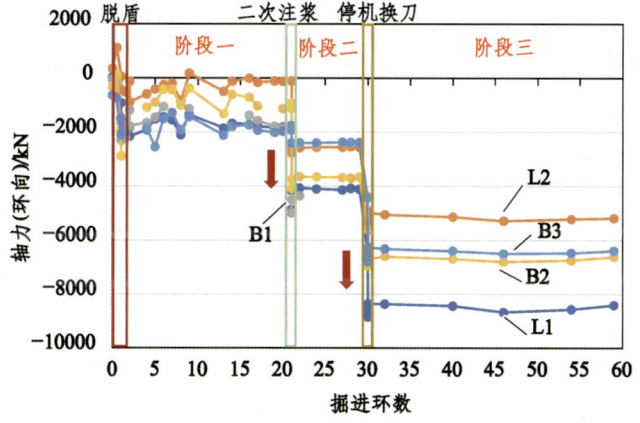

图 9-1-14 管片轴力变化

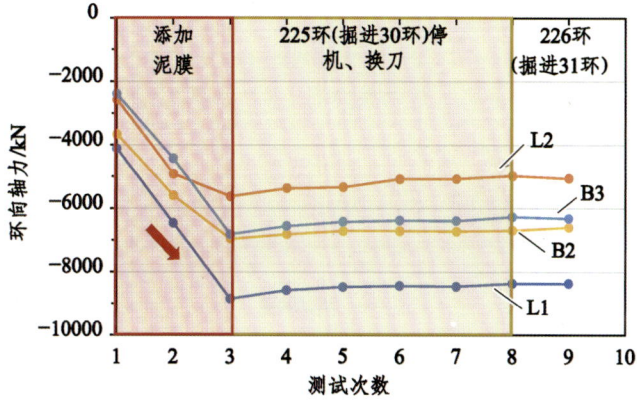

图 9-1-15 停机换刀对轴力的影响

根据图 9-1-14 和图 9-1-15，管片轴力随时间呈现三个阶段变化：

（1）脱盾过程中，管片轴力变化剧烈，L2 中有拉力出现；脱盾后，轴力波动幅度较小，且在掘进 15 环后稳定，管片始终处于受压状态。

（2）受二次注浆压力影响，管片轴力显著增加，L1、B1 轴力最高，B2 次之，L2、B3 轴力最小。

（3）掌子面保压换刀，管片轴力再次增加，换刀过程中，轴力稍有降低；最大轴力出现在 L1 内。

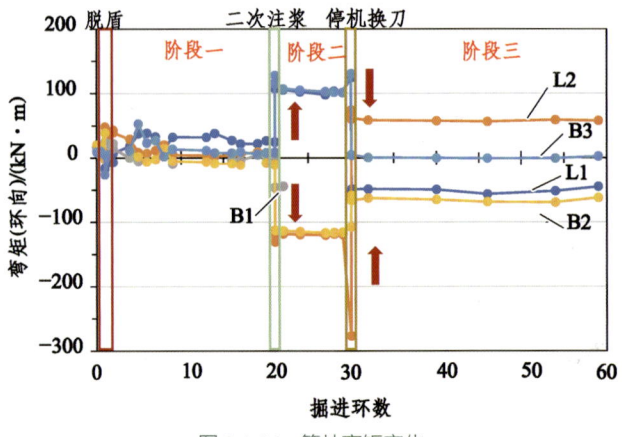

图 9-1-16　管片弯矩变化

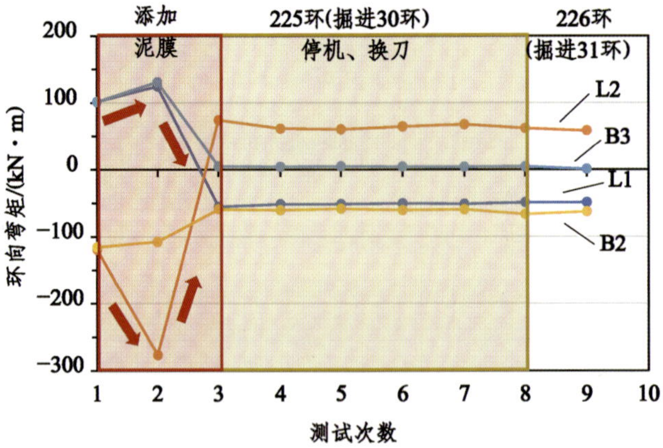

图 9-1-17　停机换刀对弯矩的影响

根据图 9-1-16 和图 9-1-17，管片弯矩随时间亦呈三个阶段变化：

（1）脱盾过程中，管片弯矩变化剧烈；在掘进 10 环后，弯矩基本稳定；管片基本外侧受拉。

（2）受二次注浆压力影响，围岩压力增加，使得管片弯矩显著增加。

（3）掌子面保压换刀，管片弯矩减小，受拉侧发生突变；截面 1 受拉侧由外变为内、截面 2 受拉侧由内变为外，截面 5 弯矩由正值变为 0。

最后，断面 1 外侧土压力、水压力，管片轴力、弯矩随结构各截面位置的分布，如图 9-1-18 至图 9-1-21 所示。

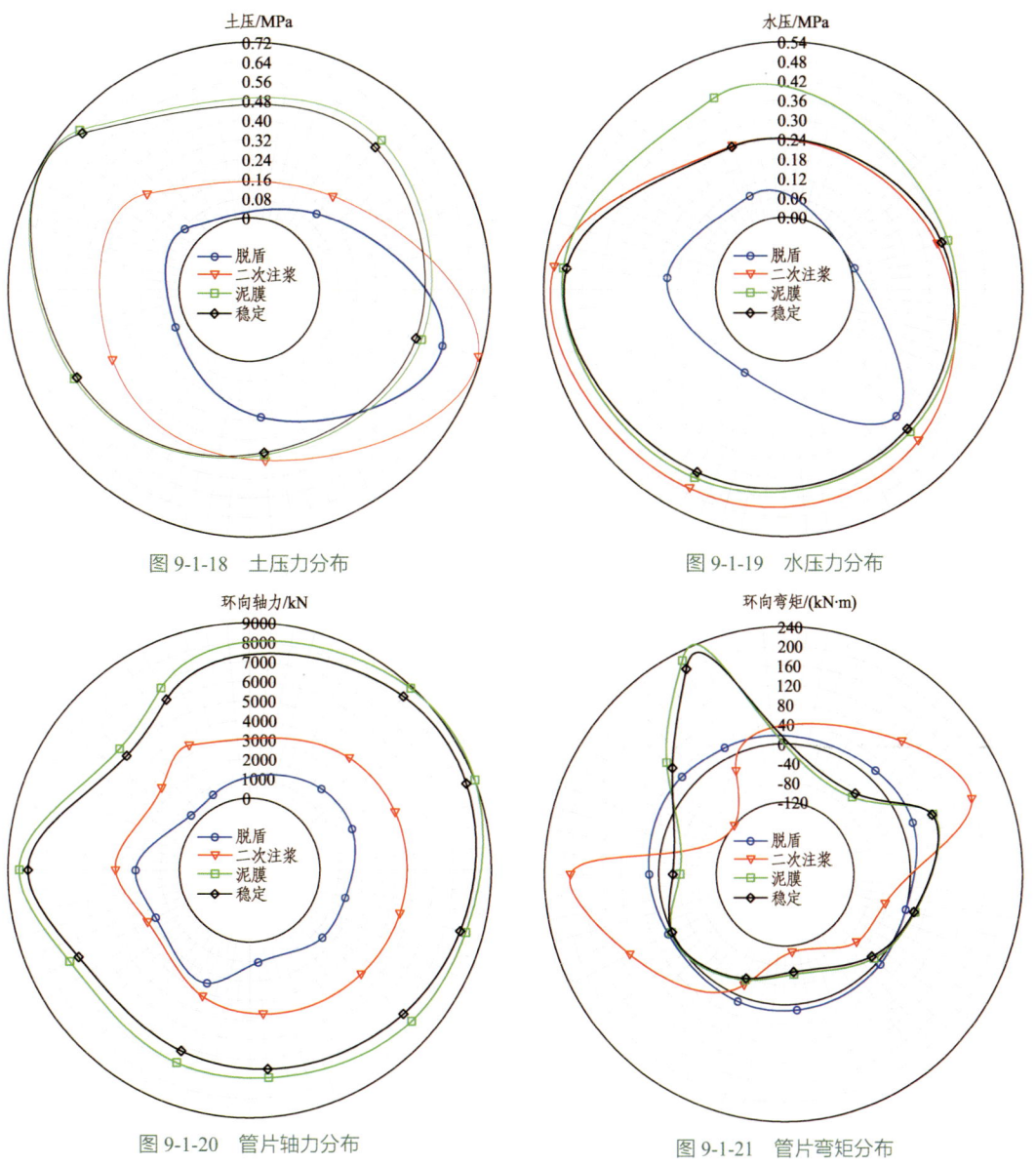

图 9-1-18　土压力分布　　　　　　　　图 9-1-19　水压力分布

图 9-1-20　管片轴力分布　　　　　　　图 9-1-21　管片弯矩分布

综上所述，微风化混合花岗岩地层破碎带加固区（195环）双模盾构EPB模式施工，隧道外部荷载和结构内力，共经历三个变化阶段：

（1）初期受力阶段（管片脱盾）：脱盾后，隧道左侧及左上方围岩与管片间存在空腔；掘进至15环，水压增长至静水压力值，结构内力初步稳定，轴压现象明显。

（2）空隙填充阶段（隧道左腰二次注浆）：管片外侧空隙填充，水土压力均有所增加；近注浆孔（B3）附近水压增加明显，但地下水受浆液排挤作用影响，远离注浆位置管片（L1）水压稍有降低；浆液凝固后，结构内力再次稳定。

（3）稳定受力阶段（掌子面添加泥膜，停机换刀）：泥膜添加后，地下水和浆液随管片与围岩间的空隙向后移动，使得监测断面外部压力再次增加；结构轴力整体增大，弯矩发生突变，隧道左上方弯矩增大、由内侧受拉突变为外侧受拉。

2. 断面二测试结果分析（上软下硬复合地层）

测试断面2（上软下硬复合地层）的土压力和水压力随时间变化曲线如图9-1-22和9-1-23所示。

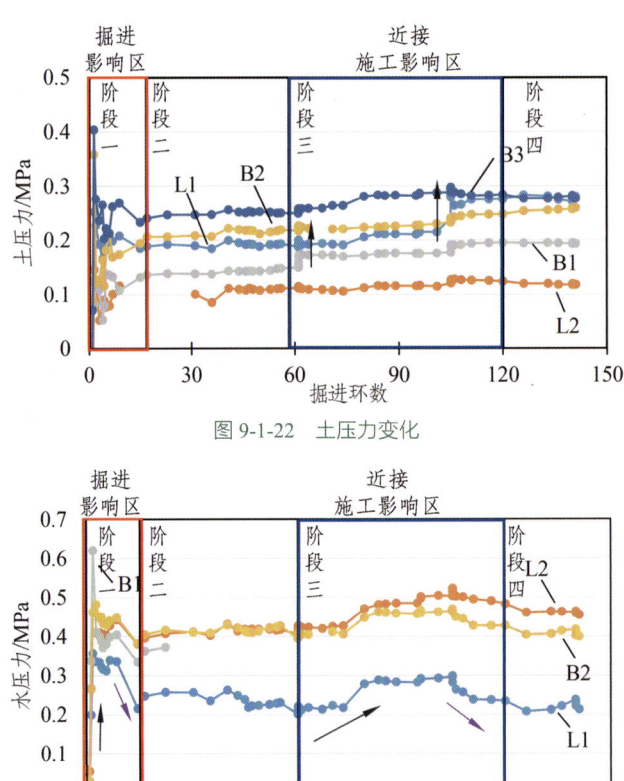

图9-1-22 土压力变化

图9-1-23 水压力变化

由图 9-1-22 和图 9-1-23 可知，该断面水、土压力呈四个阶段变化：脱盾、初步稳定、近接施工、最终稳定。

阶段一：脱盾时，受同步注浆压力（0.3 MPa）影响，水、土压力迅速增加；脱盾后，水、土压力降低，掘进 15 环左右，水、土压力初步稳定。

阶段二：监测断面处地层扰动减弱，水、土压力基本稳定。

阶段三：后行线掌子面与监测断面接近时，水、土压力增大；后行线掌子面超过监测断面后，水压逐步减小，土压基本稳定。

阶段四：后行线施工影响消失，外部水、土压力最终稳定。

测试断面 2 的管片轴力和弯矩随时间变化曲线如图 9-1-24 至 9-1-27 所示。根据断面内力测试结果可知，进阶施工发生时，后行线施工对先行线隧道结构影响范围：后行线掌子面前后 15 环；后行线掌子面距先行线（左线）目标环前后 5 环内，目标环结构内力变化显著。

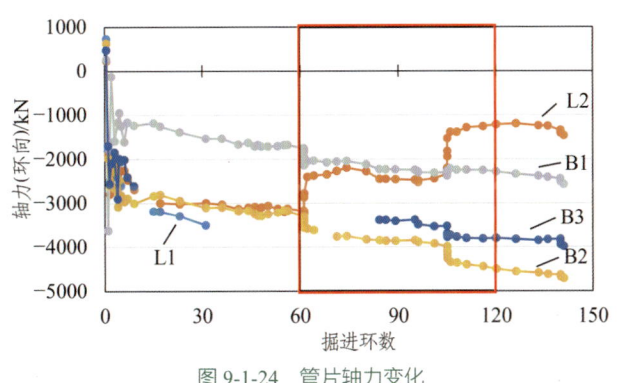

图 9-1-24 管片轴力变化

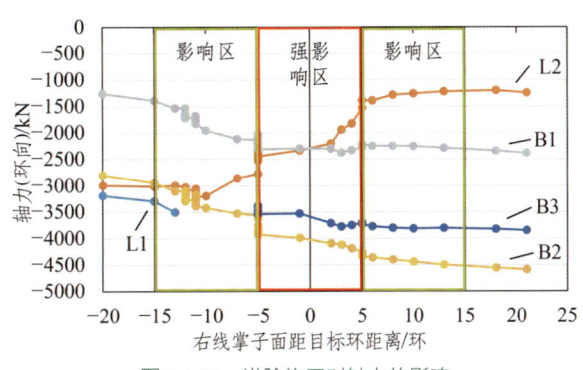

图 9-1-25 进阶施工对轴力的影响

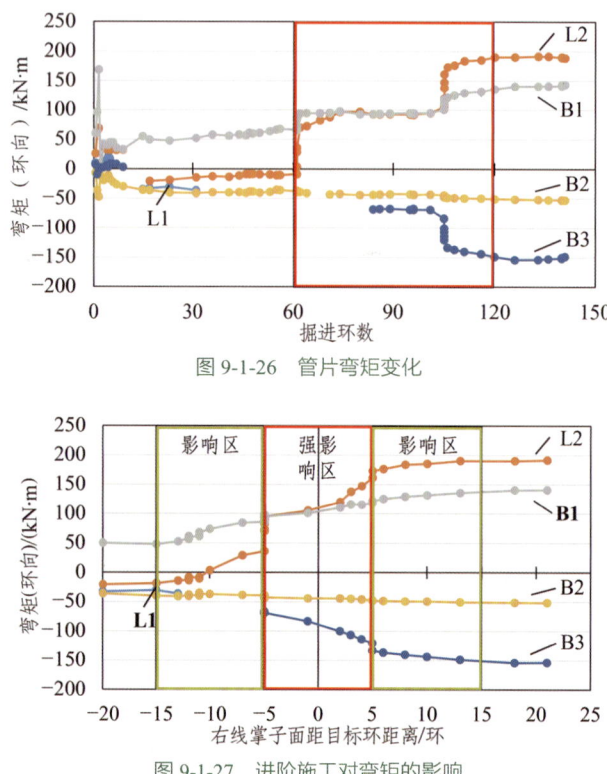

图 9-1-26 管片弯矩变化

图 9-1-27 进阶施工对弯矩的影响

最后，断面 2 外侧土压力、水压力，管片轴力、弯矩随结构各截面位置的分布，如图 9-1-28 至图 9-1-31 所示。

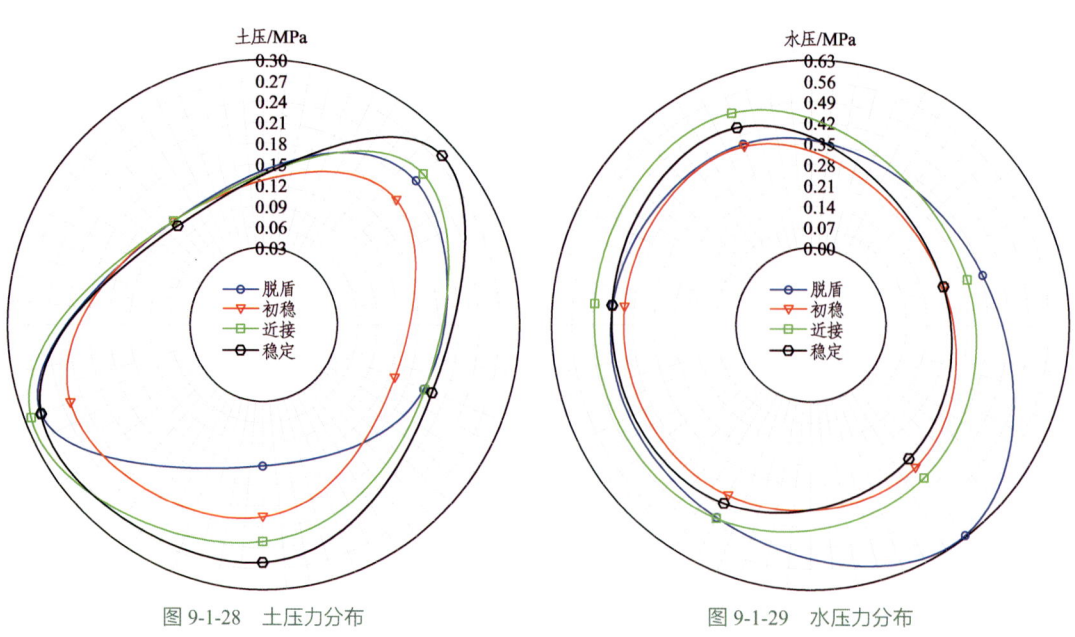

图 9-1-28 土压力分布　　　　　　　　图 9-1-29 水压力分布

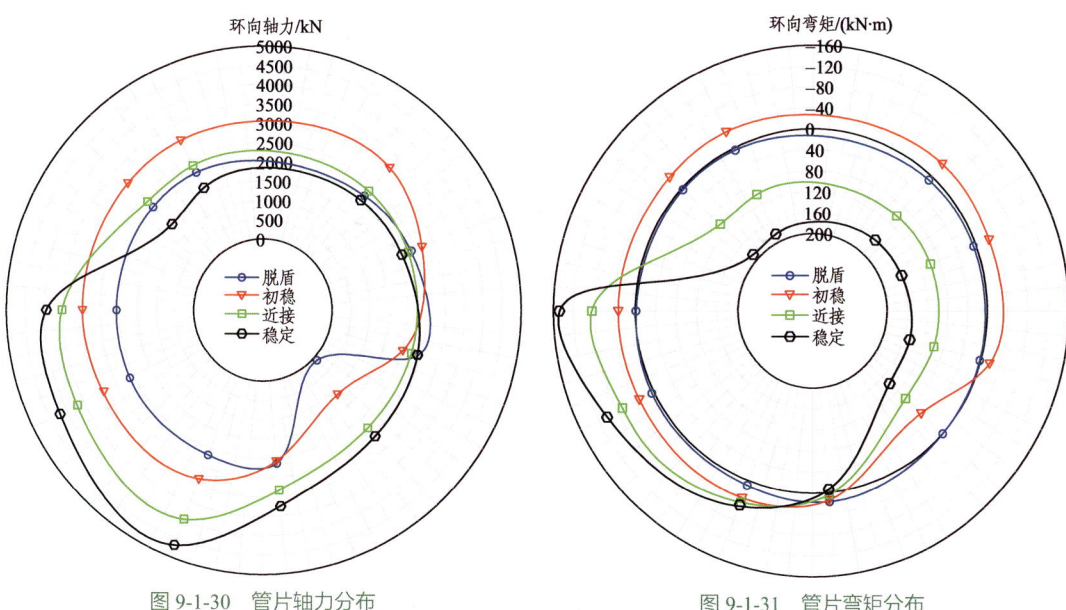

图 9-1-30　管片轴力分布　　　　　图 9-1-31　管片弯矩分布

综上所述，强、中、微风化花岗岩复合地层（335 环）双模盾构 EPB 模式施工，隧道外部荷载和结构内力，共经历三个变化阶段：

（1）初期受力阶段（管片脱盾与初始稳定）：脱盾后，隧道外侧空隙尚未完全填充，土压分布不均；掘进至 15 环，土压较均匀分布，底部水压有所降低；结构内力增大并初步稳定，轴压现象明显。

（2）近接影响阶段（后行线近接施工）：后行线掌子面与目标环平行时，目标环水土压力均有所增加；结构下部轴力增加，且左下部轴力增幅较大；结构弯矩量值整体增大，且隧道上部与右侧管片受拉侧发生突变，由外侧受拉突变为内侧受拉。

（3）稳定受力阶段（目标环脱离后行线施工影响区）：结构下部与左侧土压进一步增加，而水压整体回落至静水压值；结构下部轴力增大，各截面位置弯矩整体再次增加。

9.2　隧道主体结构荷载作用模式反演分析

盾构隧道管片衬砌设计计算过程中，影响结构体受力的因素很多，如计算方法的选择、外荷载的大小及分布规律、衬砌与围岩的相互作用关系等，上述因素的不同取值会导致设计过于保守或偏于不安全。深圳市城市轨道交通 13 号线留仙洞站—白芒站区间，地质条件表现为地形地貌起伏多变、地层岩性复杂多样的独特特征。其中,硬岩地层-上软下硬复合地层-硬岩地层沿南北方向交错分布;地下水位较高、地层裂隙发育,且靠近西丽水库,水源充沛。本节利用管片内力的现场实测值(轴力、弯矩),考虑不同的上覆土压力、侧压力系数、地层抗力系数,以正交试验为基础,定义优化分析函数,反演分析深圳复合地层盾构隧道管片衬砌设计荷载的合理计算参数。

9.2.1 衬砌结构设计方法

盾构隧道发展至今出现过很多计算模型,常用的模型有均质圆环模型(日本惯用法及修正惯用法)、梁-弹簧模型、多铰圆环模型和壳-弹簧模型。

1. 均质圆环模型

1960年,日本土木协会提出惯用设计法,不考虑衬砌接头对刚度的影响,采用均质圆环模拟管片衬砌,假定地基抗力为三角形形式分布在水平方向 ±45° 范围内。1977年,日本土木协会又提出了修正惯用设计法,在惯用法的基础上仍然用均质圆环来模拟管片衬砌,但采用小于1的系数 η 降低衬砌刚度来体现接头对衬砌圆环刚度的降低,如图9-2-1所示。当管片采用错缝拼装时,前后衬砌环在接头处刚度不一致,出现弯矩传递,在设计时,管片弯矩为 $(1+\xi)M$(M 为计算弯矩值),接头处弯矩为 $(1-\xi)M$,轴力均采用计算轴力值。通缝拼装不考虑弯矩传递现象。

2. 梁-弹簧模型

梁-弹簧力学模型如图9-2-2所示,在同一衬砌圆环内,将管片模拟成曲线梁或直线梁,采用旋转弹簧和剪切弹簧替代接头。用环向接头抗弯刚度 k_θ 来体现环向接头的实际抗弯刚度,用径向抗剪刚度 k_r 和切向抗剪刚度 k_t 来体现纵向接头的环间传力效果。由于当管片环采用错缝式拼装时,管片环间为相互影响的空间受力体系,故采用空间结构进行模拟。该方法可以对任意一种管片环组装方式和接头位置下的衬砌环变形和内力、接头螺栓剪力等进行计算。

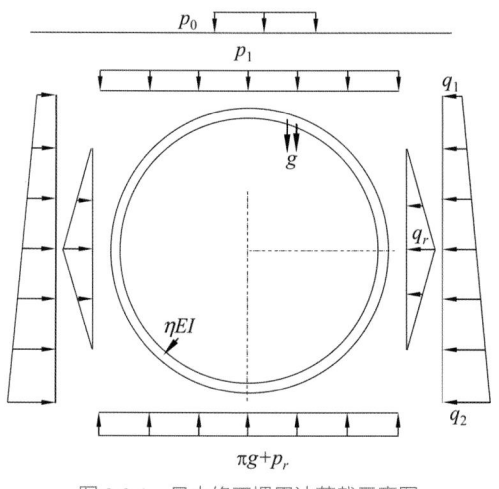

图 9-2-1　日本修正惯用法荷载示意图

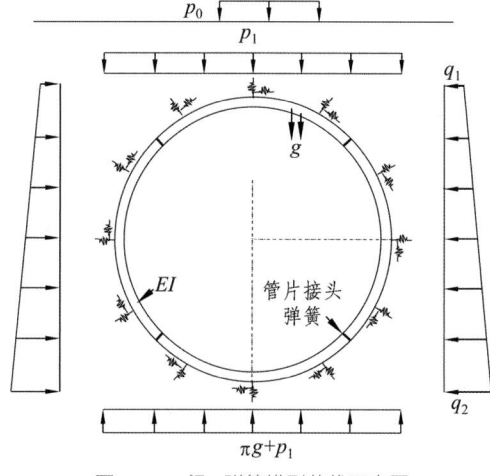

图 9-2-2　梁-弹簧模型荷载示意图

3. 多铰圆环模型

多铰圆环模型采用铰模拟环向接头，不考虑纵向接头，如图 9-2-3 所示。这种模型在地层条件较好、拼装完成后拆除接头螺栓的欧洲盾构隧道中使用较多。该模型不能正确体现盾构隧道衬砌的力学特性，也不能说明错缝拼装条件下管片弯矩增大和管片接头弯矩减小的原因。

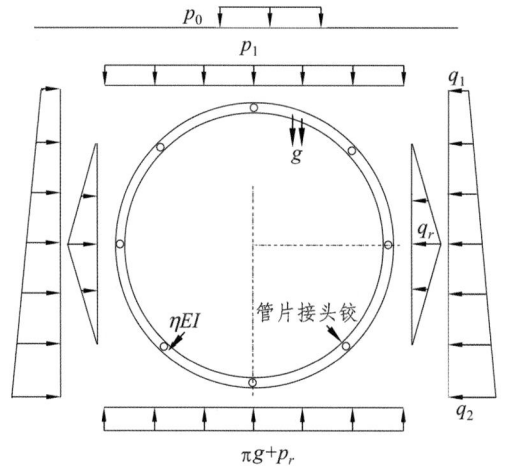

图 9-2-3　多铰圆环模型荷载示意图

4. 壳-弹簧模型

壳-弹簧模型与梁-弹簧模型类似，区别在于用壳单元代替梁单元模拟管片衬砌，可以体现出内力沿幅宽的三维分布。目前梁-弹簧模型发展较为成熟，能正确解释管片环结构承载机理，本章所有数值计算均采用梁-弹簧模型进行计算。根据国内外研究成果，结合深圳地铁隧道工程建设的实际情况和所选用的管片结构尺寸、内力分布情况、接缝衬垫厚度等实际影响因素，并经抗弯刚度数值模拟计算，拟选力学分析中环向接头正抗弯刚度 $k_{\theta+}$ 取 8×10^4 kN·m/rad，负抗弯刚度 $k_{\theta-}$ 取 5×10^4 kN·m/rad，同时本力学分析假定环间接头（纵向接头）不产生错动，盾构环的纵向接头抗剪刚度 K_r 和 K_l 均取无穷大。

9.2.2 地层荷载理论

1. 荷载分类

目前，虽然相关理论发展较快，地层-结构模式的理论在研究中使用较多，但在隧道设计上仍较多地沿用或参照地面结构的荷载设计方法，即荷载-结构模式。该模式将地层对结构的作用视为荷载作用于结构上进行分析设计。作用在盾构隧道上的荷载如表9-2-1所示。

表9-2-1 隧道承受荷载分类

荷载分类		荷载名称
永久荷载		结构自重
		地层压力
		隧道上部地层破坏棱体范围的设施及建筑物压力
		水压及浮力
		设备重量
		地层抗力
可变荷载	基本可变荷载	地面车辆荷载
		地面车辆荷载引起的侧向土压力
		隧道内部车辆行人等引起的荷载
	其他可变荷载	施工荷载（设备运输、施工机具及人员、盾构推进、压注浆等）
偶然荷载		地震荷载

注：① 地层压力：竖向地层压力按全部地层压力计算。而侧压力当隧道处于黏性土中时按水土和算考虑，在砂性土地层时按水土分算考虑。

② 地层抗力：通过设置在衬砌全环只能受压的径向弹簧单元和切向弹簧单元来体现，这些单元受拉时将自动脱离，弹簧单元的刚度由衬砌周围土体的地基抗力系数决定。同时，考虑安全因素，未计管片周围注浆引起的抗力增加效果。

③ 管片结构自重：钢筋混凝土管片容重取 25 kN/m³。
④ 水压：当在砂性土地层时水土分算时，水压按静水压力考虑。
⑤ 隧道内部荷载：汽车荷载及其他设备荷载。

针对地铁盾构隧道，荷载－结构模式中上部土体压力通常采用松动土压力理论，如普氏理论、太沙基理论。

2. 普氏理论

普洛托季雅克诺夫（M.M. Продъконов）认为，所有的岩体都不同程度地被节理、裂隙所切割，因此可以视为散粒体。但岩体又不同于一般的散粒体，其结构面上存在着不同程度的黏聚力。基于这些认识，普氏提出了岩体的坚固系数（又称为似摩擦系数）的概念：

$$f_m = \tan\varphi_0 = \frac{\tau}{\sigma} = \frac{\sigma\tan\varphi + c}{\sigma} \tag{9-2-1}$$

式中，φ_0、φ 分别为岩体的似摩擦角和内摩擦角；τ、σ 分别为岩体的抗剪强度和剪切破坏时的正应力；c 为岩体的黏聚力。

普氏还提出了基于自然平衡拱概念的计算理论，从而确定围岩的松动压力。该理论认为在具有一定黏聚力的松散介质中开挖坑道后，其上方会形成一个抛物线形的拱形洞顶，作用在支护结构上的围岩压力就是自然平衡拱以内的松动岩体的重力。而自然平衡拱的尺寸以及它的高度和跨度与 f_m 值和开挖宽度有关，其表达式为：

$$h_h = \frac{b_t}{f_m} \tag{9-2-2}$$

式中，h_h 为自然平衡拱高；b_t 为自然平衡拱的半跨度。

在坚硬岩体中，坑道侧壁较稳定，自然平衡拱的跨度就是隧道的宽度，即 $b_t = b$（b 为隧道净宽度的一半，$b = B/2$），如图 9-2-4（a）所示；在松散和破碎岩体中，坑道的侧壁受扰动而滑移，如图 9-2-4（b）所示，自然平衡拱的半跨度也相应加大为：

$$b_t = b + H\tan\left(45° - \frac{\varphi_0}{2}\right) \tag{9-2-3}$$

式中，φ_0 为岩体的似摩擦角，$\varphi_0 = \arctan f_m$。

① 围岩竖向的均布松动压力

$$q = \gamma h_h \tag{9-2-4}$$

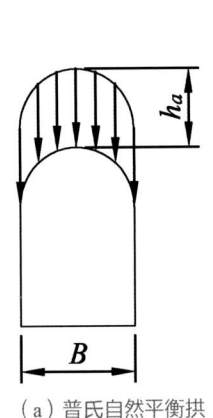
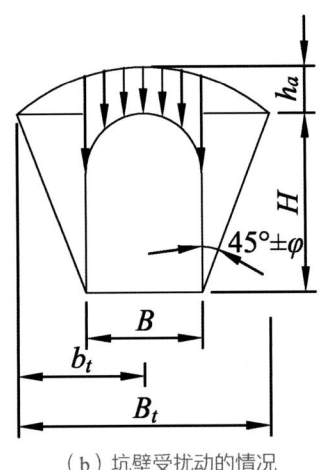

（a）普氏自然平衡拱　　　　（b）坑壁受扰动的情况

图 9-2-4　平衡拱

② 围岩水平的均布松动压力（按朗肯公式计算）

$$e = \left(q + \frac{1}{2}\gamma h\right)\tan^2\left(45° - \frac{\varphi_0}{2}\right) \quad (9\text{-}2\text{-}5)$$

普氏理论的主要优点是计算围岩松动压力的公式比较简单，使用方便，而且经过修正后的 f_m 值也能在一定程度上反映真实情况，所以国内外都曾采用过。其主要缺点是在确定岩体的 f_m 值时带有很大的主观性；对于软质围岩所算得的压力值偏小，在坚硬的围岩中所得压力偏大。一般来说，普氏理论比较适用于松散、破碎的围岩。

3. 太沙基理论

太沙基（K. Terzaghi）也将岩体视为散粒体。他认为坑道开挖后，其上方的岩体将因坑道变形而下沉，并产生如图 9-2-5 所示的错动面 OAB，假定作用在任何水平面上的竖向压应力 σ_v 是均匀分布的，相应的水平应力 $\sigma_h = \lambda \sigma_v$（$\lambda$ 为侧压力系数）。在地面深度为 h 处取出一厚度为 dh 的水平条带，考虑其平衡条件：$\sum V = 0$，得：

$$2b_t(\sigma_v + d\sigma_v) - 2b_t\sigma_v + 2\lambda\sigma_v\tan\varphi_0 dh - 2b_t\gamma dh = 0 \quad (9\text{-}2\text{-}6)$$

或

$$\frac{d\sigma_v}{\gamma - \lambda\sigma_v\tan\varphi_0/b_t} - dh = 0 \quad (9\text{-}2\text{-}7)$$

式中，b_t 为洞顶松动宽度之半。

解这个微分方程，并引进边界条件 $h = 0$，$\sigma_v = 0$，得：

$$\sigma_v = \frac{\gamma b_t}{\lambda \tan \varphi_0}\left(1 - e^{-\lambda \frac{h}{b_t}\tan\varphi_0}\right) \quad (9\text{-}2\text{-}8)$$

将坑道的实际埋深 h_1 代替式中的 h 即可得到洞顶的均布竖向围岩压力。若地表有均布附加荷载 q，此时的竖向围岩压力为：

$$\sigma_v = \frac{\gamma b_t}{\lambda \tan \varphi_0}\left(1 - e^{-\lambda \frac{h_1}{b_t}\tan\varphi_0}\right) + q e^{-\lambda \frac{h_1}{b_t}\tan\varphi_0} \quad (9\text{-}2\text{-}9)$$

随着隧道埋深 h 的加大，$e^{-\lambda \frac{h_1}{b_t}\tan\varphi_0}$ 趋近于零，则 σ_v 趋于某固定值，且：

$$\sigma_v = \frac{\gamma b_t}{\lambda \tan \varphi_0} \quad (9\text{-}2\text{-}10)$$

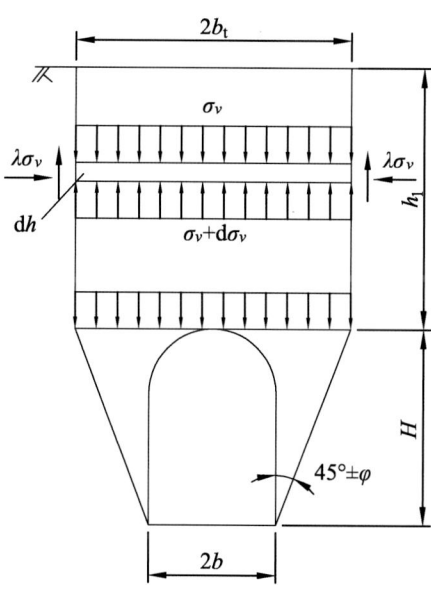

图 9-2-5　太沙基自然平衡拱

太沙基根据实验结果，得出 $\lambda = 1.0 \sim 1.5$。取 $\lambda = 1.0$，则：

$$\sigma_v = \frac{\gamma b_t}{\tan \varphi_0} \quad (9\text{-}2\text{-}11)$$

如以 $\tan\varphi_0 = f_m$ 代入，则：

$$\sigma_v = \gamma \frac{b_t}{f_m} = \gamma h_h \quad (9\text{-}2\text{-}12)$$

此时与普氏理论的公式一致。

在太沙基公式中，也可以将错动面上的黏聚力考虑进去，只需在平衡方程的左端加上一项 $2c \cdot dh$ 即可。

以上介绍了几种估算深埋隧道围岩松动压力的公式。埋深与浅埋隧道的界限是一个较复杂的问题。由太沙基公式可知，当隧道的埋深增加到某个限值后，围岩竖向松动压力随埋深的变化幅度就趋近于零。虽然太沙基的卸拱理论是根据松动土压得出，但从室内模型试验情况看，其理论在连续和黏性地层也有较强的适用性。因此，在深埋分析中主要采用太沙基理论，在浅埋分析中按全部或部分地层压力计算土层压力的方法，并保证最小土压等效高度不小于1.5倍隧道外径。

（1）太沙基松动土压基本式

$$p_{vc} = \frac{B_1(\gamma - c/B_1)}{K_0 \tan\phi}(1 - e^{-K_0 \tan\phi \cdot H/B_1}) + p_0 e^{-K_0 \tan\phi \cdot H/B_1} \quad (9\text{-}2\text{-}13)$$

式中，$B_1 = R_0 \cot\left(\dfrac{\pi/4 + \phi/2}{2}\right)$；$p_{vc}$ 为太沙基松动土压；K_0 为水平土压力和垂直土压力之比（通常取 $K_0 = 1$ 即可）；ϕ 为土的内摩擦角；P_0 为上覆荷载；γ 为土的容重；c 为土的黏着力。

（2）存在地下水的水土分算情况

其中，砂性土层按水土分算考虑，如图9-2-6（a）所示。

$$p_{v1} = \frac{B_1(\gamma - c/B_1)}{K_0 \tan\phi}\left[1 - e^{-K_0 \tan\phi \cdot (H-H_w)/B_1}\right] + p_0 e^{-K_0 \tan\phi \cdot (H-H_w)/B_1} \quad (9\text{-}2\text{-}14)$$

$$\begin{aligned}
p_{vc} &= \frac{B_1(\gamma' - c/B_1)}{K_0 \tan\phi}(1 - e^{-K_0 \tan\phi \cdot H_w/B_1}) + p_{v1} e^{-K_0 \tan\phi \cdot H_w/B_1} \\
&= \frac{B_1(\gamma' - c/B_1)}{K_0 \tan\phi}(1 - e^{-K_0 \tan\phi \cdot H_w/B_1}) + \frac{B_1(\gamma - c/B_1)}{K_0 \tan\phi}\left[1 - e^{-K_0 \tan\phi \cdot (H-H_w)/B_1}\right] e^{-K_0 \tan\phi \cdot H_w/B_1} + p_0 e^{-K_0 \tan\phi \cdot H/B_1}
\end{aligned}$$

$$(9\text{-}2\text{-}15)$$

式中，P_{v1} 为地下水位面的松动土压。

（3）黏性土地层的水土合算情况

$$p_{vc} = (\gamma - c/B_1)H + p_0 \quad (9\text{-}2\text{-}16)$$

（4）多层地层的情况

多层地层从上部地层开始依次分层计算各层的荷载 P_{vn}（n 号地层），而后将该层作为地表面，上荷载为 P，计算其下层的 P 值，最后求出隧道顶部的 P_{vc} 值，如图9-2-6（b）所示。

$$p_{v1} = \frac{B_1(\gamma_1 - c_1/B_1)}{K_0 \tan\phi_1}(1 - e^{-K_0 \tan\phi_1 \cdot H_1/B_1}) + p_0 e^{-K_0 \tan\phi_1 \cdot H_1/B_1} \quad (9\text{-}2\text{-}17)$$

$$\begin{aligned}p_{vc} &= \frac{B_1(\gamma_2 - c_2/B_1)}{K_0 \tan\phi_2}(1 - e^{-K_0 \tan\phi_2 \cdot H_2/B_2}) + p_{v1} e^{-K_0 \tan\phi_2 \cdot H_2/B_1} \\ &= \frac{B_1(\gamma_2 - c_2/B_1)}{K_0 \tan\phi_2}(1 - e^{-K_0 \tan\phi_2 \cdot H_2/B_1}) + \frac{B_1(\gamma_1 - c_1/B_1)}{K_0 \tan\phi_1}(1 - e^{-K_0 \tan\phi_1 \cdot H_1/B_1})e^{-K_0 \tan\phi_2 \cdot H_2/B_1} + \\ &\quad p_0 e^{-K_0(\tan\phi_1 \cdot H_1 + \tan\phi_2 \cdot H_2)/B_1}\end{aligned}$$

$$(9\text{-}2\text{-}18)$$

式中，$B_1 = R_0 \cot\left(\dfrac{\pi/4 + \phi_2/2}{2}\right)$；$P_{v1}$ 为地层交界面的松动土压。

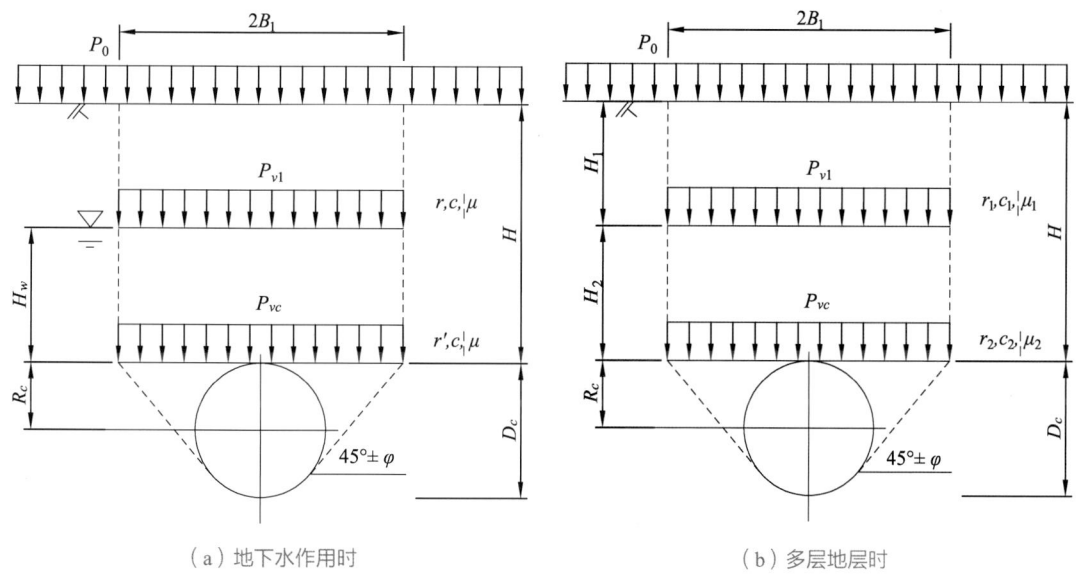

（a）地下水作用时　　　　　　　　（b）多层地层时

图 9-2-6　松动土压

4. 地层抗力

在荷载-结构模式理论中，隧道所受的水平侧向力分为水平主动荷载和地层抗力，地层抗力为隧道结构产生变形向土体挤压时产生的被动抗力，其值随位移增加而增大。在计算理论中，被动抗力的计算根据 winkler 假定，即认为围岩是一组各自独立的弹簧，每个弹簧表示一个小岩柱，某一弹簧受到压缩时所产生的反作用力只与该弹簧有关，而与其他弹簧无关，如图 9-2-7 所示。按其理论，应力（σ_i）和变形（δ_i）之间呈直线关系，即 $\sigma_i = k\delta_i$，为围岩弹性抗力系数。虽然实际的弹性体变形是互相影响的，施加于一点的荷载会引起整个弹性体表面的变形，即共同变形，但 winkler 假定能反映衬砌的应力与变形的主要因素，且计算简便实用，可以满足工程设计的需要。

抗力系数通常为一常数，它与土层的软硬程度有关。土层越坚硬，能提供的抗力越大，所以抗力系数越大。但在盾构工程中，抗力与诸多因素有关。影响盾构隧道侧向抗力的最主要因素有：① 土质性质，即土层的软硬程度、含水量等；② 盾构隧道的埋置深度；③ 土层的先期固结状态；④ 盾尾间隙填充物的填充质量；⑤ 盾构推进时对地层的剪切、挤压、纠偏等所引起的土体的扰动；⑥ 土体扰动以后，土层的主固结和次固结；⑦ 土体的流变效应。

目前，抗力系数主要通过现场静力荷载试验测定，即通过刚性承压板做压载试验测定。测定时，考虑到承压板的大小、刚度等与实际的差异，应对实验所得的抗力系数进行修正，而目前的修正方法主要考虑实际基坑宽度的影响。由于盾构隧道的高度和宽度均不大，且其结构形式与一般基础不同，能否采用上述修正方法有待斟酌。根据收集的资料和经验，在长期荷载作用下，可用地基反力系数等于初始值的 1/3 ~ 1/6 估算弯矩；考虑固结变形影响是不考虑固结变形影响所计算得到的抗力系数值的 1/2 ~ 1/4。

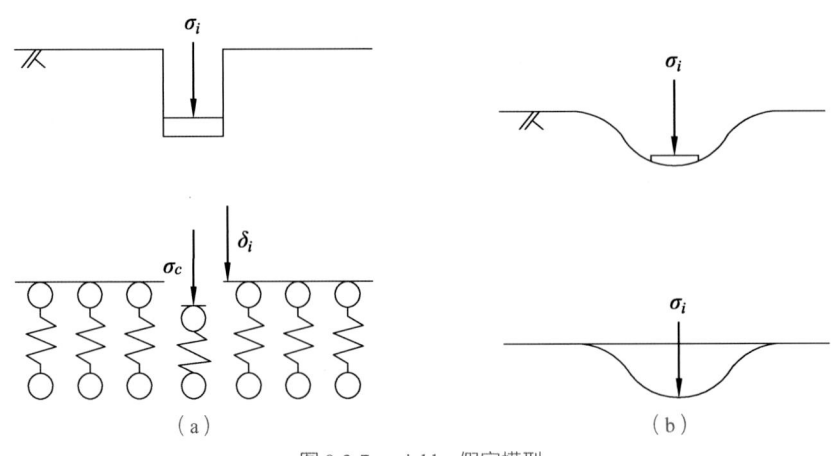

图 9-2-7　winkler 假定模型

9.2.3　管片衬砌荷载反演分析

1. 荷载反演分析方法

目前，国内对盾构隧道荷载模式反演分析计算普遍采用最优化方法，即计算一组最优的待反演参数，使得在这组参数下，通过有限元计算得到的结构内力或者位移值与实测值最吻合。优化目标函数 J 是由有限元的计算值与现场实测值之差的平方和与现场实测值的平方和的比值，定义为：

$$J_M(X) = \sum_{i=1}^{n}(M_i - M_i^*)^2 \bigg/ \sum_{i=1}^{n} M_i^{*2} \qquad (9\text{-}2\text{-}19)$$

$$J_N(X) = \sum_{i=1}^{n}(N_i - N_i^*)^2 \bigg/ \sum_{i=1}^{n} N_i^{*2} \qquad (9\text{-}2\text{-}20)$$

$$J(X) = w_1 \cdot J_N(X) + w_2 \cdot J_M(X) \qquad (9\text{-}2\text{-}21)$$

式中，$X = \{p_s, p_w, \lambda_1, \lambda_2\}$ 为荷载反演参数向量；n 为管片结构内力监测点数量；N_i、N_i^* 分别为第 i 个监测点轴力的计算值与实测值；M_i、M_i^* 分别为第 i 个监测点弯矩的计算值与实测值；w_1、w_2 为加权系数，此处 $w_1 = w_2 = 1$。

本书荷载反演模型的约束条件为待反演参数的取值范围。衬砌结构承受的水土荷载值均大于等于 0。另外，为了保证反演结果的合理性，土压力不应超过衬砌所承受拱顶理论全土柱土压力，水压力不超过 1.5 倍静水压力。对于土体侧压力系数，通常情况下，地勘报告建议取值与实际值相差不超过 20%。因此，待反演参数的取值范围如下：

$$\begin{cases} 0 \leqslant p_s \leqslant p_s^* \\ 0 \leqslant p_w \leqslant p_w^* \\ 0.8\lambda_1^* \leqslant \lambda_1 \leqslant 1.2\lambda_1^* \\ 0.8\lambda_2^* \leqslant \lambda_2 \leqslant 1.2\lambda_2^* \end{cases} \qquad (9\text{-}2\text{-}22)$$

式中，p_s^* 和 p_w^* 分别表示拱顶理论全土柱压力和静水压力；λ_1^* 和 λ_2^* 分别表示上层软弱地层侧压力系数和下层坚硬岩层侧压力系数。

为了寻求一组最优的荷载参数使得上述目标函数最小，通常采用数值解法，其大致思路为：从一个初始参数点开始，向周围进行迭代搜索，直至找出模型的最优解。但传统的数值解法容易陷入局部最优的情况，难以得到问题的全局最优解。而现代优化算法在非线性最优化问题上得到广泛利用，并取得令人满意的结果。因此，本章采用现代优化方法中的量子粒子群（QPSO）算法对参数空间搜索，寻求最优荷载参数。

2. QPSO 算法

QPSO 算法是由孙俊提出的具有量子行为的粒子群优化算法。该算法不同于普通粒子群，其粒子的更新与之前的运动形式没有关系，随机性较强，不容易出现陷入局部最优解的情，具有算法控制参数少、收敛速度快、寻优能力强等特点。

在整个参数空间中，每个粒子的位置对应于参数空间中的一个点，即代表一组荷载取值。每个粒子在迭代更新过程中，遇到使目标函数最优的点就是当前迭代粒子的最优解，记为 $pBest$。整个粒子种群在更新过程中的最优点就是当前迭代种群最优解，记为 $gBest$。平均的粒子最优解表示为 $pBest$ 的平均值，记为 $mBest$，其计算表达式为：

$$mBest = \frac{1}{M}\sum_{i=1}^{M} pBest_i \quad (9\text{-}2\text{-}23)$$

式中，M 为粒子群的大小；$pBest_i$ 表示当前迭代中第 i 个粒子的最优解。

量子粒子群算法的不同粒子的位置根据以下公式进行更新：

$$\begin{cases} P_i(t) = \varphi\, pBest_i(t) + (1-\varphi)\, gBest_i(t) \\ x_i(t+1) = P_i(t) \pm \alpha \left| mBest(t) - x_i(t) \right| \ln(1/u) \end{cases} \quad (9\text{-}2\text{-}24)$$

式中，t 为当前迭代步数；P_i 为第 i 个粒子的位置更新值；x_i 为第 i 个粒子的位置；φ、u 为在（0，1）区间内的均匀分布函数；α 为创新系数；迭代过程中取正和负的概率为 0.5。

通过不停地迭代计算粒子的位置，最终得到参数空间中的最优解并输出。

3. 算例分析

（1）计算断面基本情况

隧道分析断面位于留仙洞站－中间风井区间左线 335 环处（监测断面 2）。该断面隧道顶部埋深约 39.8 m，水位埋深 6.1 m，洞身穿越上软下硬地层，隧道上部 3 m 位于强风化土状混合花岗岩，下部 3.7 m 位于中风化与微风化混合花岗岩中，岩层性质差异大。

隧道管片外径 6.7 m，内径 6.0 m，管片厚度 0.35 m，幅宽 1.5 m。衬砌圆环由 6 块管片组成，包括 3 块标准块（67.5°）、2 块邻接块（68.5°）、1 块封顶块（20.5°），纵向接头按 22.5°为间隔设置，总共 16 处。

（2）荷载反演分析流程

基于衬砌结构内力实测值，将水土压力组合，以荷载曲线控制点为反演参数、建立反演模型和管片内力正演计算模型。以管片内力计算值与实测值相对误差对计算结果进行评判，使用 QPSO 算法为优化方法，对目标函数的参数进行迭代优化，得到反演参数的最优解，即与实际结果最为吻合的荷载值。反演过程的具体步骤如下：

步骤 1：在 ABAQUS 中建立正演模型。

步骤 2：利用 pyhton 程序随机生成粒子群的位置，并将监测断面的内力信息输入，构建相应的适应度函数。

步骤3：根据粒子位置生成相应的荷载函数，带入ABAQUS正演模型中进行计算。提取计算结果中相应切面的轴力与弯矩，输出至python程序中。

步骤4：每个粒子反馈的内力信息带入适应度函数计算适应度，产生当前迭代步中的 *pBest*、*gBest*、*mBest*。更新粒子的位置。

步骤5：判断是否达到迭代上限，或者适应度是否长时间未变化。若满足上述条件则退出程序，输出 *gBest* 及其对应的管片内力值，否则返回步骤3。

（3）荷载反演参数

根据肖明清基于极限状态理论推导的复合地层荷载计算公式，可假设上部软弱地层荷载为梯形荷载，下部坚硬岩层按均布力简化。对于隧道底部地基反力，底部坚硬围岩强度能承受因两侧竖向压力产生的侧鼓力，所以仅考虑围岩的被动抗力，水压力按照径向施加，如图9-2-8所示，荷载按式（9-2-25）计算。

$$\begin{cases} p_1 = p_s \\ q_1 = \lambda_1 p_s \\ q_2 = \lambda_1 (p_s + \gamma_1' h_1) \\ q_3 = \lambda_2 (p_s + \gamma_1' h_1 + \gamma_2' h_2) \\ W_1 = p_w \\ W_2 = p_w + \gamma_w D \end{cases} \quad (9\text{-}2\text{-}25)$$

式中，p_s 和 p_w 分别为拱顶垂直土压力和水压力；λ_1 和 λ_2 分别为上层软弱岩层侧压系数和下层坚硬岩层侧压系数；D 为隧道的开挖直径；γ_1' 和 γ_2' 分别为隧道上下层围岩的浮重度；γ_w 为水的重度；h_1 为上层软弱岩层在隧道直径范围内的高度；h_2 为下层坚硬岩层在隧道直径范围内的高度。

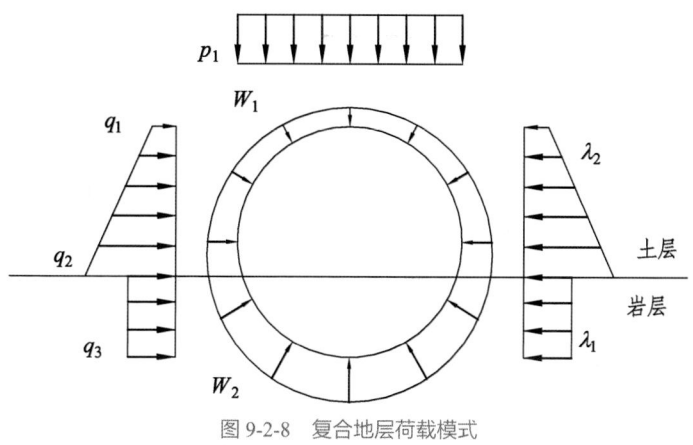

图9-2-8 复合地层荷载模式

水土荷载 p_s 和 p_w 为基本待反演参数，为了描述上下层岩体荷载的差异情况，并且考虑地勘报告提供的岩土参数建议取值与实际情况的差异，选取测压系数 λ_1、λ_2 作为待反演参数，提高反演模型的准确度。

（4）正演模型

采用有限元软件 ABAQUS 进行建模计算，数值模型中管片衬砌使用 S4R 单元模拟，管片重度取 25 kN/m³，弹性模量取 34.5 GPa，泊松比为 0.2；管片接头采用 connector 单元，根据石少刚对接头参数的研究，并结合本工程实际，接头参数取值如表 9-2-2 所示。地层弹簧选用互相作用模组中的 Link 单元进行模拟，一共模拟目标环及其前后环总计 3 环管片，如图 9-2-9 所示。

表 9-2-2　接头弹簧基本参数

环内弹簧刚度 /（kN/m）			环间弹簧刚度 /（kN/m）		
名称	定义说明	取值	名称	定义说明	取值
K_{xx}	轴向压缩刚度	2×10^{10}	K_{xx}	轴向压缩刚度	4×10^{5}
K_{yy}	径向剪切刚度	2×10^{10}	K_{yy}	径向剪切刚度	6×10^{4}
K_{zz}	轴向剪切刚度	2×10^{10}	K_{zz}	轴向剪切刚度	2×10^{10}
K_{θ}	正向转动刚度	4×10^{5}	K_{θ}	正向转动刚度	—
	负向转动刚度	2.4×10^{5}		负向转动刚度	—

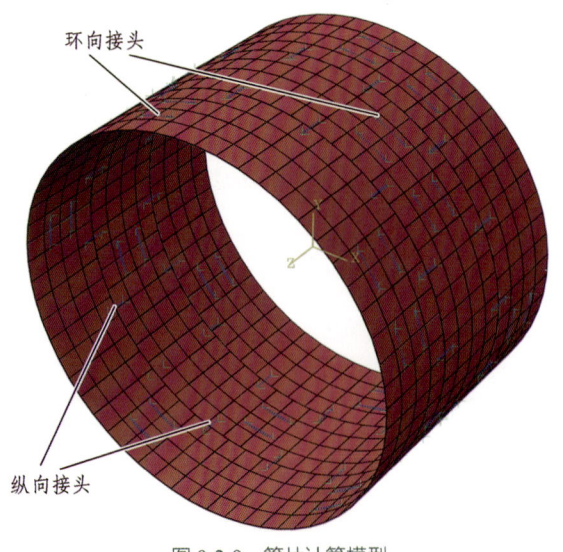

图 9-2-9　管片计算模型

（5）荷载反演结果分析

本计算设置粒子种群规模为 10，创新系数为 0.4，对上软下硬地层荷载的参数进行寻优，优化函数的变化趋势图如 9-2-10 所示。由迭代收敛曲线可知，量子粒子群能在迭代过程中，反演的轴力计算值与实测值拟合较好，而弯矩计算值则与实测值拟合效果较差，在迭代 25 次之后，荷载反演目标函数计算值完全由弯矩误差决定。在迭代初期，目标函数计算值迅速下降，迭代到 100 代左右时，粒子群开始趋于稳定，并在最优适应度轻微变化。

QPSO 算法荷载反演得到的最优荷载参数对应的轴力和弯矩目标函数分别约为 0.0015 和 0.530，总反演目标函数值为 0.531，最优粒子对应的拱顶竖向土压力为 128.47 Pa，水压力为 312.23 kPa，上层软弱围岩侧压系数为 0.31，下层坚硬围岩侧压系数为 0.26。

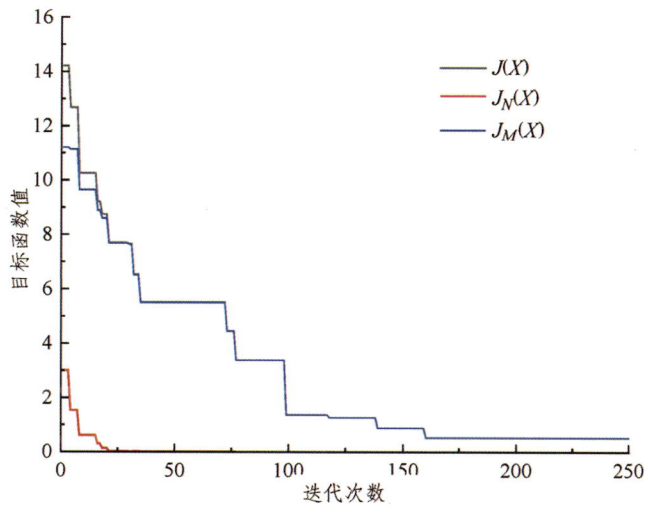

图 9-2-10 目标函数值随迭代次数变化规律

将不同荷载取值方法得到的拱顶水土荷载等基本参数进行对比，如表 9-2-3 所示。表中现场实测的水土压力由土压力盒和水压力计测量得到，侧压力系数使用地勘报告的数值。《铁路隧道设计规范》（以下简称《铁规》）的土压力根据塌落拱高度计算，水压力使用静水压力，侧压力系数根据围岩等级确定。以现场实测值为基础，在土压力方面，反演值比实测值高 13.9%，而《铁规》理论值比实测值高 49.1%，因此针对盾构隧道穿越上软下硬复合地层的情况，使用塌落拱高度计算上覆土体荷载导致荷载值偏大，结构内力趋于不均匀，在设计上是偏于安全的；在水压力方面，反演值比实测值大 12.3%，可能是由于测试环管片上覆地层中存在一定厚度渗透系数较小的土层，再加上施工期同步注浆与二次注浆的影响，导致水压力反演结果比实测结果偏大，而《铁规》理论值比实测值高 24.1%，即实测值大约为静水压力的 0.76，结果表明在上软下硬地层，实际的水压力小于静水压力，在结构设计时应当对水压力进行折减计算；在侧压力系数方面，反演结果上层软弱岩层侧压力系数小于实测值，下层坚硬岩层侧压力系数大于实测值，而按《铁规》取值，两侧围岩侧压力系数均小于实测值。结果表明，按照《铁规》取值，荷载所承受的侧向土压力远小于实测值，而反演荷载中，下层的硬岩侧向荷载远大于实测值，荷载分布趋于均匀，因此在上软下硬地层中，侧压力系数的取值可以参考地勘报告提供的数值，并对硬岩的侧压力系数进行适当增加。

表 9-2-3　不同取值方法得到的荷载基本参数

取值方法	p_a/kPa	p_w/kPa	λ_1	λ_2
现场实测	113	278	0.35	0.21
《铁规》	168.48	345	0.25	0.15
反演值	128.74	312.23	0.334	0.258

管片轴力、弯矩反演计算值与实测值汇总于表 9-2-4，并如图 9-2-11、图 9-2-12 所示。为了评价荷载取值计算结果的优劣，使用管片轴力和弯矩的误差和与实测值之和的绝对值之比的相对误差对反演结果进行评价。如式（9-2-26）所示，《铁规》荷载的 RE_N 为 5.0%、RE_M 为 104.6%，反演荷载的 RE_N 为 3.3%，RE_M 为 74.9%。结果表明，通过荷载反演值计算得到的结构内力空间分布形式与实测内力分布形式接近，而《铁规》理论计算值得到的内力与实测内力分布有显著差异，弯矩分布差异尤其明显。

$$RE_N = \sum_{i}^{n}\left|N_i - N_i^*\right| \bigg/ \sum_{i}^{n}\left|N_i^*\right|$$
$$RE_M = \sum_{i}^{n}\left|M_i - M_i^*\right| \bigg/ \sum_{i}^{n}\left|M_i^*\right|$$

（9-2-26）

表 9-2-4　管片内力实测值与计算值对比

测点	轴力/kN			弯矩/(kN·m)		
	实测值	《铁规》	反演值	实测值	《铁规》	反演值
L1-1	-3702.3	-3674.4	-3573.0	-36.0	-62.7	-68.2
L1-2	-3402.9	-3037.7	-3429.0	-23.0	-46.6	-49.9
L2-1	-3203.7	-2404.5	-2949.8	-10.4	-8.2	-43.0
L2-2	-3128.1	-2062.7	-3102.9	-22.3	-3.3	-37.0

续表

测点	轴力/kN			弯矩/(kN·m)		
	实测值	《铁规》	反演值	实测值	《铁规》	反演值
B1-1	-2606.6	-3030.0	-2487.9	-26.8	10.9	-45.9
B1-2	-1685.0	-2636.1	-1797.7	56.3	13.9	88.2
B2-1	-2460.8	-2303.6	-2566.6	-17.9	33.2	-23.6
B2-2	-3164.8	-2532.7	-3082.1	-34.8	30.0	-68.8
B3-1	-2089.3	-2593.6	-2128.3	57.5	-13.5	41.6
B3-2	-3012.4	-2860.3	-2961.4	33.2	-24.0	58.6

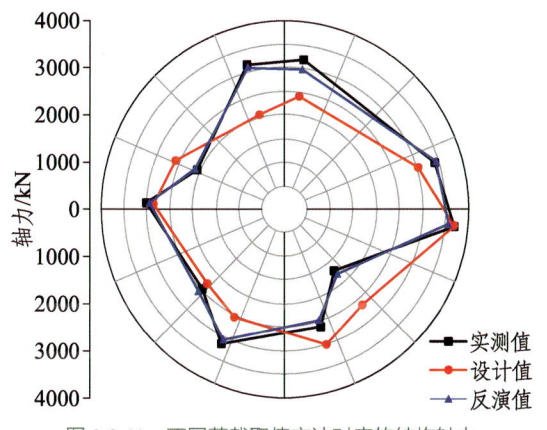

图 9-2-11　不同荷载取值方法对应的结构轴力

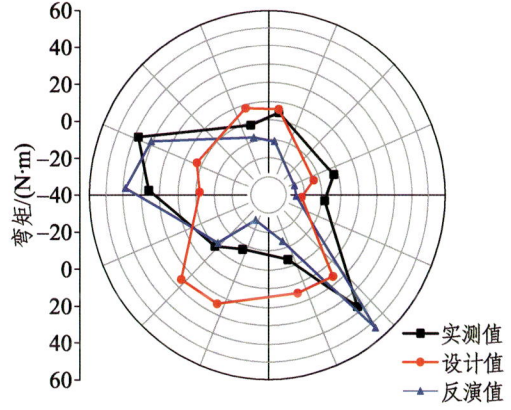

图 9-2-12　不同荷载取值方法对应的弯矩

9.3　复合地层盾构隧道管片施工力学响应分析

9.3.1　掘进参数与地层的关联关系

盾构施工是一个连续的过程，涉及盾构机、管片和围岩的多方相互作用，这加大了盾构掘进过程中的不确定性，期望通过现场监测达到以下目的：

（1）通过对施工过程中衬砌变形与破损状况进行记录，反映施工过程中衬砌的力学响应规律并对负荷情况进行预估。

（2）对盾构施工区间各项施工荷载进行实时监控，为盾构施工数值模拟提供参考，并将衬砌破坏模式与施工荷载进行对应，给衬砌管片设计提供依据。

（3）在实际工程中，通过现场监测，可以发现施工过程中的隐藏问题，对工程具有预警作用，防止施工意外发生，并对施工有指导意义。

本章主要目的是研究衬砌管片在施工荷载下的力学响应，因此在盾构掘进过程中主要对以下几个参数进行监测：

（1）千斤顶总推力。

（2）A、B、C、D组油缸推进压力。

（3）刀盘扭矩。

（4）刀盘转速。

（5）盾构机掘进速度。

为了同时考虑盾构隧道穿越不同形式复合地层的施工荷载对管片的影响，监测区域选为深圳地铁13号线留仙洞－白芒站区间左线225～375环区间内的150环管片。该区段穿越强风化与中风化混合花岗岩交互地层、中风化混合花岗岩地层、中风化与微风化混合花岗岩交互地层和微风化混合花岗岩地层，便于研究复合地层盾构掘进参数与地层的关联关系。

1. 掘进数据预处理

通过盾构机记录和收集的原始CSV文件中存在大量空推数据，如图9-3-1所示。因此，在建立盾构掘进参数数据库时需删除空推数据。一般情况下，若与刀盘转速 n，刀盘扭矩 T，推力 F，推进速率 V，分组油缸推进压力 P_A、P_B、P_C、P_D 有关的任何项目等于零，则认为该盾构操作记录是空的，且空推数据将盾构掘进数据划分成不同的操作段。通过扫描复合地层部分盾构掘进数据，本研究总共提取了237个盾构运行段，总计273156个数据点。

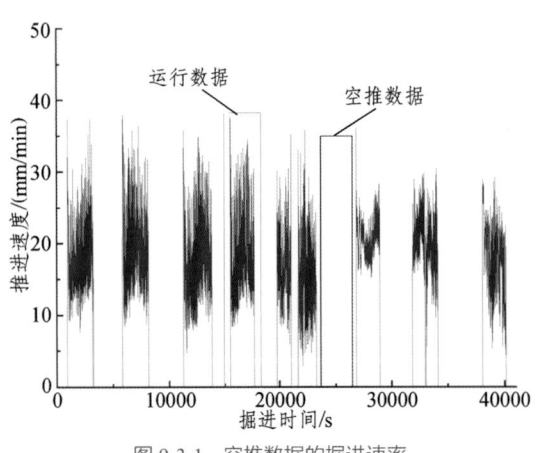

图9-3-1 空推数据的掘进速率

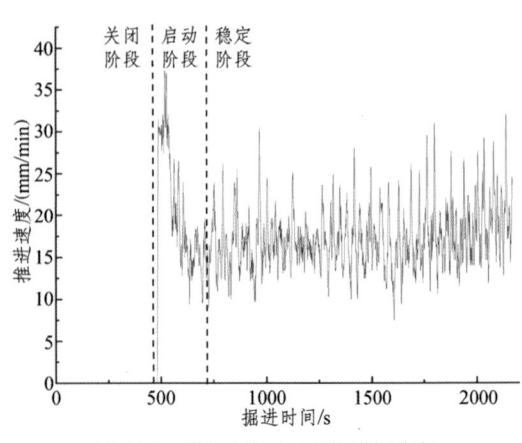

图9-3-2 单个运行分段的掘进机速率

根据盾构司机在掘进过程中的操作规则，一个完整的盾构掘进循环包含 3 个阶段：关闭阶段、启动阶段、稳定阶段[1]，如图 9-3-2 所示。盾构运行段的关闭阶段已经与空的推送数据一起被删除。由于盾构机在启动阶段期间执行不稳定状态，所以在该阶段期间收集的数据也被移除。为便于处理数据，假设一个段的前 10% 数据涵盖启动阶段。

盾构运行数据中常存在一些异常值，如图 9-3-3 所示。采用基于多变量正态分布的异常检测方法[2]进行离群检测。此方法是多元离群点检测的参数方法，利用式（9-3-1）中的马哈拉诺比斯距离检测数据是否离群。将每行掘进参数数据到运行段均值向量距离的 P_{90} 百分位数作为正常值与异常值的边界，如式（9-3-2）所示。

$$\begin{cases} D_M(x_i) = \sqrt{(x_i - \mu)^T S^{-1}(x_i - \mu)} \\ S = \dfrac{1}{N}\sum_{n=1}^{N} x_i x_i^T \end{cases} \quad (9\text{-}3\text{-}1)$$

$$x_i = \begin{cases} 正常, D_M(x_i) \leqslant P_{90} \\ 离群, D_M(x_i) \geqslant P_{90} \end{cases} \quad (9\text{-}3\text{-}2)$$

式中，x_i 为盾构运行数据分段中的单一数据；N 为运行数据的数量；μ 为样本均值；S 为掘进参数的协方差矩阵。

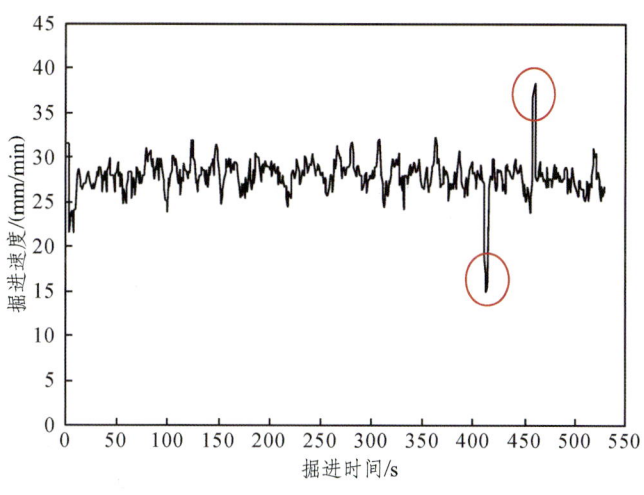

图 9-3-3　离群掘进速率（图中标注"异常值"）

为进一步提高数据质量，选择滑动平均法[3]对盾构掘进参数进行去噪处理。取滑动窗口长度为 $2m+1$，从启动阶段的第 $m+1$ 个数据开始，计算相邻 $2m$ 个数据点的算术平均值作为该点滤波后的新值，如式（9-3-3）所示。

当滑动窗口内的真实数据变化不大时,可抑制掉很大一部分噪声,滤波结果近似真实值;当滑动窗口内的真实值变化较大时,这种滤波方式就会损失一部分精确度,滤波结果接近真实值的平均期望。因此,窗口的大小会对滤波结果有很大影响。窗口越大,滤波结果越平滑,但会一定程度上偏离真实值,忽视数据的变化细节;窗口越小,滤波结果越接近观测值,但噪声偏大,噪声消除效果不理想[4]。选取滤波滑动窗口长度为11,图9-3-4 为推进速度经过滑动平均法去噪滤波的处理结果。对上述预处理后的掘进参数按照环号进行划分,并取其均值作为每一环的掘进参数具体数值。

$$\overline{x_t} = \frac{\sum_{i=1}^{m}(x_{t-i} + x_{t+i}) + x_t}{2m+1} \qquad (9\text{-}3\text{-}3)$$

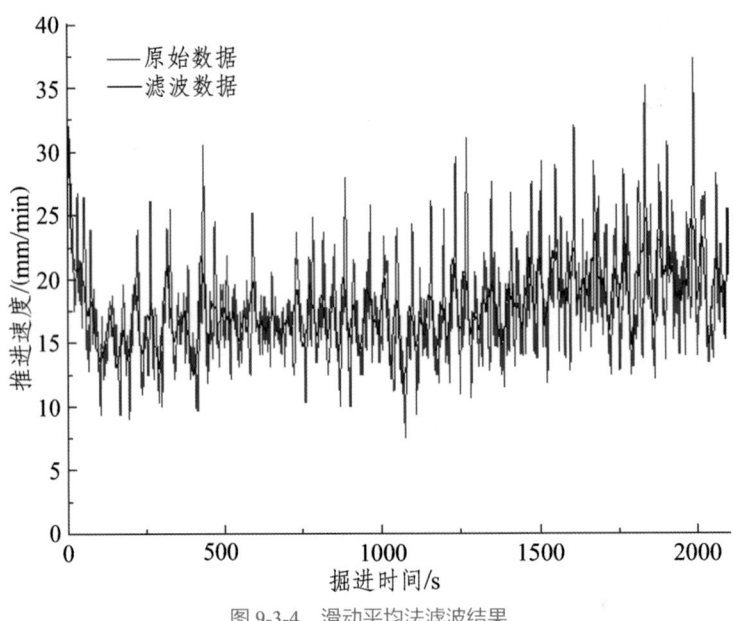

图 9-3-4　滑动平均法滤波结果

2. 掘进参数变化规律

该隧道盾构区间刀盘扭矩、刀盘转速、推进速度等在施工过程中的变化情况按照环号变化曲线展示于图 9-3-5 中,① 为强风化与中风化混合花岗岩复合地层;② 为中风化混合花岗岩;③ 为中风化与微风化混合花岗岩复合地层;④ 为微风化混合花岗岩地层。掘进参数分地层汇总于表 9-3-1 中。

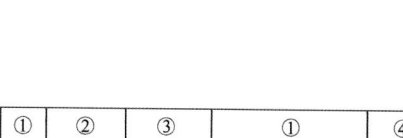

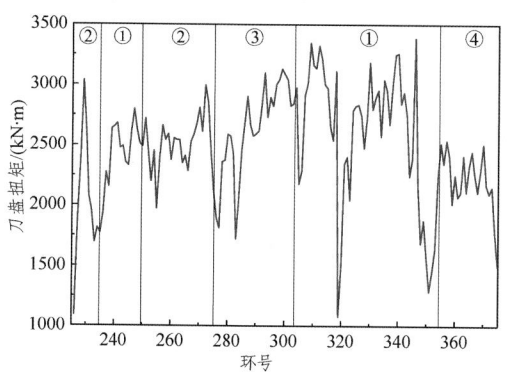

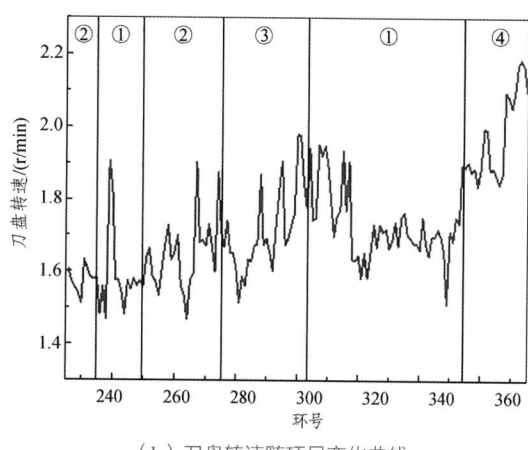

(a) 刀盘扭矩随环号变化曲线　　　　　　　　(b) 刀盘转速随环号变化曲线

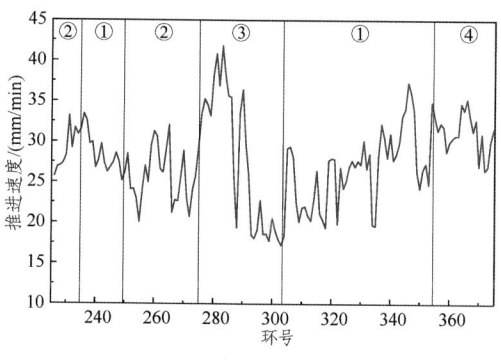

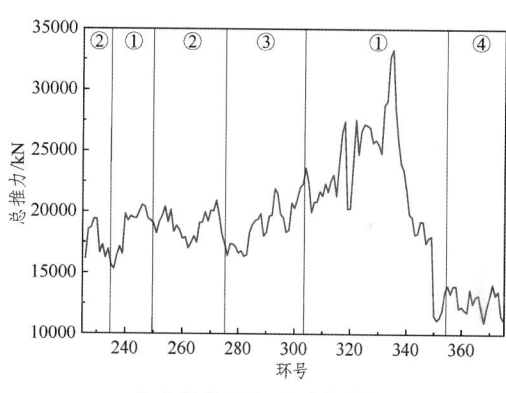

(c) 推进速度随环号变化曲线　　　　　　　　(d) 总推力随环号变化曲线

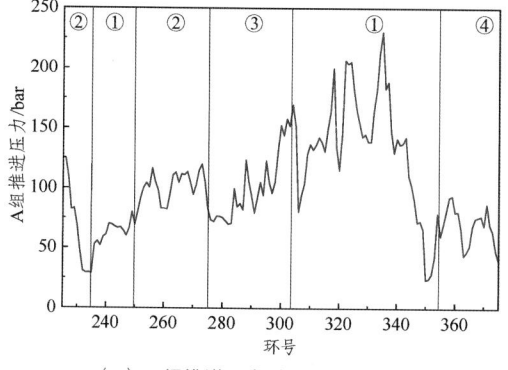

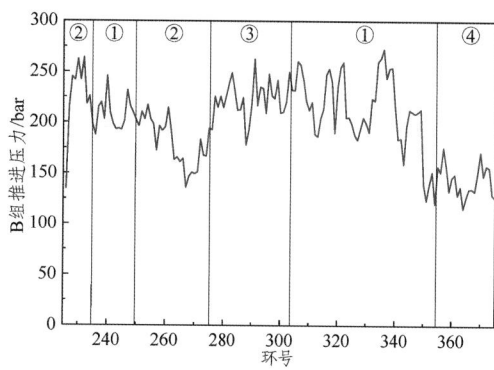

(e) A组推进压力随环号变化曲线　　　　　　(f) B组推进压力随环号变化曲线

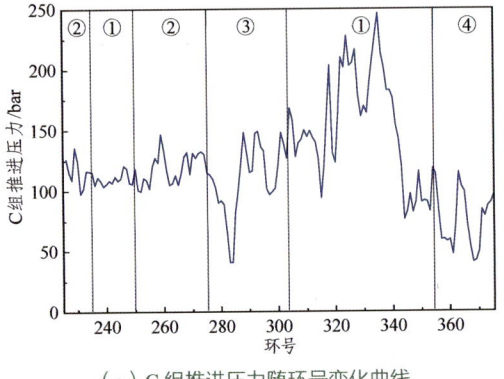

（g）C 组推进压力随环号变化曲线

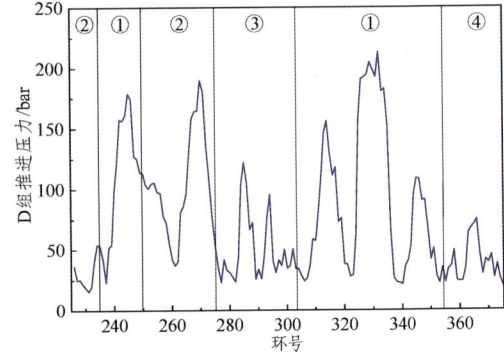

（h）D 组推进压力随环号变化曲线

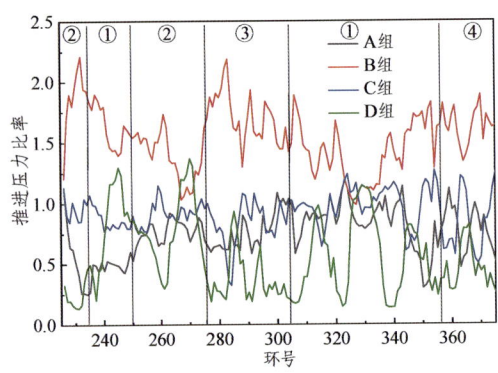

（i）推进压力随环号变化曲线

图 9-3-5 盾构掘进参数统计

表 9-3-1 掘进参数统计

地层类型	强/中风化混合花岗岩复合地层	中风化混合花岗岩地层	中/微风化混合花岗岩复合地层	微风化混合花岗岩地层
刀盘转速/（r/min）	1.70	1.63	1.71	1.98
A 组推进压力/bar	117.27	63.33	99.88	68.8
B 组推进压力/bar	209.6	224.63	222.74	142.75
C 组推进压力/bar	142.63	115.86	109.33	72.7
D 组推进压力/bar	93.53	30.97	49.5	40.8
推进速度/（mm/min）	27.08	29.19	27.91	30.99
刀盘扭矩/（kN·m）	2568	2 032	2630	2191
总推进力/kN	21427	17488	18992	12686

盾构刀盘扭矩及其在不同地层下刀盘转速的变化规律如图 9-3-5（a）所示。双模盾构 EPB 模式在两种上软下硬复合地层中，刀盘扭矩比均一地层高 20%，并且波动范围更大，

在强风化与中风化混合花岗岩复合地层中，最低刀盘扭矩为1076 kN·m，最高刀盘扭矩为3386 kN·m，此类地层施工参数变化较快，需要仔细观察、精心操控。

盾构刀盘转速及其在不同地层下刀盘转速的变化规律如图9-3-5（b）所示。在同种地层中，刀盘转速变化较小。双模盾构EPB模式在围岩强度较高的地层，如微风化混合花岗岩复合地层，采用较高的刀盘转速，平均转速约为2.0 r/min，通过提高刀盘转速来降低刀盘扭矩和总推力；双模盾构EPB模式在其他的地层，刀盘转速没有明显的区别，平均转速控制在1.5 ~ 1.9 r/min。

盾构掘进速度及其在不同地层下刀盘转速的变化规律如图9-3-5（c）所示。总体上看，双模盾构EPB模式在不同地层条件下的掘进速度差异不大，在强风化与中风化混合花岗岩复合地层与中风化和微风化混合花岗岩复合地层中，掘进速度下降比率在10%以内。

盾构总推力变化及其在不同地层下刀盘转速变化规律如图9-3-5（d）所示。在同一地层中，总推力趋于稳定，波动范围较小。在强风化与中风化混合花岗岩复合地层中，总推力一直处于较高水平，并随着上层强风化花岗岩的性质减弱及占比增加逐渐增大，在335环时达到最大值33280 kN。从强风化与中风化混合花岗岩复合地层逐步进入微风化混合花岗岩地层时，总推力迅速下降至10000 kN左右。而在中风化混合花岗岩和中风化和微风化混合花岗岩复合地层中，两者总推力范围基本一致，说明微风化花岗岩的加入对盾构掘进总推力的影响较小。

如式（9-3-4）所示，油缸推进压力与总推力存在对应关系。P_i为每组油缸的推力；N_i为每组油缸中油缸数目；S为油缸面积。由式（9-3-4）可知，总推力越大，油缸推进压力越大，故此处考虑四组油缸之间的相对大小关系，对各分组油缸的推进压力进行处理，如图9-3-5（i）所示。盾构机A组与C组推进压力变化规律基本一致，仅在225 ~ 250环出现较大差异，此时C组推进压力约为A组推进压力的两倍，主要由于盾构机在225 ~ 250环处于右转弯圆曲线段，要求C组推进压力大于A组推进压力；而250环之后处于右转弯缓和曲线段或直线段C组与A组推进压力差异不大。D组推进压力比率周期性波动范围为0.20 ~ 1.2，波动幅度大，主要与竖向姿态调整有关。B组推进压力占比始终处于主导地位，维持在1.5左右，最高可达2.21，并仅在部分区域出现D组推进压力占比高于B组推进压力占比，出现D组高于B组的原因可能与盾构操作习惯有关，在长期掘进中保持B组推进压力较大，防止出现盾构栽头的现象，当出现盾构机竖向姿态偏差时，调高D组推进压力来稳定竖向姿态。

$$F = \sum_{i=A}^{D} P_i \cdot N_i S \quad (9\text{-}3\text{-}4)$$

$$Rate_i = \frac{P_i \cdot \sum_{i=A}^{D} N_i S}{F} \quad (9\text{-}3\text{-}5)$$

为了进一步研究掘进参数与地层之间的关联关系，额外选取深圳地铁 13 号线留仙洞 - 白芒站区间右线穿越强风化混合花岗岩的掘进参数（265 ～ 290 环），选取总推力、刀盘转速和刀盘扭矩为参数，研究不同地层掘进参数在参数空间内的分布位置，如图 9-3-6 所示。

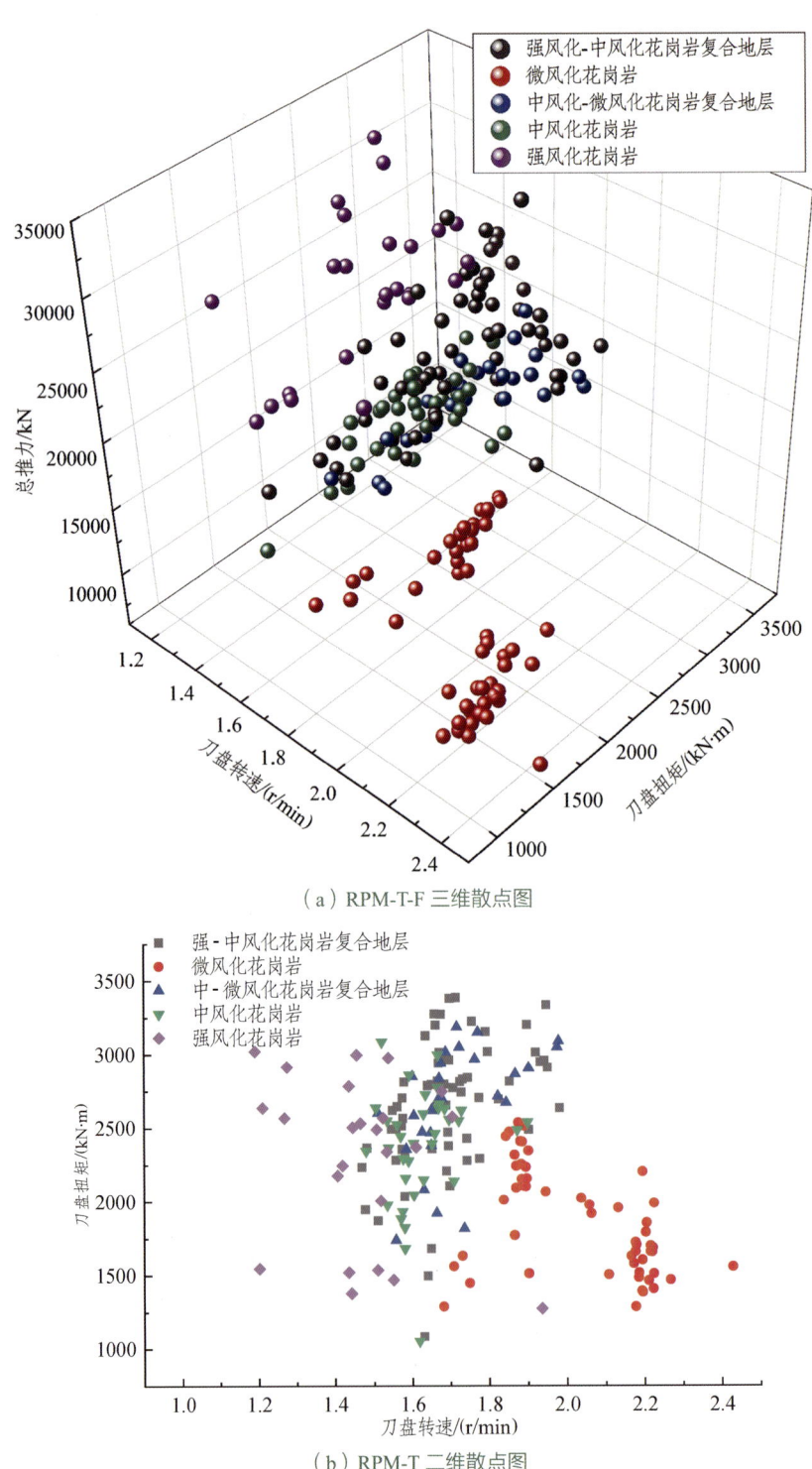

（a）RPM-T-F 三维散点图

（b）RPM-T 二维散点图

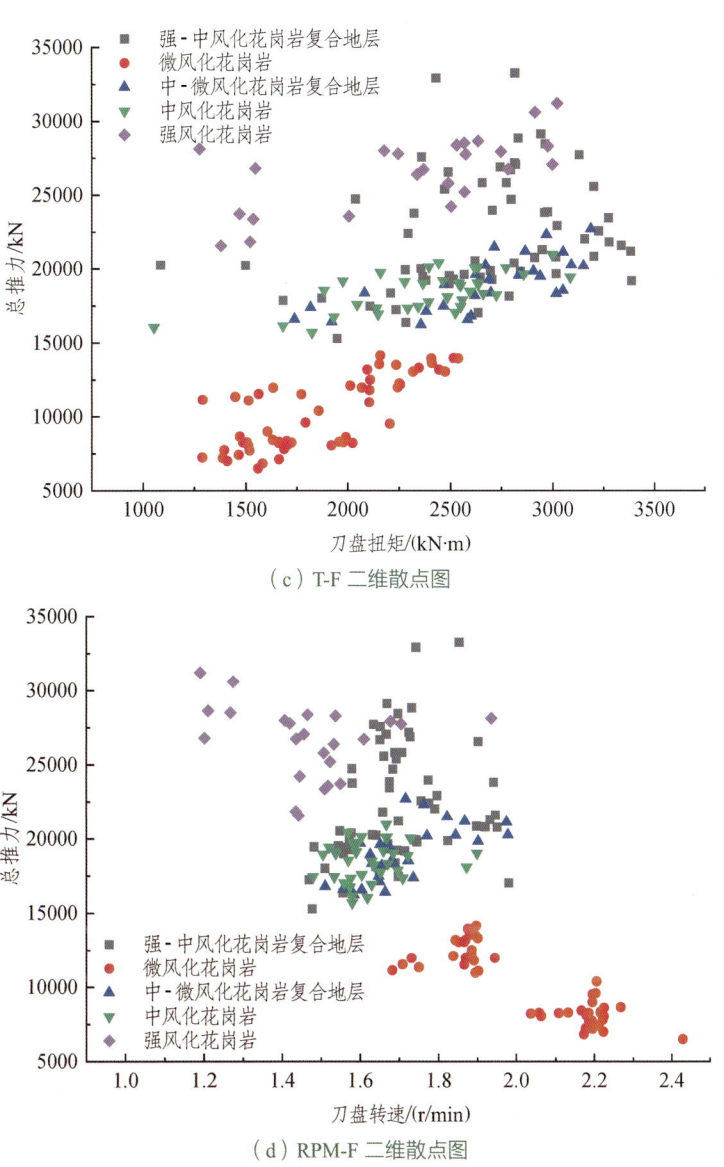

（c）T-F 二维散点图

（d）RPM-F 二维散点图

图 9-3-6　掘进参数散点图

由图 9-3-6 可知，在 RPM-T-F 参数空间中，不同地层的数据点差异性明显。在微风化花岗岩地层中，刀盘转速高，总推力与刀盘扭矩低，且与其他地层数据点无重合部分。在中-微风化复合地层的数据点与中风化在参数空间中的分布情况基本一致，且与微风化地层数据点无交集，说明中-微风化复合地层的主要控制岩层为中风化花岗岩，微风化花岗岩的存在对掘进参数影响较小。在强风化花岗岩中，刀盘转速低，总推力与刀盘扭矩较高。强-中风化花岗岩复合地层中则是在中风化的基础上扩充了一定的区域，并与强风化花岗岩参数空间有一点的交叉，说明该复合地层数据点横跨相应的两个单一地层，数据波动幅度大，施工过程中应当着重注意掘进参数的控制。

9.3.2 千斤顶顶推力对结构受力的影响

1. 施工荷载选取

根据上一节对掘进参数进行了整理并作出规律性分析,为了能够为数值建模提供数据支持,现将具有代表性的数据根据最不利因素进行组合分析。根据前述分析结果数据提取可从以下三个方面进行考虑:

(1) 穿越强风化-中风化混合花岗复合地层,此时盾构机总推力偏高,相应的所有组油缸推力较高,且 B 组与 D 组推进压力的差异性导致管片受到竖向不均匀的顶推力。

(2) 竖向姿态调整,此时 D 组与 B 组的差异缩小,但此时总推力增加,导致管片承载过高的顶推力而产生挤压破坏。

(3) 穿越圆曲线段,此时 A 组与 C 组的差异增大,管片受到水平不均匀的顶推力。

参考掘进参数的具体情况,各工况荷载取值见表 9-3-2。

表 9-3-2 施工荷载代表值组合 单位:bar

工况	A 组推进压力	B 组推进压力	C 组推进压力	D 组推进压力
穿越上软下硬地层	200	280	200	28
穿越上软下硬地层 + 竖向姿态调整	200	230	200	200
穿越上软下硬地层 + 圆曲线段	133	280	266	28
穿越上软下硬地层 + 竖向姿态调整 + 圆曲线段	133	230	266	200

2. 模型建立

结合深圳地铁 13 号线管片结构参数,本节采用 ABAQUS/Standard 软件建立考虑管片塑性损伤的有限元模型。模型中为了充分体现盾构施工对管片的影响,避免约束对管片的影响,特选取 10 环管片进行有限元分析,并建立推进油缸模型,模拟不同工况下顶推力作用对管片服役情况的影响。管片环的各组成部分分别由以下单元模拟:

(1) 钢筋混凝土管片——C3D8R 单元。

(2) 片间螺栓及环间螺栓——B31 单元。

(3) 推进油缸靴板——C3D8R 单元。

管片衬砌混凝土等级为 C50,前四环采用混凝土塑形损伤本构模型,其拉、压损伤演化参数基于《混凝土设计规范》（GB 510010—2010）的损伤演化方程计算得出，管片混凝土弹性模量为 3.45 GPa，泊松比为 0.2，膨胀角为 38°，偏心率为 0.1，双轴与单轴压缩强度比值为 1.16，屈服常数为 0.666 7，黏性参数为 0.005，混凝土压缩拉伸特性如表 9-3-3 所示，后六环采用弹性模型。管片与管片间的法向接触为"硬接触"，切向采用库仑摩擦，摩擦系数为 0.83；地层弹簧使用非线性接地弹簧，仅在受压时弹簧刚度为 18000 MPa/mm，受拉时不产生作用力；推进油缸靴板与管片采用"绑定"的方式建立连接，忽略了靴板与管片间产生的侧向位移；片间螺栓及环间螺栓采用"内置区域"的方式建立与管片的联系。关于模型的边界条件，由于隧道施工过程中隧道远端受施工荷载影响较小，计算时约束其轴向变形和扭转变形。有限元模型如图 9-3-7 所示。

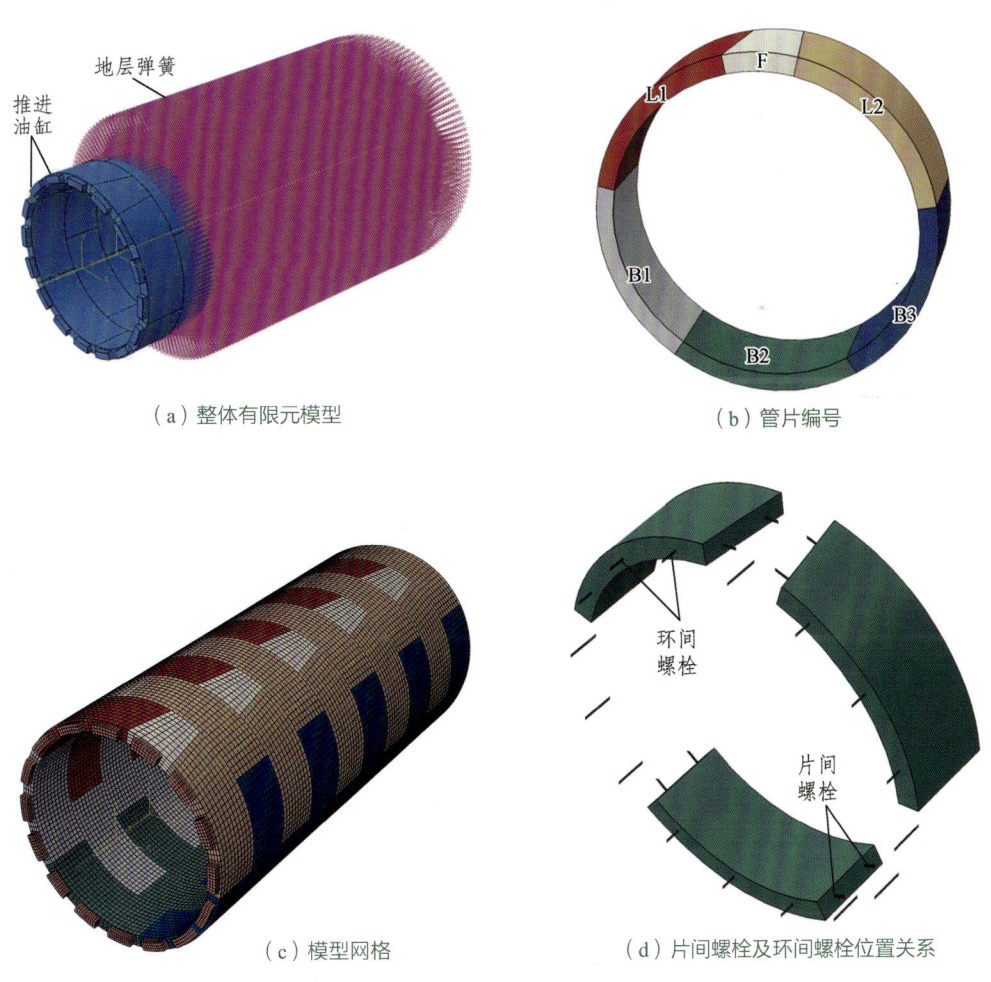

图 9-3-7 衬砌结构有限元模型

表 9-3-3 混凝土压缩拉伸损伤特性

压缩损伤			拉伸损伤		
应力/MPa	非弹性应变	损伤因子	应力/MPa	非弹性应变	损伤因子
30.056	0.00000	0.000	1.576	0.00000	0.000
31.464	0.00043	0.322	2.640	0.00003	0.303
32.224	0.00058	0.383	2.363	0.00006	0.480
32.454	0.00074	0.441	1.826	0.00011	0.679
30.916	0.00112	0.556	1.265	0.00018	0.833
25.974	0.00176	0.702	0.966	0.00025	0.898
18.560	0.00281	0.840	0.787	0.00031	0.931
13.829	0.00379	0.905	0.669	0.00036	0.950
10.839	0.00471	0.938	0.584	0.00042	0.961
8.846	0.00560	0.957	0.521	0.00048	0.969
7.444	0.00648	0.968	0.472	0.00054	0.975
6.411	0.00734	0.976	0.433	0.00059	0.979
5.623	0.00820	0.981	0.401	0.00065	0.982
5.004	0.00905	0.984	0.374	0.00070	0.985
4.506	0.00989	0.987	0.351	0.00076	0.987
3.755	0.01158	0.991	0.331	0.00081	0.988

3. 模拟结果分析

（1）盾构穿越上软下硬地层

盾构穿越上软下硬地层时，由于上下两层岩土体力学性能差距过大，需要调整油缸压力，使 B 组油缸压力远远大于 D 组油缸压力，从而防止上层掘进过快发生盾构栽头。根据前述内容，此时 A、C 组油缸压力为 200 bar，B 组油缸压力为 280 bar，D 组油缸压力为 28 bar，根据油缸面积与靴板面积进行换算，模型中加至 A、C 组靴板的压力为 9.33 MPa，B 组靴板压力为 13.06 MPa，D 组靴板压力为 1.31 MPa。

有限元计算结果如图 9-4-8、图 9-4-9 所示。盾构穿越上软下硬地层时，竖向不均匀推力导致管片受力呈现上小下大的趋势，其中最大主应力的最大值出现在 B 组靴板之间，为

2.349 MPa，最小主应力的最大值出现在与 B 组靴板接触的单元，为 −14.44 MPa。这主要是由于 B 组靴板传递给管片的力过大，导致管片出现局部变形，即靴板处产生局部压缩变形，出现较大的压应力，而靴板之间的混凝土未直接受力，未产生压缩变形，变形不协调，导致靴板间的混凝土受到两侧受力单元的拉伸作用，产生较大的拉应力。

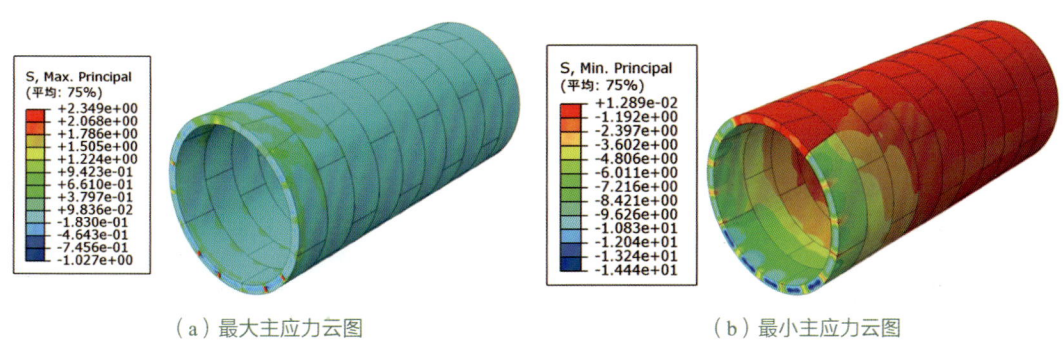

（a）最大主应力云图　　　　　　　　　　（b）最小主应力云图

图 9-3-8　穿越上软下硬地层应力云图

盾构在穿越上软下硬地层时，管片拉伸损伤明显高于压缩损伤，最大拉伸损伤发生于第二环 L2 块与第一环 F 块相连的螺栓孔处，为 0.067，最大压缩损伤发生于第一环 L1 块的螺栓孔处，为 0.0064。拉伸损伤的发生主要有 3 种情况：

① 拉伸损伤出现在第一环的靴板之间。由于靴板处产生局部压缩变形，而靴板之间的混凝土未直接受力，未产生压缩变形，变形不协调，导致靴板间的混凝土受到两侧混凝土的拉伸作用，产生较大的拉应力，产生拉伸损伤，且 B 组靴板之间的混凝土拉伸损伤明显大于其余靴板间的混凝土。

② 拉伸损伤出现在上部环间螺栓处。由于 D 组靴板与 A 组和 C 组的荷载情况相差较大，导致交界处的混凝土产生不均匀的切向变形，出现较大的拉应力，随之产生拉伸损伤。

③ 拉伸损伤出现在封顶块片间螺栓处。封顶块由于其几何形状，刚度较小，容易出现受力不均匀的情况，且封顶块位于 D 组与 A 组和 C 组的交界处附近，出现较大的拉应力，因此在封顶块螺片间栓孔处出现拉伸损伤。

压缩损伤普遍发生在上部环间螺栓处，出现位置与拉伸损伤的第二种情况一致，也有部分出现在第一环底部，两个管片在靴板的作用下发生切向位移，相互挤压导致管片边缘出现拉伸损伤。

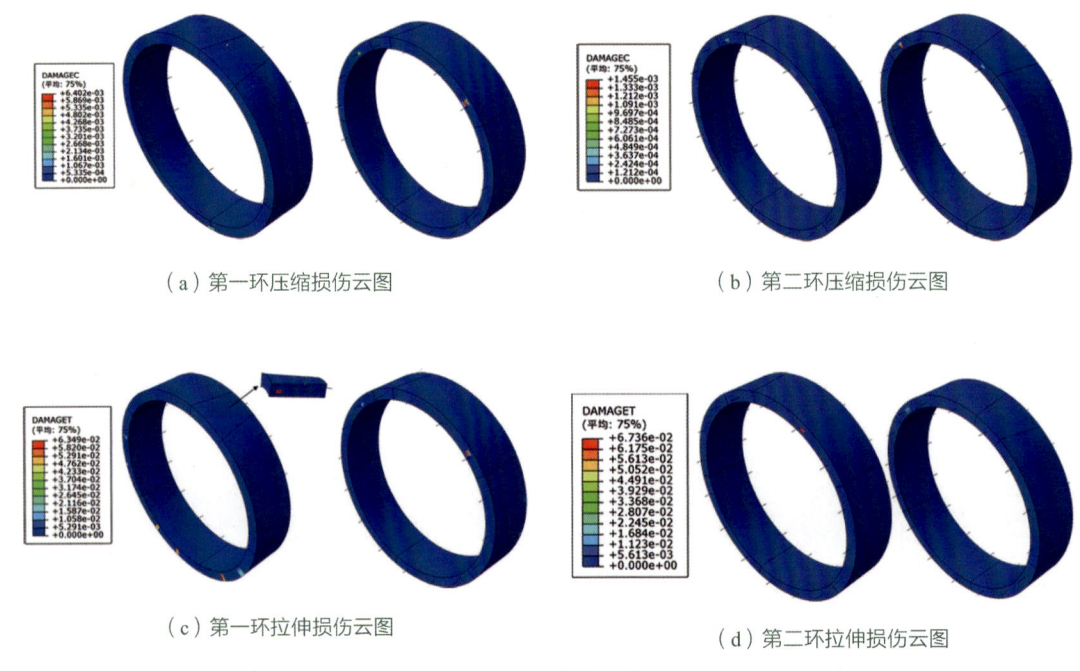

（a）第一环压缩损伤云图　　　　　　　　（b）第二环压缩损伤云图

（c）第一环拉伸损伤云图　　　　　　　　（d）第二环拉伸损伤云图

图 9-3-9　损伤云图

（2）盾构穿越上软下硬地层并进行竖向姿态调整

进行竖向姿态调整时，B 组油缸压力逐渐减小，而 D 组油缸压力不断增大至与 A 组和 C 组油缸压力相同的水准，从而消除盾构抬头现象，此时 A、B、C、D 组油缸压力均较大，总推力较高，受力均匀。根据第一节的内容，此时 A、C、D 组油缸压力为 200 bar，B 组油缸压力为 230 bar，根据油缸面积与靴板面积进行换算，模型中加至 A、C、D 组靴板的压力为 9.33 MPa，B 组靴板压力为 10.73 MPa。

有限元计算结果如图 9-3-10、图 9-3-11 所示。盾构在穿越上软下硬地层并进行竖向姿态调整时，推力水平方向与竖直方向均相对均匀使得管片受力均匀，其中最大主应力的最大值出现在 B 组靴板之间，为 1.87 MPa，最小主应力的最大值出现在与 B 组靴板接触的单元，为 -12.34 MPa。

此时，拉伸和压缩损伤仅出现第一环的靴板之间，且拉伸损伤最大值为 0.018，压缩损伤最大值小于 0.001，可忽略不计。这说明在上软下硬地层进行竖向姿态调整时，产生的均匀顶推力有利于结构受力均匀，不容易出现结构损伤。

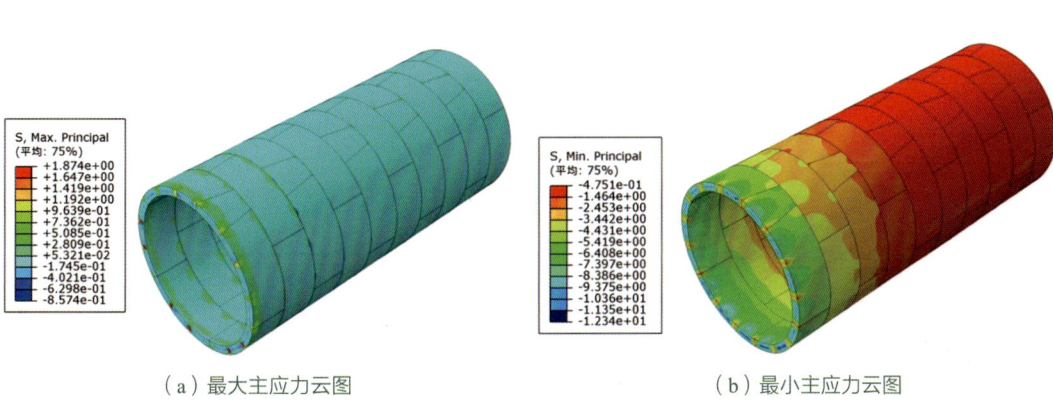

（a）最大主应力云图　　　　　　　　　（b）最小主应力云图

图 9-3-10　应力云图

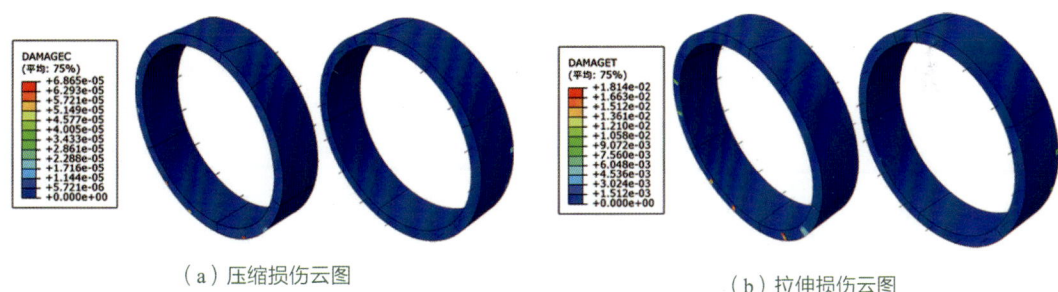

（a）压缩损伤云图　　　　　　　　　（b）拉伸损伤云图

图 9-3-11　损伤因子云图

（3）穿越上软下硬地层圆曲线段

穿越上软下硬地层圆曲线段时，盾构机进行转弯，A组与C组油缸压力进行相应的变化，此处选取右转弯圆曲线进行分析，总推力基本保持不变，A组油缸压力下降且C组油缸压力上升，顶推力出现竖向与水平的不均匀。根据第一节的内容，此时A组油缸压力为133 bar，B组油缸压力为280 bar，C组油缸压力为266 bar，D组油缸压力为28 bar。根据油缸面积与靴板面积进行换算，模型中加至A组靴板的压力为6.20MPa，B组靴板压力为13.06 MPa，C组靴板压力为12.40 MPa，D组靴板压力为1.31 MPa。

有限元计算结果如图 9-3-12、图 9-3-13 所示。管盾构在穿越上软下硬地层圆曲线段时，推力水平方向与竖直方向不均匀导致管片承受偏心荷载，其中最大主应力的最大值出现在B组靴板之间，为 2.27 MPa，最小主应力的最大值出现在与B组靴板接触的单元，为 -14.44 MPa，与上软下硬地层直线段相比，最大主应力与最小主应力变化不大，分布情况也相似，主要由于竖向荷载偏心程度远大于水平荷载偏心程度，水平偏心荷载的影响不明显。

穿越上软下硬地层圆曲线段时，管片最大拉伸损伤发生于第二环L2块与第一环F块相连的螺栓孔处，为 0.136，此处压缩损伤也为最大值 0.020。与上软下硬地层直线段相比，拉伸损伤发生位置变化不大，片间螺栓孔处不再发生塑形损伤，管片外侧出现少量压缩损伤。从量值上看，直线段的最大拉伸损伤从 0.067 上升到圆曲线段的 0.136，提升 102%。这说明穿越上软下硬地层圆曲线段时，管片更容易发生拉伸破坏，需要谨慎调节顶推力的大小。

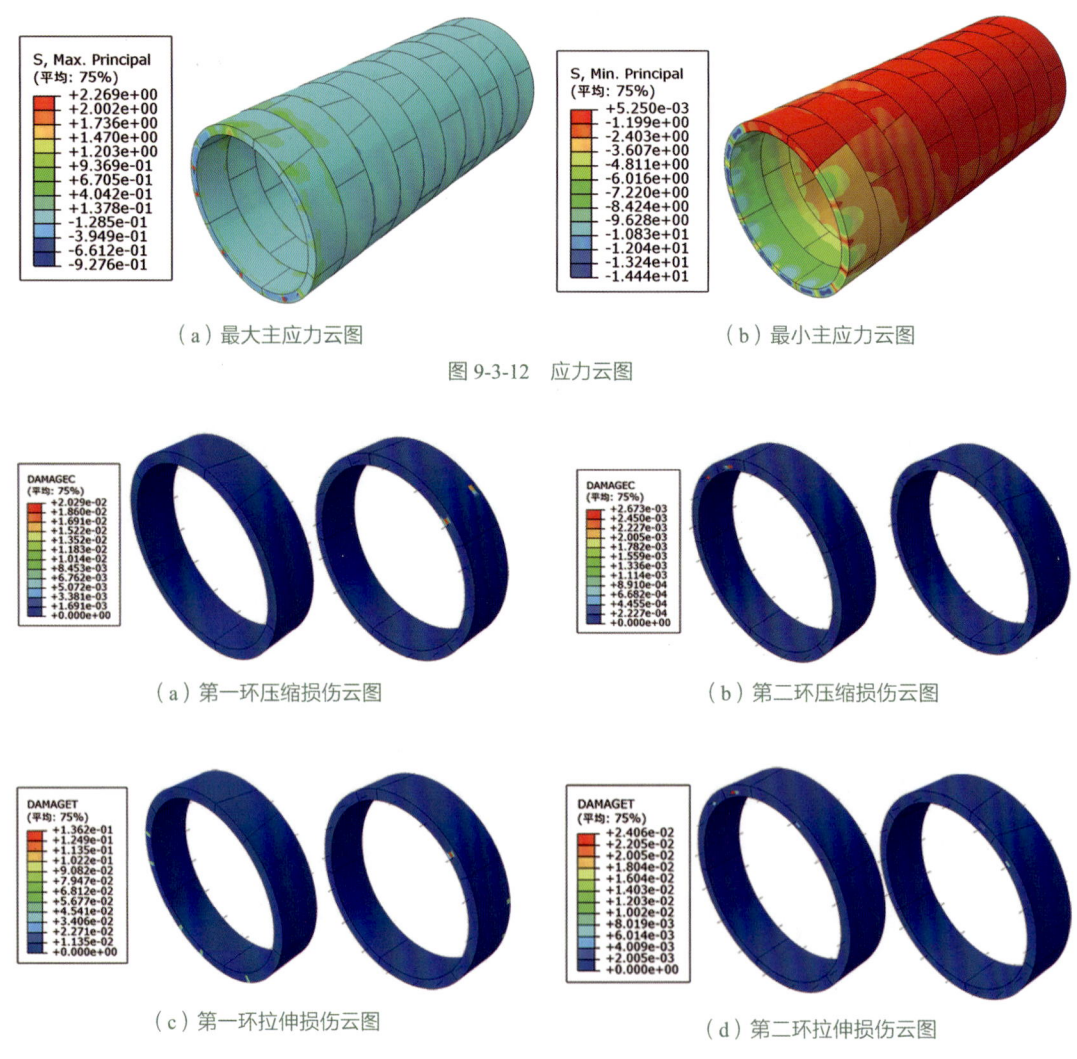

（a）最大主应力云图　　　　　　　　（b）最小主应力云图

图 9-3-12　应力云图

（a）第一环压缩损伤云图　　　　　　（b）第二环压缩损伤云图

（c）第一环拉伸损伤云图　　　　　　（d）第二环拉伸损伤云图

图 9-3-13　损伤云图

（4）盾构穿越上软下硬地层圆曲线段并进行竖向姿态调整

盾构穿越上软下硬地层圆曲线段并进行竖向姿态调整时，竖向荷载均匀但水平荷载不均匀，且总推力较大。根据第一节的内容，此时 A 组油缸压力为 133 bar，B 组油缸压力为 230 bar，C 组油缸压力为 266 bar，D 组油缸压力为 200 bar。根据油缸面积与靴板面积进行换算，模型中加至 A 组靴板的压力为 6.20 MPa，B 组靴板压力为 10.73 MPa，C 组靴板压力为 12.40 MPa，D 组靴板压力为 9.33 MPa。

有限元计算结果如图 9-3-14、图 9-3-15 所示。推力水平方向存在偏心导致管片左侧受力远大于右侧，其中最大主应力的最大值出现在 C 组靴板之间，为 2.66 MPa，最小主应力的最大值出现在与 C 组靴板接触的单元，为 –14.44 MPa。

此时，拉伸损伤仅出现在第一环的 B 组与 C 组靴板之间，且拉伸损伤最大值为 0.056，压缩损伤出现在片间接缝处，最大值为 0.002。这说明双向偏心时结构受力是最危险的，在长期掘进中保持 B 组推进压力较大，防止出现盾构栽头的现象，当出现盾构机竖向姿态偏差时，调高 D 组推进压力来稳定竖向姿态，这种盾构机控制方法使得顶推力荷载常态处于不利状态，管片受力不均匀，容易出现大面积破损的情况。

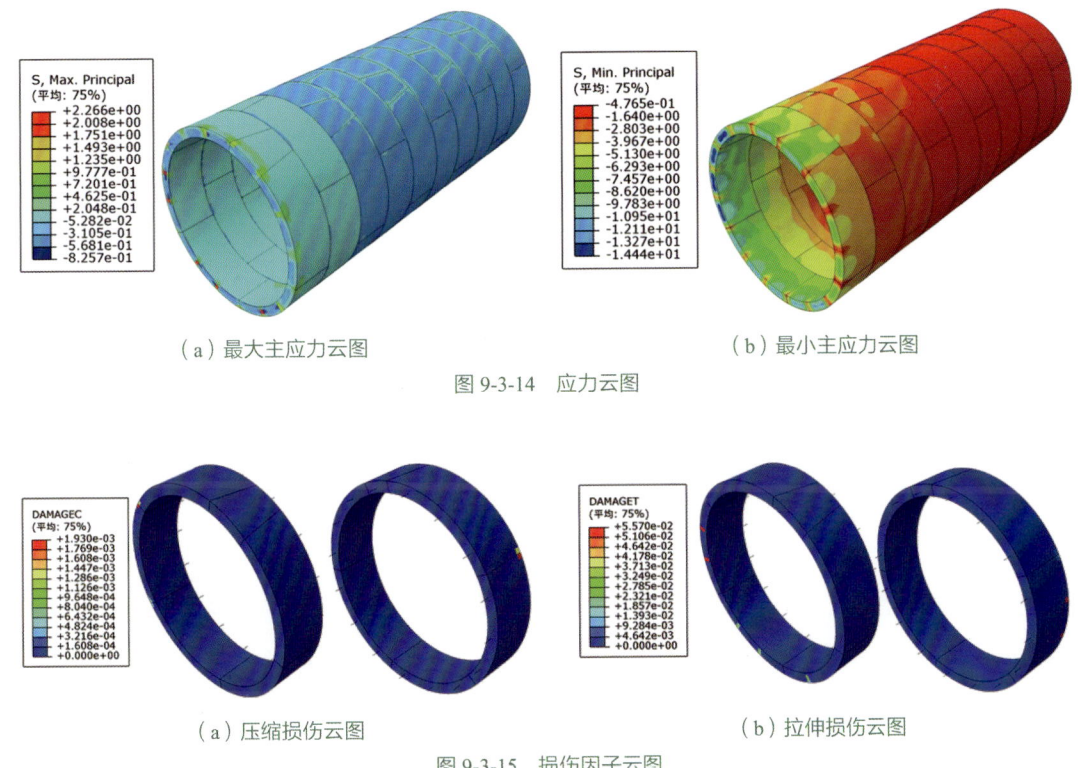

（a）最大主应力云图　　　　　　　　（b）最小主应力云图

图 9-3-14　应力云图

（a）压缩损伤云图　　　　　　　　（b）拉伸损伤云图

图 9-3-15　损伤因子云图

千斤顶推力是盾构施工掘进的驱动力，是施工过程中管片衬砌结构在轴线方向受到的最大外荷载，是影响其受力状态的主要因素之一。本章基于盾构机掘进参数提取对管片的最不利荷载情况，对管片衬砌结构的塑形损伤情况进行模拟分析，揭示了管片破损分布规律，并得出如下主要结论：

（1）在正常掘进施工过程中，不出现特殊情况的条件下，管片拉伸损伤最大为 0.136，压缩损伤最大为 0.020，说明管片在正常掘进过程中不容易出现破损，管片设计是合理的。

（2）当盾构穿越上软下硬地层转弯段时，顶推力荷载存在竖向和水平的偏心力矩，荷载的差异性导致管片变形不协调，产生过大的拉应力或压应力，随之产生损伤，此时应当合理控制油缸压力，减少荷载偏心距。

（3）管片拉伸损伤主要发生于第一环的靴板之间和第一环与第二环的环间螺栓处，荷载越不均匀，环间螺栓处混凝土的拉伸损伤越严重；靴板荷载越大，靴板间混凝土的拉伸损伤越严重。

9.4 本章小结

本章依托深圳地铁13号线留仙洞站—白芒站区间，结合EPB/TBM双模盾构机掘进过程中，结构受力现场测试、地层荷载反演、盾构机千斤顶推力统计分析及不均匀千斤顶压力对管片的影响等施工期管片结构力学性能分析，得到以下相关结论：

（1）盾构穿越破碎带加固区（微风化混合花岗岩地层），并掘进至目标断面后方30环处停机换刀，管片衬砌外部荷载与结构内力变化过程如下：① 管片脱盾后，水土压力瞬间增加；② 当掘进至15环后，水压增长至静水压力值，结构内力初步稳定，轴压现象明显；③ 管片外侧空隙填充过程中，水土压力均有所增加；近注浆孔附近水压增加明显，但地下水受浆液排挤作用影响，远离注浆位置管片水压稍有降低；浆液凝固后，结构内力再次稳定；④ 盾构停机换刀，受盾构前方添加泥膜影响，地下水和浆液随管片与围岩间的空隙向后移动，监测断面外部压力再次增加；结构轴力整体增大，弯矩发生突变，隧道左上方弯矩增大、由内侧受拉突变为外侧受拉。

（2）盾构穿越强、中、微风化花岗岩复合地层，且受后行线盾构进阶施工影响，管片衬砌外部荷载与结构内力变化过程如下：① 脱盾后，隧道外侧空隙尚未完全填充，土压分布不均。② 盾构掘进至15环，土压分布较均匀，底部水压有所降低；结构内力增大并初步稳定，轴压现象明显。③ 后行线掌子面与目标环平行时，目标环水土压力均有所增加；结构下部轴力增加，且左下部轴力增幅较大；结构弯矩量值整体增大，且隧道上部与右侧管片受拉侧发生突变，由外侧受拉突变为内侧受拉。④ 后行线施工远离目标环，结构下部与左侧土压进一步增加，而水压整体回落至静水压值；结构下部轴力增大，各截面位置弯矩整体再次增加。

（3）盾构隧道实测荷载普遍小于反演值，可能与注浆圈对外部荷载的分散和传递作用有关。此外，荷载在管片表面的分布并不均匀，局部区域可能出现偏压，而反演时按照均匀分布的假设进行，为保证内力值吻合，反演时会将局部偏压均布到附近区域，导致实际的反演值偏大。

（4）针对盾构机后方千斤顶施工荷载对管片的影响分析可发现：① 正常掘进施工过程中，管片不容易出现破损，管片设计是合理的。② 盾构穿越上软下硬复合地层时，应合理控制油缸压力，减少荷载偏心距，防止衬砌结构受力变形不协调，结构内部出现拉、压损伤。③ 管片拉伸损伤主要发生于第一环的靴板之间和第一环与第二环的环间螺栓处，荷载越不均匀，环间螺栓处混凝土的拉伸损伤越严重。此外，靴板荷载越大，靴板间混凝土的拉伸损伤越严重。

本章参考文献

［1］李建斌，郑赢豪，荆留杰，等. 基于岩体聚类分级的 TBM 掘进参数预测方法［J］. 岩石力学与工程学报，2020，39（S2）：3326-3337.

［2］LIU X Q, GAO F, WU Y D, et al. Detecting outliers and influential points: an indirect classical Mahalanobis distance-based method［J］. Journal of Statistical Computation and Simulation，2018，88（11）：2013-2033.

［3］ZHANG Q L, LIU Z Y, TAN J R. Prediction of geological conditions for a tunnel boring machine using big operational data［J］. Automation in Construction，2019，100：73-83.

［4］裴益轩，郭民. 滑动平均法的基本原理及应用［J］. 火炮发射与控制学报，2001（1）：21-23.